走进老子

INSIDE LAOISM

王飞波 ◎ 著

中国城市出版社

图书在版编目（CIP）数据

走进老子 = Inside Laoism / 王飞波著 . —北京：中国城市出版社，2021.1

ISBN 978-7-5074-3316-6

Ⅰ.①走… Ⅱ.①王… Ⅲ.①道家②《道德经》—研究 Ⅳ.①B223.15

中国版本图书馆 CIP 数据核字（2020）第 242751 号

责任编辑：陈夕涛　徐昌强　王美玲
责任校对：姜小莲

走进老子
INSIDE LAOISM
王飞波　著

*

中国城市出版社出版、发行（北京海淀三里河路9号）

各地新华书店、建筑书店经销

逸品书装设计制版

北京圣夫亚美印刷有限公司印刷

*

开本：787毫米×1092毫米　1/16　印张：24½　字数：480千字

2021年2月第一版　　2021年2月第一次印刷

定价：**78.00**元

ISBN 978-7-5074-3316-6

（904292）

版权所有　翻印必究

如有印装质量问题，可寄本社图书出版中心退换

（邮政编码100037）

序

老聃(老子)大约生活在春秋末年,是道家学派的创始人,他不仅在中国是最有影响的古代思想家、哲学家,而且在世界文化史上也占有重要地位。记述其思想的《老子》(也称《道德经》)一书是我国历史上首部系统的哲学著作。老聃是伟大的哲学家,更是一位伟大的自然哲学家;《老子》是一部伟大的哲学著作,更是一部伟大的自然哲学著作。

老聃是周王室守藏室史官,他精通历史,又身处于当时的政权中枢,对政治统治耳熟目详。老聃还是一位对自然悉心观察、思考且思想深邃的学者。如果我们用爱因斯坦的话"沉思不朽的生命之秘密,熟虑微观的宇宙之构造,谦卑地接受出现在自然界的极为微小的启示"来描绘老聃的观察与思考是恰如其分的。

《老子》篇幅只有五千多字,但其语义丰富,论述精辟,思想深邃,博大精深。老聃的思想来源于对大自然的观察与思索,对人类社会历程的洞察,构建了一套以"道"为核心的完整而独特的宇宙观、社会观和人生观的学说。老聃的"道"具有丰富的内涵,包含了形而上之宇宙本源、本体,万物运动变化所遵循的规律,人类生活之准则等诸多方面,是一套系统的、始终从一的完整理论体系。老聃从基本点"道"——宇宙本源出发,沿着"天道"——"自然之道",详尽论述了宇宙的本源、万物之源和运行规律,并将这种"天道"延伸到人类社会,也就是老聃的"人道",涉及治国、用兵、修身、养生等方面,认为悟道、得道是人类最高智慧,是个人修养的最高境界,是社会理想状态的必备条件。

对世界本源的探索,从古至今,从宏观到微观,从德谟克利特的原子论,到现代的基本粒子,人类逐步从宏观进入宇宙观,从原子观进入超微观。当从原子到电子层面时,探索的进程遇到了巨大壁垒,既不能确定电子的踪影,也不知道电子在原子里究竟起些什么作用。电子成了"一种不知名的东西正在进行我们不知道的事"。而对电子层面的突破性认识则是20世纪初量子力学的诞生。

20世纪20年代,海森堡、玻尔、波恩及其他学者因深入到超微观层次——基本粒子的研究,得出的结论将我们传统的因果关系推翻了,即基本粒子行为的不确定性。根据海森堡测不准原理，如果人们开始准确地了解到基本粒子动量的变化(通常指粒子速度的变化)，那么就丧失了对该粒子位置变化的认识，是某种得之于此而失之于彼的关系。换句话说：微观量子世界是不可像宏观物质一样确切地精准描述的。

这一突破，不仅在科学上具有划时代意义，对哲学的影响也是划时代的。

当我们再来审视老聃所说的"视之不见、听之不闻、搏之不得"的"道"时，他的"惟恍惟惚，惚兮、恍兮"的描述与量子力学对量子的描述具有异曲同工之妙。这时我们才领略到老聃对自然的观察和思考是多么的深邃，又多么细致入微。

正是老聃的这种自然哲学思想具有广泛的共性，带有一定东方独特的思维方式，早在孔丘的儒学传播到西方之前，老聃的思想就远播西方并受到广泛赞誉。老聃的思想本身就是自然主义，而自然是人类共同面对的，无论是东方还是西方。正因为如此，老聃的思想对西方人而言容易产生兴趣和亲近感，包括老聃在内的道家思想也影响着一些量子物理学家。量子力学开创者之一的玻尔在被丹麦王室授以勋章时说："我不是理论的创立者，我只是(道家)个得道者。"物理学家李政道也曾引用老聃的"道可道，非常道，名可名，非常名"，说它与量子力学中的"测不准原理"具有相通之处。诚然，我们不能说老聃懂量子力学，但在探索世界本源上的思维方式是相通的，从这个意义上讲老聃无疑是超级先锋。

老聃的思想来自自然，也主张与自然和谐相处。这就是中国人常说的"天人合一"和"返璞归真"思想。老聃的"天人合一"是指"人道"应顺任自然、合于自然而然的"天道"。这个"天"不是人为的天，更不是天子的天，是自然的天。老聃的思想为我们与自然和谐相处，遵守自然规律奠定了坚实的哲学基础。

老聃所处的时代是炼铁技术逐渐成熟，铁具逐渐推广的年代。这一铁具神器对社会的发展促进作用不亚于蒸汽机车发明对人类文明进程的影响。人类不但发明了对自然索取的强有力工具，也发明了强加于自身的工具，它不但延伸了人类的手臂，也捆绑了人类的臂膀；它不但增益了人类的幸福生活，也更一步激发了人们的贪欲。回顾一下西方提倡并积极实施三百年的工业文明，从最初的认为取之不尽、用之不竭的资源到今天人类面临的世界性环境与生态恶化、资源枯竭、新病疫层出不穷等一系列问题，反思我们的历史，思考我们的未来变得如此迫切。闪耀着自然主义哲学光芒的《老子》，昭示着我们如何与自然和谐相处。自然及其拥有的规律是我们赖以生存的基础，如何认识自然、改造自然、顺应自然是人类永恒的课题。在科技高度发达的今天，老聃智慧的光芒并未过时、黯淡乃至熄灭，它依然闪烁着历久弥新的睿智之光，引导着人们去探索和思考。

老聃的基于自然的哲学在政治上的应用是无为主义，也是顺应自然主义。当中国最后一个封建王朝摇摇欲坠时，"先进的中国人"严复"发现"并认识到了欧洲文化的先进性，并把它引进中国。他在审视中国古代社会与思想时，发现老聃

的学说是最早具有民主思想萌芽的,他在《老子评语》的第三十七章中说:"老子者,民主之治之所用也。"当然这是对占主导地位的儒家思想的深刻反思。这一观点就连儒学名家钱穆在他的《中国思想史》一书中也说"老子思想之推演,近似西方之民主政治"。英国著名中国科技史专家李约瑟博士在其《中国科学技术史》中说:"说道家思想是宗教的和诗意的,诚然不错,但它至少也同样强烈地是方术的、科学的、民主的,并且同样是革命的。"因此,我们也可以毫不夸张地说,老聃的思想是我国最早的民主和科学思想的萌芽,也是华夏文明民主和科学的火种。

但我们不能理解老聃的"民主之治"等同于现代的民主之治。老聃的"民主之治"是基于他的理想统治者和他倡导的民众。老聃的理想统治者是清静无为的统治者,因为人民所需要的乃是不受他人干涉的自由自在的生活。人民是顺应自然的,没有被人类创造的制度、文化所浸染,这与严复首译赫胥黎的《天演论》所宣传的达尔文生物演化、进化思想是不同的。这就是老聃的"我无为,而民自化;我好静,而民自正"的自组织化治理思想。老聃认为人类的文化历程,意识形态的演变是退化的,是向集中化方面发展的,它约束和破坏了老聃的自组织化治理思想。老聃把儒家礼教视为人类文明的退化,一切不合乎自然及其规律的文明都是退化的表现,因此必须加以遏制并力图实现回归,回归到其原始的自由自在的质朴状态。这是老聃基于其"道"的原理在人类社会上的延伸,是老聃的社会自然主义。他反对人为制定的标准和说教,反对孔丘的礼教主义也就顺理成章了。

现代的民主制度离不开选举,尽管战国初期的墨翟首倡"选举",但老聃的"民主之治"是没有体现选举的。老聃所述的最高统治者不是选举产生的,而是靠自身修养达成的。老聃的修身从"载营魄抱一,专气致柔,涤除玄览"做起,主张抱一、静观、玄览,达到精神专一,忘掉一切杂念,要求人们坚持以慈爱、俭啬、不争三宝为准则,达到清静、无为,质朴淳厚,知强守弱,谨慎谦下,被褐怀玉,恬淡安宁,虚怀知足,功成身退的境界。老聃这一主张也启发了儒家,为此儒家提出了"修身齐家治国平天下"之论。但两者的归结点是大相径庭的,儒家的修身终点是修礼天下,道家的修身终点是无为天下。

我们现在看到的《老子》以韵文写成,虽然文字优美,读起来朗朗上口,但全书八十一章前后并非有明晰的逻辑顺序,它不是按照我们的审美逻辑定制的珍珠项链,而是像散落的珍珠,独立而又交相生辉,读起来令人回味无穷。但它显得结构松散,甚至有点凌乱,也显现出过于文饰的缺点。老聃在论述其理论时,由于词语精炼,语义曲折迂回、含蓄隐晦和抽象的辩证思维以及正言若反的表述特点,其结果往往会掩饰了其思想的直观性,钝化了其价值的取向性,尤其在涉及政治方面。表面上看似不直接指责、甚至迎合统治者、符合正统观念,实际上在巧妙隐晦的表述中使其反传统的思想合理化。他常常从反面(传统的正面)立论,而达到自己的正面(传统的反面)的目的。这样不仅躲过了统治者的监视，也模糊了社会的视线，使《老子》规避了被大肆攻击，极力封杀，使其能够"长生"。这正是老聃哲学思想的体现。这些特点一方面，它避免了墨翟、杨朱思想之命运，另一方面也使《老子》一书变得艰涩难懂，给读者，尤其是现代读者，造成了一定困难。那么，如何才能正确、全面地理解两千多年前用古文写成的《老子》呢？

第一，《老子》的内容可以追溯到老聃的年代——春秋末年，《老子》一书的内容很可能在开始阶段是以口耳相传，《老子》一书成书现在发现的最早版本是公元前300年左右的战国中期，它所应用的文字虽然也是我们现在使用的汉文字，但文字的含义及文法是随着时间的推移而变化的，也就是说我们在读那个时代的文字时，不能生搬硬套地用其现在的含义来理解。

第二，古代汉语文法与现在汉语文法也很不一样，在文法上也不宜硬套现代汉语的语法。

第三，因为那时文字尚处不发达的阶段，再加上思维方式的不同，《老子》一书用现在的观点来看其内容编排是非常零散的，甚至有点杂乱无章。尽管《老子》一书可以说是我国历史上说最早的系统性地论述哲学的书籍，也可以说是最早的系统性学术著作。但其逻辑性、条理性也是非常欠缺的。

第四，关于《老子》一书的结构与表述。现在我们通行的八十一章版本是根据魏晋时代王弼注释的《老子》编排的，更古的版本不是这样编排，有的也是不分章节的。就整部书籍的内容而言是没有特定顺序的，在表述上翻来覆去重复同一个观点。

作为文本，它的结构是松散的，也是纵横交错的，既像蜘蛛网，又像经络一样把他的理念网络在一起，其各个章节的联系隐藏在文字表象里面。《老子》的章节也像漂浮在天际间的朵朵白云，如果不全面了解，很难获得整体印象、主旨含义。而且同一个主题会有很多不同的章节在重复，相关的章节也是跳跃式的，各章之间无明显桥梁，只有"隐蔽的暗道"相连。它既不是线性的，也不是逻辑关系的。如果我们把《老子》一书编辑成网络超级本，把相关章节关联起来，会是一个很好的方式，也可能是《老子》一书最适合的方式。也许在阅读时，还需要点"经络"思维方式，毕竟这是中国古代思想，而"经络"也是我们古人了解人体最伟大的发现之一。如果孤立的读各章内容，或者线性地读，犹如盲人摸象，难获全貌。

我们解读《老子》也应注意其意象集合，它以一个意象、寓意开始，然后增加与它有关的其他意象，它的章节中的每一句话和每一个意象关联着其他相似的句子和意象，因此我们不能以线性的、连贯的和逻辑的方式来阅读每一章，我们不要奢望下一句话或者下一章会对前面的内容有进一步解释、演化与论证或推断出新论。虽然《老子》一书的章节顺序显得很随意，但其深层次含义却极有可能

是相互关联的。因此，若秉承由浅到深、循序渐进的阅读方式，则难以理解领会其内涵。

虽然文中有举例来诠释其哲学命题的含义，但并没有采用举证后分析的阐述方式使其更加清晰明确，当然也没有使用我们现在习惯利用的逻辑思维工具，毕竟那个时代还没有明确的逻辑思维方式，这不仅仅是那个时代的问题，也是以后我们整个华夏文化的问题。正因如此，造成其文字指向不明，语义令人困惑难解。

第五，《老子》有系统性，其表达的哲学思想也是系统的，但它的文本并没有按照我们现在容易理解的范式来编排，其表达方式是支离破碎的，它并没有系统聚焦、阐述某一单独论题。如果我们把某一句、某一段作为全书的总纲或者主旨，那我们可能会导致整个理解上的偏差。如果你按照通行版本来读《老子》，你会发现你读了许多章节，甚至读了全部也是一头雾水，难以形成清晰的概念和整体的印象。

第六，老聃对其提出的理念及其全新的含义，没有一个清晰的定义，而又含混不清地使用。那个时代汉语词汇多为单个汉字，也就是说一个汉字具有不同的含义，而这并没有一个清晰的界定。再有，我们现在具有五千多字的通行版本《老子》并不能确定全部出自老聃之手或者老聃的遗述，是不同的时代"累加"而成。时代不同，用语及表述也不同，就会使同一个汉字具有不同的时代特征。有的是道家原本的含义，也有是那个时代通行的含义，而通行的含义往往并不与道家原义相一致，甚至是截然不同的。譬如《老子》一书中经常出现"圣人"或者说"圣"，但其中有的版本有"绝圣弃智"的表述。究其原因，只能是时代不同而使用了当时社会上流行的"圣人"之说，而这个"圣人"显然不是《老子》核心意义上的圣人，而是当时通行的，也就是儒家意义上的圣人。因此，在我们阅读时，很容易造成混乱。

另一方面，古代汉字到我们这个时代已经经历了几千年的演变，正确理解古代汉字也是正确理解《老子》必不可少的。

顺便提一下，对于中国人来讲，《论语》中的某些内容可能是耳熟能详的，但《老子》与《论语》风格、格式不同。《论语》是后人根据回忆与口耳相传编辑的孔夫子与弟子们的"解惑"对话，是对某一个疑问的回答。而《老子》是以韵诗、箴言形式表达的。从文字的朗读角度而言，可能更加朗朗上口，也容易记忆。但同时也失去了语言的精确表达，或许老聃的本义并非要清晰、准确地表达他的思想，而是给人思考、体会、理解的空间。这将达到读者试图了解其准确含义，但又无法从字面汲取的效果，也许这正是老聃要达到的"不言之教"吧！

为了便于读者快速清晰了解《老子》，本书的前半部分是打破了传统的《老子》章节，进行了主题分类介绍。笔者试图把《老子》整理成符合现代思维、阅读方式的，通俗易懂的读本，为此，笔者在对全书进行梳理的基础上，力图以其基本概念与思想为主线,把各章的相关内容归纳起来,进行分主题介绍。把如此网络式的、非线性但仍紧密结合的材料重新组合起来,把《老子》的"玄阴"变"明了"。本书的后半部分则是按照通行的八十一章版本进行了意译与解读。笔者还试图使纸质书籍实现超级本功能,把各章的链接关系附属在书后。

本书写作的几个特点:

《老子》一书除了哲学问题之外,还涉及历史、科技、社会等方方面面,为了更好地让读者理解老聃思想及《老子》一书,在阐述《老子》一书的思想和基本理念之前,笔者首先简明扼要地回顾了老聃所处朝代的历史,因为思想是时代的产物,介绍时代背景可以帮助我们更好地理解老聃的思想与理念。

如今传统记述先秦历史的普及读物几乎都是根据汉代以后成书的史书为基础展开论述的,而这些历史典籍本身存在着诸多问题。为此,在回顾历史时,笔者采用的方法不是简单重复简化历史普及读物所述的历史,而是基于战国时代成书的典籍为基础进行历史回顾。对历史的回顾与分析,也许与历史普及读物大相径庭,甚至截然不同。基于严谨态度,也便于读者查阅,笔者展示了相关证据,并把引用的历史文献附录在书后。

在使用古人名称时,为了把古人公平地展现给读者,笔者进行了"复名",即恢复其原始的名字。在西周中期,王侯死后开始实施谥名,也就是盖棺定论,但却往往有失偏颇。诸如惠王、厉王、幽王等这些谥名都是站在当时统治者的伦理道德立场上命名的。当我们再去审视那段历史时,往往会发现这些冠名是不准确的,甚至是错误的,这样会严重误导人们对本人的认识,还会导致对历史的曲解。笔者这样做并非要给这些历史人物正名,只是尽量使用其原名或者中性名称来消除使人陷入认识误区的条件反射,摒弃腐朽的伦理化单一思维方式。如众所周知的诸子百家,我们经常称孔丘为孔子、老聃为老子,诚然这些称呼带有一定的尊敬之意,但也会因为其尊名而误导了人们对百家学说的正确理解与评价。我们不会称苏格拉底为苏格拉底子,也不会称牛顿为牛顿子。这样的称谓往往导致抬高了被儒家文化认可的学者,而对一些即使在文化或者政绩上有相当建树的人,都不予以"子"相称,这样无形中抬高或贬低了某些人,对这些先秦思想家们是有失公平的。其实被称为"子"的既是一种尊称也是一种贬低,这要看其相对性而言。为了消除偏见和尊卑观,还是回归其本名,称老子为老聃,孔子为孔丘。

当然,作为统治者,我们还是要加上其官位的,这并非其官位的高低会产生先入为主的认识,而是有助于认清其对历史进程及事件中将产生的不同作用。这样难免有点冗长繁琐,但可给读者提供更多、更准确的信息,也让读者在一个相对全面了解的基础上做出自己的判断,而不以己见强加于人。

本书的《老子》原文采用上,作者对现存的几个版本进行了分析,本书的后半部分以通行本的章节与结构为基础框架,文字总体上以其为基准。如果通行本

走进老子

与帛书、竹简本没有实质性差异，则采用通行本；反之，则采用笔者认为正确的版本。对于原来韵诗式的结构，虽然读起来很优美，但有的很容易产生歧义。再加上古文中没有标点符号，断句不同，也会导致不同的含义。譬如通行本《老子》第一章"道可道，非常道"在本书采用帛书本的"道，可道也，非恒道也"，这样虽然不合韵律但显得清晰易懂。在这种情况下，不拘泥于文字韵律之美，而采用易于理解的版本。再譬如，《老子》中的"恒"字，因为避讳汉景帝刘恒的名字而改成意义相近的"常"字。但在《老子》中，"常"与"恒"的含义是不同的。"常"的含义是永久、常则，万物都是变化不止的，但决定万物变动的法则却是不变的，也就是自然法则；而"恒"则是长久、固定不变的意思，并不包含常则或者法度的意思。因此，在本书中把原来的用"恒"字之处恢复过来。

我国是一个长期深受儒家文化熏陶的国度，儒家思想浸漫着我们的文化传承。从汉武帝"废黜百家，独尊儒术"伊始，虽有道家及其他思想一度占有主导地位，但儒家几乎是独占鳌头，致使两千多年以来，华夏文明多沉浸在儒家对往日先王先贤教条的教化与演释之中。尽管儒释道三家大树撑起了华夏文明，其枝叶不免有交叉盘结、相互影响，但它们的出发基点和归属点却大相径庭。因此，要从根本上读懂《老子》的原旨思想，需先涤儒清释，追根求源。

笔者基于现代科学和逻辑学的思维方式，抛开烦琐的训诂考辨，一改传统对《老子》的文解。该书由古及今，条理清晰，有理有据，语言流畅，通俗易懂，令人耳目一新。愿此书能抛砖引玉，与读者朋友一起走进《老子》。

目 录

上篇　走进《老子》

1 《老子》的时代背景 ……………………………………… 002
  1.1 周的崛起 …………………………………………… 002
  1.2 西周 ………………………………………………… 004
  1.3 春秋时代 …………………………………………… 019
2 老聃 ……………………………………………………… 037
  2.1 其人与传说 ………………………………………… 037
  2.2 《老子》一书 ……………………………………… 045
  2.3 老聃与孔丘 ………………………………………… 049
  2.4 学说与道教 ………………………………………… 062
3 老聃的认知 ……………………………………………… 072
  3.1 认知与方法 ………………………………………… 072
  3.2 发现 ………………………………………………… 077
  3.3 概念与定义 ………………………………………… 083
4 思想与主张 ……………………………………………… 104
  4.1 慈爱 ………………………………………………… 104
  4.2 贬礼与仁 …………………………………………… 106
  4.3 柔弱与刚强、知雄守雌 …………………………… 112
  4.4 用兵与取天下 ……………………………………… 114
  4.5 不争与谦下 ………………………………………… 118
  4.6 修身、爱身 ………………………………………… 120
  4.7 无为——自然而然 ………………………………… 122
  4.8 尚希言 ……………………………………………… 124
  4.9 清静、寡欲 ………………………………………… 125
  4.10 回归与返朴 ………………………………………… 127

4.11 "智"与"愚" ……………………………………………… 129
4.12 针砭时政与治国 ………………………………………… 132
4.13 小国寡民与理想国 ……………………………………… 138
4.14 "一"与道 ………………………………………………… 141

下篇 《老子》释义

一　有与无 ……………………………………………………… 146
二　相对观 ……………………………………………………… 154
三　无为而治 …………………………………………………… 158
四　道若泉之源 ………………………………………………… 163
五　天地不仁、圣人不仁 ……………………………………… 166
六　天地之根 …………………………………………………… 171
七　天地无私、圣人无私 ……………………………………… 172
八　道善若水 …………………………………………………… 174
九　功成身退 …………………………………………………… 176
十　抱一 ………………………………………………………… 178
十一　"无"之用 ……………………………………………… 180
十二　为腹不为目 ……………………………………………… 182
十三　宠辱无惊 ………………………………………………… 185
十四　道纪 ……………………………………………………… 188
十五　善为道者 ………………………………………………… 191
十六　遵道悟道 ………………………………………………… 194
十七　悠然治国 ………………………………………………… 195
十八　大道废 …………………………………………………… 198
十九　见素抱朴，少私寡欲 …………………………………… 199
二十　世人与我 ………………………………………………… 202
二十一　道之为物 ……………………………………………… 204
二十二　不争之益 ……………………………………………… 208
二十三　希言自然、道者同道 ………………………………… 209
二十四　余食赘形 ……………………………………………… 211
二十五　道与四大法 …………………………………………… 212
二十六　轻与重 ………………………………………………… 216
二十七　袭明 …………………………………………………… 219

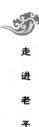

二十八	知雄守雌	221
二十九	戒强	223
三十	戒用兵	225
三十一	用兵不祥	227
三十二	道恒无名、朴	229
三十三	自知者明	231
三十四	大道无所不至	232
三十五	执大象天下往	233
三十六	盛极必衰	236
三十七	无为而治,天下自定	238
三十八	德衰	239
三十九	道一	244
四十	返的原则	247
四十一	闻道	247
四十二	道生万物,戒逞强	251
四十三	至柔	253
四十四	知足	255
四十五	清静为天下正	256
四十六	知足恒足	257
四十七	得知之法	259
四十八	绝学无忧、以无为取天下	260
四十九	以民心为心	267
五十	呵护生命	269
五十一	道与德	271
五十二	袭常	273
五十三	奢夸之盗	275
五十四	修身布德	276
五十五	赤子德厚	278
五十六	知者不言,玄同为贵	279
五十七	以正治国	280
五十八	政闷民醇	282
五十九	俭啬久安	284
六十	治大国	285
六十一	大国与小国	286
六十二	道为天下贵	287

六十三	难与易	289
六十四	早为、恒为与无为	291
六十五	不以巧智治国	293
六十六	处下为王	294
六十七	我的三宝	295
六十八	不争之德	297
六十九	哀兵必胜	298
七十	知我者希	300
七十一	知"不知"	301
七十二	压迫与反抗	302
七十三	不争而善胜，天之道	303
七十四	针砭时弊（一）	304
七十五	针砭时弊（二）	305
七十六	柔弱与刚强	306
七十七	损有余、补不足	307
七十八	柔弱胜刚强	308
七十九	公平治国	309
八十	理想国	310
八十一	信言不美，为而不争	312

附 录 篇

附录Ⅰ 引用文献摘录 ······ 314
附录Ⅱ 分类目录 ······ 329
附录Ⅲ 内联目录 ······ 342

上篇 走进《老子》

1 《老子》的时代背景

每个人都是时代的产儿，作为哲学家的老聃也不例外。每一个时代并不是孤立的，它既是前期之子，又是后期之母。德国哲学家黑格尔说过："哲学是把握在思想中的时代。"因此，要读懂《老子》，理解老聃的哲学，了解老聃所处的周王朝(公元前1046年~前256年)时代是有必要的。

1.1 周的崛起

周族原兴起于今甘肃、陕西一带。传说其始祖名弃，号后稷，为夏朝(约公元前2070年~约前1600年)农官。后代失官后奔于戎、狄之间，其孙公刘率族人定居于豳(今陕西旬邑西)发展农耕。经传九世，因受薰鬻(音xūn yù)、戎狄的进攻，从豳迁徙至岐山之下的周原(今陕西扶风、岐山间)。周原土地肥沃宜于农耕。商代(约公元前1600年~前1046年)晚期，古公(后被周人追认为太王)在那里兴建城郭，划分邑落，设立官吏机构，设国号为"周"。

周立国后，在与周边小部落、小邑邦(诸戎)的战争中多有获胜，势力范围逐渐扩大，国势也逐渐增强。古公死后，少子季历继位。季历与商王朝属下的任姓挚氏通婚，从而加强了与商朝的关系。据《竹书纪年》记载，商王武乙(？~公元前1113年，子姓，名瞿)末年，季历入朝，武乙赐以土地及玉、马等物品。随后季历征伐西方的鬼戎，俘获"十二翟(狄)王"。商王文丁(？~公元前1102年，在位11年)时，季历进一步对诸戎作战，使周的势力深入现今的山西境内。文丁(一说帝乙)封季历为牧师(即方伯，相当于周王朝的侯伯)来拉拢逐渐强盛的周。但这一措施似乎并没有改善商与周的关系，周与"天下共主"商的矛盾与冲突日渐加重。可能是商王认为周给商造成了严重威胁，所以文丁时将季历处死。

季历之子昌(即今通称为周文王的姬昌)继位。据《竹书纪年》记载，在姬昌继位后的第五年，周就开始与商发生军事冲突。等到了商王子受(今通称商纣王)时代，姬昌担任了商王子受的重臣，与九侯(也说鬼侯)、鄂侯同列三个最高的官位。但不知何因，其中两个被杀，或许是他们威胁到了商王的统治。姬昌也被监禁在商王身边的羑里(今河南汤阴县)达七年之久。有史料显示，在姬昌作为朝臣服务于商王朝时，

走进老子

就与作为商王朝小吏的吕尚（今多称姜子牙）有过交往，而且还帮助过当时地位卑贱的吕尚。

后姬昌获释回周，向商王子受奉献洛河以西土地，同时也被商王子受封为西伯（这个伯是长之意，相当具有特权，类似春秋时代的侯伯，也称霸主），并且还授权这位"西伯"具有在西域的征伐权（也许是为了代商平定来自西域的侵扰）。之后，西伯姬昌连续征伐犬戎、密须（今甘肃灵台西）、黎（今山西长治西南）、邘（今河南沁阳西北），最后攻灭崇（今陕西西安西北），在其地沣水西岸兴造了新都丰邑，迁都于此。

周得到了进一步壮大，发展成方圆近百里的"强国"。周的强大也引起了商的警惕甚至恐惧，"西伯既戡黎，祖伊恐，奔告于王"（《书·商书·西伯戡黎》）就是这一心态的反映，这也说明周已具备了相当实力。

尽管如此，西伯姬昌还请了吕尚作军师，但未曾与商王朝展开大规模的直接军事冲突，周仍为商王朝的属国。有史料记载，这期间不知何因，西伯姬昌长子伯邑考被商王子受杀害。次子没有被立为太子，三子姬发（今通称周武王，公元前1087年～前1043年）被立为太子。西伯姬昌死后，三子姬发继位。

姬发即位九年（也说二年）后，就兴师东至孟津准备攻商。但不知何因，战未开就班师回周了。这一事件被美其名曰"孟津观兵"。

之后姬发又准备了两年时间，于约公元前一千年（"夏商周断代工程"之观点为1046年），趁商在东方大规模用兵①国内空虚之机，联合周围诸商属国及部落再次对殷商进行大规模攻伐。对这段周灭商的历史，我们通常熟悉的是《史记》中的记载，好像周一蹴而就一举灭商成功，其实真实的历史是姬发的联军为扫清商王朝的方国（附属国），花费了半年多的时间，这在成书于战国时期的《逸周书》（与《竹书纪年》出土于同一墓葬）的《世俘解》及《克商解》篇有比较详细的记载。不过，人们往往忽略文中有两个"甲子"之日的记载。在扫清了商王朝的外围后，联军在孟津渡过黄河直逼商的大本营。在抵达商都朝歌（今河南淇县）郊外一个叫牧野的地方，两军展开了决战（史称牧野之战），最后周乱东击西，经过"血流漂杵"（《书·周书·武成》）的战斗而力克大邑商。

周之所以能够战胜大邑商，除了周变得强大之外，商的内部出现混乱也是一个至关重要的原因。据《吕氏春秋·当务》所载，子启同父同母兄弟共有三人，子启（今通称宋微子）是长兄，中衍居中，受德最小。他们的母亲在生子启和中衍时名份为妾，后来扶正后才生下了受德。父母想要立（庶）长子子启为太子，而太史则依据法典（嫡长子继承制）反对，认为有正妻的儿子在，就不可立妾的儿子做太子。于是，子启无缘于商王继承人，受德则成了商王的继承人。这也埋下了商王室内部争斗的祸根。

---

① 《左氏春秋·昭公十一年》："纣克东夷而陨其身。"

在周太子姬发攻打商之前，商王室上层的比干、子启和箕子三人就结成反对商王子受的同盟。

他们准备与周里应外合消灭商，为此曾派两人作为代表到周请兵。姬发第一次带军队到孟津就是他们派人请兵的结果。商王子受后来发现了内线问题，杀了比干，囚禁了箕子，但对子启没有做特别处理，只知道他是个反对派，不知道他也里通外国。

成书于战国末年的《吕氏春秋·诚廉》中关于微子（子启）有这样的记载：

又使保召公就微子开于共头之下，而与之盟曰："世为长侯，守殷常祀，相奉桑林，宜私孟诸。"为三书同辞，血之以牲，埋一于共头之下，皆以一归。

姬发第一次到商都附近而没有发动进攻的原因或许是周军与内应子启没有配合好，也许是商王子受察觉了什么，姬发才中止进一步进攻。

从这里我们可以看出，在商王朝末期，最高统治集团的内部已经积蓄了很深的矛盾，家人之间四分五裂。这也许是后来周王朝为什么实行"宗法制"和氏族家天下的缘由吧！之后，这一观点得到了儒家的继承与发展，直至当儒家发展"仁"之观念时，囿于"亲亲"的层面。

1.2　西周

1.2.1　分封与社会形态

周武王姬发进入商都后，随即派兵征伐尚未臣服的商朝诸属国（邑邦、部落），号称被征服者有九十九国之多。而后，武王凯旋西归，在他新迁的都邑镐京（即宗周，今陕西西安西北沣水东）举行盛大庆典，正式宣告周王朝的建立。周王朝建立的第二年，周武王就去世了。此时其子姬诵尚年幼，无执政能力，这导致周王室围绕着继位与执政问题展开了激烈的争夺。

在《书·周书·金滕》中记述了当时的状况："武王既丧，管叔及其群弟乃流言于国，曰：'公将不利于孺子。'周公乃告二公曰：'我之弗辟，我无以告我先王。'"这就是说在周武王死后，周公姬旦与其哥哥管叔、其弟蔡叔、霍叔等展开了权力争夺。管叔及其他兄弟在国内制造舆论说："周公姬旦将会对周武王的年幼之子不利。"而周公姬旦则告诉太公吕尚和召公姬奭（音shì）说："我不（摄政）为王，我将无言告慰先王。"

如果按照宗法制，作为姬旦同父母兄长的管叔应该登上王位；但如果论功劳和地位，周公姬旦应该成为周（摄政）王，这可能是他们内斗的原因吧！

这时的管叔在做什么呢？据《逸周书·克商解》记载，武王克商后"立王子武庚，命管叔相"。这就是说管叔那时为一国之君、商王之子武庚的首辅大臣。这时，以武庚为首的商遗族和以管叔为首的周人，也伺机准备行动。为此，姬旦（没有史料显示姬旦已经登基王位，但至少是摄政王）开始积极筹划一场被后人称之为东征的战争。

从《书·周书》看，这时姬旦（今通称周公，公元前1022年～前1029年在位）已经居以"王"位，在《大诰》中姬旦的讲话使用了"王曰"，口气也颇具王者风范。为发动东征，周（摄政）王姬旦还是费了一番周折的，这可以从他的"动员演说"——《大诰》——中看出。他在《大诰》中说："即命曰：'有大艰于西土，西土人亦不静，越兹蠢。殷小腆诞敢纪其叙。天降威，知我国有疵，民不康，曰：予复！反鄙我周邦，今蠢今翼。'"这说明当时的周王室原地界宗周（西方）有难，人心也不安定，有蠢动之迹象。这里没有明说其内部问题，只是指责了殷商遗民复国反动。周（摄政）王姬旦欲发兵讨伐，但遭到了周王室和侯国君室及许多大臣的反对。无奈之下，周（摄政）王姬旦为此拿出了杀手锏——龟卜，用龟卜结果来昭示"天命"。尽管如此，氏族豪门和大臣们还是反对说："困难很大，老百姓不安宁，也有王室和侯国君室的人卷入其中。我们这些小子（自谦的自称）考虑，或许不可征讨吧！大王（指姬旦）为什么不违背龟卜昭示呢？"周（摄政）王姬旦对"东征"的决心坚定不移，表示只要有十个人协助，他就可以完成文王（西伯姬昌）和武王所谋求的功业。这个讲话用了"西土"两字，可以推断当时姬旦是在宗周镐丰的东方，与流传的周公姬旦奉命"东征"是有很大出入的。

周（摄政）王姬旦征讨东方三年，杀掉了其兄管叔及商王之子武庚，流放了他的几个弟弟，殷都被夷平。顺从的殷商遗民则被送回殷商故地（今河南商丘）成立了侯国宋国。子启被封公爵爵位，为宋国国君，世称宋微子。这也算周兑现了与子启的"契约"。先前殷商遗族的地界被周（摄政）王姬旦的小弟康叔接管，即后来的卫国。

在平息殷商遗族复国暴动后，一部分不愿归顺的殷商遗族被强行迁至雒邑宗庙区，成了伺奉周宗庙社的臣民。这些殷商遗族被大军监管，以防止再次发生暴动。

周（摄政）王姬旦执政7年后，把权力交给了姬诵（？～前1021年），即周成王。周成王即位的第二年，亲率军队对东方的淮夷等进行了征伐，使东至沿海基本实现稳固。尔后，在周公姬旦和召公姬奭等的辅助之下，开始建立正规的周王室执政官僚体系并制定相应的政府管理规章制度。这就是后世我们常说的宗法制和礼乐制。从打败殷商王朝到基本实现稳定，大约花费了十年时间，期间经历了内斗、对内平乱、对外战争和分封等。

我们知道，周灭商是靠联合周、商周围地处西部的各种势力，而且有史料显示在灭商之前是有"契约"的，那就是投入与回报的问题。等灭掉了中原的"天下共主"商，建立了"天下共主"新政权，践行他们的"契约"，回报那些曾经跟随姬发灭商的氏族及功臣。这些回报就是"分封"，也是周王朝不同于前王朝的基本制度之一：分封制。

分封

在灭商之后，周王室成为新的"天下共主"。周王朝的最高统治者自称"天子"，即上天天帝之子的意思，享有"天下"至高无上的地位。周天子分封天下，将土地及其附属的臣民分别授予同姓贵族、功臣、功臣诸侯及原殷商侯国，让他们建立自己的领地，拱卫周王室。关于分封国的情况，在《荀子·儒效》中记载为"兼制天下，立七十一国，姬姓独居五十三人"，而在《吕氏春秋·观世》则有"周之所封四百余，服国百八余"之说。

周王朝鼎盛时期直接统治的区域有多大呢？或者说在周王朝的初期，成为"中国"或者说接受华夏文化的地方有多大呢？

我们可以参考一下12世纪宋代著作《容斋随笔》中的记述：古代周的时期，"中国"的疆域最为狭小。就如今（宋代）的地域而言，吴、越、楚、蜀、闽均为蛮夷之地，淮南也属蛮地，秦则是戎地……洛阳为天下之中心，为王城之所在地，然而其周边有杨拒、泉皋、蛮氏、陆浑、伊雒等戎族。此后成为宋朝皇都的开封，原本生活着莱、牟、介、莒等夷族。当时可称作中国的地域，仅为晋、卫、齐、鲁、宋、郑、陈、许等国而已，全部加起来，不过是宋代约300万平方公里疆域的五分之一。相当于现在中华人民共和国国土面积960万平方公里的百分之六，是中原地带的三四个省的面积之和。显然《吕氏春秋》是言过其实了。

通常我们说分封不但有地域方位及大小，而且有爵位之分。就出土的金文而言，在西周时期，是没有严格的爵位之分的。就等级而言，分封的邦国主要是侯国，即我们常说的诸侯国。一些特殊的人被赋予"公"的地位，主要是在周王城直接服务于周王的。宋国作为商朝后裔，则被给予了特殊爵位。

对爵位的梳理则是到了春秋末期至战国中期了。这时天下大乱，守旧者试图以国君的等级观念来恢复周王朝秩序。以等级差别为基础的周礼遭到严重削弱和破坏，整理《春秋》除了以史为鉴之外，一个重要的目的就是整理爵位，试图以此平天下。

周王朝是一个等级森严的社会。按阶层可分为天子、诸侯、卿大夫，然后是士、庶人，士与庶人是人数最多的，形成了社会等级的金字塔体系。处于金字塔顶端的是天子，天子只有一个，就是周天子。周王朝实行世袭的爵位制。把爵位整理成公、侯、伯、子和男五个等级的说法出现得比较早的是成书于战国时期的《国语》，其中《周语（上）》中记载周襄王（公元前651～前619年在位）说："昔我先王之有天下也，规方千里以为甸服。其余以均分公、侯、伯、子、男，使各有宁宇。"

走进老子

在《逸周书·职方氏》中也有"凡国,公、侯、伯、子、男,以周知天下。凡邦国大小相维,王设其牧,制其职各以其所能,制其贡各以其所有"的记载。

宗法制是周王朝最根本的制度之一,所谓宗法制也就是世袭制,爵是世袭的,其传承方式如下图所示。

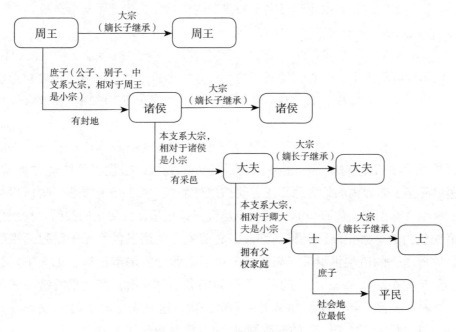

周王朝等级体制世袭图

周王朝的制度是周天子有天下,而诸侯则有邦国。处于第三层的是卿大夫,是周王室和诸侯国的所分封的臣属。周王朝在管理上实行层层管辖,上级分封下级,下级效忠上级,隔级不存在隶属关系。

周王朝时期的国家军队规模是依据国家大小设置的。在《周官·夏官·司马》中就有如下记述:"凡制军,万有二千五百为军。王六军,大国三军,次国二军,小国一军,军将皆命卿。"《周官·地官·司徒》也有记载:"五人为伍,五伍为两,五两为卒,五卒为旅,五旅为师。"也就是说一个军由一万二千五百人组成,周王室可以拥有六个军的兵力,而小国只能有一个军的建制。周王朝建立初期,周天子分封了诸侯国,其中分大国、次国、小国。大国方百里,次国方七十里,小国方五十里。但这些所谓大国与小国,只是当初的分封而已,随着时代的变迁,国的大小与强弱也随之而变。

西周采取的是贵族武士制度,军队的主管及主要力量皆为王室贵族子弟。当进行大规模战争时,譬如所谓的"蛮夷"战争,是由周王室领军,诸侯国出兵协助"王师"作战,这也是各被封国应尽的义务,因此有"礼乐征伐自天子出"(《论语·季氏》)之说。当然,战争不仅仅是对外的战争,也对内征伐那些不守"礼乐"的诸侯。

除老弱残疾者外，国族中所有成年男子都须接受军事训练，农忙时节务农，农闲时节讲武，每隔三年进行一次大演习——大蒐之礼。遇有战事，农夫要随时听从调令，充任徒卒，役期依战事的长短而定。平时农夫也有为国家及卿士定期服徭役的制度。奴隶没有充当甲士和步兵的资格，只能随军从事杂役。

社会组织

周王朝以周王室为中心，按照距这个中心的远近来划分区域，距离越近显示与周王室的关系越紧密，其可信赖度越高。作为"家天下"的周王朝，宗族是排在第一位的。

这一制度在《国语·周书（上）·祭公谏征犬戎》(记述的是约公元前964年的事情)一篇中有过描述："先王的制度——王畿以内的地方称甸服，王畿以外的地方称侯服，侯服以外至卫服以内的地方称宾服，宾服以外的蛮、夷地方称要服，要服以外的戎、狄地方称荒服。甸服地方的诸侯供给天子祭祀祖父、父亲的祭品，侯服地方的诸侯供给天子祭祀高、曾祖的祭品，宾服地方的诸侯供给天子祭祀远祖的祭品，要服地方的诸侯供给天子祭神的祭品，荒服地方的诸侯则朝见天子。祭祖父、父亲的祭品一日一次，祭高、曾祖的祭品一月一次，祭远祖的祭品一季一次，祭神的祭品一年一次，朝见天子一生一次。这是先王的遗训。"这就是五服说——甸、侯、宾、要、荒的五服制。

这里的"服"即服事于周王之意。"甸"即"田"，意为替王室耕田者，是周王朝直辖地区。"侯"指斥侯，即以武力保卫王室者。"宾"意为宾从，指归服周王室者，或指王以宾礼待之者。"要"意为约束，指少数宗族接受约束者。"荒"意为荒远，指少数宗族居远荒者。

《周官·秋官·大行人》中的"服"为侯、甸、男、采、卫、要六服和蕃国，分别于一、二、三、四、五、六年和一世中，朝见一次王，六服分别贡祀物、嫔物①、器物、服物、材物、货物，蕃国以所宝贵之物为礼。

居民结构

成书于战国时期，发现于西汉时期的《周官》②对周王朝的官僚及社会组织进行了较全面描述，虽然不一定准确反映了西周时期的社会实情，但大体上还是可信的。周王朝的居民组织有两类：国都之外的四郊之地称为乡，郊外之地称为遂。乡之下细分为州、党、族、闾、比五级行政组织。遂之下细分为邻、里、

走进老子

---

① 嫔物：指丝枲之类。
② 《周官》为西汉河间王刘德(公元前155年～前130年为河间王)献书，是战国时期作品。

鄹、鄙、县五级行政组织。根据《周官·地官司徒·大司徒》《周官·地官司徒·遂人》等记载，乡、遂的民户构成分别为：

一比（一邻）5家；一间（一里）25家；一族（一鄹）100家；一党（一鄙）500家；一州（一县）2500家；一乡（一遂）12500家。也就是说：五家为邻（5家），五邻为里（25家），四里为鄹（100家），五鄹为鄙（500家），五鄙为县（2500家），五县为遂（12500家）。

在人事制度上，士以上为贵人，士以下为庶人、贱人。贱人即小人，但是身份高于奴隶，是自由民。百工、商贾、农夫皆属贱业，从业者为小人。《左氏春秋·襄公九年》所谓"其庶人力於农穑。商、工、皂、隶，不知迁业"者。

1.2.2 意识形态变革

周王朝无论政治上还是文化上都是在商王朝的基础上建立的。

殷商的政治哲学是天命论，即"君权天神授"。统治者的权力是天帝赐予的，奉天旨意实行人间统治，统治者所作所为均要顺应天意。王拥有"通天本领"，通过祭祀等与天上神灵沟通，获得上天的昭示。商王朝统治的重要特点之一就是利用神巫宗教信仰来统御百姓，当然军队也是必不可少的国家统治机器。

这一政治哲学反映在对商朝的赞颂诗中：

天命神燕降凡间，生育我祖是商王，殷商国土多宽广。
昔日上天命武汤，划分疆域治四方。
普遍任命诸侯王，包有大力豪气壮。
商朝开国有先祖，接受天命不懈怠，
祖业再传其子孙。子孙后代来继承，武丁无往而不胜。
……
商都景山朝黄河，殷王受命最适合，身受福禄实在多。（《诗·商颂·玄鸟》）

这首诗反映了殷商的信仰，即"天授神权"，认为商王的统治是上天授予的。

在商代，人们认为人死之后不变成神就变成鬼。变成神的就"升天"，伴随在"上帝"周围。因此，"帝"这个字，在商朝的时候是不用于在世的人的，无论他有多么伟大。"王"在过世后，其灵魂升天，才被冠以"帝"的称号。在商王朝后期，不仅始祖，凡是已经死去的先王都被尊称为"帝"，所以有的学者认为，殷商民族的上帝实际上是对已故先王（也就是列祖列宗）的抽象。无论是始祖也好，还是列祖列宗也罢，这个"帝"或"上帝"都有浓厚的氏族色彩，是氏族的至尊神。

与天命哲学相伴随的文化特点就是"尊天事鬼"，也即"尊神文化"。在商代，祭祀无论在意识形态还是在生活中都是不可或缺的。这也是人类文明进程中的一个必不可少的阶段。祭祀活动的发展也促进了占卜文化和礼仪文化的发展。对于古代的占卜文化，我们不应该认为它只是迷信活动，它也是一种探索人与自然相融，尤其是天体运行规律的活动，可以说是人类科学探索的萌芽期。

在传统的历史文化宣传上，周王朝的创立并非仅始于周武王姬发，而是始于之前得天命的姬发之父——西伯姬昌（后追封为周文王）。《诗·大雅·文王》就是对西伯姬昌的赞颂：

文王在上，于昭于天。
周虽旧邦，其命维新。
有周不显，帝命不时。
文王陟降，在帝左右。
……
商之孙子，其丽不亿。
上帝既命，侯于周服；
侯服于周，天命靡常。
殷士肤敏，裸将于京。
……

这首诗的意思是：周文王神灵升上天，在天上光明显耀。周虽是古老的邦国，承受天命建立新王朝。这周王朝光辉荣耀，上天的意旨完全遵照。文王神灵升降天庭，在天帝身边多么崇高。商王朝的子孙，数目何止十万。上帝既有命令，都向周王朝归顺；都向周王朝归顺，可见天命没有一定。殷朝的官员，不论俊美的、聪明的，都要执行灌酒的礼节，在周王朝京城助祭。

这里的"文王陟降，在帝左右"明显带有殷商文化特征。

贯穿《诗·大雅·文王》始终的中心思想是从殷商继承下来，又经过重大改造的"天命论"思想。殷商王朝的政治哲学，即"君权天神授"，统治者的权力是天帝赐予的，奉行天的旨意在人间实行统治，统治者所做的一切都是天意，天意永远不会改变。而这里的"天命靡常"就是对天授王权的颠覆。而这一政治"天命无常"的口号和思想观念是西伯姬昌为了否定商王朝的"有命在天"而提出来的，为其推翻商王朝做了意识形态上的准备。

周为了推翻商王朝的统治，也借用天命作为自己建立统治的理论根据，但汲取商王朝亡国的经验教训，提出"天命无常""唯德是从"的口号和思想观念来否定商人的"有命在天"思想。周王朝从"天命无常"出发，革了商王朝"天授神权"意识形态的命。宣称上天只选择有德的人来统治天下，统治者失德，便会被革去天命，而另以有德者来代替，西伯姬昌（周文王）就是周以有德而替代殷商的。所以周文王的子孙要以殷为鉴，敬畏天帝，效法周文王的德行，才能"永保天命"。

周(摄政)王姬旦在东征平定管叔等几个兄弟及商王之子武庚后的言论也突出表现了其治国理念。

在东征灭掉武庚之后,其属地划归卫国,周(摄政)王姬旦封其小弟康叔姬封进行统领。在送年轻的康叔上任之际,周(摄政)王姬旦以王者身份多次训导、告诫康叔,这就是《书·周书》里面的《康诰》《酒诰》及《梓材》。这些训导、告诫集中地表达了周公姬旦的治国理念。他在《书·周书·康诰》中明确提出了"明德慎罚""敬明乃罚"的治国理念,认为治国应德罚并举,明确指出要谨慎用"罚",明德是慎罚的前提,"罚"只是德治的辅助。召公姬奭在周成王上位之际,也告诫周成王姬诵:"王其德之用,祈天永命。"(《书·周书·召诰》)即只有德治,才能长治久安。

在训告不愿臣服周王朝统治的殷商朝"顽固"遗臣时,周(摄政)王姬旦说:

"王(姬旦)这样说:你们这些殷商的遗臣们!时运不佳,上天把灾祸大降给殷国。我们周国佑助天命,奉行上天的明威,执行王者的诛罚,宣告殷国帝命终结。现在,你们众位官员啊!不是我们小小的周国敢于革殷命,是上天不把大命给予那信诬怙恶的人,而辅助我们(革了殷商之命),否则我们岂敢擅求大位呢?正因为上天不把大命给予信诬怙恶的人,我们下民的所作所为,应当敬畏天命。

"上帝不把大命给予不深明大德的人,凡是四方小国大国的灭亡,无不是怠慢上帝不明德而被惩罚。

"王这样说:'你们殷国的众臣,现在只有我们周王善于奉行上帝之命令。'上帝有命令说:'夺取殷国,并报告上天。'我们讨伐殷商,不把别人作为敌人,只把你们的王廷作为敌人。我怎么会料想到你们众官员太不守法。我并没有动你们,动乱是从你们的封邑开始的。我也考虑到天意仅仅在于夺取殷国,于是在殷乱大定之后,便不治你们的罪了。

"现在你们(殷商遗民)又说:'当年夏官被选入殷商王廷,在百官之中都有职事。'我只接受、任用有德的人。现在我从大邑商(殷商遗民故地)招来你们,我是宽大你们和爱惜你们的。这不是我的差错,这是天命。"(原文见《书·周书·多士》)

尽管周(摄政)王姬旦在这段训话中,仍然是沿用商王朝的天命论,但也过渡到了西伯姬昌宣传"天命无常"的思想。之所以要先提及商王朝的天命论,无非是让殷商遗族能够听得明白。从周(摄政)王姬旦这段训辞中我们还可以发现,周王朝初期也是主张以德选人的,也就是任人唯德,至少在对外族的说辞中是这样的。从某种意义上讲,这是与他们后来提倡的宗法制相违背的。而作为殷商遗民,他们也拿出古代的传说,即殷商灭夏后还聘用了夏的许多旧官为殷商官僚来反驳当时周王朝的政令。这或许是殷商遗族造反的原因之一吧!同时我们也可以看到,作为侯国的周在克商时并非强大无比。也可从周(摄政)王姬旦所用的非常客气的语言感觉到周王朝在建国初期的艰难。

如果我们去看看《书》里面所记载的周公姬旦从摄政到交权期间的言论，几乎没有涉及礼制的。诚然，周公姬旦是一位杰出的政治家，他在交权给周成王姬诵时的告诫书《书·立政》，归结起来主要有两点：一是健全执政官僚体系，即"周官"，同时也告诫周成王姬诵要重视司法，但不要干预司法；第二点就是要重视军队建设，这是其威名天下的根本所在：

"今文子文孙，孺子王矣！其勿误于庶狱，惟有司之牧夫。其克诘尔戎兵以陟禹之迹，方行天下，至于海表，罔有不服。以觐文王之耿光，以扬武王之大烈。呜呼！继自今后王立政，其惟克用常人。"（《书·周书·立政》）

周公若曰："太史！司寇苏公式敬尔由狱，以长我王国。兹式有慎，以列用中罚。"（同上）

他还引用西伯姬昌的做法来告诫周成王姬诵：

"文王罔攸兼于庶言；庶狱庶慎，惟有司之牧夫是训用违；庶狱庶慎，文王罔敢知于兹。"（同上）

也就是说，西伯姬昌不会代替他的官员发布各种政令、教令。对于处理庶民各种狱讼案件和管理庶民的各种事务，都交由主管官员和牧民的人去处理，西伯姬昌是不会横加干涉的。

从这些历史文献上看，在周王朝初期周公姬旦主政时，并没有把"礼"作为制度来执行，甚至未曾提及。因此，传说"周公制礼"也是非常值得怀疑的。由此我们可以得出结论，周王朝的初期统治基于三个支撑点，政治上讲究"德制"，对内在德的基础上实行"罚"，而对封国或者未归顺的，则以武力相威。

公元前964年（周穆王十二年）春，当周穆王姬满准备亲自率兵对犬戎因没有及时进贡进行讨伐时，上卿大臣祭公谋父以"耀德不观兵"的主张企图阻止其用兵，虽未成功，但这也说明当时的"德"和"兵"是治国的两个重要支撑和选项。

随着周王朝的稳定和分封制的实施以及官僚体制的建立，周王朝渐渐舍去了其克商初期的"德制"观，开始建立和完善了与宗法制相适应的治国国策之一——礼乐制。

周王朝作为商王朝的继承者，尽管学习了商王朝的"礼"，但并没有完整地继承商的宗教与文化。虽然周在早期沿用了商文化，但并不是全部继承。周克商后又进一步把商王朝的祭祀圣地（今河南安阳的殷墟）夷为平地，彻底捣毁了殷商意识形态的建筑设施。周没有试图像商王朝那样建立自己完整的祭祀体系和文化，而是在其基础上做了重大变革，即周王朝的最高统治者是自诩以"天帝"在人间的代理者——天子的身份出现的。简单地说，就是将始祖神和至尊神"天帝"一分为二地剥离开来，抹去了"上帝"的氏族色彩，使"上帝"高高在上，与"天"的观念联系在一起，成为周王朝治下的各民族、各氏族都必须尊奉的至尊神，于是"上帝"也就更多地被称为"昊天上帝"或"皇天上帝"，有时也简称"天帝"。

"天帝"既然并非一姓一族的始祖或列祖列宗，那么他当然就不会对某一姓或某一族特别的恩宠，而是公平无私地俯视着人间，谁有王天下之德，就让谁做天下王。

周王朝的最高统治者称作天子，是"天帝"在人间的唯一代表。周王朝的国君在世时是天子，死后也没有像商王朝那样被称为帝。与此同时，本来用于祭祀的"礼"也用到了人间。"礼"不单单是宗教仪式上对人的规范和约束，也是"天子"对人们的约束和行为规定。"天子"有祭祀"天帝"的专权，而其他级别的官僚也要按照"礼制"规范进行规制。当然同一级别的官僚贵族也有获得天子特批的，譬如齐国国君和宋国国君。周礼的不断完善与发展，形成了系统化的、适用分封制和宗族制的礼制。把商朝的崇拜神明和祖先在天之灵过渡到更注重对"活人"天子的崇拜与服从，完成了"意识形态"革命，同时也是一场思想文化上的大革命。如果说分封制是宗法制的体现，那么，经过颠覆性变革后成为治国纲领的"礼制"，对周王室统治诸侯起到了决定性的作用。在西周时期，"礼"只是在侯王贵族之间，而老百姓是"享受"不到的，因而有"礼不下庶人、刑不上大夫"之说。这是华夏文明有史以来最大的文化变革，这一变革开启了以"宗法"和"礼乐"治国的新时代。

礼制的首要功能就是别贵贱，序尊卑，是区分贵贱、尊卑、长幼、亲疏之别，维护宗法制度，整治社会关系的工具。

在西周，无论是在重要的祭祀场合还是宴会、丧葬，作为容器之一的青铜器，作为最贵重也是最尊贵的金属材料——青铜做成了各种"礼器"。"礼器"除了有作为容器的基本物理功能之外，还有一个重要的社会功能——分等级。就是按照服务对象的身份等级来成套配置。通过不同的式样与配置，来表明不同的等级。这些规定是不可违反的，这是"礼制"的典型表现。

譬如，在西周时期用于盛食物的鼎和簋是相配使用的——鼎专门用于盛肉，而簋则专门用于盛装其他食物。这种组合，形成了典型的周礼之一——用鼎制度。按照"周礼"规定，天子用九鼎八簋，而诸侯只能用七鼎六簋，大夫用五鼎四簋，士用三鼎二簋等等。不仅用鼎数量不一样，而且其规格与纹饰也是不一样的。这些"物件"被用来表明其拥有者或者使用者的社会地位的高低。这样，不但人的社会身份得到等级规范化，而且也能确认其权利、责任和义务，以此来维护一个有等级差别的社会秩序。

非但如此，连为天子准备食物一事，在"周礼"中都有明确规定。据《礼记·曲礼》记载：为天子削瓜去皮后要切成四瓣，用细麻巾盖好；为国君削瓜去皮后要切成两瓣，用粗麻巾盖好；为大夫削瓜去皮后就整个放置；士人只切瓜蒂；庶人就带皮吃。因此，才有孔丘所说的"食不厌精，脍不厌细"《论语·乡党》。

"周礼"还规定，吃饭要有一定的礼节，带骨肉放在左边，切肉放在右边，饭食放在人的左手边，羹汤放在人的右手边。切细的肉和烧烤的肉放得远些，醋酱调料放得近些，姜葱佐料放在醋酱左边，酒浆饮料放在右边。摆放牛脯干肉时，弯曲的放在左边，挺直的放在右边。在客人身份低，端着饭食起身谦让时，主人要起身安顿客人，然后客人安坐。主人劝客人进食时要先祭食，祭最先吃的饭菜，然后按食物顺序一一祭食。吃过三口饭后，主人要请客人吃大块的切肉，然后逐一请吃，直到吃带骨肉。主人还没有吃完，客人就不要用汤漱口。

除了饮食的特殊待遇之外，周天子还开创并享受了被后代帝王延续了两千多年的"女眷待遇"。对于天子的女眷，《礼记·昏义》有记载："古者天子后立六宫，三夫人、九嫔、二十七世妇、八十一御妻。"这可能是后世帝王三宫六院的先河吧！

葬礼也是礼制的重要组成部分，在《庄子·杂篇·天下》记述有"古之丧礼，贵贱有仪，上下有等，天子棺椁七重，诸侯五重，大夫三重，士再重"。意思就是说葬礼是上下有等、贵贱有仪的。

当然，最高统治者享受如此的待遇，那些诸侯、御大夫也能享受相应的待遇。这可能是儒家提倡的学而优则仕的内在动力所在吧！

周王朝的礼制革命，削弱了人们对天帝和神灵的敬畏，增强了礼制对人间的束缚。其结果导致中国的文化脱离了原始宗教信仰的轨迹，走入礼教或者我们称之为儒教的轨道。到春秋末年，儒家学派奠基人孔丘在回答季路问"事鬼神"的问题时说"未能事人，焉能事鬼"《论语·先进》，这表明在孔丘眼里，鬼神已经下降到"人"之下，这与商王朝时代形成了巨大反差。他又说："君子有三畏：畏天命，畏大人，畏圣人之言。"《论语·季氏》且有"五十而知天命"《论语·为政》的论述。孔丘的"畏天命"不是畏天帝、畏神灵，"知天命"是对自己人生阅历的总结。"知天命"是他的"知其不可为而为之"的反动，也是人生观的回归。

应该指出，西伯姬昌所宣传的"天命无常论"与后来儒家所宣传的"礼制"是有本质性区别的。天命无常论是"破"，而礼乐制则是"立"。周王朝的礼乐治国国策的制定与实施，是中国历史上划时代的一次革命。这一模式为后来的许多封建王朝所利用。当要推翻一个王朝时，就宣扬"天命无常"。一旦夺取了政权，当建立新王朝时，"尊礼"思想就会被重新作为上层建筑的指导思想。

1.2.3 兴与亡

周王朝建立后，依靠分封制、井田制及礼乐制走向了强盛。

与历史上的其他王朝一样，与其初建时的"周虽旧邦，其命维新"精神也渐渐远离，缺少维新与变革，墨守其制定的"礼乐制度"，这个"得天命"的天下王朝也逐渐走向没落。

让我们看看这个得天命的王朝是如何一步一步走向衰亡的吧！

走进老子

在周昭王姬瑕（？～公元前977年）时代，南边的小国因为找到铜矿而实力迅速增强。那个年代"铜矿"是战略物资，犹如今天的石油与稀有金属一样。而这些实力增强的"蛮夷"小国并不服服帖帖俯首臣服于周王室，周王室为了驯服这些"蛮夷"小国，更为得到战略物资，周昭王姬瑕便以"楚蛮不上贡"为由，率大军前往征伐。

据《竹书纪年》记载，周昭王伐楚，主要有三次：

第一次是公元前985年（周昭王十六年），周昭王"伐楚，涉汉，遇大兕"。此次战争与陕西扶风出土的"墙盘"铭文记载相同。周昭王领军渡过汉水，深入荆楚一带，渡汉水时还遇见犀牛。

第二次是公元前982年（周昭王十九年），周昭王派祭公、辛伯攻楚，"天大曀，雉兔皆震，丧六师于汉"。周军渡汉水时，阴风骤起，气候恶劣，将士惊恐，军队损失严重。

第三次是"昭王末年，夜清，五色光贯紫微，其王南巡不返"。依据鲁国纪年推算，此时为公元前977年（周昭王二十四年）。"墙盘"上的铭文记载："弘鲁召（昭）王，广笞荆楚，唯狩南行。"此次伐楚虽声势浩大，但结果却是全军覆没。周人讳言此事，模糊地说"南巡不返"。

第三次"南征"是周王朝自入主中原以来对外用兵最大的损失，其建立起来的强军也遭到重创。从这几次征伐来看，周王朝立国百年还是具有相当的军事实力的，"礼乐征伐"主要是征伐那些不上贡的违"礼"者。从另一方面讲，这些违"礼"者主要是一些偏远地方的少数民族，本来也不是诚心臣服周王朝的，与周王朝以宗法制及对克商的功劳来分封的诸侯国相比并不稳定可靠。

周昭王的儿子姬满（今通称周穆王，公元前976年～前922年在位）继位后，暂时停止了对外征伐，转而对内政进行整顿。他命令大臣伯冏（音jiǒng）向朝廷官员重申执政规范，并发布《冏命》；又用吕侯（亦作甫侯）为司寇，命令作《吕刑》（为中国流传下来最早的法典），并公告四方，以图整治天下。《吕刑》包括墨、劓、膑、宫、大辟五种重刑，其细则达3000条之多。周王朝的社会得到整治与休生养息，军队实力也渐渐得到恢复。

公元前964年（周穆王十二年）春，周穆王姬满否决了大臣祭公谋父提出不出征而实行"耀德不观兵"的政策主张，以犬戎没有及时进贡为由，亲自率兵对犬戎进行了征伐。虽然战争取得了军事胜利，但成果并不大，仅仅"得四白狼四白鹿以归"（《国语·周语》中的"祭公谏征犬戎"），而《史记·周本纪》在评论这次西征时则说"自始荒服者不至"。

周王室经过周昭王姬瑕南征荆楚的全军覆没，到周穆王姬满图谋东山再兴，其对外征伐并未取得决定性胜利，也没有获得广泛的政治成功。相比周昭王姬瑕时代，此时的周王室虽然得到了一定的恢复，但往日的"绝对"权威却远离而去。于是就有了周夷王姬燮（公元前885年～前877年在位）为立威而烹杀齐哀公吕不辰的著名事件。

周夷王姬燮虽被立为太子，但在其父周共王过世后并没有继承王位，继承王位的是其叔父姬辟方。据《史记·周本纪》记载："懿王崩，共王弟辟方立，是为孝王。孝王崩，诸侯复立懿王太子燮，是为夷王。"姬辟方（今通称周孝王，公元前910年～前896年在位）之所以能够登上大位，是因为"懿王之时，王室遂衰，诗人作刺"。这可能考虑到在周王室衰弱背景下，让能力与威望比较强的姬辟方继位，也是周王朝为摆脱衰败而做出的破例选择。直到周孝王姬辟方去世，诸侯才复立原太子姬燮为天子，也就是周夷王。

周夷王姬燮继位后，在处理与诸侯的君臣关系上表现得非常低调，曾下堂接见诸侯。我们不知道其具体用意何在，也许是念及诸侯的拥立之功，也许是周王室威严不盛，故而放下身段，展示其亲诸侯形象。这一违反常"礼"的举动被后世的儒家经典《礼记》（西汉时期学习周礼的辅助材料）指责为天子失礼："礼，天子不下堂而见诸侯。下堂而见诸侯，天子之失礼也。由夷王已下也。"《礼记·郊特牲》由此也可以看出，后世的儒家是非常拘泥于形式，也是非常教条的。这也是周因实施"礼制"而使国家逐渐走向衰败的原因吧！

虽然天子"下堂而见诸侯"被指责有悖礼制，但诸侯还是感到很受用的，以至于"诸侯德之"（《史记·帝王世纪》）。从这个意义上讲，周夷王姬燮"下堂而见诸侯"是为了博得诸侯之心。周夷王姬燮为了挽回国势日衰的颓势，效仿周穆王姬满曾以武力征讨周边的少数民族，即西戎、东夷和南淮夷，想重树周王室的王威。这些征伐虽取得一些战果，但始终未能制止西戎的入侵骚扰。

周夷王姬燮除了对外族（蛮夷）进行征伐之外，对诸侯国也采取了树威的举措，其惊世之举就是烹杀齐哀公吕不辰。据《竹书纪年》记载周夷王"三年，王致诸侯，烹齐哀公于鼎"。《史记·周本纪》也记述了"哀公时，纪侯谮之周，周烹哀公"。公元前883年（周夷王三年），周夷王姬燮将齐哀公吕不辰等诸侯召至王城。周夷王姬燮因听信纪侯（齐国的邻国纪国国君，齐国、纪国的初代国君是亲兄弟）的谗言，在众目睽睽之下，下令将齐哀公吕不辰扔进大鼎中活活烹杀，手段可谓相当残忍。这与其下堂而见诸侯形成了强烈的反差，这也许是周夷王姬燮恩威并施吧！其目的无非是为了掌控诸侯，恢复周王室昔日统领"天下"的荣光和权威。

那么，齐哀公吕不辰违反了什么"礼"呢？

作于西晋时期（公元266年～311年）的《帝王世纪》载："三年，（周夷）王有恶疾，愆于厥身。"而唐代司马贞（公元679年～公元732年）的《史记索隐》则载齐哀公吕不辰"荒淫田游"。或许是按照礼制，在周夷王姬燮生病期间，作为诸侯之一的齐哀公吕不辰未能按照礼制表现出应守的"礼"，显得漠不关心，若无其事，因此被烹杀。齐国国君既非姬姓，又远离周王城，齐国虽然有一定的实力，但要威胁到周王室也是不可能的。为了立威，周夷王姬燮拿齐哀公吕不辰开刀，也是合情合理的。

周夷王姬燮烹杀齐哀公吕不辰，显现出周王朝所推崇的"礼"并非只是后儒们所宣扬的温柔礼遇，也是披着温柔外衣却内藏残酷的刑具。但作为刑具的"礼"的使用，并不仅仅依赖于礼制，还得依靠实力。作为半"蛮夷"且比邻周王室的楚国就在熊渠（？～公元前877年）为国君期间，将其三个儿子分封为王。这种凌驾于周天子之上的"无礼"之举，周王室也无动于衷，这也说明周王室已无力对楚实施"礼乐征伐"。

尽管周夷王姬燮外征夷狄，内杀诸侯，也未能从根本上中兴周王朝。周王朝在这一轨迹上又度过了百年，到了周幽王姬宫湦（？～前771年）时代——一个使西周寿终正寝的时代。

周幽王八年，也就是周幽王姬宫湦被杀前三年（公元前774年），当时周王姬宫湦的叔父姬友（今通称郑桓公，？～公元前771年）担任周王室司徒一职。在他入职周王室后，感觉到周王室内在的危机。于是他请教太史伯：如果周王室出现灾难性变故，他应该如何逃离危险。太史伯对当时形势作了清晰的分析：

"周王室将要衰败，戎、狄肯定会昌盛起来，不能靠近它们。在周都雒邑，南面有楚蛮、申、吕、应、邓、陈、蔡、随、唐九国；北面有卫、燕、狄、鲜虞、潞、洛、泉、徐、蒲九国；西面有虞、虢、晋、隗、霍、杨、魏、芮八国；东面有齐、鲁、曹、宋、滕、薛、邹、莒八国；这些国家若不是周王的同姓支族、母弟甥舅之类的亲戚，就是蛮、夷、戎、狄之类的少数民族。不是亲属就是凶顽之民，不能到哪里去。该去的应是在济水、洛水、黄河、颍水之间那一带吧！这一地带都是封为子、男爵位的国家，其中虢国和郐国最大，虢叔凭仗着地势，郐仲依恃着险要，他们都有骄傲奢侈、疏忽怠慢的思想，又加上很贪婪。您如果因为周王室遭难的缘故，想把妻子、财物寄放到那里，他们不敢不答应。周王室混乱而衰败，这些人骄侈贪婪，必然会背叛您，您如果率领雒邑的民众，奉天子之命去讨伐他们的罪恶，没有不成功的。如果攻克了两国，那么邬、弊、补、舟、依、历、华八邑，就都是您的国土了，如果前面有华邑，后面有黄河，右面有洛水，左面有济水，主祭苹山和骐山，饮溱、洧两河的水，遵循旧法来守卫这片土地，那就可以稍稍稳固了。"（原文见《国语·郑语》）

接着太史伯又进一步分析了周王室内部更换太子的事情：

"周幽王想要杀掉太子——申后之子宜臼，改立褒姒之子伯服，肯定要求申国交出太子，申国不交，周幽王一定会去讨伐申国。如果讨伐申国，缯国与西戎就会联合起来攻打周幽王，周王朝就保不住了。缯国与西戎正要报答申国，申国、吕国正强盛，它们深爱太子也是可以预料的。周幽王的军队如果攻打申国，它们去救援申国也是必然的。"

紧接着太史伯又说:"幽王心中愤怒了,虢公顺从了,周朝的存亡,不出三年了。"(原文见《国语·郑语》)

司马迁在《史记·周本纪》中是这样叙述当时周王室的内部情况的:

公元前779年(周幽王三年),周幽王姬宫湦宠爱褒姒。褒姒生的儿子叫伯服,周幽王想废掉太子。而太子的母亲是诸侯之一的申国国君申侯的女儿,是周幽王姬宫湦的王后。后来周幽王得到褒姒,非常宠爱,就想废掉申后,并把太子宜臼也一块儿废掉,好让褒姒当王后,让伯服做太子。再后来,真的把申后和太子都废掉了,立了褒姒为王后,伯服做了太子。太史伯阳感慨地说:"祸乱已经造成了,没有法子了!"

这说明当时周幽王更换太子已使周王朝内部的争斗到了你死我活的地步。对于西周灭亡,有一个至今流传甚广的"周幽王烽火戏诸侯"的故事。司马迁在《史记·周本纪》中是这样叙述这个故事的:

褒姒不爱笑,周幽王为了让她笑,用了各种办法,褒姒仍然不笑。周幽王为了防范外敌入侵设置了烽火狼烟和大鼓,如有敌人来侵犯就点燃烽火。周幽王为了让褒姒笑,点燃了烽火。诸侯见到烽火,全都赶来了,赶到之后,却不见有敌寇,褒姒看了果然哈哈大笑。周幽王很高兴,因而又多次点燃烽火。后来诸侯们都不相信了,也就渐渐不来了。

而到周幽王废申后和太子宜臼时,申后的父亲、申国国君大怒,联合缯国、西戎的犬戎攻打周国。周幽王用烽火调集诸侯国的救兵,但没有诸侯救兵赶来。结果周幽王被杀于郦山下。

司马迁在《史记·秦本纪》中则是这样描述这一事件的:"七年春,周幽王用褒姒废太子,立褒姒子为适,数欺诸侯,诸侯叛之。西戎犬戎与申侯伐周,杀幽王郦山下。"

成书在《史记》之前的《吕氏春秋》,在其《慎行论·疑似》篇也有类似的记述,只不过不是烽火,而是击鼓。鉴于《史记》的正统性与传播的广泛性,这个故事就定格在"周幽王烽火戏诸侯"了。

走进老子

两周王城镐京在现在的西安附近,按照一个简单的道理,西戎在西边,如果西戎从西边入侵,周王姬宫湦完全可以向东撤离逃跑!东边是"天下共主"周王朝统治的广阔空间。这在其他朝代是有同类案例的,如唐朝的唐玄宗、清朝的慈禧太后,在京城受到外部攻击时都能成功逃离。再说,按照当时的周王朝的体制,王朝都是有封国拱卫并且有强大的驻军守卫。驻军一般可达六个师,约两万人。攻破一个都城、杀死国王不是那么简单的事情。

那么真实的历史是怎样的呢?

周王姬宫湦因宠爱褒姒,废申后立褒姒为后,进而废掉太子姬宜臼,改立褒姒之子姬伯服为太子。太子姬宜臼被废后逃到其外祖父申侯为国君的申国。周王姬宫湦唯恐被废太子姬宜臼再回来争夺王位，于是与伯盘一起带兵杀向申国。而作为外戚的申侯(姜姓)却想替外甥孙夺回王位继承权，于是联合缯国、西戎的犬戎等，多方夹击，击败王师并杀死了周王姬宫湦和姬伯服。后攻入王都镐京，对王都进行大肆掠夺。当然，新立的王后褒姒也不可能幸免。

需要注意的是，在这一事件中，被废太子姬宜臼的主要支持者几乎全是外姓的，如申侯和缯侯都非姬姓。后来姬宜臼东迁时，护送他的秦襄公(嬴姓，公元前778年～前766年在位)也为外族异姓。因此可以说这是姬宜臼依靠外戚、异姓干预周王室王政的事件，也是一个典型的杀父弑君的案例。

在这一事件中，正统的史书中并没有披露周王室及其姬姓家族是如何顽强抵抗的，也许事件突然，还没有来得及勤王，周幽王就被杀了。当然，作为太子的姬宜臼也不可能没有"嫡系"力量。应该说这个事件是周王姬宫湦先违背了周王室的宗法制，废嫡长子改立幼子为太子而引火烧身，祸起萧墙，湮灭了西周王朝。

如果说西周的灭亡是周王朝礼坏制度崩坏的开始，那么造成这一崩坏的不是别人，正是周王室自己。随着西周的灭亡，历史进入了春秋时代。

1.3 春秋时代

提起春秋时代，我们想到的是那个百花齐放、百家争鸣、生机勃勃的时代，也是那个战火纷飞、图强争霸的年代。那么春秋到底是怎样一个时代呢？

我们先看看《左氏春秋》昭公二十六年正义引用《竹书纪年》是如何记载的："(褒姒之子伯盘，也称伯服)与幽王俱死于戏。先是，申侯、鲁侯及许文公立平王于申，以本大子，故称天王。幽王既死，而虢公翰又立王子余臣于携。周二王并立。"在《左氏春秋·宣公三年》也有记述"携王干命，诸侯替之，而建王嗣，用迁郏鄏"。

周王姬宫湦被杀之后，其子姬宜臼并没有在周王朝的王都镐京登位，事实上也是不可能在那里登位的，他虽然为原定太子，但此时已经被废黜，毕竟是靠外夷和外戚的力量才歼灭了其父周王姬宫湦的。这一役的胜利，非但没有给他在宗周王都镐京立足建立坚实的基础，而且引外族入室——犬戎对王都镐京进行了大肆掠夺。而这时在王都镐京京畿的周王室嫡亲宗室虢石父于公元前772年，首先拥立了周王姬宫湦的另一个儿子姬余臣(一说是周王姬宫湦的兄弟)为周王(今通称周携王)。两年后，也就是公元前770年，在申侯、缯侯及晋文侯(姬姓，名仇，公元前780年～前746年在位)等的支持下，在原来的陪都雒邑拥立了姬宜臼为王(今通称周平王)。至此，周王朝出现二王并立的局面。

可以肯定的是，姬宜臼在杀死其父王姬宫湦后并没有立即"东迁"，而是与另一方周携王进行了博弈，博弈的结果是周平王姬宜臼"东迁"。可以说，周平王姬宜臼"东迁"也是无奈之举。护送其"东迁"的只是一个尚未被封国授爵的秦，穿过茫茫的周王朝大地，"东迁"到周王朝的陪都雒邑。

这就是被正史中轻描淡写的"周平王东迁"。

周平王姬宜臼"东迁"后，虽然在消灭周王姬宫湦之后，从宗周镐京带回来不少财富和王室珍藏，但要与有姬姓虢氏一族等支持的周携王姬余臣对抗，争取支持者和筹集物资是必不可少的。在名为"兮甲盘"的青铜器上的铭文就记载了连"四方"之外的"小地方"淮夷一带也被周平王姬宜臼要求支援物资。同时，周平王姬宜臼同样也向诸侯发出呼吁，请求援助。该铭文日期记述的是"佳五年三月既死霸庚申"，即周平王姬宜臼五年。

周王朝两王并列的局面持续了12年（也说21年）之久。在这并存的12年间，双方力图争取各方诸侯的支持。在诸侯中起关键作用的有姬姓虢氏一族和晋文侯（姬姓）。起初，姬姓虢氏一族中的虢季氏是拥护周携王的，但在最后阶段也转而支持周平王姬宜臼（由出土金文的年号推断出）。在失去姬姓虢氏一族的支持后，周携王姬余臣在公元前759年被支持周平王姬宜臼的晋文侯歼灭。至此，两王并列的历史宣告结束，周王朝又重新回到了一王状态。

尽管周平王姬宜臼是被迫"东迁"，但从实际效果上看是非常正确的。这样周平王姬宜臼不仅摆脱了西戎的骚扰，也脱离了与当时有虢氏一族支持的周携王姬余臣一派近身搏斗的处境。非但如此，因为宗周镐京地处西陲，其西又有西戎的威胁，与东方诸侯国相距遥远，所以很难快速得到东方各诸侯国的物质支持。而周平王姬宜臼落脚的雒邑，是周王朝的"中心"地带，又有大面积的直辖领域。因此，无论是联合诸侯还是进行物资筹集都有非常便利的条件。从这个意义上讲，与其说周平王姬宜臼战胜周携王姬余臣是道义上的胜利，不如说是地理和经济上的胜利。

虽然周平王姬宜臼成为周王朝唯一的王，但得胜来之不易，付出了"割地"的沉重代价。

首先要犒劳助其消灭其父周幽王姬宫湦和为其护卫"东迁"的功臣方，无论是申侯、缯侯、秦还是后来代其灭掉周携王的晋均需赏赐。

获利较大的首先是护送并支持周平王姬宜臼的秦。秦原本只是侯国的"附庸"，也没有爵位。因保护周平王姬宜臼"东迁"有功，才被封国授爵，成为正式的诸侯国。秦获得了包括宗周的雄起之地、旧都所在地渭河平原在内的千里封地，（虽然当时大部分被犬戎所占领）这为秦的崛起奠定了基础。

另一个获利较大的是晋国，周平王姬宜臼把汾水流域所有土地赠送给了晋，晋得到了周携王在山西东部和河北部分地区的领地。从此，晋国开始了大规模的扩张，并逐渐发展成大国，成为春秋侯伯之一。在战国时期，晋国一分为三，而

走
进
老
子

这三个国家韩、魏、赵则成了战国七雄中的三雄。

再有一个就是郑国。郑武公(姓姬,名掘突,公元前771年~前744年在位)的父亲原为周王姬宫湦的旧臣,在那场歼灭周王姬宫湦之役中被杀,郑武公协助周平王姬宜臼并助其"东迁"。周平王姬宜臼"割让"了雒邑周围大片周王室直辖领土,使其扩建了郑国。郑武公也被周平王姬宜臼封为卿大夫。郑国后来也得到长足发展,一度成为春秋时代鼎盛强国之一,对周王室产生过重大影响。

"得胜后"的周平王姬宜臼所拥有的周王朝直辖领域仅为今河南西北部的一隅之地,东不过荥阳,西不跨潼关,南不越汝水,北只到沁水南岸,方圆只有六百余里,与方圆数千里的诸侯大国相比,它只相当于一个中等侯国而已。而这时的周王室控制"天下"的资本和实力已经被严重削弱,对诸侯的控制和影响基本上依赖于长期礼教化的文化和延续下来近乎崩溃的"礼乐制度"。另外,周平王姬宜臼因有杀父弑君的"原罪",不但使其权威性遭到极大损害,同时也对周王室的宗法制度及礼乐制度产生了深远的影响。

这就是我们称之为"春秋"时代的开端。

这个时代被称之为"春秋时代",是源于记录那个时代的一本编年史的文献,名叫《春秋》(我们现在所见到的《春秋》是在春秋末年被修正过的)。由于它所记历史事实的起止年代,所以史学界便把《春秋》这个书名作为这一历史时期的代称。虽然我们后人称这个时期为春秋时期,将紧随其后的时代称为战国时期,但我们并不能按其通称的字面意义理解那个时代——不能说春秋是百花齐放的和平年代,而战国时代是兵荒马乱的战争年代。

我们常说春秋时代的周王室式微,我们可从周平王姬宜臼写给诸侯之一的晋文侯的一封致谢信,感受一下其式微的程度:

"族父义和啊!……呜呼!可怜我这年轻人继承王位,遭到了上天的重重惩罚。我没有什么资财和恩泽施给老百姓,侵犯我国家的兵戎很多。如果在我的治事大臣中,没有老成人长期在职,我就会坐不稳王位了。我呼呼:'祖辈和父辈的诸侯国君,要顾念我、替我担忧啊!'"(原文见《书·周书·文侯之命》)

从此致谢信(美其名曰"文侯之命")可以看出,周平王姬宜臼对晋文侯几乎到了哀求的地步,其连"天子""王者"的尊严也抛到九霄云外了。

那么,周平王姬宜臼之后的周王室是否有中兴呢?

公元前718年,在位近五十年的周平王姬宜臼去世,因其儿子早亡,由其孙子姬林(公元前719年~前697年在位)即位,今通称周桓王。

周桓王即位后,对渐渐崛起而又不愿臣服的郑国大为不满,就施压郑国,为此周、郑交恶,导致了对周王朝具有重大影响的繻葛之战的发生。

据《左氏春秋·桓公五年》记载,公元前707年(鲁桓公五年,周桓王十三年,郑庄公三十七年)周桓王亲率大军征伐郑国,由虢国国君虢公林父率领右军,统领蔡国、卫国的军队；周公黑肩（周公姬旦之后）率领左军，统领陈国军队。郑庄公寤生（公元前743～前701年在位）率大军在繻葛（今河南长葛北）御敌。在战斗中，周桓王被郑国将领祝聃一箭射中肩膀。祝聃请求前去追赶，郑庄公却说："君子不希望欺人太甚，何况是欺凌天子呢？只要能挽救自己国家免于危亡，这就足够了。"此役以周桓王统领的周王室联军失败而告终。

周桓王率领的联军，除了陈国（周武王的女婿封国）是外姓之外，其他几个均为姬姓，可以说聚集了忠实于周王室的全部力量。郑国只是一个随周平王姬宜臼东移后被赠与的封国，实力却在仅仅五十年间迅速崛起，而以周王室为核心，深度依赖宗法制和礼乐制的国度，却衰败加速。

"繻葛之战"使周天子威信扫地，周王朝的"礼乐征伐自天子出"的传统从此消失。继郑国之后，齐、晋、秦、楚、吴、越等大国先后崛起。诸侯争霸，周王室的"天下共主"之位形同虚设。

对照公元前883年的周王室，虽然不能称得上强盛，但周夷王姬燮可因为齐哀公一些小小的失礼就烹杀了实力并不弱的齐国国君。而到周桓王时期，天子亲率联军伐侯国郑，不但没有取胜，还挨了郑国将领一箭，而"肇事者"郑国，无论国君还是军事将领均安然无恙，由此可见周王朝是何等衰落。

伴随着周王朝的不仅仅是威严扫地，而且是内乱不断。公元前697年，周桓王去世。周桓王有三个儿子，太子佗、王子成父、王子克。周桓王喜欢小儿子王子克，一直想废长立幼，生前受宗法制所限未曾实施。到周桓王病重，就把王子克托付给周公姬旦的后代，位列三公的周公姬黑肩（？～公元前694年）。托付他等太子佗死后，再把王位传给王子克。周桓王死后，太子佗即位，史称周庄王（公元前696～前682年在位）。周庄王姬佗即位后，就对周公姬黑肩严加防范。而周公姬黑肩想趁周王室与齐国通婚、举行婚娶仪式时弑杀周庄王姬佗，大臣辛伯想劝说阻止，未能奏效。于是辛伯告发，周庄王姬佗与辛伯联合起来先下手，抢先一步杀了周公姬黑肩，从此周公姬旦一脉在周王室的爵位就没有继承人了。事情败露后，王子克逃往燕国，王子成父则避乱去了齐国并在齐国做了卿大夫。

周庄王姬佗在稳固了地位后，非常宠信姜室姚姬。姚姬所生子颓，也深得周庄王宠爱。后来周庄王和继位的周釐王都先后病死，周庄王之子姬阆（谥号惠王）即位，子颓升级为王叔。周惠王姬阆即位后先是抢占五大夫的地盖宫室，又因食物不好吃罢免他们的官职。这五大夫蒍国、边伯、詹父、子禽、祝跪联合被周惠王姬阆剥夺了田地的贵族苏氏，串通王叔子颓发动反乱，结果被周惠王姬阆打败，逃到卫国。卫国卫惠公姬朔因为卫国君位之事与周王室关系恶化，这次借王叔子颓之事，联合南燕，一起攻打周王室。周惠王姬阆不敌卫、燕、子颓联军，被击败后逃奔到了温地。这时，周惠王姬阆想起了左邻右舍——郑国和虢国。虽然周王室以前和郑国有过争执，甚至发生过战争，但时过境迁，郑国的强大已不复

存在。郑国则权衡利弊，一旦周王室被卫国控制，地处周、卫间的郑国必将受到两面挤压。因此，从长远来看，协助周惠王姬阆复位对郑国有益无害。公元前673年夏，郑、虢联军突袭周王室都城雒邑，子颓和五名共谋大夫措手不及，雒邑被很快攻下，子颓和五大夫则全部被杀。周惠王在郑厉公和虢公的拥护下回到都城，重登天子之位。历时三年的子颓之乱遂告结束。

周惠王姬阆经此大乱，却丝毫未吸取教训，其在位时宠爱惠后和小儿子王子带（公元前672年～前635年），想废掉太子郑。当时的霸主齐桓公吕小白（姜姓，吕氏，公元前685年～前643年）请太子郑主持会盟才算稳定了太子的地位。周惠王姬阆死后，惠后想废太子郑，但是齐桓公吕小白出面主持局面，惠后和王子带密谋未成，太子即位是为周襄王。王子带夺位不成，欲效仿周平王姬宜臼联合申、缯国、西戎等夺取王位成功之先例，于公元前649年（周襄王四年）夏，召集周王室都城附近的扬邑、拒邑、泉邑、皋邑戎狄以及伊、雒之戎并许下重贿，联合猛攻周王室都城，迫使周襄王弃城而逃，避难到郑国。此事一出，天下震动，秦穆公和晋惠公联合出兵，赶走了诸戎，而王子带败走齐国避难。齐桓公吕小白派人责问戎狄，戎狄回应说是王子带召集他们前去的。周襄王得知此消息后大怒，导致周王室与齐桓公吕小白关系迅速恶化。此后数年间，周惠后一直请求周襄王赦免王子带，诸臣也劝说周襄王。公元前638年（周襄王十五年），周襄王将王子带召回。岂料王子带回来后又与襄王后勾结到一起，被宫人举发，王后被幽禁宫中，王子带则跑到王后的母国翟国，请翟兵又一次攻入周王室都城，周襄王再次出逃到郑国，此时齐桓公吕小白已离世。公元前635年（周襄王十八年），晋文公派兵迎襄王去攻打王子带，翟兵大败，王子带和周襄王后都被晋国大将魏犨（又称魏武子）杀死，王子带之乱才算完结。

周王室形势如此，那么侯国情况又如何呢？

我们看看两个与周王室同姓、也是与周王室关系最为密切的侯国。

晋国曾为周平王"东迁"及周平王灭周携王立下不世之功。到春秋末晋厉公姬寿曼（公元前580年～前573年在位）执政的前期，先打败欲东扩的秦，又于公元前575年，率兵与楚在鄢陵（今河南鄢陵西南）大战。这次战役，晋军善察战机，巧妙指挥，击败同晋争霸中原多年的老对手——楚国，威震诸侯。但晋厉公姬寿曼执政后期，骄侈宠姬，杀大夫郤至，以胥童等为卿，终被大臣栾书、荀偃囚禁并杀死。即使在儒家文化比较发达又占有主导地位的鲁国，其太史里革在评价晋人弑其国君姬寿曼时，也认为国君被逐、被杀是咎由自取，臣民的反抗行为也就无可厚非了（《国语·鲁语（上）》）。这反映了政治伦理道德观已经发生了质的变化。

另一个是具有"礼仪之邦"之称的鲁国，情况又是怎么样的呢？

春秋时期，鲁国处于晋、齐、楚、吴等大国之间。在内政方面，鲁文公姬兴在公元前609年去世，大夫襄仲在齐惠公默许下，杀死了嫡子恶及视，拥立了庶子姬倭为国君，即鲁宣公。鲁国自鲁宣公姬倭在公元前591年去世以后，国君失去权威，政权实际掌控在以季氏为首的三家贵族(即"三桓"①)手中。鲁昭公(公元前560年～前510年，公元前542年即位)初年，"三桓"家族掌管了鲁国的财政和军队的实权。公元前517年，鲁昭公讨伐季孙氏，但大败，鲁昭公逃到齐国，后辗转至晋。晋欲使鲁昭公返鲁，鲁国不收，公元前510年，鲁昭公客死晋地乾侯。与此同时，"三桓"家族的内部实权，又被一些强悍的家臣(如阳虎、公山不狃、侯犯、公敛处父等人)所掌控，包括三家领地、农奴和税赋等，从而形成了被儒家描写成"公室失政，政出私门，权在家臣"、"君不君，臣不臣，父不父，子不子"的局面。

周王室的内乱，使本来已经衰弱的东周王室更加积弱，无论是经济、军事层面，还是在以"礼乐"为治国制度的政治层面，其在诸侯中的地位可以说是一落千丈，毫无宗主国的权威。周王室不但失去了统治实力，同时也失去了道义上的神圣光环。在周王朝的"天下"，诸侯国为争夺地盘而相互兼并。在诸侯国内，为争权夺利，时有臣弑君或子弑父的杀戮上演。

在周王室内乱之际，作为周王朝"天下"外面的异族也看准了机会向周王朝的中心地带——中原(即中国)侵入。在北方，戎狄陆续冲出黄土高原，突入黄河南北两岸，有的直逼周王室王都雒邑。南方，楚国陆续攻灭了南阳盆地以及江汉平原地带的诸侯国，拥有了大别山、桐柏山之险，其势力逐渐扩张到了威逼中原之势。中原核心地带受到南北夹攻，在这种情况下，出现了春秋第一位盟主——侯伯——齐桓公吕小白。《公羊春秋·僖公四年》在评价齐桓公时说："南夷与北狄交，中国(即中原)不绝若线。桓公救中国(即中原)，而攘夷狄。"齐桓公吕小白之所以能够成为侯伯，除了其国力强盛之外，一个直接的原因就是周王室式微以及由此造成的周围"蛮狄"对中原的侵蚀。

那么，齐桓公吕小白是怎么成为第一位诸侯领袖的呢？这得益于治世能臣管仲②的鼎力协助。

齐桓公在位时期，主要实施了以下几个方面的改革：

一、重视招揽、提拔、重用人才

在《管子·小匡》中是这样记述其招揽人才的："为游士八十人，奉以车马衣裘，多其资币，使周游于四方，以号召天下之贤士。"齐桓公还为士之欲觐见者设立了隆重仪式——"庭燎③"。据《周官·秋官·司烜》记载："凡邦之大事，共坟烛庭燎。""庭燎"是很高规格的礼仪。齐桓公为了招纳人才，越规使用了如此

---

① 三桓：季氏、孟氏、叔孙氏三家，是鲁桓公姬允的后代，当然也是周公姬旦的后代，姬姓。
② 管仲（约公元前723年～前645年）：姬姓，管氏，名夷吾，字仲，春秋时期法家代表人物。
③ 庭燎：指在春秋时期，侯王在接待外国使者或商讨国家大事时，要在大庭中燃起火炬的仪式。

之高的接待礼仪。不难想象，在等级森严、重礼仪的周王朝，对什么人用什么礼仪是有严格规定的，不能僭越。这种不论级别，只要有才，就以庭燎之礼迎接的做法正是其破除"礼制"的写照。这也正是孔丘非难管仲的地方之一："管氏而知礼，孰不知礼？"（《论语·八佾》）

除了招聘人才之外，还重用人才。如有人才不上报或隐瞒甚至打压，将受到刑法惩罚。这项措施，完全摆脱了"宗法制"的嫡传性，大量发掘人才，重用人才，也是齐国社会经济迅猛发展的重要保障。

二、改组社会构成——四民分业，士农工商

按职业来划分居住地。当时的职业分为士、农、工、商。让从事农业的人员居住在靠近农田的地方，如果是城邑则靠着城邑的出口处。这样同行业的人聚居在一起，便于交流经验，提高职业素质。作为士的阶层，可以探讨如何更好地服务于官府；作为工匠的，可以在一起交流技艺，提高产品质量和生产效率；若为商人的，可以在一起交流商业信息，加速商品流通。这样的分职业居住，在人类历史上可能是首次。分职业居住有助于各职业人士的和睦相处，营造专业氛围，使民众安于本业，同行业居住在一起，使后代、子弟从小耳濡目染，在父兄、邻居的熏陶下自然地掌握专业技能，有助于技能的传承与提高，还可以避免民众职业的不稳定性。这本身也是一种良好的职业教育，这样就打破了氏族的居住分割，破除了礼教的束缚。细致的职业化分工及世代相传的安排，使齐国的经济实现了腾飞，也使社会实现了安定。这是世界文明史上最先采用职业划分，也是新文明形式的创举。今天我们虽然没有这样的刻意划分，但区域经济使一些相关产业及从业人员聚集在一起，形成了较强的区域特色经济。

三、重新划分行政区域

把齐国划分为二十一乡：工商之乡六个，士乡十五个。同时，对官僚管理阶层也进行了改革。齐桓公亲自领导五个士乡，其他十个士乡分别由两位上卿各领导五个。还设置了主管官僚、工匠和商业的长官。在改革管理体制的同时，还引入了定期考核制度，考核各级官员的政绩。这些管理的改革，无疑极大地提高了管理效率，促进了经济的腾飞。

四、经济政策

在诸多的经济政策之中，土地政策对农耕社会而言是最为重要的。齐国废除周王室先王制定的井田制①，不再把土地分封后圈起来，而是按照土地的肥沃程度分为不同等级，分等级纳税。这样不仅打破了原先土地之间的隔离，提高了农民种粮的积极性，也提高了粮食的产量，使土地得到了充分利用。

---

① 井田制：即把土地像井字一样分成九块，八块为农户自种自留地，中间一块为公地，由八户农户共种，收成为官粮。

由此我们可以看出，改革最为关键的是齐国摆脱了"礼制"与"宗法制"的禁锢，使齐国在短短的几十年里一跃变为诸侯国中的鼎盛强国。

为什么齐国能在诸侯国的变革中走在前面呢？这与其立国时创立的文化不无关系。在《史记·鲁周公世家》中有一段这样的记载：

> 鲁公伯禽之初受封之鲁，三年而后报政周公。周公曰："何迟也？"伯禽曰："变其俗，革其礼，丧三年然后除之，故迟。"太公亦封于齐，五月而报政周公。周公曰："何疾也？"曰："吾简其君臣礼，从其俗为也。"及后闻伯禽报政迟，乃叹曰："呜呼，鲁后世其北面事齐矣！夫政不简不易，民不有近；平易近民，民必归之。"

由此可见一斑，虽然齐鲁相邻，但他们所走的文化路线是大相径庭的。

齐桓公吕小白在位数十年，"一战帅服三十一国"（《国语·齐语》）。齐桓公吕小白南征北战，"九合诸侯"，打败降服了诸多小国，而后确立了其侯伯地位。孔丘在评述这段历史时也说："管仲相桓公，霸诸侯，一匡天下，民到于今受其赐。"（《论语·宪问》）

齐桓公的暮年，齐国发生巨变。在几个辅佐大臣相继离世后，年迈的齐桓公因用人失误，惨遭争权的几个宠臣及儿子们的监禁，被活活饿死。齐桓公死后，其儿子们都为争权展开厮杀，齐国陷于内乱。

作为齐桓公盟主时期"二把手"的宋国国君宋襄公（子姓，宋氏，名兹甫，公元前650年～前637年在位）则带领盟国卫国、曹国、邹国等一同前往齐国平乱，拥立吕昭（今通称齐孝公，公元前642年～前633年在位）即位，并安葬已死多日的齐桓公。宋襄公成功平息了齐国内乱，此举不仅使他受到其他诸侯的称赞，使宋襄公声名鹊起，这也点燃了其欲继承齐桓公"盟主"之雄心。他效仿齐桓公吕小白，高举"尊周守礼"的政治大旗，召集诸侯会晤，想让诸侯国承认其为新的"盟主"，并进而伺机恢复失去已久的殷商故业。

为此，在公元前639年（周襄王十三年）春，由宋襄公倡议，宋、齐、楚三国国君参加的"三国元首"会议在齐国的鹿地举行。宋襄公主张在秋季举行一次会盟，以确定共同匡扶周王室之事宜，其实就是确立新的"盟主"。到了秋天约定开会的日子，楚、陈、蔡、许、曹、郑六国国君都来了，但齐和鲁没来，也没有其他大国。宋襄公想仿效齐桓公吕小白的做法，订立盟约，共同协助周王室，停止相互间的战争，以定天下太平。

这里宋襄公还忽略了一个重要问题，那就是"夷夏"问题。从历史文献上看，最初记载"夷夏对立"的是《左氏春秋·闵公元年》，公元前661年（齐桓公二十五年），狄人进攻邢国，管仲对齐侯说："戎狄豺狼，不可厌也；诸夏亲昵，不可弃也。"虽然宋襄公紧跟齐桓公，但作为"诸夏"宋国是有点牵强的，因为宋是商之后裔，而商是灭夏的。即使宋襄公继续高举齐桓公所用的"尊周守礼"政治大

旗，但对诸夏而言也未必拥护宋襄公。

到了秋天约定开会的日子，楚、陈、蔡、许、曹、郑六国国君都来了，但齐和鲁没来。那么谁来担任"盟主"呢？这就引发了两个比较强的国家——楚国和宋国的争斗。

宋襄公的对手是谁呢？是周王朝时期第一个自称为王的楚成王（芈姓，熊氏，名恽，公元前671年～前626年在位）。公元前656年，齐桓公吕小白曾率领齐、鲁、宋、陈、卫、郑、许、曹八国军队南下，先击溃蔡军，而后直接威胁楚国。而楚成王熊恽面对气势正旺的八国大军，毫不惧怕，沉着应战，最终与八国的诸侯订立盟约而握手言和。

这就是宋襄公遇到的对手。

宋襄公按照当时比较正统的想法，欲以其成功平息齐国内乱的余威及在诸侯国的名声，加上其较高的爵位——公爵，成为"盟主"理所当然。其对手虽然自称为王，但在周王室那里被授的爵位为子爵，按照礼制，楚成王的正统称呼应该是"楚子"。楚成王对周王室都不服，何况是对一个公爵了。宋襄公按照礼制，以其爵位压楚成王。楚成王则直接动武，将宋襄公掳走并带回楚国。几个月后，在齐和鲁等的斡旋下，宋襄公得以释放归国。

回国后，宋襄公仍不死心，仍然想与楚国争霸。但由于楚国兵强马壮，直接与楚国开战取胜的可能性很小。宋襄公听说郑国积极支持楚国为盟主，为此郑文公还去楚国拜会了楚成王。宋襄公认为这是讨伐郑国的机会。于是，宋襄公不顾公子目夷和掌管军队的大司马公孙固的反对，于公元前638年夏依然亲率大军去攻打郑国。郑文公急向楚国求救，楚成王接报后，采取了攻宋救郑的策略，并亲率大军直奔宋国。

宋襄公得到这个消息，知道事态十分严重，不得已急忙从郑国撤军。公元前638年（周襄王十四年）十月底，宋军返抵宋境。这时楚军犹在陈国境内向宋国挺进途中。宋襄公为阻击楚军于边境地区，屯军泓水（涡河的支流，经今河南商丘、柘城间东南流）以北，以待楚军的到来。十一月初一，楚军进至泓水南岸，并开始渡河，这时宋军已布列好阵势。宋大司马公孙固鉴于敌众我寡、敌强我弱，在宋军已占先机时，建议宋襄公把握战机，乘楚军渡到河中间时予以攻击，但被宋襄公断然拒绝。楚军在未遭到任何攻击的情况下，全部顺利渡过泓水。在过河后的楚军尚未布好列阵之时，公孙固又劝宋襄公乘机进攻，但宋襄公仍然不予采纳。一直等到楚军布阵完毕，一切准备就绪之后，宋襄公这才下令击鼓向楚军进攻。战斗的结果是弱小的宋军不敌强大的楚师，宋军受到重创，宋襄公的大腿也受了重伤，其精锐禁卫军也全部被歼。宋襄公在公孙固等人的拼死保护下，才突出重围，仓惶逃回宋国。泓水之战以楚完胜宋降下了帷幕。

回国后，宋人都责备宋襄公。宋襄公却辩解说：

"君子不重伤，不禽二毛。古之为军也，不以阻隘也。寡人虽亡国之余，不鼓不成列。"（《左氏春秋·僖公二十二年》）

宋襄公这里所讲的是军礼，也可以说是与当时的战争礼教有关。有一部成书于战国初期，但可能部分记录着春秋时期军礼的《司马兵法》，其表述有与宋襄公的观念相近之处：

"古者逐奔不过百步，纵绥不过三舍，是以明其礼也；不穷不能而哀怜伤病，是以明其仁也；成列而鼓，是以明其信也；争义不争利，是以明其义也；又能舍服，是以明其勇也；知终知始，是以明其智也。六德以时合教，以为民纪之道也，自古之政也。"

《司马兵法》强调，追击逃散的敌人不能超过一百步，追寻主动退却的敌人不能超过90里，这是礼；不逼迫丧失作战能力的敌人并哀怜伤病人员，这是仁；等待敌人摆好作战阵势再发起进攻，这是信；争天下大义而不争一己小利，这是义；能够赦免降服的敌人，这是勇；能够预见战争胜负，这是智。宋襄公所说的"不重伤，不禽二毛""不鼓不成列"正是《司马兵法》提倡的战争中应该遵守的军礼的具体体现。

当然，还有一个文化传承的问题，据《公羊春秋》记载：

"宋公与楚人期战于泓之阳。楚人济泓而来。有司复曰：'请迨其未毕济而系之。'宋公曰：'不可。吾闻之也，君子不厄人，吾虽丧国之余，寡人不忍行也。'"（《公羊春秋·僖公二十二年》）

宋国是殷商后裔，按照宋襄公的说法，虽然我是被灭的商国后裔，我也不忍破坏我们执守的对战争的信念。

据《左氏春秋》记载，宋襄公不仅仅是要争当霸主，其终极目的是恢复子姓王朝：

"楚人伐宋以救郑。宋公将战，大司马固谏曰：'天之弃商久矣，君将兴之，弗可赦也已。'弗听。"（《左氏春秋·僖公二十二年》）

这也许是宋襄公为什么打仗要胜之合"礼"的原因之一吧！非但如此，即使能战胜楚国，也很难让诸侯国折服，很难实现他的宏大目标。但无论如何，宋襄公以失败告终，落后于时代的发展，是守旧迂腐的一种表现。

公元前637年，受伤大半年的宋襄公伤病发作而亡，他的争当霸主的夙愿，如昙花一现般从此烟消云散。泓水之战的惨败也标志他所坚持的商周以来的"军礼"也随之淹没在历史的长河之中。要成为"盟主"，仅仅依靠在诸侯国中的威望和爵位的高低是不足的，实力才是必不可少的。

宋襄公称霸没有获得成功，他在"泓水之战"惨败后善待过的晋公子重耳不但复国成功且称霸诸侯。

重耳于公元前636年复国后，正赶上周王室内乱，周襄王被弟弟王子带赶出了周王城。待重耳在国内整顿好后，上卿狐偃献策说：

"求诸侯，莫如勤王。诸侯信之，且大义也。继文之业而信宣于诸侯，今为可矣。"（《左氏春秋·僖公二十五年》）

也就是说"欲求得诸侯的拥护，没有比为天子效力解难更为有效了。这样既能得到诸侯们的信任，又合于大义。继续晋文侯事业之信义也可在诸侯中得以宣扬，现在是机会了。"

于是，重耳决定伙同其恩人秦穆公一起去勤王。途中，重耳辞别了秦穆公，带兵直奔王子带当时所在的温地，并生擒王子带，然后迎周襄王姬郑回王城，将王子带押到王城处死。周襄王姬郑还朝之后，晋侯重耳拜见周襄王姬郑并提出了"请隧"之请求：

"戊午，晋侯朝王。王享醴，命之宥。请隧，弗许。"（《左氏春秋·僖公二十五年》）

"请隧"也就是在自己死后能够以"隧"之礼下葬。"隧"是指下葬时通向墓穴的墓道，全部都在地下，椁是顺着墓道抬下去放入穴中，这是天子的葬礼才能使用的礼仪；"羡道"是裸露在地面上的，棺椁则是顺着羡道走到穴边，然后悬柩而下，这是诸侯下葬的礼仪。重耳的"请隧"在当时是严重的僭礼行为，虽然被拒，但也说明凭其实力对礼制发起了挑战，也可说是网络着周王室与侯国的"礼索"在松动、卸绑之中。

公元前632年，击败宋襄公的大国楚与获得周王室信赖的大国晋，围绕着悬而未决的"侯伯"展开了争夺，最终爆发了史称"城濮之战"的决战。此役，晋侯重耳并没有采取宋襄公式的守旧而又呆板的"正规"战术，他以其在患难流浪他国的时候，楚国曾善待、接纳他为由，作为报答而首先行"退避三舍"之军礼，但实质上是诱敌深入之战术，这样不但避开了楚军的锋芒，也使战场有利于晋，便于齐、秦、宋等盟国军队会合。决战时，晋军避强击弱，先"蒙马以虎皮"使楚右师溃败；再用佯败之计，虚设"二旆"和"舆曳柴而伪遁"，诱敌深入，而后反攻夹击，使楚左师溃败；楚军左右师溃败逼使中军的子玉收兵，从而取得了"城濮之战"胜利。"城濮之战"的胜利，不但遏制了楚国的北进，也使晋侯重耳荣登诸侯之长——"侯伯"：

"王命尹氏及王子虎、内史叔兴父策命晋侯为侯伯"。（《左氏春秋·僖公二十八年》）

值得一提的是重耳的母亲出身戎狄部落，因此，重耳从血统上讲是混血儿。就文化层面而言，重耳也不可能完全摆脱戎狄文化的影响，尤其是其舅父狐偃的

---

① 狐偃（约公元前715年～前629年），出身戎狄部落。其父狐突，在晋武公时出仕晋国。武公之子晋献公娶狐突的女儿生重耳和夷吾，故为重耳舅父。重耳出亡时一直伴随，公元前636年，在赵衰、狐偃、胥臣、先轸的辅佐下重耳成为晋国国君，狐偃身居高位辅助重耳，对重耳有较大影响和贡献，有评论称"文公染于舅犯，故霸诸侯，功名传于后世"。

影响。从"城濮之战"的作战方式也可看出，重耳既摆脱了宋襄公的守旧打法，也在某种意义上符合了当时传统的用兵原则。可以说，这是军事伦理及作战方式的变化，也是旧军礼制崩坏的表现之一。我们有理由相信，重耳并非完全被周王室文化，或者称之为儒家文化所束缚，而是利用并突破兼而有之。正因为如此，重耳才能在诸侯竞争激烈的春秋时代称"侯伯"。这或许是孔丘评价"晋文公重耳谲而不正"（《论语·宪问》）的真正原因所在。

城濮之战后，晋国从山西一带南下，其势力范围也逼近周，扩张到以今河南一带为中心的诸侯们的地盘。晋国在向南扩张时，也有遏制并与不被中原文化认可的、从湖北向河南扩张的楚国相对抗的意图。而楚国在城濮之战受挫后，虽然其北上道路受阻，但城濮之败并未动摇其根基，楚转而向东发展，形成了南北两强争雄的相持局面。

公元前606年，楚国国君熊旅（今通称楚庄王，公元前613~前591年在位）曾经率领楚军北上，借伐陆浑之戎（今河南嵩县东北）之机，把楚国主力大军开至东周雒邑南郊，举行盛大的阅兵仪式。当年即位不久的周定王闻讯后忐忑不安，立即派巧言善变的王孙满去慰劳。楚庄王接见王孙满时，二人谈论天下大势。这便是使楚庄王名扬天下的"问鼎中原"之事。在《左氏春秋·宣公三年》中是这样记载的：

> 楚子（指楚庄王熊旅，从正统的儒家伦理传统来讲，是不认可熊旅为王的，只承认其"子爵"的名分，故称楚子）伐陆浑之戎，遂至于雒，观兵于周疆。定王使王孙满劳楚子。楚子问鼎之大小轻重焉。对曰："在德不在鼎。昔夏之方有德也，远方图物，贡金九牧。铸鼎象物，百物而为之备，使民知神、奸。故民入川泽山林，不逢不若。螭魅罔两，莫能逢之。用能协于上下，以承天休。桀有昏德，鼎迁于商（殷），载祀六百。商纣暴虐，鼎迁于周。德之休明，（如果有德的话）虽小，重也；其奸回昏乱，虽大，轻也。天祚明德，有所底止。成王定鼎于郏鄏，卜世三十，卜年七百，天所命也。周德虽衰，天命未改。鼎之轻重，未可问也。"

这里的最后两句最值得注意。一是"周德虽衰，天命未改"，它承认了周德已衰，但还不到绝命的时候，紧接着一句"鼎之轻重，未可问也"，是周王室官员仍然傲慢地告诫楚庄王，意思是说你问这个还不够格。

春秋时代，除了长江中游的大国之外，在长江下游的吴、越也在春秋末崛起。

公元前506年（阖闾九年）冬，吴王阖闾（公元前515年~前496年在位）亲率其弟夫概和伍子胥、伯嚭、孙武等，出动全国之兵，以救蔡为名，先奔蔡迫使楚军撤离。而后吴军会同蔡、唐之师进军伐楚。吴联军采取迂回进军路线，秘密绕过大别山脉，乘船溯淮水西进，至战略要地州来，舍舟于淮汭（今河南潢川，一说今安徽凤台），登陆前进。挑选少量精锐士卒为前锋，迅速地穿过楚北部的大隧、直辕、冥阨三关险隘（均在今河南省信阳市以南，河南、湖北两省交界处），直趋汉水，深入楚腹地，挺进到汉水东岸，不出数日就直接威胁到楚国都城郢都，实现了对楚的奇袭。

在战争中，吴军灵活机动，因敌用兵，以迂回奔袭、后退疲敌、寻机决战、深远追击等战法，五战五捷，最后攻克楚国都城郢都（今湖北省江陵县纪南城），迫使楚昭王出逃。这一战，大败楚军，仅数天即进入楚国国都郢，创造了春秋时期攻占大国都城的先例，这一战役史称"柏举之战"。吴国在"柏举之战"的胜利标志着吴国的强力崛起，改写了春秋晚期列强争霸的基本格局。

从上述实战中可以看出，吴军所采用的战略、战术与中原以往典型案例，如作为守礼典范的泓水之战，名为守礼实为谲计的城濮之战，有质的区别。作为我国军事最为重要的古典著作《孙子兵法》也出自那个时代。《孙子兵法》中的"攻其无备，出其不意""以迂为直""避实击虚"等战术原则，与"柏举之战"中吴军实施的战略、战术高度吻合。"柏举之战"的战法完全不同于西周以来的囿于"军礼"的战争规则，彻底摆脱了"军礼"对战争的束缚，开创了古代战争的新时代。

"柏举之战"后，吴国进一步强盛，公元前494年（夫差二年），吴王夫差（公元前495年～前473年在位）"降服"了邻国、也是老敌手越国之后，积极准备向北扩张。公元前484年春，齐国攻打鲁国至都城城郊，但以失败告终。鲁国利用吴王欲向北扩张的欲望，欲说服吴国伐齐。而吴王夫差趁齐景公去世后不久，齐国新君势弱，国内不稳之际打击强国齐。这样鲁吴两国一拍即合，在齐国南部的艾陵（今山东莱芜东北）与齐国进行了一场规模宏大的恶战——史称"艾陵之战"，是役全歼齐军10万，当然吴国也付出了沉重代价。

"艾陵之战"获胜后，吴王夫差乘胜利之威，于公元前482年（夫差十四年）盛夏，亲率精锐之师北上，与晋争霸于中原，在黄池（今河南省封丘县西南）会晤晋、鲁等中原诸侯。与会诸侯晋国方面由赵鞅陪同晋定公出面；鲁国哀公与子服景伯按约前来，另外还有周王代表单平公作为见证人。从出席的人员来看，已经没有往日齐桓公、晋文侯会盟诸侯时，各诸侯国君大都出席的场景。这次除了当事者双方之外，周王室及其他诸侯仅仅派代表出席，可见他们的重视程度。就数量而言，由于大国兼并小国，出席的诸侯在数量上也与齐桓公、晋文侯时代不可同日而语。

值得一提的是，无论在《春秋》及其三传中，吴王夫差被直呼其名或者以吴子相称，与称呼楚国国君几乎一样。

《春秋》记为"公会晋侯及吴子于黄池"。《左氏春秋·哀公十三年》的记述为：

"夏，（鲁哀）公会单平公、晋定公、吴夫差于黄池，盟，吴晋争先，乃先晋人。"

而博弈交涉之后，又有：

"吴人将以公见晋侯，子服景伯对使者曰：'王合诸侯，……且执事以伯召诸侯，而以侯终之，何利之有焉？'"

这说明鲁国有承认吴国为侯伯之意。而《公羊春秋·哀公十三年》的记述是这样的：

"(鲁哀)公会晋侯及吴子于黄池。吴何以称子？吴主会也。吴主会则曷为先言晋侯？不与夷狄之主中国也。其言'及吴子'何？会两伯之辞也。不与夷狄之主中国，则曷为以会两伯之辞言之？重吴也。曷为重吴？吴在是则天下诸侯莫敢不至也。"

这里仍然认为吴王差夫为"夷狄"，称之为"吴子"，但又说"会两伯"。既然蔑视夷狄作为中原盟主——侯伯，那为什么还要来呢？说到底还是迫于吴的强大。

在《谷梁春秋》中是这样记述的：

"黄池之会，吴子进乎哉！遂子矣。吴，夷狄之国也，祝发文身，欲因鲁之礼，因晋之权，而请冠、端而袭其藉于成周，以尊天王。吴进矣！吴，东方之大国也，累累致小国以会诸侯，以合乎中国。吴能为之，则不臣乎？吴进矣！王，尊称也。子，卑称也。辞尊称而居卑称，以会乎诸侯，以尊天王。吴王夫差曰：'好冠来！'孔丘曰：'大矣哉！夫差未能言冠而欲冠也。'"

也就是说黄池这次会，吴王夫差进升了，可以称吴子了。这里还借用孔丘之口来蔑视夫差，吴王夫差说"拿好帽子来"，孔丘则说："大胆呵！夫差还说不出帽子的差别却想戴帽子。"足见礼教文化之狭隘偏见。在《国语·吴语》则把"名分"反了过来："吴王夫差既杀申骨，不捻于岁，乃起师北征二，以会晋公午于黄池，吴公先献，晋侯亚之。"

到司马迁时期，他在《史记》中对"黄池之会"多有记述：

"秦悼公九年，晋定公与吴王夫差盟，争长于黄池，卒先吴。吴强，陵中国。"（《史记·秦本纪》）

"晋定公三十年，定公与吴王夫差会黄池，争长，赵鞅时从，卒长吴。"（《史记·晋世家》）

"晋定公三十年，定公与吴王夫差争长于黄池，赵简子（赵鞅）从晋定公。卒长吴。"（《史记·赵世家》）

"吴王夫差十四年，因北大会诸侯于黄池，以令周室。"（《史记·伍子胥列传》）

在《史记》中夫差被称作吴王，但司马迁并没有给吴王一个"侯伯"，而是给了一个"卒长"。据《礼记·王制》中记述"三十国以为卒，卒有正。"也就说吴的领导地位显然要低于"侯伯"。

尽管儒学经典上，仍就名分在按礼制划分，但也不得不承认吴国的强盛已经足以"令周室""陵中国"了。周王室的"礼制"只是被列强所利用，是列国作为图强的工具而已。

公元前473年（夫差二十三年、越勾践二十四年），与吴王夫差展开殊死争斗的越王勾践兴兵攻破了吴国都城姑苏（今苏州），吴王夫差被围困在吴都西面的姑苏山上，求和不成而自杀，吴国灭亡。

对于吴王夫差的称霸与失败，今天我们更多的知道的是其用人经历，凸显了伍子胥等能臣的智谋与洞察力，完全没有中原文化的痕迹。尽管司马迁在《史记》中写入了《吴太伯世家》一篇，把吴王夫差家族的历史追溯到周国姬姓，但吴国的姬姓与周王室的姬姓的信奉和文化习惯却有天壤之别。按照司马迁的记载则是吴太伯从吴俗。如果吴国的祖先和周王室及其他诸侯国的姬姓都是来自西部的周，那么到春秋时代则呈现出泾渭分明的信奉与文化传统。所处的地域与文化不同，姬姓族人的强弱不一，造就了不同的文化发展趋势，形成了不同的文化传统。最近发现的位于杭州附近的良渚遗址，有力地证明了在长江下游存在着比周王朝更加古老的文明，对于吴越文化与中原文化的关联，可能在技术相对高度发达的春秋末期。可以说吴、越的兴起是良渚文化衰落之后的重生。

越灭吴之后，步其后尘，勾践北上会诸侯于徐州，一时号为盟主。

关于越王勾践（姒姓，公元前497年～前464年在位）在得胜后的行动，在《史记·越王勾践世家》是这样记载的：

"勾践已平吴，乃以兵北渡淮，与齐、晋诸侯会于徐州，致贡于周。周元王使人赐勾践胙，命为伯。"

这段话从周王朝的角度来看倒是没什么，但越国是与周王朝分庭抗礼并称为王的国家，在这里却对周朝行臣下之礼，姿态比楚庄王还要低微，令人费解。

公元前468年，越国迁都于琅邪（今山东临沂、青岛、诸城、日照一带），泗上十二诸侯来朝。越国疆域南抵闽中，西接鄱阳，东尽大海，北邻齐鲁，盛极一时。这时形成了晋、齐、楚、越四强。

越王勾践是最后一个称得上侯伯之君的，而时代已经进入春秋霸业的尾声。越王勾践留给后人的遗产，除了"卧薪尝胆"之外，还有一个足可以代表当时越国科技水平的物证——越王勾践之剑。该剑1965年于湖北省荆州市江陵县望山楚墓群1号墓出土，现收藏于湖北省博物馆。剑身上布满了规则的黑色菱形暗格花纹，在把柄段有"钺王鸠浅，自乍用鐱"八个鸟篆铭文，剑格正面镶有蓝色玻璃，背面镶有绿松石。经科学检测，其主要合金成分为铜、锡、铅、铁、硫等。花纹处含硫高，因硫化铜可防锈。历经两千多年的越王勾践之剑，剑刃锋利，纹饰清晰精美，体现了当时高超的冶金技术。

在审视我们的历史时，自西汉汉武帝之后，儒家长期占据我国文化主流，在以史为鉴的历史传统著作中，往往忽视科技发展对生产力、对社会变革的巨大影响和推动力，而把着重点放到社会伦理与统治者的个人行为之上。这是我们历史认识的局限，不但限制了我们社会的发展，也阻碍了我们对科学及技术的认识。

春秋中后期，由于技术的发展，铸铁技术逐渐成熟，出现了需要1100℃～1300℃高温熔解铁矿石的铸铁工艺。关于铁，在《国语·齐语》中有记载："美金以铸剑戟，试诸狗马；恶金以铸鉏、夷、斤、斸，试诸壤土。"这里的"美金"不是美元，是指青铜器，而"恶金"则是指铁。成书于战国中晚期的《管子》在其《小匡》篇中也有记载："美金以铸戈剑矛戟，试诸狗马；恶金以铸斤斧钼夷锯欘，试诸土木。"由此可见，铁器从用于土壤发展到了用于土木，其应用领域进一步扩大。而《左氏春秋·昭公二十九年》则记载："冬，晋赵鞅，荀寅，帅师城汝滨，遂赋晋国一鼓铁，以铸刑鼎，著范童子所为《刑书》焉。"这里指的是用铁来铸造铁鼎。这说明其铸造工艺进一步提高。我们知道，铁易于氧化，这些大型东西是很难长时间保存的。

关于"铁"的应用，有出土文物显示，春秋时期已经出现以一或二头牛牵引铁犁耕作的牛耕法。犁的三角形犁钎和推土的犁铲用铸铁制成，犁的本体（由牛牵引的长柄、手扶的犁柄、垂直立着的犁柱、在地面上滑动的犁床等）因为是木制的所以腐蚀殆尽，但出土了犁钎和犁铲。对于以铁器作为工具进行牛耕，当时的人名也有反映。如孔丘的弟子冉耕（字伯牛）和司马耕（字子牛）(《史记·仲尼弟子列传》)。

当一个新技术物化之后，其对生产的直接影响将会加速社会的变化。铁的应用与推广，极大地促进了农耕生产的发展。这一技术的大量采用，也为各国提高农耕生产效率，开拓新耕地打下了坚实的技术基础。铁器的推广和应用，尤其是铁犁的出现，畜力代替了人力，这对于农耕社会而言，完全可以与蒸汽机车对于英国的产业革命的影响相比肩。铁器的普及，不但对开拓新的耕地具有非凡的意义，而且将对生产、交通、军事等各个领域产生重大影响。可以说铁器的普及为新兴的封建主提供了技术上的支持，原来的生产关系必然受到冲击，这就强有力地加速了周王朝建立在宗法制和井田制基础上的封建制度瓦解。

随着水利的兴修，铁器的使用和牛耕的推广，从而促进了原有社会阶层的剧烈变动和卿大夫阶层的崛起。各诸侯国的经济得到快速发展，政治形势也产生了急剧变化，上层建筑随之激烈变动。原来的某个邑邦可能成为"中央"，而另一个被消灭的邑邦则变成了"地方"。"中央"开始派出官吏到"地方"进行管理，社会体制也悄然变化。这正是马克思所说的"生产力决定生产关系，经济基础决定上层建筑"。

纵观春秋，随着周王室的衰弱，在周王朝这片"王土"上，先后出现了地处山东的强国齐，地处山西南部、河北南部和河南北部的强国晋，地处长江中游流域的强国楚和地处陕西的强国秦以及长江下游地区的强国吴与越。这一时期的周王室几乎失去了统领力，只是名誉上的统治者，代替式微的周王室统领诸侯的是这些崛起的大国。这些"侯伯"们也乘机大肆扩张，而这些扩张后的管理大多不再是"分封"，而是用官吏来管理。这固然是"侯伯"不具有王的分封权力，但用指派官吏进行管理也从根基上削弱了宗法制。因此，也是从根基上破坏了周王室的统治基础。到春秋末年，经列国兼并，剩下的大国主要有西方的秦，中原以北的晋，东方的齐，南方的楚和东南方的越。

春秋时代，据《春秋》记载的军事行动就有480余次。司马迁在《史记·太史公自序》中说："春秋之中，弑君三十六，亡国五十二，诸侯奔走，不得保其社稷者，不可胜数。"

周王室的败落，部分知识官吏难以在周王室立足，有的继续在侯国任职，有的却跌入庶民社会，失去了赖以保持富裕生活和优越地位的官位。大国的崛起与扩张，使许多小国被兼并而亡国，不但作为封国的国君失去其权力基础和拥有的财富，曾经服务于这些消亡之国的士大夫也失去了其原有的地位。崛起的大国并非王者，他们不具备封国的权力，他们仍然受着礼制的束缚。随着汉字的普及与传播，代之而起的是指派官员，这些官员依靠上级的文书进行统治。这交叉着世袭与专业官僚，当统治集团自身尚有足够氏族人力资源时，首先是指派其氏族内的地方统治者；但氏族的人力资源不能跟上其版图的扩大时，专业官僚人士成为有力的补充。无论是疆土的扩大还是世卿的逐渐崛起，使固有的以吏为师的局面难以维系，有知识的士人需求量逐渐增加，也是与宗法制的衰退交织在一起的。当政治、经济和社会结构发生变化，原先官方坚守的知识越来越与现实偏离，而文字的传播与普及促进了文化的积累，也使知识水平达到一定的高度。此时，原先牢固的官方专有的知识体系、知识官僚局面被打破，知识与学术开始由周王室官方独揽向诸侯、民间转移。

这一现象被孔丘描述为"天子失官，学在四夷"（天子丧失了自己官守的知识官僚，官守的知识学术散落到四夷）。

公元前525年前，当莞尔小国郯国（今山东省临沂市郯城县）国君访问鲁国时，鲁大夫叔孙昭子问起远古帝王少昊氏以鸟名官之事，他说：

"秋，郯子来朝，公与之宴。昭子问焉，曰："少皞氏鸟名官，何故也？"郯子曰："吾祖也，我知之。昔者黄帝氏以云纪，故为云师而云名；炎帝氏以火纪，故为火师而火名；共工氏以水纪，故为水师而水名；大皞氏以龙纪，故为龙师而龙名。我高祖少皞挚之立也，凤鸟适至，故纪于鸟，为鸟师而鸟名。凤鸟氏，历正也。玄鸟氏，司分者也；伯赵氏，司至者也；青鸟氏，司启者也；丹鸟氏，司闭者也。祝鸠氏，司徒也；雎鸠氏，司马也；鸤鸠氏，司空也；爽鸠氏，司寇也；鹘鸠氏，司事也。五鸠，鸠民者也。五雉，为五工正，利器用，正度量，夷民者也。九扈为九农正，扈民无淫者也。自颛顼以来，不能纪远，乃纪于近，为民师而命以民事，则不能故也。"

仲尼闻之，见于郯子而学之。既而告人曰："吾闻之：'天子失官，学在四夷。'犹信。"（《左氏春秋·昭公十七年》）

郯国国君渊博的历史知识令年方27岁的孔丘感叹不已，甚为折服，因此他才相信"学在四夷"。那么，"天子失官，学在四夷"具体蕴含的意义是什么呢？

这里的"官"不仅仅是指统治阶层，一般认为是指远古时期，最高统治者所设立的每一个官职，都代表特定的含义和职责，并且任官者世代相传。这些

"官"如果用现代词语表达的话，就是"知识官僚"或者"技术官僚"。当统治阶层发生变故时，这些官员往往会失去原来的职位而离开王室，这也意味着其所拥有的学术知识随之流落。对于周王室的情况，由于缺少系统史料，并不清楚是如何流失的。但一般认为分两个步骤，即由周王室下移于侯国，再由侯国下移到民间。

再就是"学在四夷"，这里所谓的"夷"是基于孔丘或者《左氏春秋》编纂者的观点。这一华夷之争在齐桓公时代表现得最为突出。这是一个带有蔑视的表述，既承认人家的学识渊博，又蔑称人家为"夷"，就像清末称呼西方社会一样。就郯国国君所讲述的这些知识而言，反映了两个问题：一是在儒家思想（礼制与宗法制）浓厚的鲁国，这些知识是贫乏的，因为它脱离了周王朝的正统，二是这与"天子失官"没有什么关系，是古老文化在不同区域的传承，如果我们比较一下《周官》就可明知。

由上述可知，到春秋末年，周王室无法驾驭周王朝的境地，社会进入了一个分崩离析的时代。

这一时期，周王朝赖以统治的意识形态基础也出现龟裂与衰落，束缚人们意识形态的"紧箍咒"——礼制也严重崩裂，在客观上为思想解放和百家争鸣创造了宽松的社会环境与必要的条件。

社会分崩离析，当时的有识之士努力探索恢复社会秩序，也力图以新的社会组织形态来"拯救"世界。激荡变化的社会形态和形势带来了新的问题，各国都在谋求强盛和自保，也有图谋消除混乱的局面恢复社会秩序的。面对这样的形势，社会需要新思想、新学说、新方略、新办法来谋求解决君王们面临的各种变化中的新问题。一些勇于探索、想发挥自己治国才能的人，依据自己的原有知识和价值体系，以及对当时社会的认知，纷纷提出了自己的学说。由于这些志士的原职业不同，知识结构、社会经历及思维方式等的差异，就产生了百花竞放的各种思想，新的学术和思想相继萌生、发芽、结果，孕育了我们今天称之为百家的各种流派。虽然政治上混乱，战争不断，但在思想上是一个百家争鸣、百花齐放的年代，是一个生机勃勃、人才辈出的年代。

老聃的思想正是在这样的历史背景之下诞生的。

2 老聃

2.1 其人与传说

老聃其人

老聃(今通称老子,约公元前571年~前471年)是我国古代伟大的哲学家、思想家,是道家学派的创始人。《老子》(又称为《道德经》)被认为是反映老聃思想的书,是中国历史上首部完整的哲学著作,现在通行的版本共有八十一章。老聃的哲学思想和由他创立的道家学派,不仅对我国古代文化、思想的发展做出了巨大贡献,也对我国两千多年来文化传承和艺术发展产生了深远的影响,尤其对我国哲学体系的建立、发展起到了举足轻重的作用,对世界哲学的发展也产生了一定的影响。

关于老聃的生平,在先秦的典籍中就有提及。战国中期的庄周(今通称为庄子,公元前369年~前286年)作为道家传人在其著作《庄子·养生》篇中记载有"老聃死,秦失吊之",但没有说明时间与地点。在《庄子·天下》篇中也提及老聃:"以本为精,以物为粗,以有积为不足,澹然独与神明居,古之道术有在于是者,关尹、老聃闻其风而悦之。"战国末年成书的《吕氏春秋·当染》中则有"孔子学于老聃、孟苏、夔靖叔"的记述。

至于老聃的生平籍贯,则还需要从司马迁的《史记》中寻找。

司马迁在《史记·老庄申韩列传》中是这样介绍老聃的:"老子者,楚苦县厉乡曲仁里人也,姓李氏,名耳,字聃,周守藏室之史也。"这里司马迁所说的"楚"本应该是老聃所处时代的"楚国",但实际上不是。其实老聃的故乡是一个小国:陈国,它在老聃之后才被楚国吞并。司马迁使用这个"楚"很容易让人误解老聃是楚国人。

公元前496年(陈湣公六年),陈和楚联合灭顿。作为报复,吴国国君夫差攻打陈国并夺得三个城邑而归。公元前489年(陈湣公十三年)吴国又攻打陈国,陈国国君陈越(今通称陈湣公,妫姓)求救于楚国,楚国国君熊壬(今通称楚昭王,芈姓,约公元前523年~前489年)亲率大军去救援,迫使吴国罢兵回撤。公元前479年(陈湣公二十三年),楚国公孙朝率领楚军攻破陈国,陈国国君陈越被杀,陈亡,其版图也就并入了楚国。也就是说老聃在世时,陈国尚存,后来才被楚国吞并。

关于老聃的故乡"苦",唐代司马贞做了进一步研究考证,他在其著作《史记索隐》中说:"苦县本属陈,春秋时楚灭陈,而苦又属楚,故云楚苦县。"

为什么我们要确认老聃的籍贯呢?除了实事求是地求实之外,就是为了了解老聃思想产生的文化环境与历史背景等。因为老聃的思想不可能没有历史的延续和周围文化的滋润,更不可能凭空而降!孔丘的思想就源于源远流长的鲁国文化。

关于老聃,有人认为其故乡为陈国,长期生活于中原地区,是一位具有深厚中原文化底蕴的学者,并一直在周王室任职。这一观点的言外之意是按照周王朝的正统历史观,楚国是属于半蛮夷之地,不可能产生如此辉煌的思想。这可能有一个中原文化的情结在里边,陈距东周王都不远,陈与周在历史上是"近亲"。在老聃时期,弱小的陈国离扩张后的强国楚很近,在文化上与楚相通甚至相融也是合情合理的。我们没有必要非要把老聃归入某地,这无非是把老聃做一个"人杰地灵"的标志案例或者是一些人的阿Q荣耀感而已。时代在变化,区域文化及其在整个国家中所处的地位也在变化,我们完全没有必要为某个历史名人属于当地而沾沾自喜,也没有必要为没有历史名人而自卑!

接着司马迁在《史记·老庄申韩列传》中又继续介绍老聃:

老聃研究"道""德",其学说以"自隐无名"为主张。他在周王室任官已久,见周室日趋衰落,便弃官离去。走到一个"关"(有的说是关隘,有的说是城关),守"关"的关尹对老聃说:"你就要隐逸了,你能不能给我留下来一些文字?"于是老聃就著书上下篇,讲"道""德"之意,有五千余字,然后离去,不知去向了。

因为司马迁没有搞清老聃的真实行踪,他就在《史记·老庄申韩列传》中列举了与老聃有关的几条信息:

有人说老聃可能就是老莱子,其理由是老莱子也是楚国人,也有著书,书为十五篇,讲道、德之用,与孔丘同时。

可能老聃活了160余岁,也有的说活了200多岁,因为他修道养身而长寿。

在孔丘去世129年之后,有史书记载周王室的太史儋来见秦献公(公元前424年~前362年),说:"秦开始与周合,合五百年后离,离七十年后将有霸王出现。"有人说,太史儋就是老聃;也有人说,太史儋不是老聃。古语中的"儋"与"聃"发音同,通假。

"老子之子名宗,是魏国将军,被封于段干。宗之子名注,注之子名宫,宫之玄孙名假,假在汉孝文帝时有官职。假之子名解,任胶西王刘卬的太傅,所以其家在齐。"这些记述可谓源远流长,但缺乏可靠的证据。

老子这个人是位隐逸君子——"无为自化,清静自正"。

从司马迁的《史记·老庄申韩列传》我们可以看到,就老聃这个人是谁,他提到了三个人,一个是李耳,另外两个分别是老莱子和太史儋。

关于老莱子①，在《庄子·外物》中记述了他与孔丘的故事。

老莱子的门徒外出砍柴，碰到孔丘，回来时把情况告诉老莱子，说："在那路上有个人，上身长，下身短，肩背微驼，耳贴脑后；目光高远，好像心怀天下大事。不认识他是什么人。"

老莱子说："这个人必定是孔丘，召唤他来。"

孔丘来到老莱子跟前。老莱子说："孔丘呀！要去掉你贤能自负的态度和聪明毕露的容貌，这样才能成为一个有德行的君子。"

孔丘恭敬作揖并退却一步，自愧不安、神色突变，请教说："我的德性道业还能进修提高吗？"

老莱子说："你忍不住（要用仁义）去拯救当今一代的痛苦，却轻视子孙万代（会盗窃你的仁义之说）的后患，这是你的道术本来就浅薄无知，还是你的道术远远不够成熟呢？倘若仅仅因为一时需要哗众取宠就去布施恩惠，却无视给自己留下终身的玷污，只有庸人的行为才会走向这一步。人们只不过以虚名相招引，以私利相结纳。（但应该知道）与其赞誉唐尧（即尧帝）之善而非难夏桀之恶，倒不如'善''恶'两忘而停'非''誉'的议论。只要违反了物性的自然法则就没有不伤道害理的，扰动了心灵的平静恬淡就没有不为非作歹的。圣人总是毫不在意从容顺物行事，却每每取得成功。那有什么办法呢？你偏要背负着仁义的重担终身自命不凡呀！"

上述故事中，从老莱子与孔丘的对话口气来看，老莱子的确是一位长者、师者，也是一位道家学者。他对孔丘主张的精辟及意义深远的评价，在2500年后的今天，也不得不佩服他的高瞻远瞩！

我们再来看看出于《庄子·天运》篇中的老聃与孔丘的故事：

孔丘对老聃说："我研修《诗》《书》《礼》《乐》《易》《春秋》六部经书，自认为很久了，熟悉了旧时的各种典章制度；以违反先王之制的七十二个国君为例，论述先王治世的方略和彰明周公、召公的政绩，可是没有一个国君采用我的主张。实在难啊！是人难以规劝，还是大道难以彰明呢？"

老聃回答说："幸运啊，你不曾遇到过治世的国君！六经，乃是先王留下的陈旧遗迹，哪里是先王遗迹的本原！如今你所谈论的东西，就好像是足迹；足迹是脚踩出来的，然而足迹难道就是脚吗？"

从年代来讲，老聃与老莱子都是春秋时期的人，很可能是同时代且年龄相仿的人。就他们的思想而言，都与孔丘是"道不同"的。不过，我们对比一下这两个故事就很容易发现，老聃是一个比较稳重，说话也是比较婉转的人；而老莱子则是一个非常直率的人。因此，从性格特征来看，老聃与老莱子并不是一个人。

---

① 老莱子，名及生年月不详，因史书记载孔子请教过他，就年代来讲，可能早于孔子。早期道家学者，著书十五篇。

从职业方面看，老聃长期担任周守藏室之史，而老莱子是位隐者，没有资料表明其做过什么官，他们的身份与职业也是完全不同的。从著作的篇章来讲，记载的老莱子的著作的篇章数也与如今发现的《老子》的篇章有较大的出入。遗憾的是其著作没有流传下来。

司马迁在《史记·仲尼弟子列传》中写道："孔子之所严事：于周则老子，于卫蘧伯玉，于齐晏平仲，于楚老莱子，于郑子产。"这里司马迁又将两人区分开来，可见司马迁其实并不认为老聃与老莱子是同一个人，只是两人同为春秋时期人，且同为道家人物，孔丘又都请教过，世道传说把他们混淆在一起了。

至于太史儋所处年代在孔丘去世129年之后，这显然与"孔子之所严事，于周则老子"所提及的老聃时间上相差太远，说太史儋是老聃显然也是不足为信的。

司马迁记述老聃活了160岁或200岁的话，就人类的寿命而言，现代科学论证，人类是有可能活到200岁的，但这仅仅是科学上的论证。人的寿命长短实际上也是需要诸多条件和因素的，如遗传基因、生活习惯、生活环境和医疗卫生条件等。有科学考证，商朝的时候，平均寿命约为35岁。老聃活到160岁，甚至200岁，显然带有神话色彩，是不合实际的。司马迁"追踪"老聃的"后代"到汉朝，对佐证老聃其人也是没有多少作用的。

我们再来看看老聃的姓氏。司马迁在《史记》中称老聃"姓李氏"，显然是混淆了"姓"与"氏"的区别。在老聃那个年代及其以前的年代，姓与氏是不一样的。姓则多从母系社会传下来，大都带有"女"字旁，如周天子为姬姓。而"氏"则是血缘家族中派生出来的，多以国名、封地、官职或职业为氏。如齐氏、许氏、申氏、吕氏都是源于商朝时的姜姓侯国，我们熟悉的姜子牙为吕氏名尚；而司马迁之司马氏来源于"司马"这个官职。再如，据说孔丘其祖先是商朝后裔，与商王同姓"子"。孔丘的祖先孔父嘉（字"孔父"，名"嘉"）作为宋国贵族，其后代分出来成为独立一家，以"孔"为氏，这就是孔丘子姓孔氏家族的由来。古代称个人名称时大都是用"氏"加"名"，如孔丘。

司马迁关于老聃叫李耳，也是有疑问的。究其原因是司马迁在他的《史记·老庄申韩列传》中这样记述老聃之子的："老子之子名宗，为魏将，封于段干。"说的这个儿子显然是李姓（氏）的，但魏国是在战国初期由晋国一分为三分出来的，在公元前403年才被封国，距离老聃时代相差至少七八十年，也可能一百多年。作为老聃的儿子又是魏将显然是不可能的。造成这种"时代"错误的原因很可能是司马迁在探访老聃故乡时，可能误将当地的道家名人李耳当成了老聃。先秦时期的书籍，在提及老子时多用老聃，而聃与耳意思是相近的，所不同的是"聃"是大耳朵的意思。司马迁很有可能把"聃"冠"耳"戴了。

换一个思维方式，老聃的"老"为什么不能是姓氏呢？1987年出土于湖北省荆门市包山二号战国楚墓的《包山楚简》的卜筮祭祷部分，卜筮祭祷简是墓主临

死前三年间（公元前318年～前316年）的占卜记录，其中所祭祷的楚人先祖有"與祷楚先老僮、祝融、媸酓（鬻熊）各两羊古"的记载，在战国中期的著作《山海经·大荒西经》里有："颛顼生老童，老童生祝融，祝融生太子长琴。"另一部先秦著作《吕氏春秋·本味》篇也有"伯阳盖老子也，舜时师也"的记载。无论是传说中的楚人祖先老童，还是称伯阳盖为老子的，恐怕也不是没有任何根据的。当然，把远古时代的老子称谓与后来称老聃关联起来似乎有点不可思议，毕竟相隔年代太久。但从老聃作为周王室的史官及中国古代文化的继承性来讲，说舜时代的老子为老聃的先祖也是符合文化传习惯的，也不是不可能的。

从另一方面看，在先秦的典籍中，很少有典籍（只有战国末期的荀况）称老聃为老子的，其他人如孔丘为孔子，墨翟称墨子或子墨子。就连庄周的书籍中也称老聃而不是老子，这恐怕不是因为老聃的学问不精，名气不大，而是因为老子这一称呼可能与其他人混淆。或者作为"子"是指有一定社会地位的"学者"但不是官吏，如果是这样的话，那么老聃作为史官称"子"就不太适宜了。在《论语》中孔丘的学生称孔丘为"夫子"，在"子"前面加入一个"夫"字，说明与官吏相关的"子"是有区别的，楚庄王在《左氏春秋》中就被称为"楚子"。也有可能称老聃的同辈、前辈或者祖辈为老子，那么就不能称老聃为老子了。

对于老聃，我们主要是要了解老聃的思想、学说。至于老聃是姓李还是姓老，这个倒不是什么重要的问题。套用老聃的一句话："姓，可姓也，非恒姓也。"

除了姓名、行踪之外，有一点是值得可以肯定的，那就是老聃的职业是史官，同时也是文史资料与物品的管理官员。那么古代的史官是做什么呢？

古代的史官不同于我们现在的历史学家。上古之史官本起源于天官（天文之官）。史官是天道的观察者，也是人事的记录者。"史"字甲骨文为，从中、从又。中即钟铎，是报时颁令之器。令即"月令"，今人称作"月历"。又，右手也。也就是观天文、颁布历法月令的使命之官。今天的"观察天道"已经是天文学家的事情了。我国的二十四节气应该是出于史官的长期观察、研究之成果。

在《史记·太史公自序》中称作为史官世家的"司马氏世主天官"。唐代司马贞的《史记索隐》则说："案此天官，乃谓知天文星历之事为天官。"亦即天文之官，观察天象、修订历法，并负责记录人事，以测天人之际，这就是作为"天官"的史官之职责。司马迁在其《报任安书》中说，他编撰《太史公书》（即唐代之后称之为《史记》）的目的是："欲以究天人之际，通古今之变成一家之言。"也表明了史官的职业与目的，在某种意思上讲也正是对老聃的写照。史官司天之职，到汉代依然存在。也无怪乎后来的史学家班固（公元32年～92年）也认为道家是出自史官之学。

因此我们可以说就老聃所从事的职业而言，他创立《老子》所表述的道家哲学思想是完全有可能的。

除了道家著作之外，其他典籍中也多有关于老聃的记述。

成书于战国末年（公元前3世纪）的《吕氏春秋》提到老聃的共有五处，分别是：

《贵公》："荆人有遗弓者而不肯索，曰：'荆人遗之，荆人得之，又何索焉？'孔子闻之曰：'去其荆而可矣。'老聃闻之曰：'去其人而可矣。'故老聃则至公矣。"

《当染》："孔子学於老聃、孟苏、夔靖叔。"

《去尤》："老聃则得之矣，若植木而立。"

《不二》："老耽（即老聃）尚柔，孔子贵仁，墨翟贵廉，关尹贵清，子列子贵虚，陈骈贵齐，阳生贵己，孙膑贵势，王廖贵先，兒良贵后。此十人者，皆天下之豪士也。"

《重言》："圣人听于无声，视于无形，詹何、田子方、老耽是也。"

在《水经注·渭水注》中也有"孔子年十七问礼于老子"的记述。

以上都是非儒家著作的记载，即使在儒家的著作中，也有相关的记载。如《荀子·天论》评述非儒家的学者时说："老子有见于诎，无见于信；墨子有见于齐，无见于畸；宋子有见于少，无见于多。"

从墨家创始人墨翟的著作《墨子》中，我们也可间接地了解到老聃的思想，虽然没有提及老聃也没有引用过《老子》的内容。《墨子》中有关于"学"的论述可能与《老子》有关，也可能与当时社会对待"学"的风气有关。《墨子》一书的《经（下）》篇中说："学之，益也，说在诽者。"又在《经说（下）》篇里进一步说道："学也，以为不知学之无益也，故告之也。是使知学之无益也，是教也。以守为无益也。"这很可能是对《老子》中的"绝学无忧"观点的反驳。如果是这样的话，这也从侧面说明老聃的思想在战国时代已经流传于世。当然，我们也不能排除当时有"厌学"或"不学"的社会思潮。墨翟也可能是以自己先学孔学而后又弃之的亲身经历来论述"学"的问题的。

清末，当西方的文明之风开始吹进封闭的中华大地时，学者们对中国传统的文化开始了反思与怀疑，也开始了对古代非主流或者说非儒家学者的研究。有些倾向儒家学说的学者开始对老聃这个人是否存在持有较大的怀疑态度。这本来是无可厚非的，也是值得提倡的，但问题是要秉持实事求是态度而不是学派之偏见。譬如有的学者认为老聃这个人历史上根本就不存在，《老子》一书是在公元前300年由某些人所杜撰的。但这里有一个问题就是，老聃与《老子》书是两码事，就像孔丘与《论语》是两码事一样。我们不能说《老子》这本书成书比较晚，就推断出老聃这人也比较晚或者《老子》与老聃无关。

虽然后人多有介绍老聃其人的，那么老聃到底是怎样一个人呢？我们还是看看老聃是怎么自我表白的吧。

关于老聃自白式的表述，在《老子》一书中多有表述，如：

在第28章里说："自己虽有才能，却处于没有才能的地位，这样才能像天下的润谷一样可包容万物。知道荣光，却不和人争荣光，甘心居于屈辱的地位，这样才能像万物归附的大谷。"

在第67章里说："众人都争光，只有自己居后。"

在第78章里说："宁受天下人的诟辱""众人都求实际，我独守虚无""因为知足不储藏，可以常有余，这才是真的富足啊！"

在第20章里说："众人都有剩余，而唯独我好像不足，我真有一颗愚人的心啊！世俗的人都活得明白鲜亮，而我却过得糊涂暗昧；世俗的人活得洁净精明，而我却过得浑浊质朴。大家都有作为，我却顽愚而且鄙陋。我独与世人不同，而是重视取法于道。"

在第67章里说："世人说我的道太大，天下没有可与它比拟的。是的，就因为道大，所以才不像任何物体'小'；如果它像某些东西一样'小'的话，岂不早就变成微不足道、不屑一顾的东西了。我有三种宝贝应当永远保持着：第一种叫慈爱，第二种叫俭啬，第三种叫不敢处于天下人之前。"

这虽然不能完全说是老聃的自述，但的确很准确地表达了老聃的思想，可当作老聃自述来参考。

通观《老子》这本书，我们就可以理解老聃是一位不愿张扬的人，他主张他人在前、自己在后，即使功成也要隐退。基于这种理念，可能影响到老聃的行为，因此也就造成了老聃这个人很神秘、有点虚无缥缈的感觉。正因为如此，反对老聃学说的人甚至说老聃这个人根本就不曾存在过。

作为道家重要文献的《庄子》在其《天下》篇里称颂老聃为"古之博大真人哉"，那么道家所说的"真人"是什么人呢？作为道家继承人的庄周在其《大宗师》篇给了我们关于"真人"的解释。

什么叫作"真人"呢？古时候的"真人"，不倚众凌寡，不自恃成功而雄踞他人之上，也不图谋琐事。像这样的人，错过了时机不后悔，赶上了机遇不得意。像这样的人，登上高处不颤栗，下到水里不会沾湿，进入火中不觉灼热。这只有智慧能通达大道境界的人方才能如此。古时候的"真人"，他睡觉时不做梦，他醒来时不忧愁，他吃东西时不求甘美，他呼吸时气息深沉。古时候的"真人"，不懂得喜悦生存，也不懂得厌恶死亡；出生不欣喜，入死不推辞；无拘无束地就走了，自由自在地又来了罢了。不忘记自己从哪儿来，也不寻求自己往哪儿去，承受什么际遇都欢欢喜喜，忘掉死生像是回到了自己的本然，这就叫作不用心智去损害大道，也不用人为的因素去帮助自然。这就叫"真人"。像这样的人，他的内心忘掉了周围的一切，他的容颜淡漠安闲，他的面额质朴端严；冷肃得像秋天，温暖得像春天，高兴或愤怒跟四时更替一样自然无饰，和外界事物合宜相称而没有谁能探测到他精神世界的真谛。

这"真人"或许是老聃的丰富写照吧！

总而言之，老聃是何姓何名，何处人士并不重要，重要的是他的思想。

老聃的传说

关于老聃的传说可能源于司马迁的《史记》，在《史记·老庄申韩列传》对老聃的记述有些过于简练，也模糊不清：

"居周久之，见周之衰，乃遂去。至关，关令尹喜曰：'子将隐矣，强为我著书。'于是老子乃着书上下篇，言'道''德'之意五千余言而去，莫知其所终。"

司马迁没有搞清楚老聃辞去周王室史官后去哪里了，这给后人留下了悬念，也给老聃的神秘传说留下了想象空间。

这里的"至关"，是哪个"关"呢？没有交代清楚，方向性也不清楚。接下来是"子将隐矣"，那怎么才算隐去呢？是走入深山老林还是返归故里？没有人确切知道。

《战国策》的编辑者刘向（约公元前77年～前6年），在他的《列仙传》中是这样记述老聃的："后周德衰，乃乘青牛车去。入大秦，过西关。关令尹喜待而迎之，知真人也。乃强使著书，作《道德经》上下二卷。"（清文渊阁《四库全书》本）

这里边有两个关键的地方需要注意，一是"乘青牛车去"，二是"入大秦，过西关"。关于"入大秦，过西关"，因为秦国在周王朝的西边，所以按照地理位置及路径而言，这"西关"应该是函谷关。函谷关在今河南省西部，属三门峡市管辖的灵宝境内，其古道位于灵宝市北15公里处，紧靠黄河岸边，"西据高原，东临绝涧，南接秦岭，北塞黄河"。

关于《列仙传》，原标题为西汉刘向撰，然而班固（公元32年～92年）在其《汉书·艺文志》只收录了刘向《说苑》《新序》《列女传》等，没有收录此书，因此令人生疑是不是刘向撰写的。晋代道学家、炼金家也是医药学家的葛洪（公元284年～364或343年）在《神仙传序》中称此书为刘向所作。

唐代司马贞写于唐朝开元年间（公元722年～741年）的《史记索隐》，在引用《列仙传》中关于老聃西游时，将"后周德衰，乃乘青牛车去。入大秦，过西关。关令尹喜待而迎之，知真人也"改成了"老子西游，关令尹喜望见有紫气浮关，而老子果乘青牛而过也"。需要注意的是，西汉刘向的《列仙传》中老聃是"乘青牛车去"，到唐代司马贞（公元679年～732年）时，则把老聃的车给没收了，只留给了老聃青牛。这大概就是老聃乘青牛出关说的由来吧！无论是古代现存的古画，还是现代画或雕塑，均把老聃画成或塑成一个乘青牛的老者。这些画家或者雕塑家，估计是没有骑过牛长途跋涉过的，甚至连牛都没有骑过，也许他们真的把老聃当作仙人了，否则他们就不会让一个五六十岁，甚至更老的老人骑到牛背上长途跋涉，受尽颠簸。

这个老聃乘青牛出关对后世影响很大。直到现在，人们的心目中，老聃是一位大耳下垂、须发皆白，但精神爽朗，神态安详，乘青牛而隐逸的老者。画师们的《老子出关图》上的老者也多是这一形象。

2.2 《老子》一书

《老子》的版本

关于《老子》，也就是《道德经》一书是否老聃自著以及成书时间，历来纷争不断。

现在我们通常所看到的《老子》是被划分成81章的版本，常称之为通行本。现在出土的其他版本，有的与这个版本内容差不多，有的内容比较少。总的来讲，《老子》这本书，不能说全部出自老聃之手，但是也绝不能说书中没有老聃的原话。因此，我们在读《老子》的时候，一定要把老聃在世的时间和《老子》成书的时间分开。

现在通行的九九八十一章的《老子》应该是逐渐形成的，具体到哪些是老聃的原话，或者说是原来的遗说，哪些是后世道家学者增补甚至修改的，除了出土较早的文献之外，还可以参考先秦的著作，比方说庄周、韩非等的著作中引用《老子》的内容。如《庄子·天下》篇中曾引用《老子》："老聃曰：'知其雄，守其雌；为天下溪。知其白，守其辱；为天下谷。'"可以说先秦的文献是比较可靠的。

关于《老子》的版本，至今为止，究其源头而言，共有四个，它们分别是：

（1）现在通行本的《老子》一书的源头，一般认为《老子》是假托西汉初期河上公之名的《老子章句》，在魏晋时代由王弼①（226年～249年）进一步做注。现行通行本是根据收入《诸子集成》的王弼注释的版本《老子道德经注》逆向摘录而成。该版本分为上、下篇，共81章，也是当今通行本。

（2）1973年底，在湖南长沙马王堆三号墓出土的帛书《老子》甲、乙两个版本，简称"帛书本"，这两种文本保存良好，其内容、文字与传世本相比并无根本区别，只是《德经》（在通行本中为第38章至第81章）置于前而《道经》置于后。墓葬时间约为公元前168年。鉴于甲种本未回避汉高祖刘邦（公元前256年～前195年）的"邦"字，可以断定此抄本抄于刘邦即位（公元前206年）之前；而乙种本则避"邦"字而未

---

① 王弼：字辅嗣，三国时期魏晋时代的玄学家。著作有《周易注》《周易略例》《老子注》《老子指略》等。现在通行的81章《老子》版本章次即依据其《老子注》篇排，内容也多参考了其著作。

回避汉惠帝刘盈(公元前196年~前188年在位)的"盈"字与汉文帝刘恒(公元前188年~前157年在位)的"恒"字，可推知其抄于刘邦在位(公元前206年~前195年)之时。由此可知，在西汉之前《老子》已经成书。甲本帛书很有可能是直接从战国时期的竹简上转抄过来的，它是迄今为止所发现保存较为完整的古本《老子》版本。帛书本不分篇章，与通行本81章的文字也多有不同。另据公元708年(唐中宗景龙二年)易州龙兴观修建的《老子碑》，内容即是《老子》这部书，碑的正面刻的是《道经》37章，背面刻的《德经》44章。

（3）1993年10月，在湖北省荆门市郭店村的一号楚墓发掘了书简，共804枚，为竹质墨迹。其中有字简730枚，共计13000多个楚国文字，楚简包含多种古籍，其中有《老子》，分为甲、乙、丙三种。竹简本《老子》甲、乙、丙，是我们现在所见的年代最早的《老子》传抄本，简称为"竹简本"或"简本"。它的绝大部分文句与现行通行本《老子》相近或相同，但不分德经和道经，而且章次与现行通行本也不相对应，其内容为现行通行本《老子》81章中的31章。这些章节，有的相当于现行通行本的全章，有的只是一章中的一部分。竹简本存2046字，约为通行本的五分之二。据碳14测定，墓葬时间约为公元前300年左右，由此可以推断《老子》竹简本应早于此时。由于墓葬数次被盗，竹简有缺失，竹简本《老子》亦不例外，故无法精确估计竹简本原有的数量。

（4）2009年，北京大学入藏了一批汉武帝前期的竹简，其中有比较完整的《老子》简书，从抄本回避汉高祖刘邦的"邦"字而不回避汉惠帝刘盈的"盈"字的情况看，它与帛书乙本抄写时间大致相同，即抄写于汉高祖刘邦时期。简书保存良好，有完整和接近完整的竹简221枚，还有残简10枚。简书也分为上下两篇，共77章，《道经》在后而《德经》在前。经整理后的统计，全书正文现存5200百字，有重文114个字。据推测，原书正文应为5265字。所缺少的文字中有不少可据上下文补入，实际影响到文意理解的不足百分之一。因此，这是出土的四种《老子》版本中保存最为完整的一种。

由这几种出土的《老子》抄本可以推知，《老子》应成书于战国中期、公元前300年之前。由于郭店楚简的文字仅为传世本的五分之二，因此目前学术界有两种看法，一种认为，这三种简应当是墓主人从81章里摘录出来的部分，不代表当时仅有31章；而另一种看法则认为，《老子》一书的内容历经由少到多、由简到繁的过程。因此，这31章正是早期《老子》的内容，其他部分为战国时期道家的传人所增补。春秋时期，多以口耳相传的方式教授学生，学生将老师的话记录下来整理成书，《论语》便是如此。一般认为《论语》是记载孔丘言行的文献，《论语》也是在战国时代形成雏形，到了汉代才形成如今我们所看到的样子。

另外，我们也可以从词汇学的角度来考察书籍的大致年代。上古时代的文字大量是单字词，也就是一个字就是一个词。比如，我们徒步涉水过河，在古代汉

语中只用一个字来描写这一行为。随着社会的发展，人们的思想进一步丰富，也就有了更多的复字词。因此，由复字词的多寡可断定著作写作的大致时代。有学者做过统计，通行本《老子》共5261字，其中单字词为5132个，而复字词只有129个（包括重复使用的），大大少于后来的《墨子》《孟子》《荀子》等作品。这也说明《老子》一书的文字形成时间比较早，把它作为老聃是春秋时人的一个佐证是有较强说服力的。

从另一方面讲，老聃的《老子》其实不是写成的，而是"说"成的，即言传。老聃那个时代没有个人写书的习惯和社会风气，再说那时候如果写书的话，也只能写在木片或竹片上，不但造价昂贵，而且传递也很不方便。因此，《老子》也肯定是经过后人润色的。如通行本的文字就显得韵律更强，但与更早的版本相比，多少也损失了其语言的朴质。有的甚至使含义含糊不清，给后人的阅读带来不便。

值得一提的是，这几个版本在一些语句上是有差异的，这些差异大多是只言片语。有的差异对整个语句意义影响不大，有的却意义相差甚远，失之毫厘，谬之千里。这些差别，或许是传抄失误，或许是有心人的篡改所致。在本书的"《老子》释义"中会结合具体字句进行介绍。

《老子》为何又称为《道德经》？

为什么我们后世又把老聃的著作称为《道德经》呢？

这个与影响最广的《史记》有最直接的关系。司马迁的父亲司马谈所著的《论六家要旨》中曾说："《易大传》：'……夫阴阳、儒、墨、名、法、道德，此务为治者也，直所从言之异路，有省不省耳。'"

司马迁在其《史记·老庄申韩列传》中提到老聃的学术时，说老聃的学术主要是论述"道"与"德"，那时候的文章没有标点符号，道与德就被后人连成了一个词组。原文是这样的："于是老子乃著书上下篇，言'道''德'之意五千余言而去，莫知其所终。"如果我们断句的话，这样是比较正确的："言道、德之意。"如果用现代的标点符号，叫《道与德经》或者《道经·德经》比较合适。就其核心意义而言，称《道经》者更简练，也更准确。把老聃的学派称为道家也是非常准确的，因为这一学派的核心就是"道"。

值得一提的是，在秦之前有一本书叫《道经》，但这《道经》并非我们现在称的老聃的《道德经》。此《道经》只在历史文献中留下十六字："人心惟危，道心惟微；惟精惟一，允执厥中。"（《古文尚书·大禹谟》）从《荀子·解蔽》篇中引用的"《道经》曰：'人心之危，道心之微'，危微之几，惟明君子而后能知之"，也可推断确实有过这么一本书。但现在已经失传了。

最早把《老子》这本书称为"经"的可能是在西汉景帝刘盈时期，公元668

年（唐总章元年）释道世的《法苑珠林》卷六十八引《吴书》中吴人阙泽之言说："汉景帝以《黄子》《老子》义体尤深，改子为经，始立道学，勒令朝野悉讽诵之。"由此可知在西汉景帝时期，就开始把《老子》提升为"经"了。但后来汉武帝"废黜百家，独尊儒术"设立的五经博士，没有把《老子》归入"经"类。《老子》正式被称之为《道德经》是在唐朝时期，这时的皇室家族认定老聃（李耳）为其祖先。

说到这里，我们再对"道""德"这两个字的概念做一点小小的说明。因为老聃的"道""德"跟我们现代人理解的道德的概念可以说差异很大，甚至是完全相反。在老聃那个时代，不像我们现在常用多字的词，而是多用单字来表达。老聃所讲的道、德是两个单字词，两种意义，是完全不同于我们现在使用的复合词"道德"的。

关于《老子》一书的原文或者原义，在战国中期的《庄子》一书中多有引用，如：

《庄子·知北游》："黄帝曰：'彼无为谓真是也，狂屈似之，我与汝终不近也。夫知者不言，言者不知①，故圣人行不言之教②。道不可致，德不可至。仁可为也，义可亏也，礼相伪也。'故曰：'失道而后德，失德而后仁，失仁而后义，失义而后礼。'礼者，道之华而乱之首也③。故曰：'为道者日损，损之又损之，以至于无为。无为而无不为也。'④今已为物也，欲复归根⑤，不亦难乎！其易也其唯大人乎！生也死之徒，死也生之始⑥，孰知其纪！"

"无始曰：'道不可闻，闻而非也；道不可见，见而非也；道不可言，言而非也！知形，形之不形乎！道不当名。'"⑦

"曰：'夫体道者，天下之君子所系焉。今于道，秋豪之端万分未得处一焉，而犹知藏其狂言而死，又况夫体道者乎！视之无形，听之无声，于人之论者，谓之冥冥，所以论道而非道也。'⑧"

"光曜问乎无有曰：'夫子有乎？其无有乎？'光曜不得问而孰视其状貌：窅

---

① 《老子》第56章：知者不言，言者不知。
② 《老子》第2章：是以圣人居无为之事，行不言之教。
③ 《老子》第38章：夫礼者，忠信之薄也，而乱之首也。
④ 《老子》第48章：为学日益，为道日损，损之又损，以至于无为。
⑤ 《老子》第16章：夫物芸芸，各复归其根？
⑥ 《老子》第50章：出生、入死。生之徒，十有三。死之徒，十有三。而民生生，动之于死地，亦十有三。夫何故？以其生生也。
⑦ 《老子》第1章：道，可道也，非恒道也。名，可名也，非恒名也。第14章：视之不见，名曰夷；听之不闻，名曰希；抟之不得，名曰微。……迎之不见其首，随之不见其后。
⑧ 《老子》第14章：无状之状，无物之象，是谓惚恍。迎之不见其首，随之不见其后。

然空然。终日视之而不见,听之而不闻,搏之而不得也①。圣人处物不伤物。不伤物者,物亦不能伤也。唯无所伤者,为能与人相将迎②。"

《庄子·天地》:"我无为,百姓才能化育自己。"③

《庄子·胠箧》:"鱼不可脱于渊,国之利器,不可以示人。"④

"甘其食,美其服,乐其俗,安其居,邻国相望,鸡狗之音相闻,民至老死而不相往来。"⑤

《庄子·天运》:"古之善为道者,非以明民,将以愚之也。"⑥

《庄子·天下》:"知其雄,守其雌,为天下谿,知其白,守其辱,为天下谷。"⑦

"人皆取先,己独取后⑧,曰:'受天下之垢。'⑨人皆取实,己独取虚,无藏也故有余,岿然而有余⑩。其行身也徐而不费,无为也而笑巧。人皆求福,己独曲全⑪,曰:'苟免于咎。'以深为根,以约为纪,曰:'坚则毁矣,锐则挫矣⑫。'常宽容于物,不削于人,可谓至极。称颂老聃:'古之博大真人哉!'"

当然,也有人怀疑《老子》一书是不是出自老聃之手,其实出自何人的手并不重要,重要的是它所蕴涵的思想。

2.3 老聃与孔丘

老聃和孔丘都是春秋末人,是百家群星中最具代表性的人物。我们来看看先秦文献中是如何记载老聃和孔丘的。

---

① 《老子》第14章:视之不见,名曰夷;听之不闻,名曰希;抟之不得,名曰微。……迎之不见其首,随之不见其后。
② 《老子》第60章:非其神不伤人,圣人亦不伤人。夫两不相伤,故德交归焉。
③ 《老子》第57章:我无为,而民自化。
④ 《老子》第36章:鱼不可脱于渊,国之利器,不可以示人。
⑤ 《老子》第80章:甘食,美其服,安其居,乐其俗。邻国相望,鸡犬之声相闻,民至老死不相往来。
⑥ 《老子》第65章:古之善为道者,非以明民,将以愚之。
⑦ 《老子》第28章:知其雄,守其雌,为天下谿。知其白,守其辱,为天下谷。
⑧ 《老子》第67章:不敢为天下先。
⑨ 《老子》第78章:受国之垢是谓社稷主。
⑩ 《老子》第20章:众人皆有馀,而我独若遗。
⑪ 《老子》第22章:曲则全。
⑫ 《老子》第56章:挫其锐。

由吕不韦组织当时的著名学者编撰，成书于公元前3世纪且不带有明显学派之偏见的《吕氏春秋》，在其《不二》一节中列举了春秋战国时代十位杰出人士："老耽贵柔，孔丘贵仁，墨翟贵廉，关尹子贵清，子列子贵虚，陈骈贵齐，阳生贵己，孙膑贵势，王廖贵先，兒良贵后。此十人者，皆天下之豪士也。"

在这十位杰出人士中，老耽(老聃)、关尹子(关尹)、子列子(列御寇)、陈骈(又称田骈)为道家，阳生(杨朱)也被认为是道家，孔丘为儒家，墨翟为墨家，孙膑、王廖、兒良为兵家。在这十大天下豪杰之中，道家占了五位。

在先秦道家著作《庄子·天下》篇里列举了八家主要学派：除讲阴阳数度之学的阴阳家，《诗》《书》《礼》《乐》《易》及《春秋》之学的儒家，以墨翟、禽滑厘为代表的墨家，以惠施为代表的辩者之外，其余四家：宋钘、尹文之学，彭蒙、田骈、慎到之学，关尹、老聃之学，皆属道家或黄老学派。

战国末年的儒家代表人物荀况(今通称荀子，公元前313年～前238年)在其《荀子·解蔽》一文中批评了除儒家之外的六家：墨子(墨家)、宋子(宋钘，道家)、慎子(慎到，黄老学派)、申子(申不害，法家)和庄子(道家)。这其中道家占据了多数。

从先秦的文献中我们可以看出，在春秋战国时代，道家的影响力还是非常广泛的，其著名的学者在数量上也占有优势。

说到老聃或者解读《老子》，是不能绕过与比老聃略晚的孔丘及其学说的，因为孔学延续了周王朝的传统文化，而老聃对此是持反对态度的，两位同是文化巨人，但其学说却是"道不同"。如果谈老聃撇开孔丘，则缺少了相对面，是不可能全面而深刻地诠释老聃思想的。

历史上把老聃和孔丘的学问归结为隐学和显学，直接从字面上理解，隐学要隐遁一些，研究它需要深度思考，而显学则是显而易见的，也是最容易被接受的。为了更准确地理解、解读《老子》，了解儒家及其代表人物孔丘所代表传统文化的基本思想也是必不可少的。

孔丘作为儒家学派的奠基人，在先秦虽然比较有名，但也只是百家之一，远远不像秦始皇统一中国一样完成文化大一统。儒家的崛起，或者说使孔丘变成"圣人"，是由于汉武帝采取了大儒董仲舒(约公元前176年～前104年)的"废黜百家、独尊儒术"政策。而孔丘在历史上变得鼎鼎大名，又与司马迁在《史记》中既把孔丘尊为"至圣"，又将其尊称为"万世师表"分不开的。

虽然在传统的文化中孔丘是家喻户晓的"圣人"，但这往往不是真实的孔丘，为此我们有必要先简单介绍一下孔丘。

孔丘幼时丧父，少时丧母，因此少年时代的孔丘是在不寻常的家庭中度过的。那个时代的伦理观不同于我们现在，作为私生子的孔丘似乎并未受到什么创伤。《史记·孔府世家》上说孔丘从小就好礼："为儿嬉戏，常陈俎豆，设礼容。"也就是说在儿童玩耍时期，孔丘经常以"礼仪"作为游戏来玩。孔丘所在的鲁国，是周王朝开国大功臣周公姬旦的封地，传说周公姬旦是"礼制"的制定者之一，因此，鲁国在周王朝时，儒学或者叫儒教最为突出，具有浓郁的儒家文化氛围，身处鲁国的孔丘后来成为儒学大师也就不足为奇了。至于说《史记》记述的故事，虽然经过司马迁的不懈努力，但要作为"史记"是不足以为取的，只能作为一个参考。

有后世传说称孔丘的祖先是商代的没落贵族，经过多代人的辗转迁移，来到鲁国。孔丘的出身应该是贱民，孔丘曾自称"吾少也贱"（《论语·子罕》），孔丘家境也比起穷，因此才有"孔子贫且贱"之说（《史记·孔子世家》）。孔丘小时候从做雇工开始，在富裕的贵族家里打工糊口。由于孔丘非常好学，慢慢学会了不少技能，曾经做过管理仓库的管理员，也曾做过管理畜牧的小官①。后来据说升为司空，负责贵族家族房屋的土木工程。由于在贵族家里的耳濡目染，接受了礼仪方面的熏陶，孔丘如饥似渴汲取这方面的知识。《论语·八佾篇》上说他"入太庙每事问"，时刻注意"礼"的事情。可以说青少年时代的孔丘除了是雇工之外，还是一个好礼又勤于学礼的年轻人。

孔丘所处的时代是一个剧烈嬗变的时代，用孔丘自己的话来讲，是一个"礼崩乐坏"的时代。虽然是"礼崩"，但周礼在民间仍有相当大的影响力，民俗也不可能很快脱胎换骨。婚丧嫁娶等民间风俗之事，仍延续着繁琐复杂的周礼，尤其是那些原来为官的，其家原来就有专门的人来操办婚丧嫁娶、祭祀或其他礼仪，而现在落入民间，那些仍想坚守"礼制"但又不擅长之人，就临时请专人做司仪。这些司仪被称为"儒"。孔丘随着有关"礼教"知识的增长，进入了司仪服务业。这也是孔丘的学以致用吧！

从事司仪服务业的同时，孔丘还加入了"私学"的潮流，开办私学堂。孔丘当时所教授的课程并不清楚，后来认为其所教授的主要内容为六艺。据《周礼·保氏》记载："养国子以道，乃教之六艺：一曰五礼，二曰六乐，三曰五射，四曰五驭，五曰六书，六曰九数。"也就是"礼、乐、射、御、书、数"，射，是射箭技能；御，是驾驭马车的技能；书，是识字与书写。

在《论语·子罕》中就有"达巷党人曰：'大哉孔子，博学而无所成名。'子闻之，谓门弟子曰：'吾何执？执御乎？执射乎？吾执御矣。'"也就是说：达巷乡里有人说："孔子了不起呀！学问广博却没有成就名望的专长。"孔丘听到这些话后对学生们说："我干什么呢？做御手吗？做射手吗？我做御手吧。"这可能说明了孔丘所教授的内容。

公元前544年（鲁襄公二十九年），季札到访鲁国，可见各国之诗，听到各国的

---

① 《孟子·万章（上）》："孔子尝为委吏矣，曰'会计当而已矣'。尝为乘田矣，曰'牛羊茁壮，长而已矣'。"

乐（《左氏春秋·襄公二十九年》）。而孔丘学习"乐"比较晚，《论语·述而》篇记述："子在齐闻《韶》，三月不知肉味。曰：'不图为乐之至于斯也！'"说孔子在齐国学习音乐，听了《韶》乐之后，三个月不知道肉是什么滋味。于是感叹说"想不到欣赏音乐竟可以达到这种程度！"这一年是公元前517年（鲁昭公25年），当时孔丘35岁。因此，其后孔丘授业教《乐》应该是肯定的。

后又说是儒学经典的"六经"：《诗》《书》《礼》《乐》《春秋》①和《易》。除《春秋》之外的其他书从西周开始就逐渐形成，都是作为教育贵族子弟的素材，但其内容与我们现在见到的不同，这些书籍都是经过后人重新编辑的。

那么，孔丘所教授的这些内容是不是当时的全部知识了？答案是否定的。

在教授的科目上，孔丘也主要是面向中下层人士，对于那些王侯贵族，他们当然会有他们的"私学"老师，而且在教授的科目上，对于上层统治者必备的知识还是欠缺的，尤其是在培养王侯级别的层次。我们看看楚国国君熊旅（今通称楚庄王，公元前613年～前591年在位）时期的太子师傅教授的科目，再对比一下贵族出身的韩非的著作所涉猎的分野，就会发现明显的差别。

楚庄王熊旅时期的太子师傅士亹（音wěi）询问士大夫申叔时如何教育太子，申叔时回答说："教太子读《春秋》史书，可以让太子懂得扬善抑恶，警戒、劝勉太子的心志；教太子读《世》，可以使太子彰显明德而废弃幽昏品行，来鼓励和引导他的行为；教太子读《诗》，可以引导太子拓广美德，从而照亮太子的志向；教太子读《礼》，可使他懂得尊卑上下的法度；教太子听'乐'，可洗涤污秽的心灵，镇服轻浮而使其稳重；教太子读《令》，使他了解百官的职事；教太子读《语》，让太子懂得彰明其德的重要性，知道先王致力于用美德施政于百姓；教太子读《故志》，使他懂得历代兴衰的道理而引之为戒惧；教太子读《训典》，使他知道宗族类别与繁衍，能够用它来进行比较、比照。"（原文见《国语·楚语》）

由此我们可以发现，作为贵族太子教育时所教授的内容要比孔丘所教授的内容丰富得多，虽然这时的楚国并没有被周王室"公平"接纳，今通称的楚庄王那时的爵位是子爵，在《左氏春秋》中称之为"楚子"（这也是百家的"子"），称王是自称

---

① 《春秋》非孔丘所著。孔子作《春秋》始于孟轲，在其《孟子·滕文公（下）》一文中说："孔子惧，作《春秋》"。司马迁在《报任安书》中延续了孟轲的说法，明确指出"仲尼厄而作《春秋》"，并且在《史记·孔子世家》中进一步解释了"孔丘作《春秋》"的背景和缘由——"君子病没世而名不称焉。吾道不行矣，吾何以自见于后世哉？"——因为孔丘之道不行于世，所以他根据鲁国国史作《春秋》。但这不是事实。《春秋》采用逾年称元法，而鲁国一直使用的是立年称元法直到它于公元前256年被楚国灭国。鲁国的邻国齐国也一直采用与鲁国一样的立年称元法，直到公元前338年才改为逾年称元法。另外，作为注释《春秋》的《左氏春秋》，其比现存《春秋》多出了两年时间，到鲁哀公十六年（公元前479年）为止，而且记述了"孔丘卒"的内容。

的。他们在努力学习和借鉴中原文化，向中原文明靠拢。当然我们不能否定其自主创新，战国时期屈原的《离骚》就是一个明证。

虽然孔丘所教授的内容被后来奉为儒家经典，但从这些经典的内容及孔丘的言行集《论语》中我们可以了解到，孔丘对天文、历法、农工等知识是存在着严重欠缺的。对孔丘的学识，列御寇（今通称列子，约公元前450年～前375年）在他的《汤问》一文中给我们讲述了这样一个故事：

孔丘往东方游历，看见两个孩子争辩不已，孔丘就问他们争辩的原因。一个孩子说："我认为太阳刚出来的时候距离人近，而正午的时候离人远。"另一个孩子认为太阳刚出来时离人远，而正午时离人近。第一个孩子说："太阳刚刚升起的时候像个大圆车篷，等到正午时就像盘子一样，这不是远处的小而近处的大吗？"另一个孩子说："太阳刚出来的时候感觉很清凉寒冷，到了中午就像把手伸进热水里一样热，这不是越近感觉越热而越远感觉越凉吗？"孔丘无以言对，两个孩子笑着说："谁说你见多识广呢？"

这里列御寇借儿童之口，对孔丘的博学进行了讽刺。虽然只是一个故事，但从记载孔丘的相关历史资料来看，的确没有发现孔丘精通天文学知识的，因此我们不能妄称列御寇是胡言乱语。所以，这个故事还是抓住了孔丘学识的主要弱点的。尽管如此，我们不能走向另一个极端，否认孔丘是有学问的，虽然其学问是有局限的。我们再看看孔丘的言行集《论语·颜渊》记述的故事：

樊迟向孔丘请教种粮食，孔丘说："我比不上老农民。"樊迟又请教种菜，孔丘说："我比不上老菜农。"樊迟出去后，孔丘说："樊迟真是个下等人啊！如果统治者讲求礼治，那么百姓就不会不尊敬他，如果统治者讲求道义，那么百姓就不会不服从他；如果统治者讲求信用，那么百姓就不会不说真话。像这样，其他地方的百姓都会带着子女来归附他，哪里还用得着种粮食呢？"

由此我们可以看出孔丘是鄙视务农者的，最后得出结论是"不用种粮食"了。当然，孔丘是一门心思入仕做官，自然不会把种地放在眼里，不会种地也很自然。

通观《论语》我们就会发现孔丘是非常缺乏关于"天"（天文、历法）和"地"（农耕）的知识的。孔丘极为赞赏的子产（？～前522年，又称为公孙侨，郑氏，姬姓，名侨，字子产，春秋时期郑国贵族）说："天道远，人道迩，非所及也。"（《左氏春秋·昭公十八年》）孔丘自己也说"未能事人，焉能事鬼""未知生，焉知死"（《论语·先进》），这说明了孔丘思想的局限性。

孔丘在教授儒家知识的同时，还积极宣传其"克己复礼"的政治主张，并积极参与政治活动，不失时机地踏入政界，试图用从政来实现其政治抱负。有史料显示孔丘入阁鲁国政府成为官僚，有的说只是做类似咨询顾问之类的工作，也有的说只是贵族的客卿，但无论怎样，就其"入仕"理念来讲也是可以理解的。在短暂的从政或者说踏入政界之后，孔丘不但未能实现其政治理想，反而被崛起的卿大夫势力逼出了鲁国。这一事件也说明孔丘的政治主张在当时的鲁国是行不通的。自此，孔丘被迫开始了其"周游列国"的"游士"生涯。说是"周游列国"，其实只是去了中原地带的几个国家，途中还被郑国人讥笑"自要(腰)以下不及禹三寸"。在"周游列国"的过程中，孔丘先在齐遭到排斥，而后又有从宋、卫逃脱的经历，更有在陈、蔡受苦的磨难。孔丘在其"游士"生涯中曾向多位君主宣传其"克己复礼"的政治主张和"礼仁"治国的理念，却到处碰壁，没有得到一位国君的采纳。最终在弟子冉有的帮助下回到故乡鲁国，继续教书育人并整理教授的古代文献，直到公元前479年去世。

在周游列国中，唯一给了孔丘高大形象的是在"半蛮"楚国。楚昭王熊壬(公元前516年～前489年在位)，准备封给孔丘七百里封地，但大臣担心孔丘日后得势坐大会威胁到楚国的安全，故未封地给孔丘。作为"克己复礼"推动者的孔丘并没有在儒家文化比较深厚且大多是姬姓的国度得到好评，却在被正统儒家视为"半蛮夷"之国的楚受到很高评价，这个经历本身就很值得玩味。

孔丘在从事司仪服务业和从事教学期间，还长途跋涉到鲁国周边的侯国，通过实地考察、拜访名师来研究"礼"的历史轨迹及"礼制"。孔丘曾在三十多岁时千里迢迢奔赴周王室的王城雒邑去拜访在那里作守藏室史官的老聃。关于孔丘千年求师于老聃在《史记·老庄申韩列传》篇是这样记述的：

孔丘千里迢迢从鲁国到周王城雒邑向老聃请教有关礼的知识。老聃在听完孔丘的主张及提问后，并没有正面回答孔丘的问题，只是告诉他："(你所言及的想恢复的那个周礼)当年倡导它的人连骨头都已经腐朽了，只有他们的言论还在。君子适逢好的时代，就出来做官干事业；遇到不好的时代，就像蓬草一样，随处逍遥自在。我听说，善于经商的人把货物隐藏起来，好像什么东西也没有；有高尚道德的君子，那谦虚的容貌像个愚钝的人。抛弃你满身的骄气和过多的欲望，抛弃你做作的神态和好高骛远的志向，这些对于你自身没有任何好处——我能告诉你的就只有这些了。"

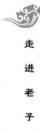

走进老子

老聃这段话可分三层意思：

首先老聃指出那些建立周礼体系的人死去很久，连骨头都已经腐朽了。言外之意，要模仿或者说照搬那些先王古人的"言犹在耳"古训、策略是不切合实际的，也是没有什么意义的。拿这些用于解决现实的问题，是食古不化。

孔丘的复古或者说保守思想可从当时的鲁国执掌国政的"三桓"之一——上卿季孙肥(今通称季康子，？～前468年，姬姓，季氏，名肥)咨询孔丘田赋制一事看出。

季孙肥咨询孔丘"田赋"时，孔丘没有当面回答。回来后私下对他的学生冉有说，先王已经有税赋的详细政令，并给冉有介绍了先王关于税赋的言论。而后又说，如果季氏想按照法度征税，就按周公已有的籍田之法；如果季氏想违背法度，那他就随意征税好了，何必来问我呢！(《国语·鲁语(下)》)

其次的意思是论述处世与事世的问题。在这里老聃显然是在批评孔丘极力推行自己的主张,当然老聃认为那些主张是不合时宜的。这是与老聃贬礼,"无为而治"的思想相一致的。

最后一层话是老聃批评年轻的孔丘自命不凡的傲慢态度,告诫孔丘,他这样无益于施行自己的主张和事业。这与老莱子对孔丘的教诲近乎一致。这也说明孔丘年轻时比较心高气傲。总之,老聃并不认同孔丘提出的那套东西,认为它像朽骨一样,是过时无用的东西。关于这一点,老聃在第三十八章做了明确的表述:"失道而后德,失德而后仁,失仁而后义,失义而后礼。夫礼者,忠信之薄而乱之首。"这充分表达了老聃反对以礼治国的观点,认为它是道德沦丧的结果。

在《史记·孔子世家》中还记述了孔丘拜访老聃后,临别时老聃送他的赠言:"我听说富贵之人赠人财帛,品德高尚之人赠人以言。我不富贵,只好窃用仁人的办法,送你几句话吧:'聪明深察的人常受死亡威胁,因喜欢议论别人的缘故;博学善辩识见广大之人常遭困厄危及自身,因好揭发别人罪恶。做子女的忘掉自己而心想父母,做臣下的忘掉自己心想君主。'"孔丘从周京雒邑返回鲁国,投到他门下的弟子逐渐增多起来。

等孔丘拜访完老聃回去后见到他的弟子们,谈到他见老聃的感受时说:"鸟,我知道它能飞;鱼,我知道它能游;兽,我知道它能跑。会跑的可以织网捕获,会游的可制成丝线去钓,会飞的可以用箭去射。至于龙,我就不知道该怎么办了,它驾着风而飞腾升天。这次见到的老聃,他大概就是龙吧!"

由此我们可以想象到年轻气盛的孔丘是如何在长者老聃面前高谈阔论,陈述其救世主张的。老聃不仅就学问主张对他进行了教育,而且还以一个长者的身份就如何处世给了孔丘一些劝告。孔丘被老聃那深邃而睿智的思想所折服,听了老聃的教育如醍醐灌顶,既惊讶又敬佩,故对老聃的评价也是极其贴切自然的。孔丘能用"风云而上天"的"龙"来比喻老聃,也足见其对老聃的敬佩之意。这也从另一方面说明孔丘是非常好学的,佐证了孔丘自称的"学而不厌"是很实事求是的。当然,孔丘并没有因为老聃的一席话而立即改变自己的主张与志向。从结尾这一句"孔子自周反于鲁,弟子稍益进焉"来看,或许正是孔丘听进了老聃的劝告,处世态度有所转变,投到他门下的学子也多了起来。

孔丘曾以老聃为师,除了《史记》中的所记载之外,在道家著作《庄子》中有多次记载,譬如《庄子·天运》篇里就有"孔子行年五十一而不闻道,乃南之沛见老聃"的记述。虽然庄周的写作风格不是史学家的写作方式,用道家著作来证明道家创始人的学识渊博也似乎欠妥,但认为它都是捕风捉影、胡编乱造也是不可取的,或者说是带有门户偏见的。

除了道家学派自己的著述之外,在被分类为"杂家"的《吕氏春秋》中也有表述。《吕氏春秋》中的《当染》篇中就有"孔子学于老聃、孟苏、夔靖叔"的记述。另一个以记述地理为主的《水经注》竟也有孔丘曾以老聃为师的记述:"孔子年十七问礼于老子。"这不得不说明孔丘曾以老聃为师的影响有多广泛。

除上述非儒家的记述之外,在儒家典籍中也有孔丘曾以老聃为师的记述。作为儒家重要文献的《礼记》在其"曾子问"中,就有记载孔丘四次向老聃请教的事情。其中有"孔子曰:'昔者,吾从老聃助葬于巷党'"和老聃教授孔丘关于"礼"的具体内容。

除了历史文献记述的一些孔丘曾师从老聃之外,我们来看看他们的思想言论是不是也有关联性。

首先,孔丘在自己的言行集《论语·述而》中说过"述而不作,信而好古,窃比于我老彭"。从这些言论中,可以看出孔丘对"老彭"表达了敬仰之意。

那么,这个"老彭"是谁呢?"老彭"至少和孔丘同时,或在其前,而且"老彭"应是孔丘所崇敬的思想家。

有把"老彭"解释为传说中的寿星彭祖的,也有认为"老彭"是指两个人:老即老聃,彭是彭祖。马叙伦(1885年～1970年)确信老聃与这里的"老彭"的"老"是一人。

我们分析一下,在孔丘那个时代有没有称"彭祖"为老彭的呢?据传彭祖是商朝大臣,到孔丘时代如果还健在,已经五六百岁了。即便如传说的那样彭祖活了八百岁,那到孔丘那个时代也是非常非常老了,那么那个时代会称呼彭祖为老彭吗?如果放到现在,肯定不会的。我们知道孔丘是一个文化人,又非常讲究

东汉孔丘与老聃相会画像石

以离孔丘的故乡曲阜不远的山东嘉祥齐山出土的"孔子问礼于老子"的汉代画像石为例:石刻上层右端孔丘率弟子二十人谒见老聃,左端老聃拄着曲杖面向孔丘,后有弟子七人,孔丘与老聃之间有一个推小单轮的顽童,应是项橐,显得顽皮童真。孔丘的袖子中露出一个禽头,这应该是孔丘准备送给老聃的见面礼。据《仪礼·士相见礼》记载:"士大夫相见以雁。"可以推测为家禽鹅(雁)。

"礼"。如果这里的"老彭"只是指彭祖的话,那只有一种可能,就是彭祖姓老名彭,但这在其他典籍中没有提及。

其次,我们再看看《老子》与《论语》中的一些用语的相似性或者关联性。

《老子》第63章说:"大小多少,报怨以德。"

《论语·宪问》篇说:"或曰:'以德报怨,何如?'子曰:'何以报德?以直报怨,以德报德。'"

《老子》第67章说:"慈故能勇。"

《论语·宪问》篇说:"仁者必有勇。"

《老子》说:"无为而治。"

《论语·卫灵公》篇说:"无为而治者,其舜也欤?"

《论语·述而》篇说:"圣人吾不得而见之矣……亡而为有,虚而为盈,约而为泰。"

虽说道儒两家学术上互怼,就像司马迁在《史记·老庄申韩列传》给我们总结的那样:"世上学老子者,贬低排斥儒学;而学儒学者,则贬低排斥老子。"也就是说"道不同不相为谋"。但老聃曾经教授过孔丘,孔丘曾经请教过老聃,在先秦是没有什么疑问的。那为什么后来就出现了关于此事的各种疑问呢?

要回答这个问题,需要回顾一下西汉汉武帝刘彻执政时期的情景。

我们知道,在汉文帝、汉景帝时期,黄老思想是备受推崇的。据唐朝释道世《法苑珠林》卷六十八记载:"汉景帝以黄子、老子义体尤深,改子为经,始立道学,敕令朝野悉讽诵之。"

到公元前2世纪西汉汉武帝时期,由于采取了"废黜百家,独尊儒术"的国策,儒家华丽转身,走上了统治者的意识形态顶峰。作为儒家奠基人的孔丘也随着儒家再次崛起而实现华丽转身,在战国时代,各诸侯国对他的评价各不相同、褒贬不一的。孔丘生前主要是一位私人教师,是许多教师中的一位。作为一名教师,他培养了大量学生,可以说孔丘是一位杰出的教师,他也开创了我国"私学"的先河。作为"私学"教师的孔丘,在其去世300年后,变成了"官方教师",被推上了"至圣先师"的地位,凌驾于所有教师之上。后来有些儒家学者甚至认为,孔丘受命于天,继承周朝之后,开辟了一个新朝代。这个朝代没有王朝,也没有君王,孔丘则是这个"新朝代"的无冕之王——"素王"。由其弟子门徒所编纂的记载孔丘言行集的《论语》也成了儒学至高无上的经典。当然,作为"至圣先师"必须"先",如果孔丘向老聃请教过,那么孔丘的"先师"地位也就要面临挑战了。

作为家喻户晓且具有广泛影响力的《史记》,本应把孔丘列入记载诸子的个人传记——"列传"之中去,但《史记》的作者司马迁却"破格"提升孔丘到诸侯级,用"世家"来介绍他的生平,这本身就带有偏向性。尽管如此,当我们阅读其中记述的孔丘的事迹及评论时,也没有令人肃然起敬的感觉。更有一些后儒还说孔丘赞美老聃的话是后人编造并被司马迁信以为真而编入《史记》的,用以抬高老聃而贬低孔丘。如果我们只读孔丘的言论集《论语》,就会发现孔丘的确只是一位教师、知识分子。如果我们把《论语》与《老子》好好比较一下,我们就会发现老聃深邃的思想是孔丘无法望其项背的。

在汉武帝实施"废黜百家,独尊儒术"的过程中,以道家思想为主的意识形态无疑要转换到以儒家思想为主,曾经作为主导的黄(帝)老(子)思想无疑是要让位给以孔丘为核心人物的儒家思想的。老聃虽然主张清静无为、不争,但儒道两家"道不同不相为谋",老聃及其学说自然也就成了儒家及孔丘登上上位的绊脚石,老聃本人及其著述被质疑、被怀疑也就顺理成章了。这也许就是司马迁在那篇支离散裂《老庄申韩列传》中搞不清老子是老聃,还是老莱子或者是太史儋的缘由吧!司马迁只是在列传中提供了问题的参考答案,并没有提出造成这种混乱的原因。或许老聃是位隐遁者,搞清楚他身世经历的确困难重重,尤其是在儒家占据主导地位的时期。

当然,作为老聃存在的重要物证的《老子》也不是无懈可击的。实事求是地讲,《老子》一书从最初成书发展到汉代时候的内容,也不是一蹴而就的。中间经过传抄,以及后来者的文字润色、修改甚至修补、增补等。譬如《老子》一书中"万乘之主"等用词就有可疑之处。老聃是春秋末期的人,那时候国家为邑邦,都不大,战车(乘)没有那么多。当然我们不能排除这可能是运用了夸张手法。但是我们也不能据此就推断《老子》非老聃所作。这些夸张手法,在《书·牧誓》中就有使用,而且不是一般的夸张。从另一方面讲,道家相比较而言,不如儒家擅长文献整理、保藏工作,因此道家的文献往往具有零散的弱点,这也是儒家攻击的一个突破口。其实就儒家文献而言,虽然儒家长期占有官方资源,又善于文化典籍的整理与传承,但其中也是漏洞百出,一个最主要的原因是儒家不注重思辨、缺乏逻辑思维。诚然,这不是本书的讨论方向,无需详述。

在老聃生平上做文章,以证明老聃在孔丘之后是非常困难的,因为有大量的历史文献,包括先秦的和汉代以后的,包括儒家的都有记述。这些记述我们已经在前文中叙述。再一个就是认为历史上根本没有存在过老聃这个人,因为关于他的记述不是含糊不清就是虚无缥缈,但这样否定老聃的存在恐怕也很难被大众接受。

有的学者从思想上来加以论述,这倒是一个需要学问的论证方法。在这方面主要集中在"贵我"和"名学"这两个方面。

关于"贵我"的思想,一个论据就是杨朱的"为我"思想。杨朱虽然在世时是名满天下的人,但其著作早已遗失,其生平也不可确切考证。但从一些历史文献中可以推测他是什么时代的人。孟轲在其《孟子·滕文公(下)》中有"杨朱、墨翟之言盈天下；天下之言，不归杨则归墨。杨氏为我，是无君也；墨氏兼爱，是无父也；无父无君，是禽兽也"的评述，因此可以认为杨朱大概生活在墨翟和孟轲的年代之间。如果能证明老聃的思想继承了杨朱的思想，那么自然而然老聃也就是孔丘的后辈了。

现在有的学者可能受宋代儒学的影响，以《老子》中也有与杨朱"贵我"貌似相似的思想，就认定《老子》是继承了杨朱的思想。但反过来，为什么杨朱不能继承《老子》中的"贵身"思想呢？他们的依据是《老子》成书较晚。但须知，《老子》一书反映的思想并不是成书时才有的思想，同样《论语》反映的思想也不是其成书时才有的思想，否则孔丘思想也就需要被再认识了。

杨朱的著作没有流传下来，在《列子》中有一《杨朱》篇，现在多认为是伪作，因此全面反映杨朱思想的著作没有流传下来，今天我们知道杨朱的只言片语或者是后来撰写的"杨朱"，而这些只言片语也未必正确、全面地表达了他的思想。今天认知的杨朱多是关于他的"贵我"思想，在论述杨朱的"贵我"思想时经常拿《老子》的第13章"吾所以有大患者，为吾有身；及吾无身，吾有何患？故贵以身为天下，若可寄天下；爱以身为天下，若可托天下"作为论据，表明杨朱的"贵我"思想与老聃的"贵身"较相近，从而把杨朱归入道家。

关于"贵身"，在《老子》第17章里有"自爱，不贵身"及第7章有"外其身而身存"。其意思是说不刻意或者过分在意自己，结果反而保全了自己。这一说明老聃并不主张极端过分的"贵身"。老聃的"贵身"与杨朱的"贵我"两者看起来相似，但实质上强调的是不同的。

孟轲在其《孟子·尽心（上）》指责杨朱"拔一毛以利天下，而不为也"。而韩非则在其《韩非子·显学》中说："今有人于此，义不入危城，不处军旅，不以天下大利易其胫一毛，……轻物重生之士也。"《列子·杨朱》中有个故事说"禽子〔墨翟（墨子）之弟子禽滑厘（音qín gǔ lí），也称禽滑釐（音qín gǔ xī）〕问杨朱曰：'去子体之一毛，以济一世，汝为之乎？'杨子曰：'世固非一毛之所济。'禽子曰：'假济，为之乎？'杨子弗应。"也就是禽滑厘问杨朱："去你身体上一根毫毛，以救济一世，你干不干？"杨朱回答："这个社会不是靠一根毫毛可以拯救的。"禽滑厘又说："如果可以的话，你干不干？"接下来杨朱没有回答。

关于杨朱有一个有趣的现象，不但作为孔丘学说继承人的孟轲在痛批杨朱，而且作为老聃继承人的庄周在《胠箧》篇中也批杨朱："削曾、史之行，钳杨、墨之口，攘弃仁义，而天下之德始玄同矣。"又在《骈拇》篇批杨朱："骈于辩者，累瓦结绳窜句，游心于坚白同异之间，而敝跬誉无用之言非乎？而杨、墨是已。故此皆多骈旁枝之道，非天下之至正也。"那么，同时遭到儒家和道家两家批评的杨朱的学说应该如何定位呢？这是一个问题。以笔者看虽然杨朱有近老聃的思想，但应该是自成一家、独树一帜的。青出于蓝可胜于蓝，也可别于蓝。

再说，在《列子·黄帝》及《庄子·寓言》里记述了杨朱到一个叫"梁"的地方遇见过老聃："杨朱南之沛，老聃西游于秦。邀于郊。至梁而遇老子。"而且老聃还教训了弟子杨朱一通，老聃说的话，正好就是《老子》第四十一章的内容："大白若辱，盛德若不足。"因此，硬说老聃在杨朱之后显然是难以令人信服的。

南宋儒学大家朱熹(1130年～1200年)对老聃和杨朱倒是爽快，直接说"老便只是杨氏"(《朱子语类》卷百二十六)，这显然是偏颇的思维方式。

另外还有的学者以名家思想来论证《老子》可能更晚，在名家惠施(约公元前390年～前317年，战国中期宋国，今河南商丘人)、公孙龙(卒年不详，约公元前320年～约前250年之间)之后。名家作为先秦百家之一，在先秦被称为"辩者"。关于"辩者"可最早追溯到邓析(？～前501年)，他精通辩论，类似我们今天的律师。惠施曾做过魏国之相，是庄周的好朋友，但在与庄周的辩论中，基本上总是处于下风。公孙龙的名句"白马非马"在我国可以说是家喻户晓。把这一学派称之为"名家"是始于汉代的司马谈(？～约前110年)，在其《论六家要旨》中有："名家苛察缴绕，使人不得其反意。"这些与现代哲学上的"悖论"有相通之处。之所以称之为"名家"，是因为这一学派中有"名"与"实"之辩，也是广为人知的。正因为如此，有的学者推断《老子》中关于"名"的概念来自于"名家"，如《老子》第一章的"名，可名也，非恒名也"。尽管关于"名"的学问可能有相互吸收借鉴之处，但要说《老子》一书中有关于"名"的概念就判断《老子》一书在名家惠施、公孙龙之后，则显得有些武断。关于"名"，孔丘就有过以"正名"为执政的首要任务的言论。子路曾问孔丘："卫国国君期待您去施政治国，您准备首先做什么？"孔丘回答说："必也正名乎！"(《论语·子路》)这也是"名"与"实"的问题，只不过是在政治领域。在《墨子·经说》中关于"名"与"实"是这样描述的："所以谓，名也。所谓，实也。名实耦，合也。"因此我们可以说，在老聃、孔丘时代就有关于"名"的议论。如果我们换一种思维方式，为什么"名家"不是借鉴了道家关于"名"的论述呢？我们知道名家代表性人物惠施是道家代表性人物庄周的好友，他们相互探讨学问、相互借鉴也是很自然的。尽管冠以"名家"，但其内容也不仅仅是关于"名"与"实"的学问，用现在西方知识体系分类，名家学说是与逻辑学相近的，因此才有我国第一代介绍西方现代知识，尤其是科学知识的严复(1854年～1921年)把穆勒(John Stuart Mill，1806～1873)的《逻辑体系》(A System of Logic)最初翻译成《名学》。把逻辑学翻译成名学，虽然不准确，但也说明名学与逻辑学具有相似性。在出土的公元前300年的楚简本《老子》中就有"道恒无名"。我们虽不能说整部《老子》都是出自老聃，但其原始思想出自老聃是应该肯定的。我们不能以点带面，用一点否定全面，这不是实事求是的态度，也是不科学的。

无论是先秦的历史文献还是司马迁的《史记》都告诉我们孔丘曾经以老聃为师，这应该是不会有什么问题的。那么老聃有没有做孔丘老师的资格呢？我们回过头来再研究一下老聃的情况。

老聃是史官世家出身，按照当时的文化传统，老聃自然而然地就进入了官僚体系，虽然只是守藏室史官。前面我们已经叙述了古代史官的职责和工作范围，也比较了侯国太子老师教授的内容与孔丘教授的内容的差异。虽然老聃不是太子的老师，但在其他方面应该说他不亚于太子的老师，毕竟他有充裕的时间、具体的实践和丰富的资料。需要指出的是，那个年代没有我们现在的书籍，更没有互联网，要获得第一手的可靠资料（包括历史知识），是非常不容易的，也是非常花费时间的，在这方面老聃可以说是得天独厚的。而且，老聃作为周王室的内官，是应该了解作为最高统治集团——周王室的整体运行及内部情况的。《史记·太史公自序》称作为史官世家的"司马氏世主天官"。《史记索隐》曰："案此天官，乃谓知天文星历之事为天官。"亦即天文之官。观天象、序历法，并附记人事以测天人之际，这就是作为"天官"的史官之职责。清末民初的江瑔（1888年～1917年）在其《读子卮言》中的《论道家为百家所从出》一文中说："上古三代之世，学在官而不在民，草野之民莫由登大雅之堂。唯老子世为史官，得以掌数千年学库之管钥，而司其启闭。"老聃应该是一位知识渊博的人。

具体到孔丘教授的那些"六艺"中的知识，虽然在老聃时代未必系统成书，但就其内容而言，作为守藏室史官的老聃应该是非常了解的，而且要比流传到社会上的更详尽、更全面。因此，我们有充分的理由相信，无论从掌握的知识面，还是从占有的资料，亦或是对周王朝体制及历史的认知方面，老聃是完全有资格做孔丘老师的。

在集我国先秦文化之大成的《吕氏春秋》中，《贵公》篇通过一个故事对老聃与孔丘的思想作了间接但很中肯的评价：

（周公姬旦的长子）伯禽要离开宗周去封地鲁的时候，请教管理封地鲁国的方法，姬旦（周公）说："对百姓施利而不谋求私利。"楚国有个人丢失了一张弓，但是并不愿意找回，说："楚国人丢失的弓，一定是被楚国人捡到了，何必又去找回呢？"孔丘听说之后说："将'楚国'字去掉就可以。"老聃听说了孔丘的话之后说："再把'人'字去掉就可以了。"所以老聃可以说是最公正无私的。

这个故事清晰地告诉我们，孔丘与老聃考虑问题的层次不同。老聃是哲学家，孔丘则是一个社会伦理学家。孔丘关心的是人间，虽然跨越了鲁国的国界，但仍然局限于周王朝的诸侯国之间；而老聃的视野不但超出了周王朝，而且超越了人间——考虑的是万物，当然包括天、地、人。

关于老聃与孔丘，上述资料及分析、论述也许都不足以使我们下结论。对老聃和孔丘两人的评述与认识，最好的方法还是我们去公正地、认真地去研读老聃的《老子》和孔丘的言行集《论语》并做一比较。

就对华夏文化的影响面而言，老聃基于哲学层面对华夏文化体系进行了创新与发展，而孔丘则多在伦理学、社会学和政治学上有所建树，其特点是专注于文化典籍的整理与传承。孔丘除了周游列国进行传教式的宣传之外，培育弟子是他的另一大特点与贡献。对我国文化的影响，如果说大小的话，由于孔丘学说长期被封建王朝作为意识形态所推崇，其学说的影响要比老聃学说大；如果说深度或者说精髓的话，老聃的学说要比孔丘的学说影响更为深刻。

就创新与发展而言，老聃侧重于文化体系的创新与发展，而孔丘专注于教育与文化典籍的整理、传承。政治上老聃主张彻底变革，孔丘主张"克己复礼"。老聃的贬礼是与孔丘的护礼、复礼立场相对立的。"克己复礼"的核心就是要恢复周确立的礼制，并用礼来统治的制度。而老聃则抨击"礼"是"忠信之薄，而乱之首"，并说"是以大丈夫，处其厚，不居其薄，处其实，不居其华"。

在道德方面，孔丘提倡仁与义。而老聃则讥讽"仁义"的堕落，"失道而后德，失德而后仁，失仁而后义"。从老聃、孔丘对立的立场、态度，可以看出其后的封建社会时期，儒道两家进入了不同的轨道，儒家代表着官方意识形态，而道家则是哲学层面，在民间广为流传。

从哲学层面上讲，孔丘和老聃并非同一层次，德国哲学家黑格尔(1770年~1831年)对老聃的思辨哲学作了较高的评价，但对孔子却颇有微词：

"我们看到孔子和他的弟子们的谈话(即《论语》)，里面所讲的是一种常识道德，这种常识道德我们在哪里都找得到，在哪一个民族里都找得到，可能还要好些，这是毫无出色之处的东西。孔子只是一个实际的世间智者，在他那里思辨的哲学是一点也没有的——只是一些善良的、老练的、道德的教训，从里面我们不能获得什么特殊的东西。

"西塞罗①留下给我们的《义务论》便是一本道德教训的书，比孔子的书内容丰富，而且更好。我们根据他的原著可以断言：为了保持孔子的名声，假如他的书从来未曾有过翻译，那倒是更好的事。"②

如果跳出中国及其周边去放眼世界，那么老聃学说对世界的影响要远远大于孔丘的学说，可以说孔丘是中国的，老聃是世界的。

2.4 学说与道教

老聃的学说为什么被称为道家呢？这主要是其学说的核心是"道"。最早给百家分类的可能是司马迁的父亲司马谈了，他把老聃这一派称为道德家，又简称

---

① 西塞罗（公元前106年~前43年）：罗马共和国晚期的哲学家、政治家、作家、雄辩家。
② 黑格尔：哲学史讲演录（第一卷）[M].北京：商务印书馆，1959年：第119-120页。

为道家。司马谈在其《论六家要旨》一文中是这样评述道家的：

"道家使人精神专一，动合无形，赡足万物。其为术也，因阴阳之大顺，采儒墨之善，撮名法之要，与时迁移，应物变化，立俗施事，无所不宜，指约而易操，事少而功多。儒者则不然。以为人主天下之仪表也，主倡而臣和，主先而臣随。如此则主劳而臣逸。至于大道之要，去健羡，绌聪明，释此而任术。夫神大用则竭，形大劳则敝。形神骚动，欲与天地长久，非所闻也。"

我们来解读一下这段话。

"使人精神专一"就是专心致志；"动合无形"，它的行动并不是说那么张扬，表明它主张低调，不张扬；"赡足万物"，这个"赡"是供给的意思，意思是说济事济物，抚养万物生长。"其为术也"，就是道家它是一种理论，而且还可以得到实践应用。那么这个"术"是怎么来的呢？他说"因阴阳之大顺"，这里用了"阴阳"的表述，可能受阴阳家的影响，道家未必会如此表述。笔者认为，如果按照道家的思想，这"阴阳"是指事物相对的两个方面，"其大顺"也就是顺应其自然而然的固有变化。这"阴阳"包括"天"和"地"，也就是顺应天地变化。"采儒墨之善"，儒指的是儒家，墨指的是墨家，也就是包容了儒家和墨家的长处。"撮名法之要"就是名家和法家的要点在道家体系里也有体现，也被包容进去了。"与时迁移"就是道家的理论不是一成不变，它是随着时代的发展而发展的。"应物变化"就是要不断依据发现的万事万物的新情况，来调整自己的理论以适应新的发现。"俗"是人间社会，人们在长期的生活、生产中形成的共同认知和公众习惯，是社会的实际情况，"立俗施事"就是要立足于人间社会和区域的具体实际情况来开展工作。"无所不宜"就是说道家的理论由于博采众长又是建立在客观的认识基础上，同时，它又"入乡随俗"、接地气，所以它可以适应各种各样的情况。"指约而易操"，它的论述、指导原则简明扼要，所以易于操作、执行。"事少而功多"，按照道家的理论和方法去做事，可以起到事半功倍的效果。

司马谈在《论六家要旨》一文中又说：

"道家无为，又曰无不为。其实易行，其辞难知。其术以虚无为本，以因循为用。无成埶，无常形，故能究万物之情。不为物先，不为物后，故能为万物主。有法无法，因时为业，有度无度，因物与合。故曰：圣人不朽，时变是守。"

道家讲"无为"，又说"无不为"，其实际主张容易施行，其文辞则幽深微妙，难以明白通晓。其学说以虚无为理论基础，以顺应自然为实用原则。道家认为事物没有既成不变之势，没有常存不变之形，所以能够探求万物的情理。不做超越物情的事，也不做落后物情的事，所以能够成为万物的主宰。有法而不任法以为法，要顺应时势以成其业；有度而不恃度以为度，要根据万物之形各成其度而与之相合。所以说"圣人"的思想和业绩之所以不可磨灭，就在于能够顺应时势的变化。

司马谈是西汉文帝、景帝到汉武帝时代的人,他讲的这些道家思想,指的不仅仅是先秦时期老聃、庄周的道家,而是直到他的时代的道家。我们知道在汉武帝之前,文景之治(即汉武帝父辈和祖辈)奉行黄老思想,道家得到更多更包容性的发展。从这里我们也可以窥视到道家的发展所包含的大致内容和特点,有利于我们更加全面地理解道家。

刘歆(约公元前46年~23年)和他的父亲刘向一起,对宫廷所藏图书进行整理、分类、编目并命名为《七略》(班固在《汉书·艺文志》引用)。刘歆在论述百家的道家起源时说:

"道家者流,盖出于史官,历记成败存亡祸福古今之道,然后知秉要执本,清虚以自守,卑弱以自持,……此其所长也。及放者为之,则欲绝去礼学,兼弃仁义,曰独任清虚,可以为治。"

《老子》一书中提出了有关"道"的独特的理论,简称为"道论"。《老子》书中的"道",不是寻常意义所说的"道",而明确地将"道"作为天地万物的本原,是道家哲学的最高范畴。

关于老聃的"道"及其思想,我们会在后面的章节中介绍。对老聃及其思想的评价,在前面的章节中已经有所涉及,为使读者有一个较全面的印象,本节摘录一些有关评价老聃的相关学派及学者的观点,供参考。

儒家学派的代表人物之一荀况在他的《荀子·天论》中这样评价春秋战国时代的各流派:"老子有见于诎,无见于信;墨子有见于齐,无见于畸;宋子有见于少,无见于多。"

江瑔《读子卮言》中有《论道家为百家所从出》云:"故老聃一出,遂尽泄天地之秘藏,集古今之大成。学者宗之,天下风靡。道家之学遂普及于民间。道家之徒既众,遂分途而趋。各得其师之一遗,演而为九家之学,而九流之名以兴焉。"

江瑔认为老聃是史官,博览众多历史学库里边的学问,集古今之大成,解天地之奥秘。而其他学派,则是在其一个分支上前进而已。对老聃给予了极高评价。

范文澜在他的《中国通史简编》中这样评价老聃和《老子》:"老子是有极大智慧的古代哲学家。他观察了自然方面天地以至万物变化的情状,他观察了社会方面历史的、政治的、人事的成与败、存与亡、祸与福、古与今相互间的关系与因果,他发现并了解事物的矛盾性比任何一个古代哲学家更广泛更深刻。他把这种矛盾性称为道与德。"①

据1974年出版的马叙伦《老子校诂》载:毛泽东说过:《老子》这部书乃是唯心主义的,但包含丰富的辩证法思想。它对春秋战国时期社会大变革的一些现

---

① 范文澜:中国通史简编(修订本)第一编(第4版)[M].北京:人民出版社,1964年:第269页。

象,特别是战争的规律作了概括和总结,所以它也是一部兵书。"

对老子的负面评价主要有三个方面:

第一,消极出世。

这一评价可能来源于老聃主张的清净无为。虽然老聃也批评执政者的强取豪夺,民不聊生。因老聃主张清净无为,因此他没有积极入世来改变现状的雄心壮志。相比于儒家的"学而优则仕",说老聃消极也是可以理解的。至于出世,则是有些信奉道家理念的人的行为。虽然历史上有这么一部分人,但要归结为老聃的主张,似乎有点不妥。就老聃个人经历而言,他是先入仕,做了周王室守藏室史官。有很多资料显示,老聃离开周王室后从事教书育人工作,并未归隐山林。

孔丘也有类似的思想:"子曰:'笃信好学,守死善道。危邦不入,乱邦不居。天下有道则见(音xiàn,同"现"),无道则隐。邦有道,贫且贱焉,耻也;邦无道,富且贵焉,耻也。'"(《论语·泰伯》)

第二,愚民。

指责老聃具有愚民思想可能来源于《老子》第49章的"百姓皆注其耳目,圣人皆孩之"和第65章的"古之善为道者,非以明民,将以愚之"。指责者把这两句当作老聃愚民思想的证据。先不说这些指责者是否正确理解了《老子》的中心思想,就文字而言,这个"愚"字也不能按照后世或今天的愚民的"愚"来诠解。

老聃的"圣人皆孩之"有两层含义:一是圣人像父母对待自己孩子一样对待百姓,二是圣人期望他的民众都像婴儿一样淳朴。老聃在第二十章也说自己"我愚人之心也哉"。因此,用这两句来说明老聃具有愚民思想,无疑是没有全面、正确理解老聃的思想,是有意歪曲老聃的思想。关于老聃的"愚民"思想,会在4.12针砭时政与治国一节,结合老聃的治国理念作进一步阐述。

相比老聃,孔丘的论述倒是有愚民之嫌:"子曰:'民可使由之,不可使知之。'"(《论语·泰伯》)

第三,阴谋诈术、权谋。

这种解读要源于司马迁的追溯求源和韩非在《喻老》中用历史故事来解释《老子》第36章的"将欲歙之,必固张之"。

司马迁在《史记·老庄申韩列传》中是这样追溯法家人物申不害和韩非的:

> 太史公曰:老子所贵道,虚无,因应变化于无为,故著书辞称微妙难识。庄子散道德,放论,要亦归之自然。申子卑卑,施之于名实。韩子引绳墨,切事情,明是非,其极惨礉少恩。皆原于道德之意,而老子深远矣。

司马迁还说"申子之学,本于黄老而主刑名",而说韩非"喜刑名法术之学,而其归本于黄老"。

也就是说,司马迁在评价这些人物——包括庄周和法家代表人物申不害及韩非时,认为他们的思想源头均来自老聃的"道"与"德",而且老聃的学说很深远。这样就把源头引到了老聃那里。而韩非在解释《老子》的《喻老》中用历史故事来解释老聃的哲学命题，故事是这样的：

越王来到吴国从事贱役，却示意吴王北上伐齐，以便削弱吴国。吴军已在艾陵战胜了齐军，势力扩张到长江、济水流域，又在黄池盟会上逞强，由于出兵在外，久战力衰，所以才会在太湖地区被越国制服。故曰："将欲歙之，必固张之；将欲弱之，必固强之。"

晋献公想要偷袭虞国，就把宝玉良马赠送给虞君；智伯将要袭击仇由，就把载着大钟的大车赠送给他们。故曰："将欲取之，必固与之。"不露形迹地完成事业，求得在天下获取大功，"这就叫隐微明智"。处在弱小地位而能注重自行谦卑克制，说的是"弱能胜强"的道理。

上述两句"故曰"的确是《老子》里的原文，在《韩非子·说林（上）》中又有："《周书》曰：'将欲败之，必姑辅之；将欲取之，必姑予之。'君不如予之，以骄智伯。且君何释以天下图智氏，而独以吾国为智氏质乎？"《战国策·魏策一》中同样有引用："《周书》曰：'将欲败之，必姑辅之；将欲取之，必姑与之。'"这些《周书》所载的内容与老聃的思想是一脉相承的。那么这里指的《周书》是不是《书》里的《周书》呢？如果是，那么这一思想是在老聃或《老子》成书之前还是之后呢？如果是在之前的话，那只能是老聃借用了这一思想；如果是在之后，那么这一思想就是老聃的原创了。无论是在之前还是之后，我们如果抛弃伦理道德观念，只是从哲学上探讨这个问题——我们知道老聃有"物极必反"这一事物发展、运动规律的思想，也有无为或者说无事事，柔弱胜刚强、不强为之和"人之生也柔弱，其死也坚强"的思想。如果我们把这两者结合起来，上述的"将欲弱之，必固强之"之思想也就可以顺理成章地推演出来。如果非要说是"谋"也只能是阳谋而非阴谋。

再说说老聃的"将欲歙之，必固张之"，这是老聃哲学思想的一种表现。老聃还说过"物壮则老，是谓不道，不道早已"(第30章及第55章)、"草木之生也柔脆，其死也枯槁"(第76章)。物壮则老，这是自然规律。禾苗到壮的时候，就会开始走向死亡，人也一样。这也是源于老聃的"物极必反"这一重要的哲学思想。具体到人间的一些具体事项和思维方式，那是一些案例而已。公平地讲，如果这些人间案例证明了老聃思想的正确性，岂不乐乎？至于有人非要用他们的伦理思维的惯性把这一哲学思考拉到他们伦理的空间，那是他们的事情了！它并不说明什么。

后儒们多依据这一解释，作了进一步放大并贴了标签，于是就有了《老子》是"权谋学"的评价。在宋代，强烈批判老聃的以北宋的苏轼、程颢、程颐和南宋朱熹为代表，近代则有钱穆等人。

程颢、程颐有这样的批判：

走进老子

"与夺歙张，固有此理，老子说著便不是。"（《二程全书·遗书》七）

"老子之言，窃弄阖辟也。"（《二程全书·遗书》十一）

而朱熹表达得最为强烈："老子心最毒，其所以不与人争者，乃所以深争之也，其设心措意都是如此。闲时他只是如此柔优，遇着那刚强底人，它便是如此待你。"（《朱子语类》卷第一百三十七）

朱熹这个后儒大家的思维是非常偏颇的，他在回答提问"集注何以言佛而不言老"时说："老便只是杨氏。人尝以孟轲当时只辟杨墨，不辟老，不知辟杨便是辟老。如后世有隐遁长往而不来者，皆是老之流。他本不是学老，只是自执所见，与此相似。"（《朱子语类》卷百二十六）对于儒学前辈孟轲只是批杨朱和墨翟，却不批老聃，朱熹则说"杨朱便是老聃，批杨朱就是批老聃"。杨朱与老聃确实不是一个人，可能杨朱是老聃弟子辈的。即便是师徒关系，我们在没有什么论据支持的情况下把他们划等号，轻则犯了思维错误，重则是学术问题。我们不能因为秦始皇时期的丞相李斯和法家集大成者韩非是荀况的学生，我们就认为批李斯、批韩非就等同于批荀况吧？

这些儒学大师们可能陷得太深，思维太缺乏深度（先秦时代儒学被归入显学，没有深度也是可以理解的），固有的思维模式使他们没有读懂《老子》之外，恐怕也会存在着断章取义的嫌疑。

我们先看看韩非与老聃的关系。韩非师从儒家大师荀况，但他非常欣赏老聃的学说，因此进行了深入研究，并著述了《解老》和《喻老》两本书。韩非在深入研究《老子》的基础上，依据老聃的哲学原理结合法家的思想，创造出了新的法家理论。如果说韩非继承了老聃的部分学说，那么他是把老聃"道"和"一"等关于世界本源，也就是自然界的思想推演到了人类社会。万物遵道而行，那么人类应当遵法而行。这就是韩非的基本出发点。其实，关于刑名法术，老聃是不赞成的或者说是反对过多的法令的。他在《老子》第57章就说"法令滋彰，盗贼多有"，又在第74章里说"夫代司杀者杀，是谓代大匠斲。夫代大匠斲者，希有不伤其手矣"。老聃主张无为而治天下是再明显不过的。但这些后儒大师却视而不见，唯用对法家的口诛笔伐来追杀到老聃那里，确实是有欲加之罪，何患无辞之嫌！

我们再来看看国外学者，包括哲学家、科学家和历史学家，对老聃思想的评价。

德国古典哲学的创始人康德说："斯宾诺莎的泛神论和亲近自然的思想与中国的老子思想有关。"

德国古典哲学的另一位巨匠黑格尔在他的著作《历史哲学》中说："道为天地之本、万物之源。中国人把认识道的各种形式看作是最高的学问。老子的著作，尤其是他的《道德经》，最受世人崇仰。"黑格尔把老聃的思想同希腊哲学一样看成人类哲学的源头。

西方现代哲学的开创者，德国哲学家尼采说："老子思想的集大成——《道德经》，像一口永不枯竭的井泉，满载宝藏，放下汲桶，唾手可得。"

德国哲学家马丁·海德格尔认为老聃与自己的思想非常吻合，他将老聃"孰能浊以静之徐清，孰能安以动之徐生"的字句挂于墙，悬于壁。

英国哲学家、历史学家罗素读了《道德经》后，极为惊叹，认为两千多年前能有这么深邃的思想，简直不可思议，赞此为圣贤之说。罗素曾到北京大学为讲师，高兴地向学生们译读《道德经》。

现代人即使与佛教、基督教等宗教无缘，对老庄之说也有亲近之感，就如亲近大自然一样，因为老庄之学正如自然界本身，我们都在其中。

美国哲学家、文化史专家威尔·杜兰特在其《世界文明史——东方的遗产》一书中是这样评价老聃的："老子是孔子前最伟大的哲学家。《道德经》出自何人的手笔，倒是次要的问题，最重要的乃是它所蕴涵的思想，在思想史中，它的确可称得上是最迷人的一部奇书。或许，除了《道德经》外，我们将要焚毁所有的书籍，而在《道德经》中寻得智慧的摘要。"

1977年诺贝尔化学奖的获得者、耗散结构理论的创始人普利高津（Prigogine）说："道家的思想，在探究宇宙和谐的奥秘、寻找社会的公正与和平、追求心灵的自由和道德完满三个层面上，对我们这个时代都有新启蒙思想的性质。道家在两千多年前发现的问题，随着历史的发展，愈来愈清楚地展现在人类的面前。"

汤川秀树作为量子物理学家因其成功地预言了量子之一的介子的存在，于1949年获诺贝尔物理学奖，他是亚洲第一个获得该奖项的人。他于1968年在《创造力和直觉——一个物理学家对东西方的考察》一文中说："老子在两千多年前就预见并批判今天人类文明缺陷的先知。老子似乎用惊人的洞察力看透个体的人和整体人类的最终命运。"并指出可能正是这个原因，他才写下了《老子》这部奇书。

美籍奥地利物理学家卡普拉在他的《非凡的智慧》一文中指出："在伟大的诸传统中，据我看，道家提供了最深刻并且最完善的生态智慧。"

英国著名历史学家阿诺德·汤因比在《人类与大地母亲》一书中对老聃作了高度评价，他说："在人类生存的任何地方，道家学说都是最早的一种哲学。"

著名的科技史专家李约瑟在研究中国古代科技史，涉及科技思想史时，曾这样写道："中国人性格中有许多最吸引的因素源于道家思想。"他又说："道家思想是宗教的和诗意的，诚然不错，但它至少也同样强烈地是方术的、科学的、民主的，并且同样是革命的。"

法国著名学者、"百科全书派"的主要代表人物狄德罗极力推崇老聃，在其主编的《百科全书》中就特另立有"老君"的条目，并把老聃描绘成一个"洋溢着真正激进启蒙精神的圣者"。

老聃及其学说与道教

老聃与我国本土宗教——道教——是有关联的。那么，道教与老聃的道家学说有什么关系呢？要说明它们之间的关系，需要从道教的兴起与创立开始说起。

道教的兴起有其固有的文化基础。在战国时期，甚至更早，方仙道就在中国流传，其根本思想是长生不老和成仙。长生不老一直是人类的梦想，秦始皇统一中国后，也一度受方仙道思想的影响，追求长生不老。

西汉初年，道家学派中的黄老学派大兴，老子和黄帝受到了前所未有的祭祀。到汉武帝强力推行"罢黜百家，独尊儒术"，之后儒家思想在维护君权专制统治过程中，逐渐形成了"唯我独尊"的局面，儒学被进一步宗教化，走上了荒诞迷信色彩浓重的谶纬之道。

而在西汉初年一度鼎盛的黄老之学在退出统治集团顶层后并没有消亡，而是被民间广泛吸收，并逐渐形成了具有宗教色彩的民间信仰。在山东出土的汉墓壁画把老聃置于孔丘之上就能说明老聃在老百姓心目中的地位。在最高统治阶层，黄老思想也并未完全根绝。据《后汉书·襄楷传》记载，东汉桓帝刘志（132年～167年）曾经于"宫中立黄老、浮屠之祠"，此时的老聃已经被推崇近似于祖仙。

东汉中期以后，统治日益腐朽和黑暗，社会动荡，自然灾害频繁，民不聊生。到东汉末年的社会动乱，滑入谶纬之学的儒教在现实面前显得苍白无力，社会信仰也出现危机。东汉末年的社会动乱加剧，以互助为纽带的五斗米道和以祈求太平的太平道应运而生。这些教派可以追溯到春秋战国时期的方仙道。这些教派把黄老之学与神仙方术相结合，对一般人而言本来就带有一定神秘色彩的黄老思想进一步神秘化，又由最初尊崇黄帝，转而推崇神话后的老子，逐步形成崇奉老子为神明的黄老道，并与方仙道逐步合流，这是早期道教的前身。

张道陵（传说34年～156年）创立五斗米教后发展迅猛，短时间内教徒就已有十万人之众，遍及青、徐、幽诸州，教徒们称张道陵为"天师"，也就是上天派来组织人们的大师。张道陵在中国传统文化里寻找"根基"，因其教在信仰上与《老子》的一些内容有一致之处，故进而尊老子为道祖，奉《老子》为根本经典，把《老子》改称为《道德经》，老子后来自然也就被尊为"太上老君"了。在南朝陶弘景（456年～536年）的《真灵位业图》中，又有"奉虚皇道君元始天尊""太上道君灵宝天尊""后圣金阙帝君""太上老君道德天尊"等最高神。在北齐魏收（506年～572年）编写的《魏书》最后一篇《释老志》中也有"太上老君"之称呼。此后，老聃作为名为太上老君的神仙出现在众多中国文化典籍中。"太上老君"这个复合名词可能是这样结合而来的。在《老子》第十七章中有"太上，不知有之"。"太上"为至高无上之意。"君"这个词在汉语中早已使用，是一个表示地位之词，如"国君"。正好老子的名字是老聃，"老"也有对年老的尊敬和爱戴之意。于是就创造了一个很容易被一般人接受的美称——太上老君。

其实，道教只是在法理上承袭了《老子》的部分思想，严格地讲与老聃本人并没有什么关系。道教的一些理念与老聃的思想是相悖的，譬如道教追求"长生""长寿"的理念。老聃的思想是顺其自然，生老病死是自然而然的。因此，我们在阅读《老子》时，需要分清老聃的道家思想与道教思想的区别，但把老聃与道教完全隔离也是不符合事实的。

至南北朝时道教宗教形式逐渐完善。道教以"道"为最高信仰，认为"道"是化生万物的本原。道教进一步深入民间并得到广泛传播，道教以一种神教的姿态在民间独得稳固之地位。当魏晋（265年～420年）之际，道教蔚然成一时之风，其势力凌驾于儒教之上。道教也趁势扩大范围，在它的知识体系之下又包括了医药、生理学、宇宙学、符咒、巫术、房中术、星相术，加以天神的政体说以及美妙的神话。在其行政方面，则有法师大掌制度——凡属构成通行而稳定的宗教所需之一切行头，无不应有尽有。

到了唐朝，唐朝的皇室为李姓，又因司马迁的《史记》记载老聃为李姓，历史名人老聃也就顺理成章地被唐朝的皇室认定为祖先。李渊于武德八年（625年）颁布《先老后释诏》。唐太宗贞观十一年（637年）诏书中说："朕之本系，出于柱史。"唐高宗李治于乾封元年（666年）二月尊封为"太上玄元皇帝"；唐明皇李隆基天宝二年（743年）正月加尊号"大圣祖"三字；天宝八年（749年）六月又加尊号为"圣祖大道玄元皇帝"（《旧唐书·高宗纪（下）》及《礼仪志四》）。这样有了官方提携，老聃在道教中的地位更加巩固，老聃成仙的传说也得以更为广泛的传播。

道教从早期的追求长生不老，画符驱鬼，到中间又把民间传说中的各路神仙融入，譬如"八仙"、阎王与十八层地狱、玉皇大帝等，最后完成了中华民族的世俗宗教。

在道教追求长寿甚至长生的实践中，我们不能排除其探索自然奥秘的初心，也萌发出了科学的火花和科学的发现。尽管从现代的科学观点来看，许多是非科学或者说是伪科学的，但它毕竟在人类认识史上留下了难以磨灭的史迹，至今或多或少地影响着中华民族的思维方式。

说到这里，介绍一位现在鲜为人知的人物——葛洪。提起葛洪，很少有国人把他和现代的科学联系起来，毕竟他是道家学者，又是道教道士，这是我们传统文化对他的定位。葛洪（284年～364年）为东晋人士，除了我们称之为道家学者和道教道士外，他还是著名炼金家、医药学家和化学家。

作为炼金家，我们往往把他与寻求长生不老之药联系起来，具有负面印象。但在百年前，美国麻省理工学院科学家就把他的铜像与著名化学家门德列夫的铜像放在一起，认为他发现并记录了几十个化学元素，对科学发现贡献非常大。可惜没有在我们的文化中生根发芽，更谈不上茁壮成长了。

另一个与葛洪有关的是我国第一个获得诺贝尔科学类奖的屠呦呦,她以成功提取青蒿素而造福人类。屠呦呦在研究治疗疟疾的时候,最初几次用提取的青蒿素治疗疟疾的实验效果都不理想。后来,她在我国的古代文献中寻找线索。葛洪编著的《肘后备急方·治寒热诸疟方》中的几句话引起了她的注意:"青蒿一握,以水二升渍,绞取汁,尽服之。"原来用青蒿治疟疾是通过"绞汁",而不是传统中药的"水煎"制取法。这使她想到在提取青蒿素的过程中,由于温度过高而破坏药物的疗效。于是屠呦呦改用沸点较低的乙醚在60℃的温度下成功提取了有效成分的青蒿素,为人类战胜疟疾做出了巨大贡献。

3 老聃的认知

3.1 认知与方法

我们先简单看看我们现在的认知层面：

第一个是直观的世界，就是我们可以感知到的，直接可以看到的东西，譬如树木、花草、蓝天白云等。这是人类与生俱来的最直观认识到的世界。人依靠视觉、听觉、嗅觉、味觉、触觉等这些感知来认识世界是极其有限的。

第二个是宏观的第一层面：太空宏观世界。我们借助望远镜，包括电子望远镜，可以直观地观察到如比较遥远的星球。

第三个是宏观的第二层面：超距离的宇宙宏观世界。我们即使通过高倍率望远镜，也不能使其形状外貌成像给我们。我们只能通过获取有限信息，通过理论来"确定"其存在，譬如说很远的一百亿光年以外的星球。

如果往小的方向走，我们就进入了微观世界。是指我们的裸眼"看不清"的微观世界。

微观的第一层面：机械物理层面。我们可以借助纯光学仪器可以观察到的，如细胞、微生物、蛋白质等。

微观的第二层面：原子微观层面。这一层面就是用电子仪器可以感知到、测量到的，其存在(包括运动状态)与我们裸眼看到的世界是类似的，譬如原子、分子。

微观的第三层面：理论推测层面。这个就是超微观的物质。对这一类，我们只能理论推测，用实验间接验证。这一层，我们很难确定它是什么形状、状况等，它与我们直观类的东西不存在可比性与类推性，如基本粒子这些量子类物质。

尽管如此，我们这个世界是超微观世界决定微观世界，微观世界决定宏观世界。譬如一滴直径为2毫米的水珠，只有0.0042克，但却含有约一万四千亿亿个水分子。再拿我们的身体看一看，我们自身有多少原子？大约有6×10^{27}个原子。原子通过"力"形成分子，分子聚在一起形成分子聚集体，然后形成小的细胞器、细胞、组织、器官，最后形成一个整体，这个整体就是我们的身体。

那老聃是怎样认知的呢？

老聃在第一章中就叙述了其研究方法：

恒无欲，以观其妙（眇）。

　　恒有欲，以观其徼。

在第16章中说：

　　致虚极，守静笃。

　　万物并作，吾以观复。

在第47章中说：

　　不出户，以知天下；不窥牖，以知天道。

　　其出弥远，其知弥少。

　　是以圣人

　　不行而知，不见而明，不为而成。

　　现在人们常说"读万卷书，行万里路"，告诫人们多读书，多到外边走走，在学习和实践中认识事物，积累知识。这似乎成了现代人的共识。可是老聃却说"不出户，以知天下；不窥牖，以知天道；其出弥远，其知弥少"，好像关起门来，闭目塞聪，能使人无所不知，反而走得越远，看得越多，却只会使人"知道"得更少。老聃的话听起来像是谬论，也有悖于现代人们的"共识"。但实际效果如何呢？恐怕没有人会给出满意的答案。历史上的学问家，无论是哲学家还是科学家，成为大学问家的，恐怕没有人是靠"读万卷书，行万里路"获得的。清朝的郑板桥（1693年～1765年）在他的《言志诗》对"读万卷书，行万里路"提出了异议，他说："读书数万卷，胸中无适主。"的确，在我们在生活中，会常常会遇到那种阅历丰富，走得远、见得多，但对于世界和人生却并无真知灼见，却又往往言不及意的人。对老聃而言，他并不追求或者欣赏当时的"知识"，甚至提出了"绝学无忧"的观点。当然那时的"学"不等同于现在的"学"，我们不能直接套用现代的"学"去理解这句话。他所提倡的是对现实世界的深思与理解，是对自然存在奥秘的探索，是一种境界，一种"不行而知，不见而明"的深邃境界。从这方面讲，老聃提倡的"涤除玄览"的"冥思"超越了人们的耳闻目睹。

　　老聃认识与思维的一个重要特点就是追溯性与回归性。在探讨问题时，老聃要追根溯源，刨根问底，包括天地、万物的产生与生长问题，人类历史的发展问题。他通过对自然界、生物界和人类社会的观察，把思想的光芒深入到世界的本原，进入一个精微的"道"——万物与天地的本原。

　　现代科学正向两个方向挺近：一个是超宏观的宇宙；另一个是超微观的"物原"。在超微观层面，已经达到了量子层面。在这一层面，发现许多我们现在还无法理解的事物。老聃的思维方式是世界的一切源于道，一切取决于道。现代科学越来越证明，超微观世界决定微观世界，微观世界决定宏观世界。这与老聃的思维不谋而合！

　　但他考察人类历史与当时的社会，发现了其向无序方向发展。从生物角度来讲，有出生、成长、成熟、衰落和死亡过程。因此，老聃在第30章里说："物壮则老，是谓不道，不道早已。"他认为之所以早亡是因为远离了"道"、背离"道"而造成的。因此，要从根本上克服这些混乱，延缓衰老，延长生命力与生命，就必须使主观意识和文化已经严重脱离了"道"的人类和社会重新靠近"道"，返归"道"。这也正是老聃所说的"能知古始，是谓道纪"和"万物并作，吾以观复"。这在思维方式上可以称之为追溯性思维，也就是我们常说的追根溯源。

老聃的思想是从哪里来的呢？是老聃自己冥思苦想出来的吗？显然不是！是从天上掉下来的吗？也不是！要了解老聃思想的来源，需要从老聃的职业谈起。

老聃的职业是史官，即图书馆及博物馆研究人员。用现在术语来讲，史官的主要责任之一是研究天文学，修订"历法"和"时令"。我国的二十四节气应该就是出于史官长期观察、研究之结果。

老聃作为守藏室史官，应该熟知古书、铭文等历史文献、文物资料，所以，他既是知识渊博的大学问家，也可以说是全科型"知识分子"！说老聃的思想继承了先人的某些思想，也是毫无疑问的。但他的思想具有独特的创造性，其根本上说是基于自然的观察和前人的思想，吸收了一部分他认为合理的，同时也摒弃了与其思想不相吻合的东西。

尽管老聃对至今仍广为流行的儒家经典的理论观点并不赞成甚至反对，但我们有理由相信老聃对这些文化经典是非常精通的。《史记》上记载孔丘向老聃请教过"礼"，这本身就说明老聃对"礼"是非常精通的。

除了儒家经典所记载的知识之外，我们有理由相信老聃具有更为广阔的知识背景。在楚庄王时期，教授太子的内容除了选为儒家经典的《春秋》《诗》《礼》《乐》之外，还有彰显明德而废弃幽昏的《世》、百官政令、职事的《令》、先王施德政的《语》、历代兴衰的《故志》和宗族类别的《训典》。作为周王室守藏室史官的老聃，应该对这些知识是不陌生的。从《老子》中我们也可以看出，老聃还有丰富的天文、自然和技术知识。

那么老聃的知识和认识基础究竟有哪些呢？我们可以依据现代的知识分类进行简单梳理。

一、天文学知识

古代的人们是怎么认识"天"与"地"的呢？

古人把由众多星体组成的茫茫宇宙称为"天"，把立足其间、赖以生存的田土、山川称为"地"。认为天是覆盖在地上的球体。从简单的把天看成是圆球形，把地看成是平面方形，进而发展成一种理念，即"天圆地方"。"天圆地方"最初出自《书·虞书·尧典》。

我们从地上仰望星空，"天"像个半圆屋顶。太阳、月亮、行星都在这个球

走进老子

体"屋顶"上移动。由于日月等天体都是在周而复始、永无休止地运动，好似一个闭合的圆周无始无终；而大地却静悄悄地在那里承载着我们，恰如一个方形的物体静止稳定。如果我们进一步仔细观察，我们会发现"天"以北极为中心逆时针旋转，而古人则认为这是天的中心，天帝就存在于这一中心中。与之相应地称北极近旁小熊星座的星为"帝皇"，大熊星座的北斗七星形状被想象为天帝御驾的车辕和车厢。位于勺的前端，即车厢尾部的星辰被称作为"天枢"。天帝乘此御驾巡视于天极周边。这既是古代的"天象"，也是现代的"天象"。

周王朝以十一月一日为新年的开始，因为他们将十一月的冬至作为出发点。阴历的冬至在十一月份。冬至是北半球全年中白天最短、黑夜最长的一天，也是正当十干、十二支第一天的甲子日，是阳气（白天）开始超越阴气（夜晚）的节点日，因此是一个特别的日子。

在天文学方面掌握了冬至、夏至的周期，发现了岁星（木星）约11年（今天我们发现太阳黑子的活动周期也是11年）一循环的规律对农历每月的第一天——朔日——的推算能做到基本上正确不误，开始打破了对过去以为天道运行高远莫测的迷信思想。

古人未必知道地球是绕太阳运转的。如果认定地球是静止的，也就是把我们的地球作为静止的观察原点，而让太阳做相对旋转的话，那么太阳一年的那条轨道就称之为"黄道"（黄道吉日的黄道）。从地球的角度来讲，就是地球公转轨道平面。如果将地球赤道投影在天球上的话，这就叫作天的赤道。

春秋战国之前，我们的祖先对天文已有很精确的研究，已经掌握了冬至、夏至的周期，这说明已经对天体的运行规律（天道）有了很好的掌握。明末清初学者顾炎武（1613年～1682年）在《日知录》里说："三代（指夏商周）以上，人人皆知天文。七月流火，农夫之辞也。三星在户，妇人之语。"虽然说人人都懂天文可能有些夸张，但那时天文知识确实是与生产、生活息息相关的，尤其是在古代农耕社会的中国，气候规律、天气状况对于农业生产是命脉。在科技如此高度发达的今天尚且如此，两千多年前，连铁制农具都还没有完全普及，就可想而知了。

作为春秋末期史官的老聃，当然更了解和熟知天文并做相应的记录，这是史官的基本责任之一。这也是老聃思想的重要来源之一。

天体是浩瀚无垠的，我们在地球上用裸眼所能观察到的范围内，感觉星辰运行到遥远的某个地方消逝了。但如果长时间观察它、记录它，在某个时间点它又由远及近地返回来了，直至返回到原来的位置。作为周王室史官的老聃通晓这些天文星象知识也是理所当然的。天体（即日月星辰）运行规律也反映在老聃的《老子》里："大曰逝，逝曰远，远曰反。"（第25章）老聃借助描写天体运行规律的词句来描述"道"的运行。以现在的观点看，这就是天文科学知识，虽然那个时代不一定有今天的科学认知与定义。

虽然今天科技高度发达，但是自然气候对农业生产依然起着重要作用。遥想古代,"风调雨顺"不但是种田人的愿望,也是那些拥有田地的贵族及国君的愿望!正是由于"风调雨顺"对于人们的生活如此重要,人们信仰上天,祈祷上天,也就顺理成章了。

这些都是老聃思想的重要来源。

二、农业知识

西周直至春秋时代是农耕时代,人们对农作物的生长规律已经有了一定的认识,也认识到植物生长不能拔苗助长。老聃从这些农作物及其他动植物的生长环境中总结出了自己的结论,即提倡对待自然、对待生活、对待工作要顺应事物自身生长变化的原则,不可勉强为之。从某种意义上说,这是来自农耕稼穑的原则,也反映了自然规律。这一思想反映到哲学层面上,就是老聃的"无为"思想。当然这"无为"思想不是什么也不做,而是做事应该符合事物本身生长、变化的规律,强行去做的方法是不可取的。如他讲到"治人事天",做得好,就能符合"根深、蒂固、长生久视之道";又讲到"治人、事天,莫若啬"。从这些描述中,我们可以推知老聃对农耕生产是不陌生的,或者说是比较熟知的。

老聃还说"草木之生也柔脆,其死也枯槁"(第76章),这说明老聃对大自然的观察是细致入微的。不但如此,老聃还进行了深度思考,把观察到的一些自然现象提升到哲学层面。正是在对自然现象进行仔细观察和深入思考的基础上,老聃才创立了其基于自然的哲学体系,我们也可以称老聃的哲学为自然哲学。

除了自然界的天体与大地以外,老聃还用人体本身做比喻,如第五十五章的"骨弱筋柔而握固;未知牝牡之合而全作,精之至也",说婴儿的筋骨虽很柔弱,但握起小拳头来却是很紧的;婴儿也并不知男女交合之事,但其小生殖器却常常勃起,这是因为其"精"充足所致呀!

三、技术知识

春秋中后期,铸铁技术逐渐成熟,出现了高温熔解铁矿石的铸铁工艺。现代科学告诉我们,冶炼铁需要从铁矿石(酸化铁)中还原出一氧化碳,而这就需要1100℃至1300℃高温来熔解铁矿石。古代是通过木炭的燃烧来进行冶炼的,为了达到更高的温度,就需要给燃烧的木炭供应大量的空气,而输送这些空气的设备就是《老子》中的橐。这个"橐"是个鼓风装置,类似于风箱或者风囊。考古科学鉴定,这种技术在春秋时代就已经出现。"橐"当时是顶级的高技术产品,没有它就不可能把火烧到千度以上,也就不可能炼铁,而铁是当时生产工具与军队装备时不可缺少的。老聃在第5章用"橐"来形容天地之间运动,他说:"天地之间,其犹橐籥乎?虚而不屈,动而愈出。"可见老聃是非常熟知当时的高科技产品的。

当然，作为崇尚自然的哲学家，老聃或许没有意识到这些产品——"器"的社会作用，更没有意识到其对社会构成阶级变化的作用。或许是由于他的理念与大自然的"道"及由此派生出的理念不同，所以视而不见。这不能不说是一种遗憾。但反过来讲，这些技术及其产品的发展到底给我们带来了什么呢？除了生活方便之外，还有诸多的负面影响，如战争、环境、资源和生态等问题。那么，能否以智慧政治改变世界吗？如果没有正确的思想指引或者约束的话，恐怕不是一件善事。

对于这一点，我们的史学家多以正统的儒家思想来分析社会，丝毫没有考虑生产力飞速发展所带来的影响，当然在这方面的资料也是非常欠缺的。我们的历史都是记录那些帝王将相的事情，很少涉及民间及科技方面的事记。在儒家的理论中，秉持劳心者治人，劳力者治于人的观念，是不可能看到生产力发展对社会的影响的，当然也不会顺应历史的发展而提出新的理论。

对于我们传统文化中一些业已存在的观念，甚至是带有一定科学性的观念，老聃既有继承也有发展。譬如"阴阳"的概念，在我们的历史上源远流长。早在公元前780年(周幽王二年)就被当时的史官伯阳父用来解释地震，也就是说，当时的西周史官就有了"阴阳"的观念。同为史官的老聃对这一阴阳观是不可能不知道的。"阴阳"在《老子》中也有反映，只是老聃所用的"阴阳"是否与前人完全一样？从已知的文献上看，是不尽相同的。需要指出的是，这一阴阳学说后来得到进一步发展，并被儒家吸取。我们在理解老聃的阴阳时，需要与阴阳学说及儒家的阴阳观相区别。

除了这些之外，老聃所处的年代是一个军事激烈对抗的年代。对于军事，老聃也是有深刻认识的，毛泽东在评价《老子》时曾说过：《老子》也是一部兵书。

3.2 发现

3.2.1 "无"之用

人们在生活或社会实践中，往往注意到实物，也就是"有"的作用。譬如建造的房屋，我们往往注意其外观，无论是宏伟高大还是造型奇特。即使在房屋的内部，我们也是大多关注墙壁梁柱等硬件结构，往往被忽视或无视的是其内在的空间，而这内在的空间恰恰是我们所要使用的。再譬如女士的手提包，往往只是注重于外观是否美观、材质是否优良，反而忽视了包的内部空间才是用处所在，无论是房子还是包，其"空"才是我们的"用"。

老聃在第11章给我们一个简单而又直观的实例，当然这也是用形而下的实例加以说明的：

　　三十辐，共一毂，
　　当其无，有车之用。
　　埏埴以为器，
　　当其无，有器之用。
　　凿户牖以为室，
　　当其无，有室之用。
　　故
　　有之以为利，无之以为用。

一个车轮有显而易见的多条辐条交附于轮毂之上，而轮毂与轴之间的空隙，才为车所用。如果轮毂与轴之间没有空隙，车轮就不能旋转滚动，当然车也就无法移动，车也就不成车了。我们现在的电动机，除了转子与定子之间的"无"——空隙之外，还有一个视而不见、听而不闻却至关重要的"无"——电磁力。当然老聃那个时代不可能知道电磁力的作用与原理。重要的是老聃的发现和在哲学意义上的思考——"无"的作用。

说到车，孔丘也用车做过比喻。他在《论语·为政》中当论述人的诚信时说："大车无輗（音 ní），小车无軏（音 yuè），其何以行之哉？"这里的輗和軏均是用于连接古代木质畜力车的横轴与车辕的关键部件，如果没有这个关键部件或者这个关键部件失效，那么，车辕的牵引力就不会传递到承载车厢的横轴上，也就不能使车厢随牲口而行，车不能行驶，车也就不是车了。显然这里孔丘说的是"有"，虽然其重点是在"巧"和"关键"之上。

老聃在第5章里说："天地之间，其犹橐籥乎？虚而不屈，动而愈出。"这里的"橐"就是鼓风用的风箱，它的中间是空虚的，可是运动起来，可以送风助燃，使火烧得更加旺盛。这里也说了"无"的作用，当然老聃不知道空气被压缩之后再释放会产生风，也不懂空气动力学。其实老聃这里所说的，与后来瓦特发明的蒸汽机车是一个道理，我们现在用压缩空气进行储能也是这个道理。

对于"无"的譬喻性解释，我们不得不佩服老聃的智慧，他将玄妙的哲理通过简单易懂的比喻，使人们恍然大悟，把深奥的哲理变成了人人可知可晓、可理解的常识。这里老聃告诫了我们一个哲理，即提醒人们要注意"无"的作用。两千五百年前的老聃就注意到这个"空间"，也就是"无"的作用，但直至今日，人们也似乎并没有很好地接受这个告诫，往往只注重"有"的一面。尽管如此，我们还是不得不佩服老聃思想的独特与深邃。

老聃发现了"无"的价值，并把它提高到更深层次的哲学思考，这是老聃对人类的贡献。但如果我们把"无"的地位、作用过分夸大，则有可能陷入"虚无"主义，背离了真实存在的作用。我们要在显而易见地关注"有"的同时，也充分意识到"无"的作用，这样的"有"与"无"才能相得益彰、相互依存！

3.2.2 循环往复

当我们面对大自然时，我们会思考天是自然运转的吗？地是自然静止的吗？日月远去近来是循环的吗？是谁主宰它们的？是谁掌握那法则的？这些运动又是谁来推动的，还是自然而然地运行呢？刮风下雨又是因何而起，是神灵煽动的吗？我想古人对这些现象是有所思考的。

我们人类生活的地球，尤其是我们的中原地带，四季分明，冬去春来，周而复始。

我们天空中浩瀚广阔，星辰运行到遥远的地方，似乎消逝了，但过一段时间它们从遥远处又返回到原来的位置。

这些现象为老聃提供了很好的思考素材。老聃的职业是史官，又生活在四季分明的中原地带。作为史官的一个主要职能就是观天体，制定"时令"，以服务于以农耕生产为基础的社会。而这对于常年耕作的农民来讲，也并不是什么太难的事情，只要认真总结经验，虚心向长辈学习也就不难掌握。但要制定比较精确的"时令"或者历法，仅仅靠经验是远远不够的。为了进一步精确地发现"时令"规律，制定精确的历法。对天体运行规律——"天道"的了解是必不可少的。而这些星辰运行的"天道"，我们今天把这方面的学问归结到天文学。作为周王室史官的老聃，我们有理由相信他不但掌握着大量史料，而且通晓天文星象知识。春秋末年，我国在天文学方面已经掌握了冬至、夏至的周期，并发现了岁星约11年一个的循环周期。

这些自然现象与天道运行规律的发现，直接反映在老聃的思想里，也就是第40章中的："反者，道之动。"第25章中的："吾不知其名，(强)字之曰：'道'；强为之容曰：'大'。""大曰逝，逝曰远，远曰反。"这也是我们中国人常说的"物极必反"的来源。

老聃借用描写天体运动的词汇来描述他的"道"。虽然我们不能排除当时的认知是否夹杂着迷信成分，但老聃能把这些上升到哲学层面，除了其深邃的思想之外，我们也可以推断他的思想是有根据的，不是盲目迷信的。

对于物极必反，如果我们要问这"极"在哪里呢？《老子》里没有提出这个疑问，当然也就不可能有明确答案了。但是，如果当时有人对老聃提出这个问题，我估计老聃也是很难准确回答的。如果我们拿一些藤条等植物去编一个东西，要将其折弯，但弯曲到什么程度为止呢？哪里是极限呢？除了我们的目的和用途之外，最重要的是不能将其折断，这个不造成折断的最大弯曲程度就是极限。

对宇宙的探索，从迷信上天到逐渐认识经历了一个漫长过程。在西方，中世纪由于宗教的阻断，探索一度中止，因为宗教坚持宇宙是上帝创造的。中世纪之后的文艺复兴才重启科学之光。对宇宙（物理学意义上的），人们直到20世纪还认为是有限大的，当然这里有一个对"宇宙"的定义问题。进入21世纪后，人类才发现宇宙是膨胀的，而且是在加速膨胀。从某种意义上讲，这与老聃的"大曰逝，逝曰远"不谋而合。至于宇宙是不是会收缩，到哪个"极"才是限、才会收缩，这个问题不是马上可以回答得了的。但宇宙是否会收缩呢？我想会的。

对于"物极必反"的理论，不仅仅用于描述事物的运行、发展规律，同时它也是辩证法。待事物发展到一定阶段，或者说发展到极致，其就会回归或者向对立面转换。

3.2.3 相对与辩证

相对观

说到相对的观念，可能大家马上会想到爱因斯坦的相对论，但老聃的相对观有别于爱因斯坦的相对论。它们的区别在于老聃的相对观是哲学层面的，包含有更广阔的意义。爱因斯坦的相对论是物理学上的，也就是力、空间和时间的关系问题。对于相对观的概念，与老聃同时代的诸家中，没有一人提出这个问题并深入探究。就世界的范围而言，在老聃之前，也没有人明确提出这一概念，因此，可以说老聃是世界范围内相对观的鼻祖。

老聃在第2章就论述了相对的概念，他说：

天下
皆知美为美，斯恶已；
皆知善，斯不善矣；
有，无之相生也；
难，易之相成也，
长，短之相形也；
高，下之相盈也；
音，声之相和也；
先，后之相随也。

它告诉我们有了"丑"才能彰显出"美"，美与丑是相对的，也是相互依存的。善与恶、有与无、难与易、长与短、高与低、音与声、前与后等，既是相对的概念，同时又是相互依赖的。离开前者，后者不存在；离开后者，前者不成立。只有在相对的情况下，才能彰显出来。譬如说没有长，也就没有短了；反之亦然。

老聃在《老子》一书中提出了有与无、长与短、难与易、美与丑、高与下、音与声、前与后、损与益、柔与刚、弱与强、祸与福、荣与辱、智与愚、巧与拙、大与小、方与圆、多与少、生与死、胜与败、攻与守、进与退、静与躁、重与轻、天与地、古与今、虚与实、雌与雄、名与身、贵与贱、有为与无为、有私与无私。还考虑了美言与美行、千里行与足下始、自知与知人、胜人与自胜、难与易、祸与福、曲与全、枉与直、缺（亏）与盈、敝（旧）与新、昭昭与昏昏、察察与闷闷等相对的概念。它们是相辅相成的，在一定条件下也是可以相互转化的。

对世间的事物，无论是人们赞赏的美玉，还是人们讨厌的烂泥；无论是人们喜爱的玫瑰，还是人们讨厌的荆棘；无论是"尊贵"的王者，还是"卑贱"的仆人，在老聃和道家的眼里，不会认为它们截然不同，它们都是万物之一，而作为万物都来源于同一本源——道。

辩证思维

《老子》一书中包含了丰富的辩证法思想，说老聃是中国历史上第一位辩证法大师也是当之无愧的。《老子》一书中的"曲则全，枉则直，洼则盈，敝则新，少则得，多则惑"(第22章)，即是说"委屈反而可以保全，弯曲反而能够伸直，低下反而可以充盈得益，破旧反而可以生新，少取反而可以多得，若是贪多反而弄得迷惑。"又说"正复为奇，善复为妖"，说明事物都会向它们的对立面转化，所有这些都是老聃朴素辩证法思想的体现。

关于老聃的辩证思想，西汉淮南王、也是道家人物的刘安在《淮南子·人间训》给我们讲述的一个家喻户晓的故事——塞翁失马：

靠近边境一带居住的人中有一个精通术数的人，他们家的马无缘无故跑到了胡人的住地。人们都前来慰问他。那个老人说："这怎么就不能是一件好事呢？"过了几个月，那匹马带着胡人的良马回来了。人们都前来祝贺他们一家。那个老人说："这怎么就不能是一件坏事呢？"他家中有很多好马，他的儿子喜欢骑马，结果从马上掉下来摔得大腿骨折。人们都前来安慰他们一家。那个老人说："这怎么就不能是一件好事呢？"过了一年，胡人大举入侵边境一带，壮年男子都拿起弓箭去作战。靠近边境一带的人，绝大部分都战死了。唯独这个人因为腿瘸的缘故没有应召去征战，父子得以保全生命。

紧接着这个故事的一句原话是："故福之为祸，祸之为福，化不可极，深不可测也。"如果我们对照一下《老子》的第58章："祸兮，福之所倚，福兮，祸之所伏。孰知其极？"我们就可以发现，刘安的结语是来自《老子》的，他上面这个塞翁失马的故事正是对老聃思想的诠释。

《老子》一书还有一个特点就是"正言若反"，我们在理解这些文句时需要有特别的辩证思维。譬如第41章的：

明道若昧。
　　进道若退。
　　夷道若纇。
　　上德若谷。
　　大白若辱。
　　广德若不足。
　　建德若偷。
　　质真若渝。
　　大方无隅。
　　大器免成。
　　大音希声。
　　大象无形。
以及第45章的：
　　大成若缺，其用不弊。
　　大盈若冲，其用不穷。
　　大直若屈。
　　大巧若拙。
　　大辩若讷。
　　这些语句往往后边是表象，前者是实质，表面上互相排斥，其实质是对立统一的，这就是老聃"正言若反"的语言特点，也反映了他对事物的辩证认识。

3.2.4 宇宙观

　　两千五百年前的老聃面对星移斗转，开启了对宇宙、自然界中的天地万物的形成及其运行的深层次思考。对于天体运行规律，我们现在称之为宇宙学。比老聃晚约200多年的屈原，在其《天问》篇中，也提出了关于天地形成的疑问："遂古之初，谁传道之？上下未形，何由考之，冥昭瞢暗，谁能极之？冯翼惟象，何以识之？明明暗暗，惟时何为？阴阳三合，何本何化？"可以说人类对大地之外的星球、宇宙空间从来就怀有强烈的好奇，一直在不懈地探索。

　　在我们还没有跨入21世纪时，我们一直认为宇宙是静态的，空间的大小是不会变化的，就连伟大的科学家爱因斯坦也是这么认为。当进入21世纪后，我们的科学家惊奇地发现其他星系与我们的距离变得越来越遥远，这意味着宇宙是动态的，空间正在膨胀。老聃在2500年前就阐述了"大曰逝，逝曰远，远曰反"的观点，这是一个令人难以置信的超前思维或发现。老聃对宇宙的思考是天才的，也是高层次的。

讲到宇宙或者宇宙观，需要说明一下宇宙在哲学上和物理学上是两个概念。现代天体物理学告诉我们，宇宙是有边际的，而且其边界在不断扩张。那么宇宙有多大呢？我们可以拿我们的地球与之做一个比较。我们的地球，在宇宙之中，就好像是沧海中的一滴水。至于哲学上的宇宙的话，那就是无边无涯的，或者用我们现在话来讲就是无穷大的。

老聃的"道"，有两个方面含义：一个是大，也就是说我们的无边无际的大；另一个就是小，无穷无尽的小。与我们现代物理学类比一下，我们可以说一个是与宇宙学相关的，另一个是与基本粒子相关的。为了更好地从这两方面理解"道"，了解一下现代宇宙学和现代基本粒子物理学，尤其是量子力学的基本概念是非常有益的。

3.3 概念与定义

3.3.1 道

"道"是老聃这本书的核心概念、中心议题，也是其他观点和论述的原点与归宿点。《老子》这本书就是以"道"作为开场白的，什么是老聃所说的"道"呢？老聃在第4章给了我们这样的描述：

　　道冲而用之，或不盈；
　　渊兮，似万物之宗；
　　湛兮，似或存；
　　吾不知谁之子，象帝之先。

第一句话多解释为道体是虚构的。但什么是"虚"呢？这个解释是有点玄妙的，对一般读者而言，理解起来也是含混不清的。用现代的语言来描述道的话，道是无形、无体、深邃、寂静而隐秘的存在。如果这样理解，那么对后边的"渊兮，似万物之宗；湛兮，似或存"的理解也就顺理成章了。当然，老聃这里所说的"道"是指形而上的，是真实存在的，而不是形而下。通俗地讲，"道"不是有形的实物。

这里老聃没有告诉我们这"道"是从哪里来的，由什么生成的。"道"是不是亘古就有的或者什么时候生成的呢？老聃也没有告诉我们确切时间，只是说很久很久以前——"象帝之先"。但有一点可以肯定的，那就是"先天地生"。

老聃在第21章给了"道"直接的描述：

　　道之为物，
　　惟恍惟惚，

惚兮、恍兮，

其中有象，恍兮、惚兮；

其中有物，窈兮、冥兮；

其中有精，其精甚真；

其中有信。

老聃首先说"道"是"物"，但与我们所常见的确定之物，如树木、山川、牛羊是不一样的，它恍恍惚惚，飘然不定。"道"里包含"象""物""精"和"信"。这就告诉我们"道"很复杂的并具有不同的特征和特性。对"道"精微之处的理解，"象""物""精"和"信"这四个字至为重要。

作为战国中期的道家代表人物庄周在论道时说："夫道，有精，有信，无为，无形，可传而不可受，可得而不可见。自本，自报，未有天地，自古以固存。"（《庄子·大宗师》）但并没有确切、详细地解释这四个字的具体含义。

那么，老聃的"象"到底是一个什么样的概念呢？要给出一个清晰的定义是非常困难的。道家人物刘安在他的《淮南子·天文训》中是这样解释"象"的："古未有天地之时，惟象无形。"王安石（1021年～1086年）则说："象者，有形之始也。"也就是说"象"是在形之前，可以独立于形而存在。形在一定意思上是反映"象"的，但形不等同于"象"，这是一个至关重要的概念。这个"象"似乎昭示着规律，规定着事物的发展方向。

"信"这个字的本义是指人的真言，也就是人说的话反映了其真实的情况。"信"就是真实的信息、实信。通过这个"信"能够向外界输送其自身的特性等。如果没有真实的信息或者我们得不到真实的信息，那么就意味着与"外界"没有可以交流的，这样外界就不会了解或者获知"道"的真实属性。因此，我们理解老聃定义的"道"不是封闭的，而是一个可以与外界或者说道之间交流以及交换信息的。

老聃在这里告诉我们，"道"并不是虚无的，它含有"象""物""精""信"，只是我们不能用我们的感觉去直接感知，是视之不见、听之不闻、搏之不得的真实存在。

老聃在第35章进一步描述了"道"的特征：

道之出口，淡乎，其无味。

视之不足见。

听之不足闻。

用之不足既。

老聃在第14章又说：

是谓

无状之状，

> 无物之象，
> 是谓
> 惚恍。
> 迎之不见其首，
> 随之不见其后。

上述这些表述，老聃也是把"道"竭尽所能的描述。他用人类的感知，尽可能"感知化"地阐述"道"：在味觉上，道不像我们常吃的美食，它是没有一点味道，平淡无奇；你看它却看不见它，听它却听不到它；你迎着它走，却看不到其首；想随着它，却望不见它的后背。我们见到的实物都是有形状的，但"道"是"无状之状"，我们对实物空间可以抽象出"象"了，但"道"却是"无物之象"。从这些描述可知，"道"是人们凭着感官（视、听、触）感知、触及不到的，但"道"确实是存在的。因此对我们来讲，"道"的确是玄之又玄，奥妙无比。

说到这里，我们直接使用了老聃用词："道"，也许我们先入为主或者不假思索。那么什么是这个说不清道不明、忽忽悠悠的"道"呢？关于这个问题，老聃在起初阐述这个概念时，也是非常头疼的。他在第25章里是这样解释的：

> 有物混成，先天地生。
> 寂兮，寥兮，
> 独立而不改，周行而不殆，可以为天下母。
> 吾不知其名，强字之曰："道"；强为之容曰："大"。

由此可见，老聃也是勉强给了一个"道"字来代表他的概念。需要指出的是，在老聃那个年代，刚刚向复合词过渡，用单体字表述还是占很大比重的。如果按照这样的造字用字和思维习惯，要给老聃的概念用一个字来表达，的确是一件非常困难的事情。

老聃不但用一个字代替他的概念，而且还叙述了其特征：不但告知我们"道"是"有物混成，先天地生"，而且告诉了其特点"独立而不改，周行而不殆，可以为天下母"。我们可以说万物相连，但这里老聃说"道"是"独立而不改"，这就表明"道"是独立于万物的，但这并不是说"道"与万物没有联系，恰恰相反，"道"是万物之宗，是万物之根源。因此，可以说"道"为天下母。除此之外，老聃还告诉我们"道"是"周行而不殆"的，也就是说"道"在永恒地动，而且是"周行"，"周行"就是无所不至的运行。这是老聃告诉我们的"道"的另一个至关重要的特征。

那么，"道"与万物是什么关系呢？老聃在第42章给了进一步说明：

> 道生一，
> 一生二，
> 二生三，

三生万物。

这就明确指出了万物是由"道"生成的。也就说明了"道"乃万物之根源。尽管老聃在《老子》里给了许多关于"道"的描述，但今天我们要清晰描述并阐明老聃的"道"也是非常困难的，这不仅仅是由于老聃那个时代的局限和文字表述的局限。

为了更好地理解老聃的"道"，尤其是其作为世界本源的"道"，需要简单了解一下物理学——尤其是现代量子物理学及宇宙学的基本思想与概念是非常必要的。

关于人类认识世界的本源，今天我们比较容易理解的清晰表述应该是古希腊的自然派哲学家德谟克利特（约前460年～前370年）的，他提出了最初的原子学说。他认为，万物是由原子组成，原子是不可再分的物质微粒，原子与原子之间是虚空，也是原子所在的场所。尽管后来我们发现了化学反应的最小单元被命名为原子，但不能说此原子为彼原子。虽然说德谟克利特的原子说对我们现在人来讲更容易理解，也与19世纪之前的科学更接近，但我们不能说他的学说比老聃的学说更正确。如果我们充分了解一下20世纪的物理学向微观方向的发展，我们就可知道，老聃的学说要比德谟克利特的学说更加微观、深层、辩证。德谟克利特的原子学说与老聃的"道"在哲学理念上是有巨大差异的。

虽然老聃的哲学体系与西方哲学体系是完全没有相互影响和借鉴的哲学体系，但我们不能说老聃的哲学与西方哲学及以西方哲学为基础发展起来的科学风马牛不相及。恰恰相反，近代量子物理的发展，给我们提供了一个很好地理解"道"的方法。也可以说老聃的"道"与现代量子物理学（也就是组成物质最基本的"粒子"）具有异曲同工之妙。

为了便于理解，先说说我们非常熟悉的可见光，毋庸置疑，老聃也是非常熟悉的。如果把光"注（冲）"入一个杯子之中，那么这个杯子会满吗？当然不会！老聃说："道冲而用之，或不盈。"对比一下"光"和"道"的不盈特征，是不是更为相似？当然，我这里举例说的是可见光，与"视之不足见"的"道"是不一样的。但"光"也是有不可见光的。如果用不可见光做比喻的话，可能更为接近，但不够直观。

光是物质吗？我们看看列宁关于物质的定义："物质是标志客观实在的哲学范畴，这种客观实在是人通过感知感觉的，它不依赖于我们的感觉而存在，为我们的感觉所复写、摄影、反映。"按照这个定义，光是物质。但光有一个非常独特的特点，即它只能存在于运动之中，不能留存。也就是说它不是留存的实体，但可以存在于运动（过程）之中。这与经典的关于物质的定义有不和谐之处。

虽然自人类诞生以来，光就一直伴随着人类。但对光的本质的认识一直没有得到很好的表述。最先光被认为是波，后来牛顿认为光是由粒子构成的，光像机关枪发射子弹一样，一颗一颗地往外发射，只是光子同子弹相比实在是渺埃之微。由于牛顿在科学界的巨大威望，这一认识一直被认为是正确的。直到19世纪初衍射现象被发现，光的波动理论才重新得到承认。光的波动性与粒子性的争论一直未平息，直到20世纪初，当人类的认识进一步深入到更微观的次原子层面，量子概念被提出，爱因斯坦引入光量子的概念才比较圆满地解释了光的本质特性：光不但是波，同时也是粒子，光具有波和粒子的二重性。

我们即使了解了这些特性，我们也不能精确地描写"光"是什么，虽然我们天天见到它，但我们见到的只是它的样态——"象"。也许我们永远无法精确知道它的"实在"或者"实在"的精确样态是什么。这一原理在哲学层面上是与老聃所说的"道"是恍恍惚惚一致的。当然，老聃的"道"不是"量子"，也可以说"道"非量子却超越了量子概念。

那么现代物理学是如何来定义或者说是如何扩展物质的定义的呢？它是以抽象的能量本体来定义物质的，它超越了机械唯物主义时代关于物质概念的狭义定义，而这一观点是基于量子力学而不是经典力学。了解这一点，对我们理解老聃的"道"的概念具有重要意义。

对宇宙中物质的存在形式，波尔认为：物质在宇宙中以能量波的形式存在，发生相互作用时"坍缩"成粒子，因为发生坍缩的位置是不确定的，所以物质具有不确定性。而这种物质能量的变化是一份一份的，不是可以再分割的，被称之为"量子"。量子力学认为：在量子这个级别，所谓物质是不具备任何实体物质的特征的，用我们日常使用的描述宏观世界的语言去描写它是不清晰的，只能借助于数学语言，用一个"函数波包"去描述它。这就是现代量子力学对于物质的基本解释。

量子力学认为，在量子弥漫的范围内，即在函数波波动范围内，量子可在随机任意点出现这种函数波崩塌。观察者永远无法确定，它到底应该出现在哪个点。量子只会以其中的一种样态出现，但其样态却依据观察的方式不同而不同。当以光电效应去观察它时，它表现为一个粒子；当用双缝试验的方式去观察它时，它就表现为一种波。量子力学上有一个著名的测不准原理，它说的是在微观到次原子级别，也可以说是基本粒子级别，我们就不可能像用经典物理一样，可以同时确认物质的动量与位置。譬如我们奔跑时，在某一个时间点，既可以确定我们在什么位置，又可确定我们奔跑的速度。但这在极其微观的世界是行不通的。从这个意义上讲，老聃的哲学思想是很深邃的，他的哲学思想给了一些现代量子物理学家不少启迪。

值得一提的是量子力学的开创者之一，也可以说是首先用创新思维撬开原子的人，丹麦物理学家玻尔（1885年～1962年），他在接触到我国古代道家哲学后发现，他煞费苦心地对"光到底是什么"所作的阐述，老聃早在2500年前就已经在哲学上包含了这些概念。而且老聃提出的"万物负阴而抱阳""道可道，非常道，名可名，非常名""天下万物生于有、有生于无"等思想在波尔看来就是后来他独立提出的互补思想的先驱。

纵观上述，"道"是老聃哲学上的专有名词，是形而上的。"道"是世界存在之本原，也是创生宇宙的动力之源。它是亘古存在的，也是永恒存在的。

那么我们在理解老聃的"道"时应该注意什么呢？它有什么特点呢？

一是"道"的客观性。老聃的"道"是独立于"神"并凌驾其上的。他不但与西方神学没有任何瓜葛，同时也是凌驾于古代华夏文明中的"上帝"、鬼神之上的。

二是"道"的独自性。"道"的运行、存在等不受其他任何事物的约束，它是"独立而不改"的。

三是"道"始终处于运动中，所谓的"周行而不殆""大曰逝，逝曰远，远曰反"就是对其"动"的描述。

四是我们应该注意老聃的"道"，是自然的道，即自然规律之意。具体应用到人文社会方面，那是"道"的一个延伸，或者说是一个应用，儒家基本上是这个层次的，因此，我们应该注意区别老聃的"道"与儒家或其他学派所论述的"道"的不同。

例如，春秋末鲁国卿大夫季孙肥（今通称季康子，？～公元前468年）问政于孔丘说："如杀无道，以就有道，何如？"孔丘对曰："子为政，焉用杀？子欲善，而民善矣。君子之德风，小人之德草；草上之风必偃。"（《论语·颜渊》）这里的"道"显然具有强烈的政治伦理色彩。同样，在《礼记·中庸》中"君臣也，父子也，夫妇也，昆弟也，朋友之交也，五者天下之达道也"的"道"也是基于儒家伦理观的"道"。这些"道"与老聃的"道"既不是一个层次，也不是一个概念。

3.3.2 德

"德"这个字的最初含义不是我们现代道德的"德"，而是一种神奇的咒力或灵力。传说中的先祖三皇五帝各有其"德"——神奇的能力。《易传·系辞（下）》在介绍伏羲时，用了"始作八卦，以通神明之德，以类万物之情"的描述。

在我国最早的历史文献之一的《书》中，就有多处记载最高统治者关于"德"的言论。虽然《书》记载的言论按朝代时间顺序上讲，有比《商书》更早的，但这些更早的作品被后世伪造的可能性往往很高，譬如《禹贡》。记述的年代早于《商书》的文献之中，"德"的使用频率之高，解释之详细，连更晚的《周书》都未达到，其中有三德说、五德说、六德说和九德说。譬如《尧典》中的"克明后德"和"悖德允元"，《虞书·皋陶谟》中的"允迪厥德"和"天命有德"。因此，我们在追溯"德"的历史记录时，首先要鉴别历史文献的真伪。

公认作为信史可靠性比较高的最古老的文献是《商书》。关于"德"的使用，

商代开国汤王在其讨伐夏的誓词《商书·汤誓》中就有"夏德若兹，今朕必往"。这是汤王在罗列了夏王癸(今通称夏桀，桀是周王朝追谥)诸多罪状之后发出的征讨誓言。这里用了"德"，主要是指责夏王癸不体恤民众，连农民的庄稼都舍去不管(我君不恤我众，舍我穑事而割政)，也就是"不德"。从此可以看出，王(虽然在古典文献中称为王，从现代人们的认知来看，叫"酋长"也许更为合适)是有照顾、恩惠百姓的责任、义务和能力的，我们也可称之为"王之德"。关于商汤，有一个以身试火，为民求雨的传说：在商建立初期，遭遇了连年大旱，七年没有下过雨，庄家也多有歉收，民众苦不堪言，爱民如子的商汤心急如焚。于是，汤命人在桑林之大桑树旁建了一个大土台，即祷雨台，进行祈雨。台上堆满薪柴，祭盆中烈火熊熊，商汤自扮祭天的牺牲，以身试火，向天祷雨。祷曰："余一人有罪，无及万夫，在余一人，无以一人之不敏，使上天鬼神伤民之命。"(《吕氏春秋·顺民》)其行为感动了上天，自然也就祈雨成功，天下旱灾得以解除。

商汤求雨成功，证明商汤具有祷求"上帝"的神奇灵力，也就是上古时代的"德"。这个"德"循行"巫术礼仪"，获取神奇灵力。获取了这种神奇灵力，也就有"天赋神权"，当然也就可以统治天下万民了。天下万民也信仰这样有"德"性的大王可以造福于民。

本来，在世界各地的未开化社会中，酋长也同时是祈求上天降雨以获丰收的巫师。可以说，通过那种乞求，以酋长为媒介而形成了将地上社会事件与天上自然现象合二为一的观念。中国的商代恐怕也属于那样一个时代。商汤通过巫术卜占或预测被认为是自然界统治者的"上帝"的意志。

到商王盘庚(约公元前1300～前1277年在位)时期，鉴于商朝前期一直处于动荡不安的局面，盘庚决定迁都于殷(今河南省安阳市一带)。当他提出迁都的建议时，遭到不少安于现状的臣与民的反对。《书·商书·盘庚》是商王盘庚对臣民们剖析迁都利弊的训话。

他说："兹予大享于先王，尔祖其从与享之。作福作灾，予亦不敢动用非德"，进而提出了"无有远迩，用罪伐厥死，用德彰厥善"。同时，对大臣们提出了要求，"汝克黜乃心，施实德于民"(《书·商书·盘庚(上)》)。也就是要克服私心，施德于民——这体现了以德治民、德罚并举的德治思想。

又说"尔谓朕曷震动万民以迁？肆上帝将复我高祖之德，乱越我家。朕及笃敬，恭承民命，用永地于新邑"，最后达到"用降我凶，德嘉于朕邦""式敷民德，永肩一心"。(《书·商书·盘庚(下)》)其中心思想是广布德教，惠施于民，同心同德，建立美好家园。

《书·商书》中的"德"已含有恩惠、好处的意思，已经有把给老百姓以实惠作为统治者的施政纲领的萌芽。

可以说"德"这种神奇的力量，到商末时已演变成"天降其命"，就是获得了天命的王会得到一种神奇的咒力(灵力)——"德"。"德"是君主权力合法性的来源，有"德"即意味着上天承认其"天命"，因而获得了神圣权力。"德"被统治者用于宣传，称其"德"代代相传，从而得以永保他们的天命神权，也就是其统治的合理性、权威性。

周克商初期，周王朝继承了商王朝时代已经根深蒂固的信仰："天降其命"——君权来自于上天所授，也就是天命。除了天授君权之外，获得天命的王会得到一种神奇的咒力、灵力——"德"。按照周王朝的宣称，西伯姬昌因受天命，并获得了能通晓天地的灵力——"德"。继位的姬发(周武王)，不但继承了西伯姬昌的大位，且依然得天命，同时也继承了其父姬昌的"德"。周武王姬发顺应天命，革了"天下共主"商王的命，并平定了殷商的"四方"，成就了周王朝世世代代彰显的丰功伟绩，同时也昭示其顺应天意的合理性。

"有德"就成为一个君主取得至高无上地位的必要条件，也是其合法性的必备条件。这样王权的合法性信仰也是以德为本、以德为核心的。

在周王朝初期，周(摄政)王姬旦谈"德"最多。周(摄政)王姬旦对殷商遗族发出的训诰《书·周书·多士》里说："惟天不畀，不明厥德，凡四方小大邦丧，罔非有辞于罚。"也就是说："上帝不把大命给予不深明大德的人，凡是四方小国大国的灭亡，无人不是怠慢上帝不明德而被惩罚。"

周(摄政)王姬旦在教育即将出任侯国君主的康叔时明确提出了"明德慎罚"，指出要发扬先王的德政，用来统治百姓，"我时其惟殷先哲王德，用康乂民作求。"(《周书·康诰》)。在《书·周书·召诰》中有"有殷受天命，惟有历年……不其延，惟不敬厥德，乃早坠厥命。"又要求将要临政的周成王"疾敬德"，并宣称"王其德之用，祈天永命"。

《书·周书·君奭》是周公姬旦劝说召公共同辅佐周成王的书类，其中引用召公的话说："天不可信，我道惟宁王德延，天不庸释于文王受命。"就是说上天不可信赖，我们只要维护国家安宁，把文王之德加以推广，上天将不会废弃文王所接受的大命。

周成王给被周(摄政)王姬旦流放的蔡叔度之子姬胡受封于蔡时的训辞是："皇天无亲，惟德是辅。民心无常，惟惠之怀。"(《书·蔡仲之命》)从时间上看，周成王也是非常注重"德"之教育的。不同的是，周成王不是一味强调"君权天授"，而是更加专注于民心，因此才有"民心无常，惟惠之怀"，意思是：上天对待万物没有亲疏之分，只会辅助那些有德之人；百姓的思想没有恒久不变的，只会拥护那些为他们谋福祉的君主。从正反两方面诠释了君德、天命与国运三者之间的关系。

这就是周初对殷商"天降其命"的重大改造，由"天降其命"改造成了"天命无常""惟德是辅"。

这一改造，在周天子分封诸侯时也有体现，被封诸侯作为君主被要求"有德"，故"德"所针对的对象已不仅限于圣王，而包括周天子与各国诸侯。《左氏春秋·定公四年》记载周初封建诸侯："昔武王克商，成王定之，选建明德，以蕃屏周。"也就是说，挑选具有人君之德的宗亲，封为诸侯，以拱卫周天子。

殷商一代是敬天事神，但其败亡也说明其过度依赖的天和神并不能保证他们万世永恒。周宣扬"上天"已抛弃了殷商，这是一次天命的转换，其仍然延续着"天命论"，不过不是天命永恒不变的天命论，而是天命无常的天命论。周初的统治集团也深谙殷商之败的关键，那就是"德衰"。当然，这时的"德"也不是奉事鬼神这样的仪式来求得上天赐予"灵力"的"德"，已经开始向社会之"德"转化，而这一社会的"德"需要文化的支撑。周王朝的统治，在这样一个"德"线上向前迈进。

公元前964年（周穆王十二年）春，周王姬满想用武力征伐西戎。大臣祭公谋父就劝他"耀德不观兵"，也就是说用彰显"德"使西戎归服，企图让"德"变成感化戎狄之工具。这也正是周公姬旦的《颂》（《诗·周颂·时迈》）所说的"将兵器好好收藏，将弓箭藏在皮囊；我们君王寻求的是美德，他要将这美德施予这华夏之邦。君王定能保有天下。"这是继承与摒弃之转换点。

这时周王朝刚刚建立一百年。

随着时代的变迁，"德"从拥有与神明"交流"内在的"神奇力量"逐渐演化成要求后世天子所具有的内在的道德、品质、操守等伦理化、人格化，同时它又兼有"神奇力量"，最终成为要求君王的个体品德力量。

到春秋中期，诸侯开始挑战王权，"德"不再是天授神权，而是周王周天子的独享品。诸侯国如果欲称王，其基本衡量标准之一就是"有德"。有的侯国国君也宣称自己是受天命的"有德"之人。典型的例子就是被周王室视为"半蛮"之国的楚国也仿效周王室的模式自称为王，其国君的王名也延续了周王室的先例，从楚文王到楚成王（芈姓，熊氏，名恽，前671～前626年在位）。当然，在文化上也向中原靠拢，楚成王熊恽在继位之初就实施了"布德施惠，结好于诸侯"的策略。

公元前606年，发生了楚庄王熊旅问鼎轻重的著名故事。虽然楚庄王问的是鼎的轻重，但周王室官员还不忘宣称"周德虽衰，天命未改"（《左氏春秋·宣公三年》），这凸显了称王靠的是德。

公元前597年，楚国围攻郑国，晋国去救郑国，双方在邲地（今河南郑州北）展开大战（史称"邲之战"），战斗异常激烈，尸横遍野。在楚国取得胜利后，楚国大臣潘党建议在战场建造一收容晋国军人尸体的建筑物——"京观"，以纪念这次大战楚军的胜利。但楚庄王熊旅（今通称楚庄王，？～前591年）却拒绝了他的建议，并从文字的角度解释了"止戈为武"，还讲了"武"的七德"夫武、禁暴、戢兵、保大、定功、安民、和众、丰财者也"。即"武"应该禁止暴力、消除战争、保持强大、巩固功业、调和百姓、团结民众、增加财富。并表示说："今我使二国暴骨，暴矣!"意思是说如今因为这场战争而使两国的将士暴尸于战场,已是残忍的行为了。并且说:"武有七德,我无一焉,何以示子孙?"也就是说,楚庄王熊旅认为战争是残暴行为,是不值得立纪念物向子孙后代炫耀的。这里的"武有七德"之德乃指德的属性,当然是有益之属性。

公元前549年,鲁国大夫叔孙豹在回答范宣子士匄问"什么是死而不朽"时说:"太上有立德,其次有立功,其次有立言,虽久不废,此之谓不朽。"(《左氏春秋·襄公二十四年》)

深谙历史和崇尚自然的老聃,则从历史文明的发展源头和对自然界及自然规律的深思,提出了其治国安邦理念,尊道贵德。当然,这里的德虽然与儒家提倡的德有一定的相似性,或者说是关联性。但老聃的德不但与我们现在常讲的道德的"德"完全不是一个概念,也与古代的"德"从根本上及出发点上也是大相径庭。老聃给传统的"德"赋予了全新的含义,也可以说是革命性的含义。老聃的"德"是基于其"道","德"必须服从于"道",所谓"孔德之容,惟道是从"。老聃的"德"是"道"派生出来的特性之一,惠及天地万物。可以说,天地万物都不能脱离"德"的孕育与滋养。

因此,老聃在第51章里说:

道生之,
德畜之,
物形之,
势成之。
是以万物
莫不尊道,而贵德。
道之尊,德之贵,
夫莫之命而常自然。
故
道生之,
德畜之,
长之育之,
亭之毒之,
养之覆之,
生而不有,
为而不恃,
长而不宰,
是谓玄德。

这段文字清楚地阐述了"道"与"德"的关系是密不可分的。

"生而不有，为而不恃，长而不宰，是谓玄德。"简而言之就是生养而不据为己有，使之繁盛而不自炫其能，让其成长而不充当主宰，这是高标准的德——"玄德"。为此，他又说："上德不德，是以有德。上德无为，而无以为。"(第38章)"上德不德"就是不以德为德、不自居有德的德，也是有德的最高境界。

在大自然中，水深的地方会有鱼鳖栖息，树林茂盛的地方就会有飞鸟休憩，草叶茂密的地方就会有禽兽生存。简单的说，深水对于鱼鳖来讲就是"德"，茂盛的树林对于鸟类来讲就是"德"；春天的气温上升就是万物复苏的"德"；地球上的空气对于人类而言就是人类的"德"。"德"是指具体的事物从道那里所得到的那种自然而然或者称之为天然的本性。而人类社会的"德"是道之德在人间的延伸。

对人类来讲，老聃认为婴儿幼童没有受到人类当时文化的污染，也就是没有当时的知识，除了本性之外，贪欲也是很少的，因此就人类而言，婴儿幼童离德不远。因此，在第28章里说"恒德不离，复归于婴儿"。第55章里又说"含德之厚，比于赤子"。就其原因，是因为儿童的生活最接近人的原初状态。

对人类社会而言，就是让百姓各行其性，织布而衣，耕田而食，使他们的本性浑然一体，无偏无私，顺其自然。这就是老聃的德治天下。

总之，我们可以把这个"德"字分成两类来进行理解。首先从中国的历史上开始，这个"德"从开始带有神学色彩，逐渐演变成政治学和伦理学层面的，从王逐渐下降到侯，现在已经作为道德标准，应用于普通人。老聃借助了这个"德"字，并进一步作了扩张和提升，上升到哲学层面。因此，我们在理解老聃的"德"时，避免陷入儒家文化主导的"德"的误区。

3.3.3 圣人

一提起"圣人"这个词，可能马上会想到具有高尚道德又有高度智慧的人。在深受儒家文化影响的中国，很容易使人们想到孔丘，这在封建社会是顺理成章的事。可在今天，世界各地文化传播日趋容易的情况下，对我国传统的"圣人"也就有了不同的解读与定义。

我们先了解一下圣人的"圣"字。这个字的繁体字是"聖"，也是古代用字。"聖"由"耳""口""王"组成。不过，初期甲骨文中有的"圣"字写成一个人上面一个大耳朵，是指此人一听就明白，表示睿智、智商很高的意思。上古时代，人类言语不发达，词汇不丰富，也没有方便携带的纸质书籍，更没有互联网和电子书，很少有能识字的人，见到文字也是很不平常的。对远距离或古代的事情只能通过口耳相传，因此能一听就明白是一个非常重要的能力。同时，能把自己知道的事情、想法说明白，也是一种非常出众的才能。能做到听、说都很强的人则是具有非凡能力的人。耳听是吸收信息，口说是输出信息，把输入的信息加工后输出，那么其加工枢纽就是非常聪明的大脑。这是作为圣人最基本的条件。这个"王"是表明顶级的。那么，"圣"也就是顶级的睿智。

历史文献中，最早对"圣"这个字作清晰阐明的恐怕是《书·洪范》中的"睿作圣"了。这个"睿"我们今天还在用，一般用作"睿智"，也就是大智慧的意思。

除了睿智之外，作为"圣人"的另一个条件就是有很高的社会地位，也就是"王"这个级别的。一般人再聪明，也不可能成为圣人。比方说历史上的一个神童，他是非常聪明的，不但能背好多书，还能理解很多成人都难于理解的事情。那也只能说他是一个神童，而不会成为圣人。譬如为《老子》作注的东晋人王弼，现在通行八十一章本的《老子》就是从他作注的书中得来的。他在世只有短短的二十四个年头，应该说是一个非常聪明的人，也可以说是天才，但我们不说他是圣人。这是为什么呢？除了儒家提倡的道德之外（他是哲人，不是伦理人），恐怕与他没有"王"级的地位有关吧！当然，也与我们的文化道德有关。

在说老聃之前，先看看儒家以及以儒家为主的文化中对"圣人"的表述。

孔丘在其言行集《论语》中很少提及"圣人"，多提"君子"，比较而言，君子在当时是比较现实的一个概念，也是孔丘比较推崇并被伦理化的人格名词。我们现在这一伦理化的语义，与小人形成对比。而"君子"与"小人"原意主要是指社会地位不同的人，可以简单理解为"君子"是官僚统治者，而"小人"则是平民百姓。《论语·季氏》中提及过圣人，但只是说："君子有三畏：畏天命，畏大人，畏圣人之言。小人不知天命而不畏也，狎大人，侮圣人之言。"这里是指敬畏圣人之言，那么谁是圣人呢？孔丘在这里没有界定，大概是指其非常崇拜的尧、舜、禹吧！因为他是这样赞美尧的："大哉！尧之为君也！巍巍乎！唯天为大，唯尧则之。荡荡乎，民无能名焉。巍巍乎，其有成功也，焕乎其有文章。"（《论语·泰伯》）

孔丘对舜、禹评价也是非常高的："巍巍乎，舜、禹之有天下也，而不与焉。"（《论语·泰伯》）

在这些赞美中，尽管孔丘对尧、舜、禹没有用"圣"字，但这也丝毫不会减轻其对尧、舜、禹的崇拜与赞美。

孔丘没有告诉人们哪些人是"圣人"，没有在理论上给出明确定义和阐述。孔丘在回答其弟子子贡的问题"如果有人普遍照顾百姓，又能确实济助众人，这样如何呢，可以算是仁人吗"时，孔丘回答说："这样何止是仁人，一定要说的话，已经算是圣人了，连尧、舜都会觉得难以做到了！"（《论语·雍也》）孔丘的言外之意是尧、舜尚未达到圣人的标准。尧、舜在孔丘心目中尽管非常伟大，但也只是孔丘心目中的准圣人。

对于圣贤之概念，孔丘之后的墨翟是这样记述的："《周颂》曾说过：'圣人的德,像天一样高,像地一样广,光照于天下;像日一样光明,像月一样明朗,像天地一样长久。'"(《墨子·尚贤(中)》)这说的是圣人的德,彰明博大,坚牢而长久,所以圣人之德,总合天地之美德。不但如此,墨翟还说:"是故选择天下贤良、圣知、辩慧之人,立以为天子。"(《墨子·尚贤(中)》)

墨翟的这些言语表明他已经有选举思想的萌芽,作为最高统治者的天子既不是天授的,也不是世袭嫡传的,是可以选择的英明辩慧之人。今天的选举,似乎应验了墨翟的选最高统治者的标准,必须能言善辩,如果看看选举国家的现状,我们就可知道墨翟是如何超前的。

到战国中期,孟轲把圣人进行了进一步的伦理化。把圣人的非凡的能力——"德"和超人的智慧相对弱化,而道德水准则成为首要条件。孟轲在其《孟子·离娄(上)》中对圣人做了这样的定义:"圣者,人伦之至也。"当然这里的人伦道德是儒家提倡的伦理道德。

与孟轲同时代的道家代表人物庄周在其《庄子·天下》篇里关于"圣人"是这样定义的:"以天为宗,以德为本,以道为门,兆于变化,谓之圣人。"

关于人的理论分类,在该篇中还说:"不离于宗,谓之天人。不离于精,谓之神人。不离于真,谓之至人。"

那么,庄周是如何定义"君子"的呢?"以仁为恩,以义为理,以礼为行,以乐为和,薰然慈仁,谓之君子。"

从庄周的定义中,我们可以发现儒家孟轲所推崇的"圣人",在庄周这里只是"君子"。

那庄周是如何评价其先辈老聃的呢?他是这样赞誉老聃的:"老聃乎,古之博大真人哉!"

老聃既不是神人也不是圣人,而是真人。这种赞誉今天看来是一点也不过分的。如果按照庄周定义的标准,那么即使理想化的孔丘在庄周这里也仅仅只能称得上"君子"。

庄周所定义的神人、真人、至人则是抽象化的人物或者说是虚拟的人物,也是庄周从道家观点出发对不同层次得道者的分类,但这并非确有其人。

到战国末期的荀况,他在《儒效》一篇中是这样论述圣人的:"圣人也者,道之管也:天下之道管是矣,百王之道一是矣。故《诗》《书》《礼》《乐》之道归是矣。"

在《性恶》篇里以"知"的能力把人分成四等,当然最高级的就是圣人了。圣人不但是无所不知,而且是先知先觉。

到西汉汉武帝时期,司马迁尊儒家学说奠基者——孔丘为"至圣",将他推上了圣坛顶峰。

由此我们可以看到,儒家所谓的圣人当然是依据儒家的道德标准了!儒家的圣人我们大多比较了解，凡是那些对儒学有过巨大贡献且坚守儒家伦理道德标准的人，就被儒家奉为"圣人"，譬如被称为元圣的周公姬旦、至圣的孔子孔丘、亚圣的孟子孟轲。当社会以儒家思想为主导的意识形态和道德为标准时，被礼教化或者说儒教化的人们也就普遍认同了这个道德标准，而这圣人也就成了社会大众心目中的圣人了。

在《老子》全书81章中出现"圣人"一词达24次之多，加上其他间接写到圣人的有三十几处，可见"圣人"在全书中所占的分量是相当重的。那么，《老子》中的"圣人"是怎样的人呢？老聃心目中的"圣人"又与儒家的"圣人"有什么不同呢？

孔丘往往是以儒家道德标准来衡量一个历史上的杰出人物，而老聃则是超越历史，以哲学的高度来定义"伟人"或者"圣人"。仅仅从这一点看，老聃所站的高度要远远超越孔丘。不但如此，孔丘在评价历史人物时，也往往隐瞒其缺点，甚至美化其欣赏的历史人物。如舜帝，在《竹简年纪》中，舜帝是一个篡位者，而不是一个受禅让"领取"政权的人。

老聃认为儒家的道德主张是人为地偏离了万物的由来和万物的本性而产生的，是不可取的。这在第38章里有明确表述："失道而后德，失德而后仁，失仁而后义，失义而后礼。夫礼者，忠信之薄而乱之首。"简而言之，老聃对于儒家所崇尚的伦理道德观采取了蔑视的态度，当然也就否定了儒家所提倡的儒教伦理化的圣人。从另一个方面讲，要正确理解《老子》，在一些语义上不能套用广为流传、习以为常的儒家思想语义。

我们具体梳理一下《老子》中的圣人是什么样的人物。

首先圣人是一个深得道之精髓的有道之士。老聃所说的圣人，指的是能够得到"道"的精髓，并用以贯彻到治理国家的具体事务中去的最高执政者。

老聃心目中那些古代得道之士"微妙玄通，深不可识"，也就是说精通各种奥妙，深远通达而高深莫测。在第15章中对古代得道之士用多个"若"来比喻：

豫兮，若冬涉川，
犹兮，若畏四邻，
俨兮，其若容，
涣兮，若冰之将释，
敦兮，其若朴，
旷兮，其若谷，
混兮，其若浊，
澹兮，其若海，
飂兮，若无止。

这实际上把得道之士的品质、个性概括为既谨慎又警惕，既严肃又亲切，既淳朴又通达，心胸开阔能包容万物等都表述出来了。

圣人的自知

《老子》第72章里说：

> 是以圣人，
> 自知，不自见，
> 自爱，不自贵。

自知是知道自己有什么优点，也知道自己有什么缺点，我们常说"人贵有自知之明"就是这个意思。"圣人"不但要自知，还要自明、自爱。但是，圣人不故意抬高自己，也不觉得自己很高贵。这个"自知"说起来简单，但要真正做到实处却是极其不容易的。这个"自知"要贯穿于人的一生，而人们却常常自以为是，自认为"自知"却并非真的自知。那么怎样才能到达自知呢？

《老子》在第71章告诉人们：

> 知"不知"，上；
> 不知"不知"，病。
> 圣人不病，以其病病。
> 夫唯病病，是以不病。

这里说的"不病"，是指具有普遍意义的病，包括思想上的，而不是单指生理上的病。也可以说这是一个自我认识上的问题。"以其病病"中的第二个"病"字是毛病的意思，第一个"病"字是了解、知道、纠正的意思。圣人不在于不生毛病，而在于生了毛病能及时认识到毛病、纠正毛病。老聃在这里告诉人们，只有真正自知才能应对过失，才能达到无过。所以老聃说"自知者明"。

圣人的欲望

欲望是人类作为智能动物和文化社会的一个基本特征。除了人类之外，其他动物我们不能说没有欲望，它们只是自然欲望，如吃。而人类除了自然欲望之外，又有了文化欲望。随着认知范围的扩大，一方面创造了文明社会，另一方面也扩大了人类的欲望和野心。对人类来讲，文明的欲望成了一把双刃剑，约束和鼓励"欲望"成了人类一个永恒的议题。

老聃所主张的圣人，对欲望简而言之就是"为腹不为目"。

吃饭是人类生理最基本的要求，人要活着就要靠外物来养活自己。而眼睛所看到的并不一定是生存所必须的，即便给我们生活带来很多的方便和愉快。

眼睛是我们认识世界的窗口，也是我们心灵的窗口。透过我们的眼睛，我们不但可以观赏到五彩斑斓的自然世界，也可环顾到人类创造的绚丽缤纷的物质世界，获得美感和享受，还可激起更多的向往甚至贪欲。不仅仅是眼睛，还有我们的耳、口、心等也会引起我们的过多欲望，因此老聃在第12章里说：

五色令人目盲，

五音令人耳聋，

五味令人口爽，

驰骋畋猎令人心发狂，

难得之货令人行妨。

也就是说过多颜色使人眼花缭乱，过多音调会使人丧失听觉，过多滋味使人难以分辨，放纵狩猎使人疯狂，珍贵宝物会诱惑人行为不轨。过度的欲望会导致适得其反的结果，甚至导致人类的病态。因此老聃在第12章里又说：

是以圣人，

为腹不为目，

故

去彼取此。

我们知道人要活着就必须依赖外物来养活自己，譬如吃，这叫"为腹"。"为腹"是指人生存的基本条件。但是人活着不能成为"外物"的奴隶，这就是"不为目"。这里的"目"可以理解为感官和心理，如耳、口、心，也包括生活额外的需求，如行等。正是由于过多颜色使人眼花缭乱，过多音调使人听不清楚，过多滋味使人难以分辨，放纵狩猎使人疯狂，奇珍异宝会诱惑人行为不轨，圣人才为腹不为目，也就是说圣人对待外界包括外物只是满足自己的生存基本条件，而不会是一个贪得无厌的人。这当然也告诫人们不能成为"外物"的奴隶而被"外物"所奴役！

对于不被外界所诱惑、不为外物所累，需要通过自身的修养来达到，因此老聃提出了"见素抱朴"而行"少私寡欲"(第19章)，最后达到"味无味、欲无欲"(第六十三章)的境界，"复归于婴儿""复归于朴"(第28章)。老聃同时也言明了祸起贪欲与不知足，他说："祸莫大于不知足，咎莫憯于欲得。"(第46章)

老聃在描述其提倡的"道"时，用了"道之出口，淡乎，其无味"(第35章)。作为理想中的得道之人——圣人则达到"我无欲"之境界，为百姓之楷模。

圣人的秉性

关于圣人的秉性，老聃在第58章告诉我们：

是以圣人

方而不割，

廉而不刿，

直而不肆，

光而不耀。

这里描述了圣人四个方面的品质：方是方正、端正；廉是刚强；直是率直，不做作；光是光彩，光芒四射。这四个方面的品质加以不割、不刿、不肆、不耀的限制后，作为圣人就是有棱角而不生硬，刚正而不伤人，直率而不放肆，光彩照人而不刺眼。在第60章明确提出"圣人亦不伤人"。

老聃在第29章里说：

是以圣人

去甚，

去奢，

去泰。

这里的"甚"是极端的意思，"奢"是奢侈的意思，而"泰"一般用作安泰之意，但这里是过分的意思。作为圣人就是要除去极端、奢侈和过分这些东西。从这里我们可以看出，《老子》中的圣人是一个不会走极端，也不会过分待人，当然自己也不会奢侈的人。这对于大部分人来讲，坚守这些似乎并不太难，但也有少数人会被外界所诱惑，追求奢侈，甚至达到欲无度的疯狂状态。作为一般人，其危害是有限的，但若作为一个最高统治者，这就显得非常可怕。

这些贪婪的品性是如何造成的呢？是政治也是文化造成的。如何才能改变这些呢？对个人而言就需要修养。

自我修养

老聃在第72章里说：

是以圣人，

自知，不自见，

自爱，不自贵。

故去彼取此。

又在第22章里说：

不自见，故明；

不自是，故彰；

不自伐，故有功；

不自矜，故长。

这里的"不自见，不自是，不自伐，不自矜"就是老聃的自我意识与主张要点。圣人（圣明的统治者）自知是知道自己有什么优点，也知道自己有什么缺点。圣人虽是自知自己才能出众，却不自我显扬。圣人不但自知，而且还自爱。但是，圣人不会故意抬高自己，也不觉得自己很高贵。这个"自知"说起来简单，但要真正做到又极其不易。人们常常把自以为是当作自知，而"自知"这一命题贯穿于所有人的一生。因此，老聃在第54章提到：

> 修之于身，其德乃真。
> 修之于家，其德乃余。
> 修之于乡，其德乃长。
> 修之于邦，其德乃丰。
> 修之于天下，其德乃普。

周王朝礼制严格地规定了人的社会等级，不同的等级享受不同的待遇，天子有至高无上的享受级别和拥有至高无上的权力和权威。即便如此，也并不能控制那些身处高位的人的欲望，而且往往因越礼而遭到指责甚至惩罚。战国时代的儒家也意识到这个问题，在个人修身方面也向道家靠拢。由修于身而修于家，由修于家而修于乡，由修于乡而修于邦，由修于邦而修于天下，这一进程成为后来儒家"修身齐家治国平天下"的蓝本。但儒家与老聃的"修身"无论是出发点还是落脚点都是不一样的。老聃的"修身"是从内心的修养做起，终将普天下都有德；而儒家的则是修自身而后再齐家治国平天下。

那么，老聃的修身要注意什么呢？老聃在第56章告诫人们：

> 不可得而亲，
> 不可得而疏，
> 不可得而利，
> 不可得而害，
> 不可得而贵，
> 不可得而贱，
> 故为天下贵。

圣人待民之心

老聃在第49章提到圣人之心时说：

> 圣人
> 无恒心，以百姓心为心。
> 圣人
> 在天下，歙歙焉；
> 为天下，浑其心。

其意思是说圣人自己并没有恒定不变的心，其心是随着百姓的想法、思想而定的。如果用现在政治术语解释就是心系百姓、一心为民！这是圣人待民之根本。这一思想无疑从另一个方面批驳了儒家所主张的礼法是由先王们为民才制定的。这些"礼法"与其说是为民，不如说是为了统治阶级利益而定。在我们评价一个人是不是圣人时，首先要看其心所向。他是模范地遵循当时的官方制定、宣传的道德规范，还是以民心之所向为标准呢？这一点上，可以看出老聃的思想与儒家关于"圣人乃人伦之至"（《孟子·离娄（上）》）是根本不同的。

待民处世

那么作为国家最高领导人的圣人是如何对待百姓的呢？是不是基于其自己的价值观、喜好或者人为的社会价值观呢？是礼教主义还是后来西方兴起的人道主义吗？都不是。圣人对待百姓没有偏爱，也没有差别的对待，就像第五章所说的"圣人不仁，以百姓为刍狗"。在这一句话的前面还有一句，就是"天地不仁，以万物为刍狗"，意思是说圣人对待百姓犹如天地对待万物一样。这里的"刍狗"是个什么东西呢？

这个"刍狗"对天地来讲意味着什么呢？它就是万物中的一个，它在祭祀之前与祭祀之后，对天地来讲是没有什么区别的。天地不会像祭祀的人一样，对待"刍狗"在祭祀前和祭祀后有什么差别。也就是说天地对待万物都是一样的，没有厚此薄彼。圣人对待百姓也是一视同仁，没有什么偏爱和厚此薄彼，就像客观规律对待人一样。可以说圣人对待百姓是铁面无私，不会因某种人为的道德观念标准而被颂扬或摒弃。从这个意思上说，我们可以说老聃的圣人是基于对自然的深刻认识和认同的"道主义者"，是"无爱无不爱"。这在第27章也有叙述："是以圣人常善救人，故无弃人。"

在第49章，又进一步描述了圣人的待民：

善者、吾善之；

不善者、吾亦善之。

信者、吾信之；

不信者、吾亦信之。

老聃主张对待百姓实行"无言之教"，作为最高统治者的圣人以身作则，达到上行下效的效果，为此在第57章中说：

故圣人云：

我无为，而民自化；

我好静，而民自正；

我无事，而民自富；

我无欲，而民自朴。

这也正是第2章所说的"是以圣人行不言之教"。而作为百姓呢？在第49章说"百姓皆注其耳目"，也就是说百姓都盯着圣人的一言一行，以圣人之言行为榜样。而圣人呢？圣人对待百姓像对待小孩一样，也就是"圣人皆孩之"。做了父母的人，恐怕对这句话不难理解，父母是怎样对待自己的孩子呢？除了慈爱之外，对孩子们也是一视同仁的。当然也有人这样理解，就是圣人把老百姓当作无知的孩子来对待，是典型的愚民政策。这样理解显然是偏颇了！

圣人的行为

圣人如何做事呢？他的行为是什么呢？在第2章给我们作了描述：

> 是以圣人
> 居无为之事，
> 行不言之教。
> 万物作而弗始也，
> 为而弗恃也，
> 成功而弗居也。

按照"无为"的理论，人的活动应限于"必要和顺应自然"的范围。"必要"是指达到某个具体有限的目标。"顺应自然"是指按照时势和事物的本性，不强行要求。人行事为人，要力求平易朴实。这也反映了老聃的"无为"思想，老聃的无为不是什么都不做，而是不强行做，不乱做——要合乎自然、顺其自然。譬如说我们不能为了使禾苗生长快而采取拔苗的行为，也是第81章所说的"圣人之道，为而不争"，进而达到"夫唯不争，故天下莫能与之争"（第22章）的境界。

在第64章里说：

> 是以圣人
> 无为，故无败，
> 无执，故无失。
> 是以圣人
> 欲"不欲"，不贵难得之货。
> 学"不学"，复众人之所过。
> 以辅万物之自然而不敢为。

圣人不会凭主观刻意去做，或者说去违反自然规律而强行去做、去胡作非为，因而圣人也就不会失败；圣人不会学那些世俗的追名求利、卖弄巧智、欲见妄知，因此圣人也不会重蹈众人的错误。

在第7章里说：

> 是以圣人
> 后其身而身先，外其身而身存。

圣人效法"道"的无私，虽然圣人退居众人之后，但反而成了众人的领头人，处于众人之前。这也是老聃的三宝之一："不为人先"。

圣人对待"功绩"

圣人不是一个居功自恃、自傲的人，而是功不自居，功不自持。因此，在第2章里说：

是以圣人

　　成功而弗居也。

在第22章里，又说：

　　不自伐，故有功。

这里的"伐"就是夸耀之意。不自以为是、不自夸，这是老聃所强调的要点。

老百姓待圣人

上面我们看到了圣人是如何待民的，那么老百姓是如何待圣人的呢？老聃在第17章列举了作为衡量最高领导者好坏的标准之一：

　　太上，下知有之。

　　其次，亲而誉之。

　　其次，畏之。

　　其次，侮之。

　　信不足焉，有不信焉。

这就是说，最好的国家最高领导者（也就是老聃所说的圣人），在老百姓那里只是知道他的存在而已。这是与老聃主张的圣人实行无为而治的思想是一脉相承的。最次的国家最高领导者，老百姓都侮辱他，这是为什么呢？这恐怕是国家最高领导者以道德教化愚弄百姓，把礼教化的社会描述为美轮美奂、人伦至极的社会，自己却处在礼制的顶端，奢华贪婪，胡作非为，言而无信，到头来老百姓恐怕食不果腹，只能侮辱他。

通过上面老聃对"圣人"的定义，我们会发现他反对的是用"仁、义、礼、乐"来规范的"圣人"，由此不难发现，依据老聃对圣人的定义，儒家所推崇的圣人远远达不到老聃的"圣人"标准，甚至是"伪圣人"。老聃认为宣扬用"仁、义、礼、乐"来拯救世界，只会起到欺世的作用。庄周明确给了"圣人"定义，道家认为这才是"真圣"，不但具有至高的睿智，而且无私、淡泊、自律、简朴，以百姓之心为心，居功而不自有。他们不是靠语言说教，也不是靠礼乐规范，而是用自身的行为表率来规范和教育百姓，努力建造一个自然和谐的理想社会。

钱锺书在《管锥编》中评价老聃所说的圣人是非常正确的，他说："老聃所谓'圣'者，尽人之能事以效天地之行所无事耳。"（《管锥编》第二册，第421页）

总之，《老子》一书所谓圣人，通常指"以道莅天下"（第60章）的得"道"者，是以自身的修养来为百姓做表率，无私心而以百姓之心为心，顺应民意，对民众一视同仁地善待，是真正能够实行老聃所提倡的无为之治的理想的最高执政者。也可以说：圣人是"道"的化身，是"道"在人间的体现。

4 思想与主张

《老子》一书由于成书年代久远，除了古典思维和古文之外，其编排也是"零乱"的。对于一般读者而言，读起来是很艰涩难懂的，也不容易抓住其主题与要领，为此笔者在这里梳理了《老子》一书的主要内容，提炼出一些主题，做一个简略易懂的概括性介绍，使读者能够对《老子》有一个初步认识，为进一步研读《老子》打下提纲挈领式的基础。

4.1 慈爱

说到"爱"，这很容易让人想起儒家所提倡而被老聃所批评的"仁"，"仁"也具有"爱"的意思。那么儒家提倡的"仁"具有怎样的"爱"呢？我们先看看"仁"这个字是什么时候出现的。

清代学者阮元（1764年～1849年）认为："'仁'字不见于虞夏商周《书》及《诗》三《颂》《易》卦爻辞之内，似周初有此言而尚无此字……盖周初但写'人'字，《周官》后始造'仁'字也。"郭沫若则认为不仅甲骨文中不见"仁"字，金文中亦不见"仁"字。"仁"是春秋时代才出现的新名词。因此，这个"仁"很可能在春秋时代才出现。

"仁"的最初含义是宗法、家族的意思，在《书·金縢》记载周公姬旦为周武王姬发健康状态恶化而祈祷时说"予仁若考"。冯友兰认为，这里所说的"仁"即"顺从祖先的意志"，也有人认为这里的"仁"通"佞"，是多才的意思。

无论"仁"的"爱亲"还是"爱人"，都是表述人与人之间关系的表述。

关于"仁"的含义及其与政的关系，在与周王室关系密切的姬姓侯国晋有记载。晋侯诡诸（今通称晋献公，姬姓，公元前677年～前651年在位）在灭骊戎后俘虏了骊姬并将她立为夫人。在国君继承人问题上，骊姬与已立为太子的申生产生了矛盾，骊姬在晋献公父子之间制造相互不信任，夸太子"吾闻申生甚好仁而强，甚宽惠而慈与民，皆有所行之"。然后就开始阐述"仁"的含义："为仁与为国不同，为仁者，爱亲之谓仁；为国者，利国之谓仁。"（《国语·晋语一》）这说明"仁"在当时已经是一个重要的伦理词汇，内涵虽然是褒义词，含义却是不太确定的。但有一点可以肯定,"仁"与周以来的宗法、氏族具有割舍不断的联系。

从以上的历史文献中我们可知,在老聃和孔丘之前,"仁"就是一个重要的伦理概念,已经有从"爱亲"扩展到"爱民"。但这只是"仁"的一方面的含义。

孔丘最为推崇"仁"这个字,在《论语》中出现的次数最多,达109次,如:

"刚、毅、木、纳(讷),近于仁。"《论语·子路》

"仁者必有勇,勇者不必仁。"《论语·宪问》

"仁者先难而后获,可谓仁矣。"《论语·雍也》

子贡曰:"如有博施于民而能济众,何如?可谓仁乎?"子曰:"何事于仁,必也圣乎!尧舜其犹病诸!夫仁者,己欲立而立人,己欲达而达人。能近取得,可谓仁之方也已。"《论语·雍也》

"仲尼曰:'古也有志,克己复礼,仁也。'"《左氏春秋·昭公十二年》

颜渊问仁。子曰:"克己复礼为仁,一日克己复礼,天下归仁焉。为仁由己,而由人乎哉?"《论语·颜渊》

樊迟问仁。子曰:"爱人。"《论语·颜渊》

樊迟问仁。子曰:"居处恭,执事敬,与人忠。虽之夷狄,不可弃也。"《论语·子路》

"能行恭、宽、信、敏、惠五者于天下者,为仁矣。"《论语·阳货》

"孝悌也者,其为仁之本欤。"《论语·学而》

从孔丘论"仁"来看,其"仁"的含义是多方面的,其"仁"的爱的方面含义是基于宗法制、家族亲缘之间的爱,当然也必须遵守当时的"礼"。这就是说孔丘提倡的"仁爱"是一种有等级差别的"爱",也是有亲疏的亲缘之"爱"!

说到孔丘之"仁爱",我们不得不提另一位墨家的创始人墨翟,他是第一个公开站出来反对儒家孔学的。针对儒家孔学这种有差别的"仁爱",墨翟则提出了"兼相爱"的著名观点,以此来批驳"仁爱"。墨翟的"兼爱"用现在的话说就是"博爱",是消除了差别的大爱,也就是人们不分贵贱,不分亲疏,都要互爱。这个观点虽然过于理想,也有点宗教色彩,但在公元前四百多年能提出如此观点是何等的伟大。

用"仁"来表达爱的含义,是春秋当时正统的流行用法。老聃却摒弃了这一当时的社会主流,老聃舍"仁"而取"慈",用"慈"这个字来表示他心中的"爱"。这也反映了老聃与孔丘、道家与儒家在爱的主题上的深刻分歧。

老聃在第67章说:"我有三宝,持而保之:一曰慈,二曰俭,三曰不敢为天下先。"

在老聃的"三宝"中,第一个就讲到"慈",那么这个"慈"是什么意思,该如何理解呢?

"慈"的基本含义是"爱",简单地说就是我们现在说的"慈爱"。《管子·形势》说"慈者,父母之高行也",主要指长对幼的"爱",母爱是典型的慈爱,这种爱更体现了自发、无私与宽容的特点。母爱正是典型的慈爱。无论是人还是动物,因为母性的慈爱是其最生动和最充分的展现。母性在保护下一代时,往往能显示出异乎寻常的勇敢。这在人与动物的母性身上有最生动和充分的体现。这也可能是老聃的"慈故能勇"(第67章)的缘由所在。老聃的"爱"或者基于"爱"的思考,多处于"慈爱"方面。譬如,在第47章叙述圣人对待老百姓时说"圣人皆孩之",这是把圣人对待百姓比喻成父母对待自己的孩子。

老聃说"天地不仁""圣人不仁"(第5章),又说"天道无亲"(第79章),这里所谓的"不仁"与"无亲",也就是没有"偏爱",也没有因为氏族血缘关系的"亲亲之爱"。这实际上是对"仁"的否定。用庄周的话来说,那就是"大仁不仁"(《庄子·齐物论》)"至仁无亲"(《庄子·庚桑楚》),这种不仁之仁、无亲之亲,是对世俗仁爱价值的超越,其所欲成就的是更高的慈爱。这进一步说明儒家的"仁"是带有差别的,是有伦理观融入其内的"爱"。理解了"仁"是有差别的爱,也就拿到了正确理解老聃"慈"的钥匙。

在"爱"的理念上,墨翟的"兼爱"与老聃的"慈爱"更具有相似性,它们都与孔丘提倡的"仁爱"具有本质的区别。

4.2 贬礼与仁

在"意识形态变革"一节已经介绍了"礼"的历程和周礼的形成。对周王朝的治国体制,也可以说其统治赖以存在的意识形态,从西周到东周是一个转折点。原太子姬宜臼(今通称周平王,前770年~前720年在位)依靠外戚,联合西戎,以武力杀掉其父王而后称王的。按照周王朝的"宗法制"及"礼制",这是大逆不道的。这也使周王室在道义上失去了制高点。正因为如此,就连具有深厚儒家根基的鲁国,在周平王姬宜臼在位时,根本不去拜谒甚至连贡礼也不提供,这也是严重违反"礼制"的。

礼仪,夏商周三代都有,但以"礼"为制进行治国并逐步完善的可能只有西周了。西周初期提倡以"德"治国,而后礼制得以逐步制定与完善,逐渐走向以礼制与宗法制相结合的治国体系,礼制和宗法制成了西周治国的复合臂。随着礼制的强化与越来越占有主导地位,"德"则逐渐被弱化,尽管政治文化传承上还是以德为先。

西周前期,在周王室强大的时候,礼制对周王朝建立完善的统治体系,稳定内部及对诸侯的统治都起到了巨大作用。但这一制度从一开始建立就显现了其弊病,这可从周立国之初齐、鲁两个比邻的诸侯国的发展看出。

齐、鲁是周王朝建立初期被封的今山东省境内的两大侯国，也是当时天下最为重要的两个侯国。

齐国是吕尚的封国，吕尚不但是西伯姬昌、周武王姬发父子的国师，还是周武王姬发的岳丈，也是周成王姬诵的外公，与周王室的关系非常亲密。在周成王时期，齐国被赋予东方的征伐之权(在局部享有天子之权)。《史记·齐太公世家》记载："乃使召康公命太公曰：'东至海，西至河，南至穆陵，北至无棣，五侯九伯，实得征之。'"

另一个侯国鲁国则是周公姬旦的封国。周公姬旦是周武王姬发的弟弟，是周克商的功臣，更是为稳定周王朝的初期政权起到了不二的作用。论功行赏被封于鲁国，由于周公姬旦为周王朝建立了特殊功勋，鲁国获得了凌驾于其他侯国之上的在郊祀周文王的特权。由于周公姬旦仍在周王室执政治国，便由其长子伯禽(也有说其族人)赴鲁国就任。

东周时期，周王室虽然仍提倡德，但德已经不再是神奇的能力，"德"逐步一般化、伦理化、人格化，其重要性也随之下降。治国真正实施的是礼制和宗法制。

那么，为什么"礼制"在东周会"礼崩乐坏"呢？除了周王室内部互相争斗、残杀之外，也是与"礼制"的本质有着直接关系的。

礼或者说礼仪，在夏商时期，主要是约束、规范人与鬼神的关系，多为祭祀仪式之规矩。而到周之后，礼成为约束、规范统治阶级自上而下的统治的工具，周天子成了统治集团金字塔的塔尖。周礼是由周王室制定的，它的重要作用在于"序上下"(《左氏春秋·僖公十二年》)。"礼以体政，政以正民……是以民服事其上，而下无觊觎"(《左氏春秋·桓公二年》)。也就是用来别贵贱，序尊卑、长幼、亲疏之别，维护宗法制度，"礼"起到了统治驾驭诸侯、士大夫及黎民百姓的作用。

周礼有两层含义：一是社会制度层面，如赋税制度、等级制度等，这是由统治集团最高层为维护自身利益而"私制"和教化人的；二是社会生活层面，生、冠、婚、丧、祭、射、朝、聘等礼仪，这也与人享受的待遇有关，同样也起到教化人的作用。孔丘早年的职业就是教授或者司仪社会生活层面的礼仪。它与宗法制(包括分封)、等级制度构成了周王朝统治的基础。当然这也是贵族集团的特殊权利。

在老聃看来这些人为的礼制是违反自然的，而顺应自然是老聃的一个基本主张。这些也是老聃说"礼"是"道之华而愚之实"的原因。德国近代哲学家尼采(1844年~1900年)也充分说明了这一观点："各种伦理系统从来都是违反自然而愚昧之至的。"当然两三千年前制定的"礼"也不例外。虽然老聃没有我们现代社会"人人平等"的观念，但他主张"贵，以贱为本；高，以下为基"(第39章)也是与"礼"的别贵贱、序尊卑相悖的。

周礼非常繁文缛节，这不但僵化了人们的行为，同时也束缚了人们心灵自由，把人的一切活动，事无巨细地捆绑在用"礼"编织的网里，致使人们无暇顾及自然之道，深深埋葬在人为的"礼"网之中。人们（包括统治者）被捆绑束缚之后思想僵化，很难适合生产力的发展，注定要走向衰败的。

公元前707年，"繻葛之战"也使周天子威信扫地，也可以说周天子的权威已经荡然无存。至此，周天下的"礼乐征伐自天子出"的传统从此消失，代之而起的是"礼乐征伐自诸侯出"。继郑国之后，齐、晋、秦、楚等大国先后崛起。诸侯争霸，周王室的"礼"只不过是诸侯争霸的"聚集旗"。"礼"是需要军力维护的，有军力可强制执行，无军力，"礼"只能是一种可以被利用的准宗教（礼教）文化传统。由于"礼"的顶端是周王室，但各侯国崛起时，"礼制"显然不适合诸侯国，因此，治国的方略逐渐向"仁政"过渡。

内史过在给周王姬郑（今通称周襄王，前651～前619年在位）论晋侯夷吾（今通称晋惠公，姬姓，公元前651年～前637年在位）必无后时说："祓除其心，精也；考中度衷，忠也；昭明物则，礼也；制义庶孚，信也。然则长众使民之道，非精不和，非忠不立，非礼不顺，非信不行。"（《国语·周语（上）》）这里没有提到"仁"这个字，内史过是两朝（周惠王和周襄王）大夫，这期间他并没有提及"仁"的概念。这至少说明"仁"还没有上升到后来的治国高度。

同样在周王姬郑在位期间，也就是过不再担任内史，而由叫兴的人来担任，他在论述晋重耳必霸时说：

"礼所以观忠、信、仁、义也，忠所以分也，仁所以行也，信所以守也，义所以节也。忠分则均，仁行则报，信守则固，义节则度。分均无怨，行报无匮，守固不偷，节度不携。若民不怨而财不匮，令不偷而动不携，其何事不济！中能应外，忠也；施三服义，仁也；守节不淫，信也；行礼不疚，义也。"（《国语·周语（上）》）

走进老子

这里就出现了"仁"，且与忠、信、义并列。这反映"仁"的概念得到了提升与重视，也可能是因人对"仁"的认可程度不一而致。

公元前639年（周襄王十三年），周王室大夫富辰谏周襄王姬郑以狄伐郑及以狄女为后时说：

"章怨外利，不义；弃亲即狄，不祥；以怨报德，不仁。夫义所以生利也，祥所以事神也，仁所以保民也。蕴生利益靠义，奉侍神祇靠祥，养护民众靠仁。不义则利不阜，不祥则福不降，不仁则民不至。不义则利不丰厚；不祥则福不降临；不仁则民不归顺。古之明王不失此三德者，故能光有天下而和宁百姓，令闻不忘。王其不可以弃之。"（《国语·周语（中）》）

意思是说暴露内怨而让外人得利，是不义；疏远亲族而和狄人来往，是不祥；以怨报德，是不仁。古代的英明君王没有失去义、祥、仁这三种德行，所以能有广大的疆域，使百姓和睦安宁，美好的名声至今使人不能忘怀。您不能背弃这些德行啊!

公元前581年,晋国上卿范文子士燮在解释"仁"时说:"不背本,仁也。"(《左氏春秋·成公九年》)这里的"仁",也就是"顺从祖先的意志"之义。

公元前575年,周王室卿士单朝(单襄公)在论述晋国战胜楚国时说:"夫仁、礼、勇,皆民之为也。以义死用谓之勇,奉义顺则谓之礼,蓄义丰功谓之仁。"(《国语·周语(中)》)把仁、礼、勇作为战胜敌人的重要伦理支点。在评述晋周(今通称晋悼公,姬姓,前586年~前558年)时,他又说晋周"言仁必及人"(《国语·周语(下)》),也就是说讲到"仁"必然涉及他人,也就是人与人之间的关系。

到春秋中后期,施"仁政"的治国理念渐渐变得丰满。从表面上看,实施这些"仁政"正是对礼制的削弱和"刑制"的强化,这个穿有仁义道德外衣的"仁政"逐渐成为统治者无可奈何的选择。"仁政"打着为民的旗号,其实质仍然是统治阶级意志的体现,与其维护统治和功利的目的密切相关。但也毋庸讳言,以"仁政"代替礼制治国,在春秋前期的特定历史条件下,还是起到了一定积极作用的。

春秋时代,尤其是春秋末期,社会混乱,学问家都提出自己的治国理念以求社会秩序有序化、正常化。

孔丘十分崇尚的子产所说的:"夫礼,天之经也,地之义也,民之行也。"(《左氏春秋·昭公二十五年》)显然是把"礼"提高到了至高无上的地位,"礼"是人为制定的,既不是自然界至高无上的法则,也不是人类发展的规律。因此,以"礼"为出发点和基本点的任何规矩都是违反自然的,注定也是会失败的。

以孔丘为代表的儒家认为使社会秩序有序化、正常化的要务就是要恢复周礼,要"克己复礼"。此时所谓儒学实际就是礼学,"礼"是孔丘学说的核心内容,孔丘也是极力维护西周之礼的,"克己复礼"是孔丘的名言,也是他的终生志向和追求目标。他说:

"生,事之以礼;死,葬之以礼,祭之以礼。"(《论语·为政》)

"上好礼,则民莫敢不敬。"(《论语·子路》)

"上好礼,则民易使也。"(《论语·宪问》)

除了尚"礼"之外,孔丘也极力主张"受礼",以其发挥"礼"的约束力,他在教育弟子时曾说:

"非礼勿视,非礼勿听,非礼勿言,非礼勿动。"(《论语·颜渊》)

"恭而无礼则劳,慎而无礼则葸,勇而无礼则乱,直而无礼则绞。"(《论语·泰伯》)

"兴于《诗》,立于礼,成于乐。"(《论语·泰伯》)

"博学于文,约之以礼,亦可以弗畔矣夫。"(《论语·雍也》)

孔丘认为既要广泛地学习儒学典籍,又要用礼约束自己的行为,这样才能不背离正道。试图以"礼"约束人们,牢牢地把人禁锢在"礼"网里,以此恢复以礼制为核心的社会秩序。当然，这样也可达到防止反叛，有效控制社会的目的。因此，在春秋以后逐渐形成了以仁、义、礼为核心价值的伦理传统。这一人文传统为孔丘所代表的儒家所继承和弘扬，成为儒家学说的核心内容。

与孔丘的认知不同，作为史官的老聃，深谙历史，对人类历史和社会发展及传统文化具有丰富的知识。他在对人类历史论述时，不是简单地罗列历史事件并加以分析、评论，而是站在哲学的高度来审视历史，审视人类社会发展。老聃用反推思维方式罗列了礼、义、仁、德、道在追溯华夏文明的发展历程。当然这不仅仅是历史顺序，也是老聃认为的"善恶"之顺序。因此，老聃在第38章才指出：

失道而后德，
失德而后仁，
失仁而后义，
失义而后礼。

他又在第十八章里说：

大道废，有仁义；
六亲不和，有孝慈；
国家昏乱，有忠臣。

老聃贬低仁、义、礼的直接的社会原因，也是对商、周以来政治文化传统的反思。但老聃并不认同仁、义、礼为核心价值的伦理道德，他带着反思与批判的目光审视与社会堕落密切相关而日趋败坏的人文传统，从历史的角度，明确了道与德、德与仁、仁与义、义与礼，是依次接续而生的。虽然他在贬低仁、义、礼这些人为的道德规范，但没有以绝对正确的姿态自居，在否定的同时，多少也包含了某种意义上的肯定。不像孟轲对杨朱、墨翟的谩骂，恨不得马上把他们的学说歼灭。尽管如此，他还是对"礼"进行了猛烈批判，他说：

夫礼者，忠信之薄而乱之首。
前识者，道之华而愚之始。（第38章）

与复礼的孔丘相比，老聃是彻底的革命派，其目的就是要彻底颠覆"礼制"，革"周礼"的命。老聃蔑视儒家所主张的"仁义道德"，更是否定"礼制"。老聃认为人为的"礼制"是违背"天之道"的，人应该遵道顺德，就是顺事物的本性行事，人的生活应该超越世俗的"礼"的束缚，超越"仁义道德"的桎梏。为此，必须从整体上对传统的"礼制"观念进行彻底抛弃和颠覆，只有这样让人类社会回到"天之道"的自然之道上来。因此，他在第38章又说：

上仁为之，而无以为。
上义为之，而有以为。
上礼为之，而莫之以应，则攘臂而扔之。

应该注意的是，老聃这里指责、贬低的是战国之前的"礼"与"仁"，我们不能把老聃贬低的"礼"与"仁"等同于现在意义上的"礼"与"仁"，因为不同时代其含义也有变迁，是不同的。譬如毛泽东对"仁"的解释：对大多数人有益处的，叫作"仁"；对大多数人利益有关的事情处理得当，叫作"义"。对农民的土地问题、工人的吃饭问题处理得当，就是真正的行仁义。(《关于国民精神总动员的号召》)

那么，老聃蔑视的"仁"与"礼"两者相遇时会有什么情况发生呢？

我们先看看孔丘与其弟子子贡关于行仁的对话。

子贡问孔丘："如有人能让百姓都得到实惠，又能扶贫济困，怎么样？能算是仁人吗？"孔丘回答："岂止是仁人！肯定是圣人！尧、舜都做不到！所谓仁人，只要能做到自己想做到时先帮别人做到，自己想得到时先帮别人得到，就可以了。推己及人，可算实行仁的方法。"(《论语·雍也》)

我们再看看孔丘与其弟子子路关于行仁与守礼的对话。

季孙氏做鲁国的宰相，孔丘弟子子路在一个名为郈的地方任县令。鲁国在五月发动民众挖长沟，此时，子路拿他私人的俸粮做成稀饭，在大路上邀请挖沟的人来吃。孔丘听到这件事，派弟子子贡去倒掉他的饭，打毁他的器皿，说："鲁国国君拥有这些民众，你为什么擅自给他们饭吃？"子路非常愤怒，卷起袖子走进去请求说："老师痛恨我实行仁义吗？我向老师学习的就是仁义。仁义，就是和天下的人共同占有财富，共同享受利益。现在拿我的俸粮给百姓吃，有什么不可以呢？"孔丘说："仲由(子路)竟然这样粗野啊！我以为你懂得这个道理，你居然没有学到。你原来是这样不懂得礼啊！你给他们饭吃，是为了爱他们。但是按照礼的规定，天子爱天下的民众，诸侯爱封国的百姓，大夫爱他官职范围内的人，士人爱护他的家族。越过范围去爱，就叫作侵权。现在鲁国君主拥有的百姓，而你却擅自仁爱他们，这是你侵犯君主的权利，这不是胆大妄为吗？"(《韩非子·外储说左上·说一》)

这个故事及孔丘回答子贡关于"仁"的对话说明了"仁"与"礼"的关系，当"仁"遇到"礼"时，"仁"须给"礼"让路！

由此我们可以看出，即使行仁也要受到礼的严格限制。分析一下孔丘说话的逻辑，行仁是以上行下，而且实行范围也有严格限制。这再次说明这个"仁"，或者"仁爱"不但是有差别的爱，也是不能自由自在实施的爱。如此看来，墨翟提出"兼爱"来反对其仁是非常正确的。

老聃在批评谴责这些"仁、义、礼"以及这些人为的"人之道"时，有没有自己的治世之道呢？有，这就是老聃所说的"天道"：

天之道，其犹张弓与。

高者抑之，下者举之。

有余者损之，不足者补之。

> 天之道，损有余而补不足。
>
> 人之道，则不然，损不足以奉有余。（第77章）

老聃认为，天道是公平的，高与下、有余与不足，随时调节补充。也如他在第32章所说"天地相合，以降甘露，民莫之令而自均"。人间社会的法则也应该如此，效法天之道——"有余以奉天下"。然而，现实的人间社会的治理之道恰恰相反，是与"天道"背道而驰的，它强夺豪取，劫贫济富，以压榨贫苦的百姓来奉养那些本已富贵的统治者。因此，老聃提出了"有余以奉天下"的主张，实现这一治世理念的唯有道者！

令人遗憾的是，儒家的"仁义道德"一直是我们文化中的幽灵，直到两千多年之后的鲁迅还对此进行了振聋发聩的批判，他在《狂人日记》这篇小说中写道："我翻开历史一查，这历史没有年代，歪歪斜斜的每页上都写着'仁义道德'四个字。我横竖睡不着，仔细看了半夜，才从字缝里看出字来，满本都写着两个字是'吃人'！"

4.3 柔弱与刚强、知雄守雌

老聃通过对动植物的观察，发现无论是人还是动植物，在幼小时，虽然弱柔，但它却能从柔弱逐渐变得强大；但当苗壮之后，却反而走向衰退与死亡。树苗是柔弱的，禾苗也是柔软的，但这都是生机盎然的开端。因此，他说："人之生也柔弱，其死也坚强。草木之生也柔脆，其死也枯槁。"（第76章）这些都是我们在日常生活中能够感知却往往忽略的道理，但老聃从中能够悟出道理，这也可能是老聃"尚柔"的原因。《吕氏春秋》的《不二》篇用了一个字来总结《老子》的主旨：柔。这种评论虽说不全面，但也非常正确。

受老聃思想的影响，无论是道家学派，还是与道家有一定联系的，把《老子》作为根本大典的道教，在养生、健身方面，无不把"柔"作为一个重要因素，如太极拳等。发源于印度的瑜伽，也是以"柔"健身，可以说与老聃的思想不谋而合。

但如果老聃的思想仅仅停留在这个层面，那么我们也就不会赞誉老聃思想的深邃了。在老聃最核心、也是最顶端的概念——"道"之中，把"柔"的特性赋予了"道"。这是老聃从现实的有形（形而下）上升到无形（形而上）。他由从形而上的"道"出发，来推演他的整个哲学体系。"柔"就是其中一个重要概念，也可以说"柔"是"道"的一个重要特性。因此，他在第40章里说"弱者，道之用"。从某种意义上讲，尚柔守弱就是尚道守道。

我们知道水是柔弱的，也是最普遍的，是与我们及所有生物息息相关的。老

聃由于尚柔,他用我们熟悉得不能再熟悉的水的优良"品质"作比喻来阐述他的"道":

水

善利万物而不争,

处众人之所恶,

故几于道。(第8章)

他在第78章又说"天下莫柔弱于水",可见作为"柔"的代表"水"也是极受老聃推崇的。对我们要理解"道"而言,拿水作为"替代品"是最为直观的,也是最为容易理解的。我们耳熟能详的"上善若水"就是来自《老子》的第8章。

老聃不但赞美水的品质,而且还赞赏水的柔弱。虽然水是世上至柔的,但世上万物却没有能战胜水的。他在第78章写道:"天下莫柔弱于水,而攻坚强者,莫之能胜。"也就是说:天下最柔弱的莫过于水,用它去攻击最坚强的,没有不胜的。众所周知的"水滴石穿"现象就是最好的佐证。所以说水的特性(天下至柔却能摧毁天下至坚)也是柔弱的特征。

鉴于这种哲学思考,老聃提出了"专气致柔"(第10章)的修养与养生观。

非但如此,老聃还专门论述了"柔"的对立统一面"强"。他在第76章说:"坚强者,死之徒;柔弱者,生之徒。"把"柔"作为一种生的象征,把"柔弱"作为一种长生的手段;而把"坚强"作为死亡的象征。这也是他在第30章里所说的"物壮则老,是谓不道",也就是说有意造成或者强制制造事物的强大,是违反道的原则的,其结果是"早已",即早早结束它的生命。老聃甚至说"强梁者不得其死"(第42章)。

基于上述"柔"的哲学思考,无论是治国用兵,还是一般的日常生活,他告诉人们要"知其雄,守其雌""知其荣,守其辱""知其白,守其黑"(第28章),而且也坚信"柔弱胜刚强"(第36章),"弱之胜强,柔之胜刚"(第78章)。同时告诫统治者"兵强则灭,木强则折",要"强大处下,柔弱处上"(第76章)。

他在第52章还说"守柔曰强",也就是说"守柔"是真正的"强",这也体现了老聃的辩证思想。

经验告诉我们,在狂风中易被折断的树木往往是坚硬的;而那些柔软的,却往往是不容易被折断,尽管它们在狂风中摇曳不停。最锋利的锥子必定最先折断;最锋利的刀子必定最早磨损。因此,老聃在第76章对"柔弱"与"刚强"做了总结性论述:

人之生也柔弱,其死也坚强。

草木之生也柔脆,其死也枯槁。

故

坚强者,死之徒,

柔弱者，生之徒。
　　是以
　　兵强则灭，木强则折。
　　强大处下，柔弱处上。

　　这些道理对我们来讲，似乎非常简单，也非常容易懂。但要把它贯彻到我们的思想和行动之中，恐怕就没有那么容易了。无论是人，还是人的组合体——国家，争强好斗之性，从来就没有减弱。因此，老聃感叹道："吾言甚易知、甚易行；天下莫能知、莫能行。"（第70章）也就是说他的学说不但容易懂而且容易践行，但天下的人却很少能真正懂得且践行的。

　　尚柔守弱是老聃的基本主张之一，这一思想贯穿于《老子》一书。老聃要达到的终极目标是"天下之至柔，驰骋天下之至坚"（第43章）。

4.4　用兵与取天下

　　老聃生活的时代正是诸侯混战、兼并的春秋时期。仅楚国，在春秋时代就兼并了五十多个国家。连年不断的战争，给老百姓带来了深重的灾难。百姓是战争最直接的受害者，对此老聃是有清楚认识的，他在第30章做了明确描述："师之所处，荆棘生焉，大军之后，必有凶年。"对于战争的起因，老聃没有直接、明确地指出，但统治者的贪欲是一个重要原因。

　　老聃不只深知战争的危害，也是反对战争的，这除了与他所处的时代有关之外，也是他的思想使然。老聃不但反对战争，也反对用战争取天下。他在第30章里说："夫兵者，不祥之器，物或恶之，故有道者，不处。"这里老聃表示了他极度厌恶用兵，用兵者连物都讨厌它，何况是有道者。有道者是不会主动做这些事情的。

　　尽管老聃反对用兵，但无论是在老聃的春秋时代，还是纵观人类的历史，战争是人类历史挥之不去的一部分。当不可避免的战争发生了，造成伤亡也是不可避免的。老聃对待战争中的杀戮与被杀持什么样的态度呢？对战争结束后的处理持怎样的态度呢？他在第31章做了表述：

　　杀人之众，以悲哀泣之；
　　战胜，以丧礼处之。

　　老聃在这里明确指出，对于战争中牺牲的人，要"以悲哀泣之"。即使得胜也不是什么喜庆之事，要"以丧礼处之"。老聃的这种哀慈战争观，是不能不令人肃然起敬的。

　　他在第31章还对那些赞美获胜的人进行了无情的谴责：

胜而不美，而美之者，是乐杀人。

　　夫乐杀人者，则不可得志于天下矣。

　谴责这些喜欢杀戮的君主、将军。这些喜欢暴力屠杀、惯用兵的人是不会得志于天下的。老聃所持的观点，在我国古代战争中也是有实例的。

　虽然老聃反对用兵，但也不是反对一切战争，他也承认有"不得已而用之"的情况。他说：

　　兵者，

　　不祥之器，

　　非君子之器，

　　不得已而用之，

　　恬淡为上。（第31章）

　即使不得已而用兵，也要"恬淡为上"。也就是说，即使没有办法避免战争，不得已而用兵，也反对残酷的战争，这也是退一步不得已而为之的。

　但如果"不得已而用之"，老聃会采取什么样的方针、策略呢？

　即使对于"不得已而为之"的战争，他也不是主动进攻而是被动迎战。因此，他在第69章说：

　　用兵有言：

　　吾不敢为主而为客，

　　不敢进寸而退尺。

　其用兵的指导思想是不敢先发（"为主"），宁愿后发（"为客"），他不敢前进一寸，宁可后退一尺。这是不是基于什么道义呢？考虑到时代背景也是有可能的。但我们不能认为这是道义上的事情，归根结底还是其哲学思想。在这方面，与《孙子兵法》所主张的打仗要先发制人，制人而不制于人，以进攻争取胜利是截然相反的。

　老聃提出的用兵指导原则与他主张的"以正治国"不同。在用兵上，老聃提倡的是"以奇用兵"（第57章），与孙武的"兵不厌诈"是文不同而意相近，不过老聃的用兵原则更倾向于战争哲学层面，而非战略战术方面。不能因为老聃主张"以奇用兵"就认为老聃是主张耍弄阴谋的。治国是一个长期的，而用兵往往是一个短期的，成败在此一战，可以用奇兵。这是针对不同的情况和领域而言，我们应当就事论事，分开理解。反对智巧、权谋是老聃思想的基本内容；耍弄智巧、权谋与老聃的自然无为的宗旨背道而驰。

　对于用兵，老聃主张要：

　　善有果而已，

　　不敢以取强。

　　果而勿矜，

果而勿伐，

　　果而勿骄，

　　果而不得已，

　　果而勿强。（第30章）

　　对于不得已的用兵，只要达到战争的目的就行，不能逞强黩武。即使取得胜利，也不能矜夸、炫耀、骄傲。

　　对于战争指挥员和战斗人员，老聃则主张：

　　善为士者，不武；

　　善战者，不怒；

　　善胜敌者，不与。（第68章）

　　这里的"士"我们不能简单地理解为武士、士兵，而应该理解为战斗指挥员。"士"在老聃那个时代具有多种含义，作为军队用语，这"士"是军官而不是兵。善于用兵的指挥员，不会张扬武力、意气用事；善于作战的人，不会因战事而怒发冲冠、逞匹夫之勇；善于胜敌的人，不会故意与人为敌、争强好胜。

　　在老聃及其之前的时代，两军打仗通常是要有一个阵势的，要排兵布阵的，当然这是在双方兵力并不太悬殊的情况下的作战方式。如果兵力过于悬殊，也就会有孙武所说的"不战而屈人之兵"。基于以弱对强的非对称战争，老聃具有"弱之胜强，柔之胜刚"的思想，这一思想具体贯彻到战争中的战术就是：

　　行无行，

　　攘无臂，

　　扔无敌，

　　执无兵。（第69章）

　　这段话的意思是：虽有行阵，却好像没有行阵可列；虽要奋臂却好像没有臂膀可举；虽然面对敌人，却好像没有敌人可赴；虽有兵器，却好像没有兵器可持。就像我们现代竞技场上的两个摔跤手，是要规避对手抓住自己的要害的。老聃的这些表达方式，有点只可意会不可言传的玄妙。我们在理解这些语言时，除了了解老聃的语言特点之外，更应该把它放到更高的层次、更广的层面来理解。

　　我们都知道，1927年至1931年的井冈山斗争，强大的国民党军队不断对弱小的工农红军进行"围剿"，而弱小的红军则不得不进行"反围剿"。对于异常强大的国民党的军队，红军采取了避其锋芒，诱敌深入，各个击破的战术。也就是以先退后进，变被动为主动的战略战术，从而实现了以弱胜强、以少胜多的战果。我们不能说毛泽东、朱德那个时候学习了《老子》，采用了老聃的用兵思想，但这无疑在战略战术上是相通的。

　　新中国成立后，毛泽东曾经说过："老子这部书乃是唯心主义的，但包含丰富的辩证法思想。它对春秋战国时期社会大变革的一些现象，特别是战争的规律作了概括和总结，所以它也是一部兵书。"(马叙伦《老子校诂》，中华书局1974年版)

对于战争，老聃还特别强调了不能轻敌，他说：

> 祸莫大于轻敌，轻敌几丧吾宝。(第69章)

轻敌是最大的祸害，轻敌会招致失败。这方面的例子举不胜举。

老聃在论述用兵时，没有言明通常用兵时提升军队的士气，这可能是老聃所说的战争并非以强凌弱的进攻性战斗，并不靠士气来取胜。但他也言及到："抗兵相若，哀者胜矣。"在两军对垒，军力相当的情况下，哀慈(受欺侮而奋起抵抗)的一方是一定会获得胜利。这也是我们常说的"哀兵必胜"吧！

《老子》里边没有提及战争的伦理性，也就是我们常说的"正义战争"与"非正义战争"，只是说"夫慈，以战则胜，以守则固。天将救之，以慈卫之"(第67章)，也就是说以"慈怀"来对待战争是合乎其"道"的思想的。孔丘的言论在涉及战争时，则表达了战争为"礼乐"而战："天下有道，则礼乐征伐，自天子出；天下无道，则礼乐征伐，自诸侯出。"(《论语·季氏》)给战争贴上了伦理标签。虽然我们不能说孔丘是一个主张战争的人，但他不是一个反对战争的人，只要战争是合"礼"的。我们知道，春秋五伯(霸)之一的齐桓公吕小白是靠"力"称霸的，不是靠"礼"称霸的。《论语·宪问》中是这样记载孔丘称颂管仲协助齐桓公吕小白称霸："管仲相桓公，霸诸侯，一匡天下，民到于今受其赐。"此时齐桓公吕小白去世已经160余年，还称"民到于今受其赐"，可见孔丘对其行为的支持与赞赏。孔丘还把能"九合诸侯"之事归于"仁"，他说："桓公九合诸侯，不以兵车，管仲之力也。如其仁，如其仁。"(《论语·宪问》)孔丘这里的"不以兵车"是不符合历史事实的，当然这话也是不足信的。作为一个反例，我们只要看看与齐桓公吕小白关系密切，也可以说是齐桓公吕小白称霸时代的"第二把手"，被后世多标以守礼行仁模范的宋襄公的"合诸侯"，就可以一目了然了。宋襄公在公元前639年秋季与六国会盟时，被楚国国君熊恽(今通称楚成王)掳走，而后在与楚国的"泓水之战"中受重伤，不久因伤而亡。我们是不是能说宋襄公"不以兵车，如其仁，如其仁"呢？

老聃还告诫那些辅助国君的人：

> 以道佐人主者，
>
> 不以兵强天下。(第30章)

也就是说以道去辅佐君王的人，不要靠军队逞强于天下。

与以正治国不同，在用兵时，老聃提出了用"奇"，但他没有作详尽论述。"奇"也是《孙子兵法》的核心范畴之一："三军之众，可使必受敌而无败者，奇正是也。"

《孙子兵法》"势"篇中又说："凡战者，以正合，以奇胜。"也就是"凡是作战，总是以正兵迎敌，以奇兵取胜"。"正"主要是指常规战法，依据时代及战争而不同，"奇"主要是有别于常规战法的特殊战法。如声东击西的作战方法，声东用的是"正"(当然也是"虚")，击西(当然也是"实")用的是"奇"。

很有意思的是，在论述"奇"及"奇正"之关系时，孙武所用的语言及辩证法与《老子》颇为相似：

"故善出奇者，无穷如天地，不竭如江河。终而复始，日月是也；死而复生，四时是也。"而老聃则在第25章有"(强)字之曰：道。(吾)强为之容曰：大；大曰逝，逝曰远，远曰反(返)"，在第40章有"反(返)者，道之动"。可以说老聃是侧重于世界本源，属哲学层面，而孙武则是侧重于战争理论，属应用层面。

孙武接下来在论述"奇"的变化无穷时说"声不过五，五声之变，不可胜听也。色不过五，五色之变，不可胜观也。味不过五，五味之变，不可胜尝也"；而老聃在第12章则说"五色令人目盲，五音令人耳聋，五味令人口爽"。两者的论述着眼点虽然不同，但所用的五色、五声、五味却是完全相同的。

最后孙武得出"战势不过奇正，奇正之变，不可胜穷也。奇正相生，如循环之无端，孰能穷之？"也就是说正兵和奇兵是辩证的统一，可以说奇中有正，正中有奇，奇正相生，变化无穷。这也是与老聃的辩证思维不谋而合的。老聃在第58章说"祸兮，福之所倚；福兮，祸之所伏。孰知其极？其无正，正复为奇，善复为妖"。

因此，我们可以推断孙武的思想与老聃是有着割不断的内在渊源的。

在我国历史上，无论是春秋五伯(霸)，还是秦皇汉武，无一不是以强兵取天下的，都是盛极一时而走向衰败，没有一个实现了长治久安的。这些历史经验是值得我们深思的。

对于取天下，老聃不但反对以战争强夺天下，而且反对"取天下"，因此他在第29章里说："将欲取天下而为之，吾见其不得已。天下，神器也，不可为也。为者、败之；执者、失之。"以及第48章的"无为而不为。取天下，恒(以)无事。及其有事，不足以取天下"。这也是他"无为"思想的另一种表现，在他的眼里，天下不是有意去取的，而是"以无事取天下"(第57章)的。

4.5 不争与谦下

"不争"也是老聃的重要理念之一，这一理念同样来源于其核心概念"道"，也是来源于他对人类社会，尤其是他对他所处的那个战乱不断、你争我伐年代的认识与觉悟。对于不争与取胜，老聃有他自己的辩证看法，他说："委屈反而可以保全，弯曲反而能够伸直，低下反而可以充盈得益，破旧反而可以生新，少取反而可以多得，若是贪多反而弄得迷惑。"老聃用反面的来论述正面的，这正是老聃的语言特点"正言若反"。初读费解，细思老聃之说方感言之有理。当然，老聃提倡"不争"，除了对人类争斗历史的反思之外，也是建立和谐社会必不可少的理念。但人类似乎并没有按照老聃的愿望发展，而是在斗争中生存、发展。

对于治国而言，老聃还提到了一个使民不争的方法，那就是"不尚贤"。这里的贤不是纯粹儒家伦理意义上的贤，也不是我们现在意义上的贤，这里的贤包含有多财的意思。当然，历史上那些被确定为贤人的人，几乎无不高官厚禄的。尚贤会使民众争当贤人，一个重要原因就是这些贤人不是清教徒，而是名利双收。

老聃利用他熟练的反论，给我们阐述了"不争之德"：当统帅却不炫耀武力；进行作战却不轻易发怒；克敌制胜却不和敌人交锋；用人却对他谦下。对于"不争"这一观念，在老聃看来，"不争"则"天下莫能与之争"，这也是很有哲理性的辩证思维。"不争之德"从本质上讲，也是天道无为精神的体现，因此他在第73章里说"天之道，不争而善胜"，也说明"不争"是天道的德性之一。这一天道是"利而不害"的，作为得天道的圣人当然要"为而不争"了。

除了不争之外，老聃还有一个更进一层的概念，那就是不但不争而且要谦下！在介绍老聃的"谦下"或者叫"处下"思想时，我们先来看看儒家的"谦让"。在《左氏春秋·襄公十三年》中，给我们讲述了一段关于"谦让"的很有意义的论述：

上层人说："谦让，是礼的主体。当时世太平的时候，上层人崇尚贤能而对下属谦让，下属努力以侍奉他的上司，因此上下有礼而奸邪废黜远离，这是由于不争夺的缘故，这叫作美德。到了天下混乱的时候，上层人夸耀他的功劳以凌驾于下层人之上，下层人夸耀他的技能以逾越于上层人之上，因此上下无礼，动乱和残暴一起发生，这是由于争相自以为是的缘故，这叫作昏德。国家的败坏，常常是由于这样而来的。"

虽然这是儒家秉承的"上下有别"论，但也代表了当时社会的正统思想。老聃的"谦下"是与儒家不同的，他的"谦下"不是遵从什么礼而是实实在在要"处下"的，从内心深处修养出来的，不像"谦让"多少让人觉得虚伪。例如老聃在第61章里说"大国者，下流，天下之交"。意思是说即使是大国，在与其他小国交往时，也要把自己放到较低的位置上。为什么大海能成为百川之王呢？就是因为大海处在百川之下，也就是下流。老聃心中理想的最高统治者——圣人也要"在民前也，以身后之；其在民上也，以言下之"。即使是战争，老聃也不敢主动进攻，不敢进寸而退尺，这就是老聃所提倡的"谦下"。

4.6 修身、爱身

老聃的理想国家元首是圣人。对圣人,《老子》中有诸多描写,前面已经详细叙述过。但如何才能达到老聃所说的境界呢?这就是老聃提倡的修身。以修身为基点向社会方向扩展,就涉及为人与处世;向自身深入,就是养生。那么,老聃为什么要提倡修身呢?《老子》一书的主旨思想是试图发现宇宙万物变化的法则。世上事物虽然千变万化,但事物演变的法则并不会改变。人如果懂得这些法则,按照这些法则来行动,自身就可以长生,如果再掌握这些法则,顺应这些事物的变化、演变,那事物的演变就会有益于人们。

在老聃看来,社会的发展使人失去了原有的德而滋长了欲望,导致欲望膨胀。人们竭力满足欲望,以追求快乐。但人的欲壑难填,当人极尽全力去追求满足奢侈的欲望时,其结果适得其反,正如老聃在第46章告诫那些贪欲的人:

罪莫厚于甚欲,

祸莫大于不知足。

咎莫憯于欲得。

老聃所处的时代,周王朝是靠"礼"制来统治和教化人们的。孔丘主张"克己复礼"和仁义道德。老聃认为人应该顺德,就是顺事物的本性行事,人的生活应该超越世俗的是非、善恶,尊道厚德,返朴归真。

那么,怎样才能实现"尊道厚德,返朴归真"呢?这就需要"修身"。

在修身方面,主张抱一、静观、玄览,达到精神专一。在第10章说"载营魄抱一"、专气致柔和涤除玄览。这是修身的三个方面,第一是要做到意念专一。古代的魂与魄是不一样的,魄指依附于人的身体而存在的,而魂则可以游离于身体而存在。魂与魄都是精神层面的,这里我们可以理解为意念专一。老聃是尚"柔"的,他认为"柔"是事物的初期阶段,而刚则是死亡阶段。进而以气化为柔,从而达到像婴儿一样"柔和纯朴"之境界,再进一步则是清除内心的杂念与污垢,达到清明如一的状态。这一思想后人把它延伸到修炼与养身之中。

修身的结果要达到:

知其雄,守其雌。

知其白,守其黑。

知其荣,守其辱。(第28章)

使自己能够保持质朴淳厚的品德,思想上要进入清静、无欲、无为的境界。做到谨小慎微,见素抱朴,谦下可亲,虚怀若谷,清净恬淡,荣辱不惊,知足知止。这也是老聃最关心的人生在世的全生、长生的答案所在。

在处世方面，老聃以"慈""俭""不敢为天下先"为三宝，就是把慈爱、俭啬收敛、谦下不争作为人生的法则。老聃认为，一个人应当保持清静、温和、谦下、谨慎、知足、知止。温和就能保持自己的力量强大，谦虚就能使人不断进步，处任何事情要温和、知足而不过分。因此，老聃在第22章里说：

不自见，故明；

不自是，故彰；

不自伐，故有功；

不自矜，故长。

夫唯不争，

故天下莫能与之争。

他在第32章告诫人们"夫亦将知止，知止所以不殆"。又在第29章说"是以圣人去甚，去奢，去泰"，当然这不仅仅是指圣人，也是指其他人。

我国有一个"画蛇添足"的故事，讲的是两个人比赛画蛇，先完成者获胜。而那个先完成者看另一个人落在后面，就利用自己占先的富余时间，为所画的蛇再添上四条脚。这样一来，他所画的就不是蛇，结果由胜转败。这是告诫人们行事过分，将招来失败。

除了不过分之外，老聃还强调不求全。他在第22章里说：

曲则全，

枉则直，

洼则盈，

敝则新，

少则得，

多则惑。

他在第45章又说：

大成若缺，其用不弊。

大盈若冲，其用不穷。

大直若屈。

大巧若拙。

大辩若讷。

又在第34章里说："以其终不自为大，故能成其大。"

当获得成功时，老聃在第7章里告诫人们：

后其身而身先，外其身而身存。

非以其无私邪！故能成其私。

这都体现了老聃的辩证思维方式。

对于人们的行为方式与规范，老聃在第16章警告人们"不知常，妄作，凶"。人应当懂得天地间万事万物的变化规律，相对、相反、相成的自然法则，也为人处世要合乎自然法则，这也是老聃所说的"知常曰明"。

所有这些都可以从"反者，道之动"的原理中引申出来。老聃的"无为"，也同样可以从这个总原理中引申出来。老聃主张无为，并不是叫人完全不动，或不做任何事情。人的活动应限于"顺乎自然"和"适可而止"的范围。"顺乎自然"是指按照时势和事物的本性，不强行而为。"适可而止"就是要达到某个有限的具体目标。老聃还有一个重要思想——"朴"，道是"无名之朴"（第37章）。它告诫人们，行事为人要淳朴自然，不要矫揉造作，更不要恣肆放荡。我们的行为应该引以为戒！

也许陶渊明的诗《饮酒·其五》是道家人生修养的最好写照，即使不完全是老聃的，也是庄周的。

　　结庐在人境，而无车马喧。
　　问君何能尔？心远地自偏。
　　采菊东篱下，悠然见南山。
　　山气日夕佳，飞鸟相与还。
　　此中有真意，欲辨已忘言。

4.7 无为——自然而然

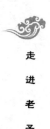

"无为"是《老子》一书的最核心概念之一，老聃的"无为"与其他的概念与主张一样，追根求源都是来自于他的最核心概念"道"——"道恒无为，而无不为"（第37章）。

那么什么是"无为"呢？"无为"并不是什么都不做，而是不刻意去人为作为。这一观念除了出自于其核心观念之外，也是对当时激烈变化的社会的一种直接反映。我们知道老聃生活在春秋末年，自西周灭亡进入春秋时代，社会失去了其以往的稳定性，除了各诸侯国奋力争霸之外，各种恢复社会秩序的学说及实践也层出不穷。这在深知人类历史的老聃眼里，无异于"瞎折腾"，一个重要原因是"人为"地去想做某某事情，虽不能说完全是拍脑子办事，但也绝不是依据当时的实际情况，按客观规律办事。老聃这里的"无为"，虽然是不刻意而为的意思，但也有顺其自然，也就是尊重客观规律去作为的意思。

我们知道揠苗助长的故事。一个农民老觉得他的禾苗长得慢，恨不得早上种上，晚上就可以收获。为此，他采取了一个"加快"的方法，把禾苗往上拔，以此来加速其成长。结果可想而知，禾苗不但没有迅速长大，反而很快就死掉了。这个故事说明，违反自然规律的人为行为，不但无益而且是有害的。这也就是老聃所说的"为者,败之;执者;失之"(第64章)。

另外,老聃也陈述了圣人"不能为"的理由是因为"圣人能辅万物之自然",言外之意是,要是能为或者说有为的话,也就不能"辅万物之自然"了。老聃的"无为"实际上是在"辅万物之自然"这个前提条件下,实现"无为而无不为"的理念。

"无为"的主张是针对治国的,老聃的治国理念是无为治国。这一主张是与孔丘的"以礼治国"观念完全对立的,因为"礼"是根据主宰者利益强加的,是不符合人与社会之自然属性的。作为国家理想的最高执政者——圣人,老聃阐述了其治国理念:"我无事,而民自富;我无为,而民自化;我好静,而民自正;我欲不欲。而民自朴。"并且说"侯王若能守之,万物将自宾"(第32章)。总之,"天下,神器也,不可为也",这就是老聃的"以正治国"的理念。

我们来回顾一下历史长河中的"无为而治"——西汉初年的"文景之治"和唐初的"贞观之治"。

"文景之治"是指西汉初期的汉文帝刘恒、汉景帝刘启(公元前187～前141年)统治时期出现的治世。秦末汉初,因多年战乱导致社会经济凋敝,在刘恒、刘启统治时期推崇"黄老治术",也就是"黄老之学"。可以说,西汉初期实施的是以道家主张为主,采取"轻徭薄赋""与民休息"的政策,使汉朝的国力得以增强,百姓生活得以改善。到汉武帝刘彻时期,这一道家无为而治的治国方略被抛弃,在意识形态上采用"废黜百家,独尊儒术",以儒家思想为指导,实施"外尊儒术,内行法术"的新政策。

另一个就是唐朝初期,因为最高统治者与传说中的李耳(老聃)同姓,为了彰显其光耀的血统,攀附了历史名人老聃。而老聃的思想也因此再度得到官方的重用。唐太宗李世民继承唐高祖李渊制定的尊祖崇道国策,并进一步将其发扬光大,运用道家思想经世治国,创造了被后世赞誉的"贞观之治",为后来的唐朝盛世奠定了坚实基础。

那么,我们来看看以"无为而治"为治国方略的"文景之治"和"贞观之治"时期的"官"与民的比例。有研究指出:"文景之治"时期为1∶7945;"贞观之治"时期为1∶3927。但到了元代成宗时期(1295～1307年)为1∶2613;清代康熙时期(1661～1722年)则上升为1∶911。

统治者或者政府对国家政策法令的干预程度,一直是人类历史上一个"强与弱"的矛盾统一体。老聃的无为而治理念,用现在的词汇来描绘,也可以说是一种放任主义或者完全不干涉主义。

老聃在《老子》中的"无执""行不言之教""取天下,恒(以)无事"这些表述,追根求源都是"无为"思想的一种体现和延伸。

孔丘的观点与老聃的观点则截然相反。孔丘主张"不可为之而为之"。这在

《论语·宪问》中有过明确表述：

孔丘的学生子路，晚上住在石门。早上起来，看大门的人问："你从哪里来呀？"子路回答说："从孔丘那里来。"看门的人于是说："就是那个明知做不到却还非要去做的人吗？"

这一思想被儒家所继承。直到清朝，还有学者张岱(1597～1679年)进一步表述："不知不可为而为之，愚人也；知其不可为而不为，贤人也；知其不可为而为之，圣人也。"(《四书遇》)这显然是在赞扬孔丘的，也是枉顾客观规律的。

自然而然是老聃的一个重要观点，也是道家的重要理念。他在第24章说"企者不立；跨者不行"，也就是说踮起脚跟是无法站得很久的；跨着步往前走，也是无法走得太远的。我们的行为，要顺其自然，标新立异虽然可以一时博得人家的关注，甚至赞叹，但这终究不会维持太长的时间。在一个社会里，无论我们做什么，都要顺应自然，即符合其固有规律，如果只是异想天开地人为规定或者做一些标新立异之事，终究是不会长久的。我们的社会，总是有那么一些人喜欢违背自然规律而别出心裁、标新立异，短时间会赢得众人的关注，甚至造成轰动效应，但由于违背了自然而然的客观规律，终将昙花一现而成过眼烟云。

4.8 尚希言

老聃是崇尚希言的，这个观点是老聃的一个重要特点。老聃在第17章里说："信不足焉，有不信焉。悠兮其贵言。"这是指统治者言而无信。作为统治者不但掌握着行政权、统治权，同时也掌握着话语权。不但可以发布政令、法令，也可花言巧语蒙骗百姓，还可教化百姓以维护其统治地位。老聃显然是看穿了这些统治者的能言善辩、喋喋不休的言论、政令，而这些言论多是言而无信的。

老聃在第23章里举例来论证他的观点：

希言，自然。

故

飘风不终朝，

骤雨不终日。

孰为此者？天地。

天地尚不能久，而况于人乎？

老聃在第73章里告诉我们"天之道，不争而善胜，不言而善应外"。这一表述同样基于老聃对"道"及"天道"的认知，是其哲学思想的表现。就老聃的思想而言，"希言"或"不言"是与其"无为"的思想一脉相承的，"不言"也可以说是"无为"的具体体现。基于这一思想，他在第2章里说"(圣人)处无为之事，行不言之教"，在第45章里说"大辩若讷"，在第56章"知者不言，言者不知"。

尽管老聃提倡"希言""不言"，但现实世界似乎并不买老聃的账。纵观我们人类的历史，统治者或者说执政者的各种政令、教化越来越多，各种政客整天喋喋不休地散布自己的治国言论。翻翻历史文献，我们看到远古、中古时代，统治者的言论、政令要远远少于今天的执政者。当然，时代在进步，今天的国家规模也是那时候无可比拟的，即使如此，这些政令也是多如牛毛。这是为什么呢？

老聃在第62章告诉我们"美言可以市尊"，美好的言论可以博取人们的尊敬，所以世上流行美言也是可以理解的。这也许是人性的弱点吧！除了执政者的偏好之外，老百姓的价值趋向也是一个重要的缘由。尤其是信息时代的今天，不但有执政者的过多言论，更有浮躁社会的喧哗与浅薄。老聃从历史的发展进程中洞察了这一趋势，人类的发展史似乎也证明了老聃的发现。这或许是老聃在第43章里所说的"不言之教，无为之益，天下希及之"，也许也是老聃的一种无奈吧！

尽管如此，在美言上，老聃还是告诫人们"信言不美，美言不信"（第81章），在第63章又进一步提醒人们注意"夫轻诺必寡信"。

孔丘《论语》中也对"言"进行了论述，他在《论语·学而》说"巧言令色，鲜矣仁"、在《论语·卫灵公》里说"巧言乱德"、又在《论语·里仁》里说"君子欲讷于言而敏于行"，并说"古者言之不出，耻躬之不逮也"。这基本上反映了孔丘对待"言"的态度，也折射出对奢言、巧言的时代特点。尽管如此，在论述到"言"与"德"时，孔丘说"有德者必有言，有言者不必有德"（《论语·宪问》）。

如果抛开最高执政者的"言"，就语言的本质而言，语言本身也是有局限性的。在这方面老聃是有深刻的认识。可以说"不言"是对"言"的超越，也是对"言"的延伸与补充，正如沉默是对言语的延伸与补充。也可以说"不言"也是一种"言"，是"不言之言"，是超越了一般语言的无声之言。从某种意义上说，不懂得"不言"也就不懂得"言"；不懂得沉默，也就不懂得说话。正如中国写意画，不懂得留白也就不懂得作画，留白也是"绘画的语言"，是画面形象的延伸与补充。在日常生活中我们可以看到有些人话特别多，尤其是在公共场合，有些人总是旁若无人，喋喋不休。这其实是一种浮躁的表现，也是思想肤浅的表现，而沉默寡言却常常意味着更为深沉的思想和感情。这些人可能不懂得这样一个道理：有时我们的声音越大，反而越不被别人听见、接受。

4.9 清静、寡欲

在老聃看来，"静"是事物的根本特性之一，也是"人"应处于的一个根本状态。无论是我们日常生活、工作、研究，还是治理国家，保持"清静"是必备的佳态。

在烈日炎炎的夏日，当我们心烦意乱时，会感到更加燥热。老聃曾论述"清静"的好处，他说："静胜热，清静为天下正。"（第45章）

我们要认识和发现事物发展变化的奥秘，心静也是一个必备的状态，老聃在第1章就告诉我们说"恒无欲也，以观其妙(眇)"。这也是老聃的一个研究、思考方法，因此他在第16章里说"致虚极，守静笃。万物并作，吾以观复"。

老聃的研究也同样注重这个"复"，也就是回归事物的根本，也是其追根求源的体现。他说"夫物芸芸，各复归其根。归根曰静"。在老聃看来"静"是万物的根本特性或者原有的状态。

同样，在治理国家、处理社会生活中的各种问题时，也应当遵循"静"的原则，因此他告诫统治者"静为躁君"，"轻则失根，躁则失君"，这样才能治理好国家而不"妄为"，才能避免导致危险和恶果。

老聃也给圣人或者叫理想的国家最高领导者赋予了"静"的特性，自"静"也是圣人治理天下的一种方法，因此他说"我好静，而民自正"（第57章）和"不欲以静，天下将自定"（第37章）。除了"静"之外，另一个重要概念就是"无欲"，他在第57章里说"我无欲，而民自朴"。对于淳朴的百姓，其治理当然也就容易了。过度的"欲"会导致民心混乱，"不见可欲，使民心不乱"（第3章）。

老聃所说的圣人是淡然的，他也拿婴儿做比喻。婴儿在出生后不久，只是有最简单的生理反应：饿了就要吃，等不到吃就哭，吃饱了也就满足了，不会讲究穿戴，也没有高贵低贱之分，更没有什么人为的礼节约束。也就是说根本没有什么别的人为欲望，不需要外界提供各种快乐，或是制造各种烦恼。自己也没有明确的目标，无需考虑自己要在社会上达到什么地位，实现什么目标。这也许是我们人类怀念儿童时代的原因吧！

在前面我们已经介绍过了周王朝的最高统治者周天子"吃"什么和怎么吃，接下来我们再来看看孔丘关于"吃"方面的论述：

　　食不厌精，脍不厌细。

　　食饐而餲，鱼馁而肉败，不食。

　　色恶，不食。

　　臭恶，不食。

　　失饪，不食。

　　不时，不食。

　　割不正，不食。

　　不得其酱，不食。

　　肉虽多，不使胜食气。

　　惟酒无量，不及乱。

沽酒市脯，不食。

不撤姜食，不多食。

祭于公，不宿肉。

祭肉不出三日，出三日，不食之矣。

食不语，寝不言。

虽蔬食菜羹，瓜祭，必齐如也。

席不正，不坐。

乡人饮酒，杖者出，斯出矣。（《论语·乡党》）

这里关于"吃"的论述不是侯王贵族的饮食，而是孔丘对饮食的讲究。由此我们可以看出，孔丘对饮食还是非常讲究的，也可以推知当时的人们，当然是有地位的人们，对"吃"的讲究！也难怪老聃发出"五味令人口爽"的箴言。

老聃针对社会现实中充斥着的贪欲和纷争，提出了"虚其心，实其腹，弱其志，强其骨"（第3章）的主张。要净化民众的心灵，减少贪欲之心，保证他们能够过上温饱的生活，使体魄强健，从而成为健全的人。这种关心民众身心健康的想法，与后代统治者有意推行的愚民政策，应当区别开来。

非但如此，老聃甚至排斥"知识"，老聃认为"知识"会引起人的更多欲望，从极端来讲，"知识"本身就是一个欲望的对象。"知识"既是欲望的主人，又是欲望的仆人。当然，老聃这里的"知识"不能理解为我们现在的知识。我们现在的知识，除了人文知识之外，更多的是科学知识。在知识爆炸的今天，虽然科学知识增加了人类在大自然面前的自由度，但从另一方面讲，也勾起了人类更多的欲望。也可以说人的知识越多，就越不知足、不知止。当我们面对今天高度文明的时候，需审视我们所处的环境——是福还是祸？也许如老聃所言：

祸兮，福之所倚，

福兮，祸之所伏。

孰知其极？（第58章）

按照道家的看法，人之所以渐渐失去了原有的德（不是我们现在通常所说的儒家思想为标准的德）是因为人类逐渐增多的欲望——知识（那时候很少有自然科学方面的知识，多为人文知识）的丰富也会扩展欲望范围——力争寻求更多的快乐。但是，欲望是无限的，这种趋势的逐渐发展，会导致欲壑难填。当人们力求满足无穷的欲望时，所得到的往往会适得其反。

4.10 回归与返朴

《老子》一书中有一个重要观念就是"回归"，回归到事物的初始状态。持有这一观念可能来源于其对"道"的认识，他在第40章说"反者，道之动"，道本身具有"返"的运动规律。这是因为在植物生长的最初阶段保持了其自然本性，也是处于欣欣向荣的阶段，老聃认为这是最为珍贵和值得保持的阶段。

老聃从更为久远的历史维度来考察人类社会的发展趋势，认为这是在一步一步的堕落下去。这是老聃对人类的道德逐渐衰退的认识，这也是造成春秋社会混乱的原因所在。为此，老聃认为这些礼、仁、义必须彻底抛弃，重新回到人类的最美好的远古"朴"时代。

那么什么是"朴"呢？

朴的本义是未被雕琢的原木。"朴"是老聃哲学里的一个非常重要的概念，是"道"的一个非常重要特征。老聃在第32章里说"道恒无名，朴"，"朴"用于表述"道"的原本状态，这一状态如此"接近"道以至于它与"道"一样是无名的，即第37章所说的"无名之朴"。老聃在描述得道之士还说"敦兮，其若朴"。"朴"这种状态一旦遭到人为的破坏，则事物的自然本性（也就是道性）就遭到了破坏，就失去它接近"道"的品质。破坏得越多，离道越远。因此，以老聃为代表的道家主张返朴，也就是我们常说的返璞归真的由来。

道家认为原木被分割、雕琢成各种器皿，这是木工之罪过；毁弃人的自然本性以推行所谓礼教仁义，就是人为之罪过。最好的品质，是天真淳朴的自然天性；最好的生活，是自然而然、无知无觉的自在生活。天真淳朴不是人为培养的，它只能与生俱来并得到保护才不会丢失；自然而然也不能被人为地创造出来；不人为地去破坏万物的自然而然的属性，这就是"无为"；不破坏人的自然本性，回到其质朴的状态，这就是"复归于朴"。

那么作为人而言，什么时候最具有"朴"的状态呢？在老聃看来，除了得道者之外，婴儿是最接近"朴"的，如婴儿刚刚降临人世，没有受过什么世俗文化的熏陶，也没有多少世俗的知识，是最接近人的原朴状态的。婴儿除了食欲之外很少有其他欲望。这时的婴儿也是含德富余的，因此才有：

为天下谿，恒德不离，复归于婴儿。

为天下谷，恒德乃足，复归于朴。

为天下式，恒德不忒，复归于无极。（第28章）

从此我们可以看出要复归于朴，我们就必须有足德，要足德就必须积德。另一个就是"寡欲""无名之朴，夫亦将无欲"。当然圣人可以做榜样，"我无欲，而民自朴"。只有这样，我们才能"复归于朴"。

人的一生从出生，经过无忧无虑的孩童时代，进入青年、壮年后，步入暮年。而多数人在步入暮年之后往往会回忆起其无忧无虑的童年时光，多为返归其本真的自我，也可以说是"返璞归真"，是复归于道的行为吧！但对于人类社会而言，要复归于婴儿般的淳朴状态，返回其原始的质朴状态或许不现实，也是不可能的。但这并不能说老聃的思想是无益的或者说是无用的,它的这一思想,无论人类发展到何种程度,必将是人类永远面临的问题,回归是我们不可回避的永恒课题。

4.11 "智"与"愚"

"智",我们今天理解为广义的智慧,既包括我们对待人间事物的智慧,也包括我们探索自然的智慧。用一个科学的评价指标就是"智商"。而在春秋末期老聃和孔丘的年代,"智"并没有现在这么丰富的内涵,尤其是缺少客观上的评价,多以道德标准与人间关系的处理来彰显"智慧"。

这里我们通过两三个故事来了解一下道家与儒家对于"智"的认识或者说理解。第一个是春秋时代被孔丘赞扬富于"智慧"的故事:

公父文伯离世,他的母亲敬姜告诫公父文伯的妾说:"我听说,宠爱内室妻妾的人,妻妾愿意为他而死;喜欢外面贤士的,士愿意为他而死。如今我儿子不幸早亡,我讨厌他有宠爱妻妾的名声。你们几个人在供奉亡夫的祭奠仪式上要委屈一下,请不要悲伤得消瘦下来,不要不出声地流泪,不要捶胸,不要有忧伤的面容,丧服要降一格穿戴,不要穿更高等级的丧服。遵守礼节,保持平静地完成祭奠,这是彰显我儿子美德的方法。"孔丘听到这件事后说:"姑娘的智慧不及妇人,未婚男子的智慧不及已婚男人。公父家的妇人(敬姜)真智慧呀!她这样做是想彰显她儿子的美德。"(《国语·鲁语(下)》)

这个故事从一个方面说明了孔丘对"智"的看法,也就是说孔丘将这样的行为赞赏为"智慧"。而道家对"智"的看法与孔丘是不一样的。它告诉我们,具有丰富社会经验的人是更具"智慧",而这"智慧"不过是满足了当时社会的道德规范而已,与真正的智慧,比如认识自然规律等,是没有任何关系的。

道家列御寇在其《汤问》中讲述了一个我们今天家喻户晓的故事——愚公移山。故事的两个主人公一个叫愚公,另一个则叫智叟。也许是道家学者列御寇想用这个故事,告诉我们什么是"愚"和"智"。我们可以通过这个故事了解"愚"和"智"的区别,至少这代表了道家的解释:古时候,有一位老人,住在华北,名叫北山愚公。他家门的南面有两座大山挡住了他家的出路,一座叫作太行山,一座叫作王屋山。愚公下决心率领他的儿子们要用锄头挖去这两座大山。有个老头子名叫智叟的看了发笑,说你们这样干未免太不聪明了,你们父子几个人要挖掉这样两座大山是完全不可能的。愚公回答说:我死了以后有我的儿子,儿子死了,又有孙子,子子孙孙是没有穷尽的。这两座山虽然很高,却是不会再增高了,挖一点就会少一点,为什么挖不平呢?愚公并没有接受智叟的"聪明"的劝告，坚持每天挖山不止。这件事后来感动了天帝，他就派了两个神仙下凡，把两座山背走了。

列御寇在其《列子·说符》中还给我们讲了另外一个故事：宋国国君有一次叫一个巧匠按照树叶雕刻出一瓣玉叶。巧匠用三年时间刻出了玉叶，它如此逼真，以至无人能把它与真的树叶区别出来。国君感到十分得意，就把他供养起来了。列御寇听说这事后感慨道："要是天地间的植物是三年才出一片叶子，那有叶子的植物就太少了！因此圣人依赖的是生物的自然生长，而不是依靠人们的智巧。"

这是崇尚自然、谴责人为的见识。从上述三个故事，我们可以看出他们对"智"的不同理解和运用。孔丘夸奖的这位贵妇人是一个维护礼教的楷模。她自己做得如何，我们这里不赘述，但她所用的方法确实带有欺骗行为，也可以说是"小聪明"。从这个故事中我们运用逻辑推理，就不难推导出老聃在第18章说的"智慧出，有大伪"。只不过敬姜是贵妇人，不是侯王，当然也只能是"小智慧有小伪"了。

那么愚公呢？如果用儒家的观点来看，显然是不够聪明的，甚至是愚蠢的。

在这个故事中列御寇特意给主角起了个名字叫"愚公"，老聃在《老子》中所使用的"愚"，那么这个"愚"字显然不是我们现在理解的"愚蠢"之意，在道家看来，这个"愚"是有正面意义的。列御寇在讲这个故事时，就给另一位主角起了个"智叟"的名字，其用意一目了然。

在古代汉语中，"愚"这个字除了愚笨之外，还有其正面的意义，与我们现代一般所说的"愚蠢"是不同的。如《诗·大雅·抑》中有"人亦有言，靡哲不愚。庶人之愚，亦职维疾。哲人之愚，亦维斯戾。"在《论语·阳货》里则有"古之愚，直也"。这里的"愚"字都有正面的积极含义。

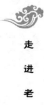

老聃在《老子》中所用的"愚"是他反对"智巧"所用的对应词汇，因此，在阅读《老子》时，我们不能简单地把"愚"字直接理解为现代意义上的"愚蠢"。老聃所用的"愚"是指质朴纯真。老聃在第65章里说"古之善为道者，非以明民，将以愚之"，因此有人说老聃是愚民思想。以我们现代的观点看，要说老聃完全没有愚民思想也是很难令人信服的，但如果说老聃是我们当今意义上理解的愚民思想也是不对的。如果说老聃有愚民思想，那么要看怎么个"愚"法，这需要全面正确地理解老聃的思想体系。

老聃对待百姓是这样，他理想中的圣人对待自己也是"我愚人之心也哉"（第20章）。在道家思想体系中，"愚"并不是一件坏事，而是一项莫大的美德。

在理解这里的"愚"时，我们应该把它作为"智巧"或"智谋"的对立面来理解，只有绝巧智才能回归"愚"，只有回归了"愚"进而才能返朴归真。当然，这里的"愚"又与我们平常说的"愚"并不完全一致。对于老聃的理想圣人而言，其"愚"是圣人修养而得,是"大智若愚"的"愚"。

老聃对待百姓"将以愚之"的同时,也要求治理者先能自"愚",治理者有了一颗"愚人之心",而后使民同"愚",这样才能使整个社会重返淳朴自然的境界。这就是老聃"愚"的真实用意。

"愚"的对立面是"智",它不仅仅指我们今天所讲的智商的"智",它具有智慧、智谋、计谋和巧智的多种含义。在不同的时代,不同的应用场合,其具体含义也是不尽相同的。如果这个智慧所依存的价值观不同,那么它很可能是具有负面性的"智"。老聃很可能是看到了这个"智"所起的负面作用,因此才反对"智",我们今天也可以理解为"巧智"。在周王朝统治的时候,人们所有的智慧无非是利用巧智博得人们的赞赏或者在争斗中取得对他人、他国的胜利,进而获得自己的最大利益。它与今天我们所理解的用在科学上的智慧是完全不可同日而语的。

放到春秋战国的时代背景下,那时人们的"智"都用在哪些方面了呢?我们知道,那时候思想百花齐放,社会百家争鸣,这背后都有一个看似毫不相干的事实:不断的战争。战争与思想似乎是一对孪生兄弟,相互促进催生。对于当时的时代,"智慧出,有大伪"也是很正常的,对于一般人来讲,延至今天我们许多人仍然喜欢"耍小聪明",也是很正常的。但令人遗憾的是,这一"小聪明"被冠以了"聪明"的标签,也成了我们文化的一种传统。

针对当时的社会,尤其是文化体系,老聃在《老子》中提出了其"极端"的思想:

绝智弃辩;

绝伪弃诈;

绝巧弃利。(第19章)

当然,我们理解这些内容时必须依据当时的历史文化背景,而不能生搬硬套地依据现在的文化背景去机械地评述这些表述。

在西周前期,周王室不但拥有统治者的王冠,也有使王冠闪耀光辉的礼制,更有强大的军事和经济实力的支撑。统治者几乎可以高枕无忧地实现其平稳统治,也就不需要什么新思想和新思维。当这一切随着周王室实力的相对变化及其内部争斗的加剧,"合礼"的西周也逐渐崩坏。社会处于旧的思想体系被逐渐抛弃而新的思想体系又没有确立的礼崩乐坏时代。作为儒家奠基人的孔丘致力于"克己复礼",想恢复和依靠那些礼教来恢复天下秩序,治理国家。这显然是行不通的,也终究要被历史的车轮所碾压,被时代所抛弃。治国进入了"智谋"时代,也正如战国末年韩非在其《五蠹》一文中概括的"上古竞于道德,中世逐于智谋,当今争于气力"。作为道家人物的老聃是反对人与人之"智"的,这就是老聃所说的:

以智治国，

国之贼。（第65章）

从根本上讲，以智治国是与老聃的无为之治的思想相违背的，老聃反对它们也是理所当然的。

纵观《老子》全书，如果说老聃没有愚民思想，很多人恐怕是不同意的，甚至有些对立面会以此来攻击老聃。这里有些问题需要我们思考：首先判断"愚民"的标准是什么？其次把"愚民"的概念是放到老聃的思想体系里去评价还是放到当今社会体系里去评价？这里需要的是"体系"，而不是单单的一个社会存在或者社会的价值。

如果以我们现在的社会价值体系来看，老聃的思想无疑是具有愚民意向的，因为时代不同社会基础不同，人们的认知也不同。如果放到老聃自己设计和崇尚的社会，那这个"愚民"显然是不成立的，因为老聃设计或者崇尚的社会就是以这些"愚民"为基础的，否则老聃的理想社会将不成立，老聃的无为而治显然是不可能实现的。这便是第57章所说"我无为，而民自化；我好静，而民自正；我无事，而民自富；我无欲，而民自朴"。

孔丘说："宁武子，邦有道则知，邦无道则愚。其知可及也。其愚不可及也。"（《论语·公冶长》）也就是说"宁式子（宁俞，卫国大夫）在国家上轨道时，显得很明智；在国家不上轨道时，就变得很愚笨。他的明智，别人赶得上；他的愚笨，别人赶不上"。宁武子在国家上轨道和不上轨道时，表现截然不同，一下明"智"，一下愚"笨"，但孔子却赞许他，因为在国乱民危时，"愚"笨反而可以保国泰民安；政治上轨道，"智"就可以充分发挥。或许也是老聃也有这方面的思考呢？

4.12 针砭时政与治国

老聃在第20章给我们展示了那个时代的特殊世态：

众人熙熙，如享太牢、如春登台。

我独泊兮其未兆，如婴儿之未孩；

儽儽兮，若无所归。

这里老聃描绘出了一幅春秋末期世态人情的风俗画，在春天享受豪华盛宴，一派繁荣幸福的景象，似乎人们都过着无忧无虑的幸福生活。如果我们这样认为的话，那肯定是不符合当时现实的。老聃这里描述的只能是一个区域的一部分人的生活片段，应该是上层统治阶层。当然，周王朝有漫长的统治时期，有广阔的地域空间，一言以"幸福繁荣"蔽之恐怕是不正确的。

其实，老聃所处的春秋末年，诸侯国之间你争我夺，原有的社会体制在崩

坏，新的体制尚未确立。在这个剧烈变动的时期，造成了社会混乱，贫富悬差，社会矛盾激化，阶级对立严重。诸侯国统治者彻底丧失了"德"的品质，渐渐挣脱"礼"的束缚，虽然还带着假面的伪装，但变得更加贪得无厌，巧取豪夺，声色犬马，奢侈糜烂。频繁的战争造成田园荒芜，高赋税导致民不聊生，甚至生灵涂炭。老聃作为一位周王室守藏室史官，目睹了社会的混乱与变迁，痛击社会的混乱现状：

朝甚除，田甚芜，仓甚虚。

服文彩，带利剑，厌饮食，财货有余。（第53章）

统治者奢靡腐败，身服锦绣纹彩，佩带锋利的宝剑，炫富招摇，终日饱食豪宴，重税搜刮民脂民膏，贪得无厌，金玉满堂。导致战争连绵不断，致使大量田地荒芜，国库空虚，百姓仓中无粮。

为了维持奢侈的生活，只有靠重税搜刮民脂民膏，这必然会加重老百姓的负担，使老百姓忍饥挨饿，甚至到了不得不舍身冒死去犯上的地步。这正如老聃所描述的那样：

民之饥以其上食税之多，是以饥。

民之难治以其上之有为，是以难治。

民之轻死以其求生之厚，是以轻死。（第75章）

上面是两重天的生活。当然，我们今天对那个时代老百姓的真实生活状态并不是非常清楚，《春秋》仅仅记载了国君及上层统治阶级的事情，于下层老百姓的生活艰辛是没有记载的。对于老百姓的造反，除了批判之外很少涉及。但从老聃的这些描述中，可以说老百姓的生活十分艰辛，到了"民不畏死，奈何以死惧之"的地步。

既然社会到了百姓连死都不怕的地步，那么怎样才能使老百姓怕死呢？对作乱之徒格杀勿论，但是这样会解决问题吗？事实上是不行的。其实对于处置违法之民众，老聃并没有直接抨击统治阶级的刑杀，也没有在详细分析犯法的情况下为民众辩护，只是做了迂回的"劝告"。当然老聃也没有号召老百姓起来造反。从老聃所处的社会地位及时代，需老聃如此突破实属离奇。尽管如此，老聃还是把问题引向了其产生的根源。

对于当时起来造反的人，史书上倒是有所记载，当然不是正面的记载。春秋末年，约公元前475年，在孔丘的故乡鲁国的西北部有一个叫展雄的人，领导了奴隶大起义，史称柳下跖（据称展雄是柳下屯人，跖是指赤脚奴隶，故也称柳下跖。）。起义得到了下层民众的大力支持与积极响应，起义队伍在数月内发展到近万人。柳下跖在先秦被统治者称之为盗跖。这可能是因为盗窃行为是最令人不齿的吧！"盗"字也就成了批判、贬低甚至唾骂的常用字。"盗跖"也就成了展雄的正统代词。这个称呼久而久之也就成了通用名了。《庄子·外篇》里有一篇名为《胠箧》的文章，就是利用正统的盗跖之名来反讥、抨击儒家观点的虚伪性和欺骗性。这篇文章借盗跖之口来讥讽儒家提倡的圣人,言外之意儒家标榜的圣人还不如儒家批判的盗跖,可谓辛辣、雄辩。战国末,荀况在其《荀子·不苟》篇里却称颂展雄"名声若日月,与舜禹俱传而不息"。从这些故事的记载中,我们可以确信老聃针砭时政的可靠性,也反映了当时严重的社会矛盾。

顺便说一下,对待"反民"的观点,从《老子》到《庄子》再到《荀子》,我们可以说《老子》是最古老的,毕竟在春秋战国时代,思想实属进步。

从直接原因上看,造成百姓饥荒的根源在于当时统治者贪得无厌、奢侈糜烂而致赋税过重。当贪欲极度膨胀时,就通过发动战争以掠夺更多的资源。那么造成这一社会危机的根源在哪里呢?老聃并没有直接去谴责、批判统治者,而是通过对老百姓悲惨生活状况的描写来鞭挞统治者。他在了解、批判现实社会的基础上,结合其深厚的历史知识背景,指出了人类社会精神的堕落与欲望的过度膨胀这一症结,这也是老聃探索的出发点所在。可以说整部《老子》是老聃为了从根本上消除这些危害而做出的努力。由于老聃具有深邃的思想和辩证的认识,他对社会的黑暗认识得更为深刻,对严酷现实的批判更为尖锐,这反映了一代哲人的社会良知和勇气。老聃的思想不仅在那个时代大放异彩,对后世也产生了深远影响。

老聃对战争造成的祸害的描述——"天下无道,戎马生于郊"(第46章),"师之所处,荆棘生焉。大军之后,必有凶年"(第30章),这是对当时战争频繁的强烈谴责。尽管老聃反对战争,但战争并不会因为老聃的反对而消失。对外扩张兼并是那个时代一个流行的主旋律,或者说是各诸侯国不得不为之的事情。如果不发奋图强,在那个激烈变动的时代,极有可能被吞噬掉,因此战争频繁也是那个时代的特点。老聃为此提出了"大国处下"的主张,实属良好愿景。对于大国而言,要使其谦让、处下。老聃同时也赞赏"小国寡民",国家小,民众少,发动战争的可能性自然就比较小。

那么,如何解决现实的问题呢?老聃整个理论体系都是围绕着这个问题展开的,追根求源到了其核心观念"道"上。

在治国政治理论方面,老聃提倡圣人治国。老聃认为国家元首应当是一个圣人,这个圣人具有老聃所说的理想化品德与行为准则。治国当然不能仅仅靠理想化的圣人品德与行为准则,民众也要适应圣人治国,具有相应的品质,这是相辅相成的。

老聃治国的理念与他用兵的理念不同,用兵"以奇用兵",治国则"以正治国"。治国是一种常规化且持久的工作,为的是国家的长治久安与百姓的幸福生活,所以必须"以正治国",正当、适宜地治理国家。

那么老聃的治国主张和策略是什么呢?

首先从统治者的角度来讲，老聃认为执政者要诚信治国。"信不足焉，有不信焉"(第17章)。诚信不够，老百姓自然不会相信统治者。在统治者的诚信方面，战国后期的商鞅在变革初期所采取的一项策略与老聃的主张是相一致的。

我们都知道商鞅变革使秦国崛起，但在变革初期，变法的法令准备好了，可如何才能顺利推行并落到实处呢？所谓落到实处就是要落实到老百姓中间，对此商鞅是有顾虑的，因为他深知秦国的许多法令在老百姓中间已经失掉了诚信，老百姓是不会轻易相信他的新变革法令的。为此，商鞅想出了用奖赏搬木头的办法，即徙木为信，来取信于民。他在秦国国都的集市南门外竖起一根三丈高的木头，并告示：有谁能把这根木头搬到集市北门，就给他十金。百姓们感到疑惑，也愿意相信这是真的，但就是没有人来搬动这根大木头。于是，商鞅又加码奖赏，说："有谁能搬动的奖赏五十金。"这时有个壮汉，怀着疑惑、壮着胆子把木头搬到了集市北门。商鞅立刻命令赏给了他五十金，借以表明"诚信"。这事情，慢慢在老百姓中传播开来，而商鞅的新法也很快在秦国推行开来。

当然我们不能把其后秦国的发展及采用的治国方略，与老聃提倡的治国方略等同起来。

其次要公平治国，损有余而补不足。

老聃对当时的治国政策进行了猛烈抨击，他在第77章中直接指出当时的治国之道是"人之道"，不合"天之道"。"天之道"像拉弓射箭一样：弦高了，把它压低一些；弦低了，把它抬高一些，取长补短。天之道就是减少多余的而弥补不足。而现实社会实行的法则却反"天之道"而行，现实的社会法则不是取富补贫，而是劫贫济富。因此，治理国家关键是要做到"损有余而补不足"。

对于社会和谐问题，老聃认为，"和大怨"和"报怨以德"是不能从根本上解决问题，其关键是要做到"损有余而补不足"(第77章)，这也是老聃所说的"天之道"。他也要求统治者对待民众公平，做到无亲无疏、无利无害、无贵无贱，公正无偏，使民众不结怨恨。因此，老聃在第56章说"故不可得而亲，亦不可得而疏；不可得而利，亦不可得而害；不可得而贵，亦不可得而贱。故为天下贵"。这对于现代社会而言，执掌裁判权力的法官尤为重要，如果法官在作裁判时徇私不公正，势必会导致民众积怨，久而久之就会破坏社会秩序，严重时会导致社会动荡，甚至混乱。老聃在第66章的"是以圣人处上而民不重，处前而民不害。是以天下乐推而不厌"也是表述了这层意思。

最后，老聃提倡圣人治国，也就决定了其治国理念是无为而治。

这一治国方略可以由老聃关于"道"与"德"的理念推演出来，他说"道恒无为"及"上德无为"，作为得道的圣人自然而然地就会采取无为而治的治国理念。

针对当时的治国现实，老聃是反对诸多治国理念的。譬如他认为"法令滋彰"不但无助于社会的和谐稳定，反而会使"盗贼多有"。有一点非常值得注意，老聃推崇理想的国君——圣人——一个理想化的治国人物，他采用的治国方略是"无为而治"。老聃在第57章里说"我无为，而民自化；我好静，而民自正；我无事，而民自富；我无欲，而民自朴"。这有点无政府主义和民众自治的色彩。

老聃在评价君主时说"太上，下知有之"(第17章)。统治者应该遵循"道"进行治国，"道恒无为而无不为。侯王若能守之，万物将自化"(第37章)。老聃认为最好的侯王是百姓只知道他的存在，侯王只要能够遵循"道"，万物才会宾服。这就是老聃解决治国问题的思路和方法。

老聃在这里并没有从字面上否定侯王，只是认为"无为"才能"无不为"。那么，现实中的侯王靠发号施令、强行"有为"不就多余了吗？显然，老聃是在有君的旗号下做无君的文章，其真实意图是否定当时的国君，只是在表达上老聃非常隐晦，也非常辩证。

老聃强烈反对"以智治国"，认为"以智治国，国之贼"。老聃认为，统治者以智治国，不但违背其以正治国和诚信治国的主张，也会使百姓被迫以巧应对，使举国上下奸伪丛生，从而导致天下大乱。也就是老聃所说的"大道废，有仁义；智慧出，有大伪"(第18章)，这就是他反对"以智治国"的逻辑所在。

为了实现老聃的圣人清静无为治国，首先要清除掉造成这一现状的根源。为此他提出了"绝智弃辩，民利百倍，绝伪弃诈，民复孝慈；绝巧弃利，盗贼无有"(第19章)的主张。要实现这些主张，要从社会基层百姓那里做起。他在第3章里说：

　　不尚贤，使民不争；

　　不贵难得之货，使民不为盗；

　　不见可欲，使民心不乱。

上述三句话的后两句今天理解起来不困难，其意思是"不珍惜难得的财货，不使百姓起盗心；不炫耀那些引人贪欲的东西，能使百姓的心思不被迷乱"。第一句话中的"不尚贤"，对我们这个长期以来儒家思想占有主导地位的古老国度来讲，似乎有些不可思议。其实"贤"这个字的本义并非当今的具有较高道德水平又有才能的意思，它的本义是指多财富的意思。随着时代的发展，这些富人也多会接触上层社会，无论是直接还是间接都会掌握一定的知识和见识。渐渐地，这些人就受到无论是官方还是民间的尊敬。那个时代的"贤"，含义与"贤达"人士相近，成为贤人不但富有而且有名，而且可以说名利双收。理解了"贤"的真实含义，老聃这句话就不难理解了：不崇尚财富或者标榜名贤，这样就使百姓不起争心了。其目的还是要安抚民心，使民众心绪安宁。在第77章有"其不欲见贤也"，这里的"贤"同样包含有财富的意思。

老聃又进一步阐述了其对待民众的主张：

虚其心，

实其腹，

弱其志，

强其骨，

恒使民无知、无欲。（第3章）

　　老聃就是要削弱人们争强贪欲的心态，使人心容易满足，满足人民的安饱，减弱人民的心志，增强人民的体魄，使百姓健康而劳有所获，从而使人民没有伪诈的心智，没有争盗的欲望，使人民常保有这样无知无欲的淳朴状态。那百姓还会有人与人的争斗吗？纵然有些自以为"聪明"而又心怀邪念的人，由于没有相应的社会基础与环境，这些人即使想巧使伎俩也是不敢的。老聃认为，如果实现了这样的情况，那么就可以用"无为"的方式来治理社会。到那时，哪里还有治理不好的道理呢？

　　为此，老聃还提出了"非以明民，将以愚之"（第19章）的主张，且"为天下，浑其心"（第49章）。据此，有人认为老聃的思想是愚民思想。但如果我们看看《老子》其他章节的表述，就会发现问题并非这么简单。在"为天下，浑其心"前面还有"圣人无恒心，以百姓心为心"，显然老聃认为当时民众的"心"是有问题的，所以需要"浑其心"，要"去甚、去奢、去泰"（第29章）。更有，老聃在第三章自白："我愚人之心也哉"。老聃的目的是使民"甘其食，美其服，安其居，乐其俗"（第80章）。当然，如果断言老聃一点"愚民"思想也没有，笔者认为也是不正确的。问题是如何愚，愚什么，愚的目的是什么？关于这一点，在4.11节"智与愚"中已经做了详细论述。

　　这里的待民措施，都是为老聃主张的"无为而治"提供必要的实施条件和基础的。如果一个社会人心焦躁贪婪，尔虞我诈，物欲横流，尚金钱猎奇物，而统治者又大张旗鼓地鼓吹这些巧立虚名的"贤人"，把人们引到相互争斗的深渊。到那时，即使"法令滋彰"也不足以消减各种盗窃、欺诈的行为。

　　老聃与墨翟的改造儒家不同，他是反对当时的礼制仁治的。在老聃看来，这些所谓的仁义无非是一种政治堕落的表现，现行的一切制度都是不合理的，不合天道的，必须从根本上对这些正统的观念进行彻底的颠覆。有鉴于此，老聃主张弱化乃至解除统治者的意志，实施超脱于事功之外的无为之治。这在指导思想上，是与儒家具有根本性区别的。老聃及那个时代的道家人物，具有非凡的洞察能力，已经预言到孔丘所推之策对国家的长期危害。他们的预言在漫长的中国历史上得到验证。孔丘提出仁政思想，假借人民的名义推行所谓的仁政政治，而这却成为封建统治阶级愚弄和压迫人民的工具。究其原因，是与仁政思想本身所包含的等级、强权统治意识直接相关的。作为老聃后辈的庄周则更为猛烈地抨击儒家的仁政爱民，称之为"爱民，害民之始也"（《庄子·徐无鬼》）。其语言表述似乎近似于荒诞，但如果能认真读读汉代到清朝的真实历史，我们或许会理解庄周话中的真正含义。

4.13 小国寡民与理想国

与人们通常所持的泱泱大国观不同，老聃推崇的是"小国寡民"，也是老聃构想的理想国。老聃心目中的理想社会，是小国少民，自给自足，风俗淳厚，百姓过着纯朴的生活，个个安居乐业。在这样的社会里，甚至先进的器械以及交通工具都要舍弃不用，更没有什么战争和杀戮。第80章描绘了老聃的理想国：

小国寡民，
使有什伯之器而不用。
使民重死而不远徙；
虽有舟舆无所乘之；
虽有甲兵无所陈之；
使民复结绳而用之。
甘其食、
美其服、
安其居、
乐其俗。
邻国相望，鸡犬之声相闻。
民至老死不相往来。

第80章的"使民重死而不远徙，虽有舟舆无所乘之，虽有甲兵无所陈之；使民复结绳而用之"，似乎老聃主张人们回归到原始社会，也可以回归到"野蛮"社会，的确这里包含有人类原始社会的因素，是与我们的文明社会背道而驰的。那么老聃真的主张人类完全回到过去的原始野蛮社会吗？显然不是的。如果是的话，就没有"甘其食、美其服、安其居、乐其俗"了。老聃这一思想无意中被18世纪法国启蒙家卢梭又提出："在自然状态（动物所处的状态和人类文明及社会出现以前的状态）下，人本质上是好的，是'高贵的野蛮人'（noblesavage）。好人被他们的社会经历所折磨和侵蚀，而社会的发展导致了人类不幸的继续。"

老聃为什么会有这样的构想呢？这极有可能与老聃所处的春秋时代的历史有关。当时几乎所有的战争都是大国、强国发起的，在现实中也不可避免地要涉及大国与小国之间的关系问题。老聃在第61章中明确提到"大邦以下小邦，则取小邦；小邦以下大邦，则取大邦，大邦不过欲兼畜人，小邦不过欲人事人。夫两者各得所欲，大者宜为下"。这是一种"联邦"的主张，提倡"大国以下自处，则国有大小，会合于大国"，意思是在现实中保存小国，以小国为基础，以大国为主导。

老聃所说的小国有多大呢？我们看看《周书·夏官·司马》篇的记述：周天子分封的七十二个诸侯国，其中有分大国、次国、小国，大国方百里，次国方七十里，小国方五十里。也就是说老聃所说的小国顶多也就是现在的一个县那么大，大一些的国家，也不过几个县的大小而已。这是西周初期的"国家"之别，到春秋末年，已经形成了几个大国，如楚、晋和齐，而这些大国无不是依靠武力扩张而成的。

对于道家的理想社会，《庄子》在其《马蹄》篇里给我们描述了"至德社会"："我认为善于管理天下的人不是这样。百姓有他们不变的本性。先织布后穿衣，先耕种后吃饭，这是人类共有的本性。人们的思想和行为没有一点偏私的地方，这是顺其自然。所以在盛德的时代，人类拥有最纯真的本性，他们的行为都保持自然的秉性，他们的目光也非常单纯。

"正是在这个年代里，山中没有路和隧道，水面上也没有船只和桥梁，各种生物共同生活，人类的居所相通相连，而没有乡、县的差别，禽兽成群结队，草木随意生长。因此可以用绳子牵引禽兽游玩，可以攀登上鸟鹊的巢窠去探望。在那盛德的年代，人类跟禽兽共同居住，跟各种物类相聚在一起，如何知道什么君子、小人！人人都没有智慧，人类的本能和天性也就不会丧失；每个人都没有私欲，这就叫作'素'和'朴'。能够像生绢和原木那样保持自然的本色，人类纯真的本性就可以完整地留传下来。"

在《庄子》的《天地》篇又是这样描述盛德时代的：

"盛德时代，不崇尚贤才，不任使能人；国君居于上位如同树巅高枝无心在上而自然居于高位，百姓却像无知无识的野鹿无所拘束；行为端正却不知道把它看作道义，相互友爱却不知道把它看作仁爱，敦厚老实却不知道把它看作忠诚，办事得当却不知道把它看作信义；无心地活动而又互相帮助却不把它看作赐予。所以他们的行为无迹可寻，他们的行事也没有被记载下来或广通行间。"

这就是后道家提出的"至德时代"，延续了老聃的理想社会。在这个理想社会里，人们"居无思，行无虑，不藏是非美恶"，"财有余而不知所自来，饮食取足而不知其所从"，社会富庶，生活安乐，人们无私无欲，不慕荣利；"不拘一世之利为己利分，不以王天下为己处显"，人们友善相处，无意追求以自己的行为去适合人为的道德规范，都具有"忘怀于物""清淡寡欲""不计生死"和"天人合一"的精神境界，人们的生活非常美好，"民居不知所为，行不知所之，含哺而熙，鼓腹而游"。虽然仍存在君臣、官民关系，但却"上如标枝""民如野鹿"，即国君就像生长在一棵树上的树枝一样，地位虽高，却无所作为，百姓毫无利己之心，像野鹿一样自由自在到处游荡。

老聃或许未能认识到技术或者说生产力在社会发展过程中的深层次的作用。老聃在第5章就提到了当时的高技术产品——橐。但老聃并没有意识到这些产品背后的"力量",这些"力量"改变着社会,包括人的思维与道德规范。正如马克思说的,生产力决定生产关系,经济基础决定上层建筑。春秋中期以后,铁器大量普及,耕田得到大量开拓,生产力急剧提升,人口大量增加,城邑迅速扩大,社会剧烈变化。在这种历史潮流中,孔丘开出的治世药方是"克己复礼",老聃则认为这些"器"导致了人性的堕落,提出舍"器"而返朴归真的理念。那么老聃崇尚的社会是什么呢?我们可以套用老聃的表述方式进行表述:大文明若野蛮。

在老聃800年之后,陶渊明以家喻户晓的《桃花源记》给我们呈现出一所理想社会:

古代武陵有个渔夫。一天,他沿着溪水划船,忘记了路程的远近。忽然遇到一片桃林,在小溪两岸,花草鲜嫩美丽,地上落花繁多。渔人感到十分诧异,便继续往前行探视。

溪水的源头,有一座小山,山上有个小洞口,洞里隐隐约约的好像有点光亮。渔人便舍弃了船,从洞口进去。最初,山洞很狭窄,走了几十步,突然变得开阔明亮了。呈现在渔人眼前的是一片平坦宽广的土地,一排排整齐的房舍,有肥沃的田地、美丽的池塘,还有桑树、竹林这类的植物。田间小路交错相通,鸡鸣狗吠的声音此起彼伏。在田野里来来往往耕种劳作的人群中,老人和小孩,都怡然自得。

村里的人看见渔人,感到非常惊讶,问他从何处来。渔人把自己的事和盘托出。村中人就邀请渔人到自己家里去,摆了酒、杀了鸡做饭来款待他。自述其祖先为了躲避战乱,领着妻子儿女和乡邻们来到这个与世人隔绝的地方,所以跟桃花源外面的人断绝了来往。村里的人也不知道外面是什么朝代。渔人把外边的事情讲给他们听,那里的人听完后都感叹惋惜。村里的人各自都把渔人请到自己家中,拿出酒菜来款待他。渔人逗留了几天后,向村里人告辞。村里的人告诉他:"这里的情况不值得对桃花源外的人说啊。"

渔人出来以后,回路虽然处处都做了记号。但再想去桃花源时,虽然寻着先前所做的记号,但还是迷了路,再也找不到曾经见过的桃花源了。

老聃的"小国寡民"理念,反映了老聃崇尚自然和无为之治的社会政治理想,它是建立在自给自足、纯朴自然的古代村落生活之上的,从反面表现了他对春秋后期充满贪欲与扩张的社会现实的不满与厌倦。

我们也许不可能到达老聃及道家所描述的理想社会,但在我们的文明进程中,老聃这种对文明进行批判、反思的可贵精神值得我们肯定和不断思考借鉴,我们也应该充分尊重这种社会政治思想中所包含的纯朴自然的生活理想。

4.14 "一"与道

在老聃那个时代,对宇宙、自然界中的天地万物的形成问题,他只能隐隐约约地感知它,并将这种感知用文字记录下来。关于宇宙的起源,人们很自然让人联想到老聃之后200余年的《楚辞·天问》,其开头有关天地形成的十几个问句:

遂古之初,谁传道之?
上下未形,何由考之?
冥昭瞢暗,谁能极之?
冯翼惟象,何以识之?
明明暗暗,惟时何为?
阴阳三合,何本何化?
圜则九重,孰营度之?
惟兹何功,孰初作之?

不难发现,它们之间确有不少共同之处——它们都反映了先民在两千多年前对于亘古时期宇宙起源所进行的探索。

我们知道老聃把"道"作为世界的本源,也是起源。但在《老子》一书中多次使用了"一"这个近乎于起源的词,那么"道"与"一"是什么关系呢?

首先我们对比一下第14章关于"一"的描述和第21章关于"道"的描述,我们可以发现两者都是"惚恍",两者都不可名;不同之处是"道之为物",而"一者,复归于无物","道"中有"象"、有"物",而"一者谓无物之象"。

第14章	第21章
视之不见,名曰"夷";	道之为物,惟恍惟惚。
听之不闻,名曰"希";	惚兮、恍兮,其中有象;
抟之不得,名曰"微"。	恍兮、惚兮,其中有物;
此三者不可致诘,故混而为"一"。	窈兮、冥兮,其中有精;
	其精甚真,其中有信。
一者,其上不皦,其下不昧,	自古及今,其容不去,以阅众甫。
绳绳不可名,复归于无物。	吾何以知众甫之状哉!
是谓无状之状,无物之象,	以此。
是谓惚恍。	
迎之不见其首,随之不见其后。	
执今之道,以御今之有。	
能知古始,是谓道纪。	

第42章　　　　　　　　　　第35章
道生一，　　　　　　　　　道之出口，淡乎，其无味。
一生二，　　　　　　　　　视之不足见。
二生三，　　　　　　　　　听之不足闻。
三生万物。　　　　　　　　用之不足既。

　　我们先来分析一下"混而为一"的"一"，这个"一"虽然用眼看不见，用耳听不见，用手摸不着，但它确实是真实的存在。那么这里的"一"是否就是"道"呢？它和"道"的关系是怎样的？

　　很显然，这里的"一"并不完全等同于"道"，而是"道生一"的"一"，它是被"道"产生出来的，是第二性的，理由如下：

　　首先，我们在"其上不皦，其下不昧"中的两个"其"字，显然都是指的上文"混而为一"的"一"，"一"之上"不皦（看不明白的。）"，"一"之下"不昧（明白清楚的）"。如果我们把"上"和"下"作为方位词，那么我们实际上简单的万物，在观赏上，多是上下有别的，也即"一"不同于我们平常见到的万物。如果我们把"上"和"下"作为时间序列词，它们所表示的不是空间关系，而是时间的关系，这在古时也是常用的，譬如上古、上世、下世等。这样的话，"一"其前是"道"，其后是"物"，第42章有"道生一"的表述。但无论哪种解释，"一"应该介于"道"和"物"之间。那"一"到底是什么？这个有待于进一步探讨，但肯定既不是看不见的"道"，也不是看得见的"物"。

　　其次，我们再看看"绳绳不可名，复归于无物"这一句。据马叙伦《老子校诂》，《辅行记》引作"复归于无"，就是说有一种《老子》版本中没有"物"字。不过也可能是为了押韵的关系，在"复归于无"之后加一"物"字（古代"昧""物"都入物部；"无"入鱼部，与"昧"不能谐韵）。但无论怎样，是指的"道"，说的是复归于"道"，则是没有疑义的。那么，当然是说"一"也要复归于"道"，这同"万物并作，吾以观其复，夫物芸芸，各归其根"（第16章）是一样的意思。可见，"一"不是"道"，而是由"道"所产生，而且要复归于"道"。

　　在第42章有"道生一，一生二，二生三，三生万物"，那么这里"道生一"的"一"是否与"此三者不可致诘，故混而为'一'"的"一"相同呢？即使它们不是一样，也应该是一个层次的。这个"一"是第二性的，它是被"道"产生出来的。"一"由"道"所产生，并复归于"道"的"一"，显然"一"不是"常"，也就是说"一"不是一个常态，是一个动态、变态，是有生有灭的。老聃的"道"是宇宙万物的根，是起始，是无生无灭的。这也说明这里的"一"并不是"道"，而是"道"到"万物"中间的一个"态"，一个状态。

　　在第10章，老聃又提出了"载营魄抱一，能无离乎？专气致柔，能如婴儿乎"，在第22章中又有"是以圣人抱一为天下式"的叙述。因此，这个"一"也是基于"道"的一种状态，可以认为是"道"的一种具体表现形式。

我们再来看看先秦的文献中是如何论述这个"一"或者"太一"的。

庄周在《庄子·齐物论》里说"物固有所然，物固有所可；无物不然，无物不可。故为是举莛(音tíng，草茎)与楹(音yíng，厅堂前的木柱)、厉(通作"疠"，指皮肤溃烂，这里用表丑陋的人。)与西施(吴王的美姬，春秋时代的美人)、恢恑憰怪(指千奇百怪的各种事态)，道通为一。其分也，成也；其成也，毁也。凡物无成与毁，复通为一"。庄周认为世上一切小与大、丑与美及千差万别的各种情态或各种事物，都是相通而又处在对立统一体内，从这一观点出发，世上一切事物就不会不"齐"，不会不具有某种共同性。

在《庄子·天下》篇里不是用"一"而是用"太一"："以本为精，以物为粗，以有积为不足，澹然独与神明居，古之道术有在于是者。关尹、老聃闻其风而悦之。建之以常无有，主之以太一，以濡弱谦下为表，以空虚不毁万物为实。"也许是为了兼顾关尹或者为了避免误会，为了文义确切，所以把老聃的"道"称为"太一"。

值得注意的是，与郭店楚简本《老子》同时出土的还有《太一生水》一文，开始就是"大一生水，水反辅大一，是以成天。天反辅大一，是以成地"。这里的"大一"与"太一"是相同的。该文讲述的是天地的起源，其根源是"大一"。这个宇宙生成理论的过程特征是首先从"大一"生成了水，水辅助"大一"进而形成了天，天又辅助"大一"生成了地。由此我们可以看出其宇宙生成观，这里的"水"处于一个非常重要的中间环节，也是最接近"大一"的环节。通观此文，它的主旨思想是与《老子》基本相同的，不同的是《老子》更加抽象，更加哲学化。由此也可加深我们对《老子》中多处以"水"作为比喻，且认为"水几于道"的理解。

《太一生水》一文的作者是谁，现在没有明确结论。有学者认为是由老聃一派所作，也有的认为是由关尹子一派所作，其理由是在《庄子·天下》篇记载了："关尹、老聃闻其风而悦之，建之以常无有，主之以太一……。"

由此可知，这里的"太一"与老聃的"道"类似，也是指世界的本源。由此可见，在春秋末期到战国中期，"一"的观念得到了发展与更为广泛的认同，但可以肯定的是"太一"与"一"是不同的。尽管如此，由于老聃在《老子》中经常拿实物"水"来比喻"道"，又有庄周的论述及"大一生水"的存在，我们用"一"来近似地表述"道"也是可以接受的，虽然并不准确。

对于"一"的认知与认同，随着春秋战国不断的兼并战争，国家也不断变化，百家的思想逐步统一到"一"上，就是天下合一。这思想逐渐得到广泛认同，为华夏统一奠定了思想基础。作为儒家代表人物的孟轲在与梁惠王(魏氏，名䓨，公元前369年～公元前319年在位)谈话时，梁惠王问道："天下恶乎定？"孟轲回答："定于一。"梁惠王问："孰能一之？"孟轲回答："不嗜杀人者能一之。"梁惠王问："孰能与之？"

孟轲回答："天下莫不与也。"在《庄子·外篇·知北游》里也有"通天下一气耳，圣人故贵一"的表述。孟轲的"一"是讲天下统一之义，不具有哲学上的意义。

到战国末年，有更多的论述。其中《吕氏春秋·大乐》篇说：道是看不到听不见的，是没有办法来描述它的形状的。知道存在看不到的形体、听不见的声音、没有形状的物质的人就是接近理解道了。道是十分精微的，它的形状无法描绘，不能为之命名，只能勉强称之为"太一（不可为名，强为之名，谓之太一）"。所以，"一"是控制主宰万物的，天地万物是受制于"一"，听命于"一"的。先圣弃万物而取法"一"，就可以领悟万物生长的道理。所以可以运用"一"处理政事的，君臣就会融洽，远近都会和谐，百姓也会快乐，亲戚相处和睦。可以用"一"修养自我的人，就会免受伤害，终其天年，保全天性。可以用"一"整治国家的人，就会消除奸邪，贤人归顺，政教彰显。可以用"一"统治天下的人，就能使寒暑适宜，风雨及时，而成为圣人。所以领悟"一"的人就可以充满明智，否则就会狂乱。

在《吕氏春秋·执一》又有"王者执'一'，而为万物正。军必有将，所以'一'之也；国必有君，所以'一'之也；天下必有天子，所以'一'之也；天子必执'一'，所以抟之也。'一'则治，两则乱"的论述。

这也反映了经过数百年的战争与兼并，天下走向统一也是大势所趋，人心所向。

了解了"道"与"一"的各种解释，也了解了"一"的由来，这对我们理解《老子》中的"一"的具体含义至关重要！所以老聃说："昔之得一者：天得一以清，地得一以宁，神得一以灵，谷得一以盈，万物得一以生，侯王得一以为天下贞，其致之。"

从上面关于"道"与"一"的描述来看，这两者并不是完全等同的，主要在时间前后上。楚简版《老子》里没有通行本第14章和第39章关于"一"的内容，而马王堆汉墓帛书本却有通行本第14章和第39章。因此，我们可以认为关于"一"的概念及思想是道家学者在进一步总结了关于"一"的概念后融入到《老子》一书中去的。尽管"一"和"道"的含义极其密切，也有近似的含义，但毕竟不是一个完全相同的概念。因此，在解读《老子》时笼统地将"一"解释为"道"也是不准确的。

为了便于理解，我们也可参考东汉时期许慎（约58年～约147年）在其《说文》中对"一"的解释："一，惟初大极，'道'立于'一'。造分天地，化成万物。"这个"一"含有最初、同一、合一、统一的含义。这里的"抱一"就是要效仿"道"，拥抱"道一"，进入"道一"状态。

下篇 《老子》释义

一 有与无[①]

道，可道也，非恒道也。
名，可名也，非恒名也。
无，名天地之始。
有，名万物之母。
故
恒无欲也，以观其妙（眇）；
恒有欲也，以观其徼[②]。
此两者，同出而异名同谓。
玄之又玄，众妙之门。

我们先看看通行本与竹简本文字上的差别。本书这里采用的"非恒道"和"非恒名"，而通行本则是"非常道"和"非常名"。通用本之所以将"恒"变成"常"是因为通用本是西汉文帝刘恒时期的版本，为了回避刘恒的名字把"恒"改成了意义相近的"常"字。

尽管"恒"与"常"是近义词，但在《老子》一书中其含义是不同的。"恒"的意思是长久的，固定不变的；而"常"在《老子》中是一个特别的词汇，"常"除了有永久的意思之外，还有法则、法度、自然法则的意思，如第16章的"复命曰'常'，知'常'曰明"就不宜变成"复命曰'恒'，知'恒'曰明"。"恒"是

走进老子

[①] 竹简本为："道，可道也，非恒道也。名，可名也，非恒名也。无名万物之始也；有名万物之母也。故恒无欲也，以观其妙；恒有欲也，以观其所徼。两者同出异名同谓。玄之又玄，众妙之门。"

帛书本为："故恒无欲也，以观其眇；恒有欲也，以观其所噭。"

通行本为："道，可道，非常道；名，可名，非常名。无，名天地之始；有，名万物之母。故常无欲，以观其妙；常有欲，以观其徼。此两者，同出而异名，同谓之玄。玄之又玄，众妙之门。"

[②] 徼：音jiào，边界之意。

没有法则、法度、自然法则这些含义的。"常"在《老子》中是一个独特概念。韩非在其《解老》篇中是这样解释"常"的：

　　夫物之一存一亡，乍死乍生，初盛而后衰者，不可谓"常"。唯夫与天地之剖判也俱生，至天地之消散也不死不衰者，谓"常"。（《韩非子·解老》）

在"翻译"这章之前，我们先做点文字功课。

首先是这个"道"字。

现在我们看到的这个"道"的文字本义，甲骨文（商王朝时期的文字）里没有明确的"道"，金文（西周时期的主要文字）里有"道"字六种，此字表示"人行路上"，一般用作"道路"之意。

战国时代的庄周在《庄子·齐物论》中说："道，行之而成；物，谓之而然。"就是说，道路是人走出来的，事物的名称是人叫出来的。屈原在《离骚》中有"尧舜之耿介兮，既遵道而得路"。战国末期的荀况在《荀子·王霸》篇中解释为"道，行也"。而东汉许慎在《说文》中解释为"道，所行道也"。这些"道"都是"道"的本义。

"道"还有"推导、引导"的意义，如《论语·学而》中的"道导千乘之国，敬事而信，节用而爱人，使民以时"。《论语·为政》中的"道之以政，齐之以刑，民免而无耻。道之以德，齐子以礼，有礼且格"。后一句的意思是"用政令来治理百姓，用刑法来整顿他们，使他们服从管理，老百姓只求能免于犯罪时受惩罚，却没有半点羞耻之心。君主以'德'德化人，又能以'礼'规范之，老百姓自知羞耻而不能及，乃力争达到君主所定的标准。"

"道"这个字又被引申为"规律性、道理、规则和秩序"。如《易传·系辞》中"一阴一阳谓之道"，这里的"道"就是规律的意思。

"道"还有"研究、阐述并形成一套系统性理论"之意。如《庄子·天下》①篇中论述"六经"时说："《诗》以道志，《书》以道事，《礼》以道行，《乐》以道和，《易》以道阴阳，《春秋》以道名分。其数散于天下而设于中国者，百家之学，时或称而道之。"这里的"道"做动词用，是阐述、论述或研究之意。

与庄周同时代的儒家代表人物孟轲在其《孟子·梁惠王（上）》中也用到"道"这个字做动词，齐宣王（公元前350年～前301年，妫姓田氏，名辟疆）问孟轲："齐桓、晋文之事，可得闻乎？"孟轲对曰："仲尼之徒无道桓、文之事者，是以后世无传焉，臣未之闻也。"问话的人是齐宣王，当然不是简单地让孟轲给说说齐桓公、晋文公的事儿，而是要孟轲阐述齐桓公、晋文公为什么能称"霸"的道理。如果这里的"道"翻译成"说或谈到"，那就太简单了。这里的"道"是"研究、阐述并形成一套系统性理论"之意，意思是说："孔丘的弟子们没有系统研究过齐桓公、晋

---

① 《天下》虽然收录为《庄子》的最后一篇，但不一定是庄周所作，很可能是庄周弟子的作品。

文公成'霸'之事，因此后世没有流传下来。我也不曾听说过。"

需要注意的是，"道"在古代也有"说"的释义，但该注意是什么时候开始的。这也是我们为什么要研究《老子》是什么时候成书的，并非是受"越老越值得尊重"的传统思维和价值观念的影响。在老聃那个年代还没有发现"道"有当"说"的释义，"道"之"说"的释义是到汉代才有。

下面我们来详细讨论一下本章第一句。

在通行本中第一句为"道可道非常道"，通常被断成"道可道，非常道"，与此相应的通用解释是：道，是可以阐述的，但被阐述的"道"并非永恒不变的道。

这样解释的第一个问题是"可道"成了第一个"道"的定语，这是英语常用的语句。这句的英文翻译是"The Tao that can be told of is not the eternal Tao"，两者语序是完全一致的。但这既不是古代汉语的表达方式，也不是现代汉语的表达顺序。

另一个相似的通俗解释是"'道'是不能说出来的，说出来的'道'就不是永恒的道"，其论点是人总结出来的道不一定是准确、全面的道。这样的解释还会产生另外一个问题，除了说明"道"比较深奥之外，还会陷入"不可知"，至少是"不可描述"的"玄论"之中。

这样的解释也是与《老子》其他章节相矛盾的。譬如在第25章是这样描述"道"的："'道'有物混成，先天地生。寂兮、寥兮，独立不改，周行而不殆，可以为天下母。吾不知其名，强字之曰：'道'。"在第21章里又说："道之为物，惟恍惟惚。惚兮、恍兮，其中有象；恍兮、惚兮，其中有物；窈兮、冥兮，其中有精，其精甚真，其中有信。"老聃这里虽说他不知道它的名字，但强给它一个字："道"，而且老聃还对"道"进行了较为详细的描述。老聃这里所描述的"道"就是第一句中的第一个字"道"。

我们用牛顿理论及爱因斯坦理论来解释一下。

大家都知道物理学家牛顿，他发现的牛顿定律，如万有引力定律，是自然界的客观规律，我们也可以说是"道"。后来爱因斯坦超越了牛顿，发现牛顿的一些定律并不适用于超微观及超高速世界。但这并不能说牛顿定律对于宏观世界是不适用的，或者说是非定律。我们在机械制作、建造房屋时，我们仍然在使用牛顿的理论而不使用爱因斯坦的理论，否则我们可能就做不好机械，也盖不好高楼大厦了。

按照上面的逻辑，那牛顿发现的"道"不就是非道吗？牛顿定律不就是非定律了吗？因此上述的逻辑是有问题的。其实这里面涉及一个基本问题，那就是对第一个"道"字的理解与范畴界定。如果我们把第一个"道"和第三个"道"看作自然规律，而第二个"道"是说或者阐述，那么第一个"道"和第三个"道"的内涵可能不一样，第一个"道"是爱因斯坦的"道"，第三个"道"是牛顿的

"道"，虽然这两个"道"所指的都是客观自然规律，但也是不一样的。也就是说，老聃的第三个"道"不足以概括第一个老聃的"道"。从另一方面讲，牛顿发现的自然规律与爱因斯坦发现的自然规律并非水火不容，它们在不同层次上都正确地描述了客观世界。因此我们在理解"道"时，既要有牛顿式的理解，也要有爱因斯坦式的理解，还要有海森堡等量子式的理解。

有人认为这句"道，可道也，非恒道也"是《老子》全书的总纲，这显然是不妥的。

通观《老子》的结构犹如蜘蛛网，各个观点，各种论述，你中有我、我中有你，有着千丝万缕的联系。老聃并不像现在人一样具有良好的系统知识和严谨的逻辑思维能力。如果这样解释的话，那就把老聃现代化了，同时也歪曲了老聃的原义。

其实，"道可道，非恒道"这一句，我们看看竹简本或帛书本就可以很好地理解："道，可道也，非恒道也"，第一个"道"和最后一个"道"是名词，不过第一个是主语。后边两段都是对第一个"道"的描述，也就是说"道是可道的，道是非永恒不变的"。这样解释是基于第二个"道"是动词，也是关键词。笔者认为这个"道"是"研究、阐述并形成一套系统性理论"之意。

另外，我们在理解"道，可道也，非恒道也"这一句时，我们需要与下一句并列的"名，可名也，非恒名也"结合起来进行统一考虑。名是可以命名的，名不是永久不变的。参照这一句的解释，"道，可道也，非恒道也"这一句这样解释是合理的，也是顺理成章的。

这两句的中心思想是，无论是"道"还是"名"，包括客观世界和人类社会，都是在不停地变化之中的。举个简单易懂的例子，世界上存在的道路，无论是人修的，还是人走多了踩踏出来的，人在上面是可以行走的，但没有一条道路是永恒不变的。我们这样简单地理解"道"也不是不可的。

下面我们再看看第二句，首先我们了解一下古人是如何解释"名"的。

命名可能是命名新的事物或物品，也可以是追溯命名其他业已存在的且还没有被"命名"的事或物。譬如我们发现一个新的物种，那么我们就需要给它起个名。而这起名，现代都要遵循一定的命名规则。而在古代尽管没有像现在命名这样有规范，但也不是无任何规则可循而胡乱命名。从这个意思上说，起名代表着一种事物特征的一个高度概括和抽象，如我们不能把"太阳"叫成"小阳"。

我们的文字是象形文字，一般对于有形之物，多半是根据其外形特征创造一个字，而这个字就是其名，当然这只适用于有形之物。所以古代的物件，多以单个字作为名。对于事物来讲，可以用形体组合来表意。但这种依据外形特征创造字的方法对于形而上的事物来讲，命名或表达被起名事物的特征是一件非常困难的事情，这多半以"意会"为主。尽管如此，这种命名方法，也是要反映被命名事物的内涵与特性的。譬如司马迁说老子姓李，名耳，字聃。老聃的"聃"字，是大耳朵的意思，传说中的老聃的耳朵特别大，无论是"耳"还是"聃"都充分反映了老聃的形象特征。再如，传说孔丘"头上圩顶"，也就是头顶凹陷。而作为其名的"丘"字，甲骨文字形，像地面上并立两个小土峰，其本义是自然形成的小土山。作为孔丘的名字，"丘"很形象地描绘了孔丘的头部特征。

我们先来看看战国末期儒家学者荀况是如何解释"名"的。荀况在其《正名》篇里说："制名以指实，上以明贵贱，下以辨同异。"这里说"名"是给实际存在命的名。其作用：一是指社会上人与人各种关系之名，在那个等级森严的社会里区分或辨明身份的高低、贵贱，是维护等级社会的需要；二是指事物，分辨"真实"的相同与不同，是逻辑思辨的需要。

第一种情况是比较容易理解的，因为在周王朝时期，是非常讲究人的等级的，也就是说那个社会是一个等级森严的社会，如王、公、侯、伯、子、男等。如果这个"名，可名也，非恒名也"的"名"是荀况所说的"明贵贱"的意思，那这个"名，可名也，非恒名也"就很好理解了。给一个人冠一个伟大的名字，无论生前还是死后，被冠的伟大名字也不会永远作为伟大的名字存在。譬如"守道敬俭宽文襄武体仁致孝庄烈愍皇帝"这个大名，在当时特定的历史条件下可能有人知道，现在恐怕极少人知道他是谁。这也是第44章里讲的"名与身，孰亲"的"名"的含义了。从某种意义上说，这"名"是沽名钓誉的！

荀况的这篇文章以《正名》作为标题，源自孔丘提倡的正名，实际上是探讨伦理学与政治学的，当然也包含纯粹"名学"（近似于逻辑学）的学问。

孔丘35岁那年去齐国谋职，"为高昭子家臣，欲以通乎（齐）景公"。（《史记·孔子世家》）也就是说通过高昭子见到了齐景公（公元前547年～前490年在位），目的很明确，就是想入仕。齐景公问孔丘如何为政，孔丘回答说："君君，臣臣，父父，子子。"（《论语·颜渊》）也就是说"君要符合君之名，臣要符合臣之名，父要符合父之名，子要符合子之名"。其含义是国君就应该是拥有国君本质（品质），而不是徒有"国君"虚名。如果一个君王按照为君之道行事，他就不仅有君的"名"（名分），也有君的"实"（实质），成为名副其实。如果一个君王空有其名，而没有君王应具的品质，即便在大众面前他是君王，其实他是配不上"君"的名字。在社会关系中，每一个名字都包含有一定的社会责任和义务。君、臣、父、子，在社会中，每个人都有相应的责任和义务。有其名者，就应当名副其实，负起其名所"规定"的责任和义务。孔丘的学生子路请教孔丘："如果卫出公（公元前476年～前456年在位）要您去执政，您首先要做什么？"孔丘（当时孔丘约70岁）回答说："必也正名乎！"（《论语·子路》）这便是孔丘主张"正名"的意义。

老聃在其他章节也使用了"名"：如第32章的"始制有名，名亦既有，夫亦将知止，知止可以不殆"、第34章的"功成而不名有，衣养万物，而不为主。恒

无欲，可名于小。万物归焉，而不为主，可名为大"以及第37章的"化而欲作，吾将镇之以无名之朴。无名之朴，夫亦将无欲。不欲以静，天下将自定"。

如果"名，可名也，非恒名也"的"名"是荀况的第二种意思，即分辨同异和逻辑思辨的意思（譬如说，我们称之为"碗""杯子"和"勺子"等是为了区别这些不同器皿。我们听到这些词语时，会很容易知道是什么东西，当然这是实物，我们见到过，很容易理解。尽管如此，这些器皿的名字在古代与现代的命名也是不相同的），那么，我们可以说人为命名的"名"是不会永久不变的。这样的解释是通俗易懂的，但给像老聃这样的大哲学家的哲学著作做这样的解释是不是过于简单化了呢？笔者认为也不失为一种供大众理解的"大众哲学"版本。如果能把复杂问题或深奥的问题通俗简单化，也不失为一种非常可取的方法，正如我们常说的"大道至简"。至少这比那些搞得玄之又玄的解释要好得多。

在春秋战国时代，诸子百家还有一家专门研究"名"的学派，最初给他们的称谓是"辩者"，汉代以后多称他们为"名家"，类似于我们今天所说的"逻辑学家"。名家的公孙龙有一个著名的"白马非马论"是众所周知的。无论是"辩者"还是"名家"，都未必能充分描述这个流派的全貌，这也许是老聃所说的"名，可名也，非恒名也"吧。

接下来的两句"无，名天地之始；有，名万物之母"，断句不同，其含义会大相径庭。如果断句成"无名，天地之始"，那么就可以把这个句子表述成"天地之始是'无名'"。如果把这句话理解成"天地之始是'无名'状态的"，也是说得通的。同样，可以把另一句"有名，万物之母"表述为"万物之母是'有名'"，那么这个"有名"是谁命名的或者是如何形成的呢？因此，这样断句的话，似乎是说不通。如果参照一下第42章的"道生一，一生二，二生三，三生万物"，那么恐怕就很难说清这"一""二""三"哪个是"有名"，哪个是"无名"了吧！所以，把句子断成"无，名天地之始；有，名万物之母"是比较合乎逻辑的。这个"有"与"无"同出于"道"，只是名字不同而已。

从另一方面讲，那个时代我们的祖先，还是常用单个汉字来表述的。而现在如果我们不用汉字组合成的词语就很难清晰地表达意图。

对于把"有名"断在一起的，有一种解释是"有名"是指"有了名"，可以界定政治上的各种名分。按照儒家的思想，有什么名分就做什么样的事，名实相符，社会就比较安定。但这里的"有名"不是指政治上的各种名分，而是指宇宙万物的名称，譬如花就是花，果就是果，这是对万物的界定。

接下来又有"此两者，同出而异名同谓"，那么这"两者"是指哪两者呢？"有"与"无"还是"有名"与"无名"呢？

如果是"有名"与"无名"，那么讨论的是"有名"和"无名"的问题了，这与接下来的"玄之又玄，众妙之门"是不配套的。我们不能说"有名"和"无名"是众妙之门吧？

如果是"有"与"无"，那么"有"与"无"本身都是"名"，它们虽然名字不同，但归根到底的出处是相同的。这样的解释是合乎逻辑的。譬如一只青蛙，它在初生的时候有尾巴，冠名为"蝌蚪"，等长成后则变成无尾巴的了，这时被冠名为"青蛙"，尽管在不同阶段有不同的名字，但其来源与实质是相同的。再譬如，在夏季的区域，自然界是不存在冰的，因此这时候我们可以说冰是不存在的，也就是"无"。如果我们把水放到冰箱的冷冻室，经过一定的时间，水就变成了冰，这时候冰是存在的。对冰而言，是由无到有。而冰与水，它们的名字虽然不一样，但它们都是由一氧化二氢来的。也就是说，水和冰是同源的，只是它们的名字不同而已。

有一种情况是很难命名的，在鸡蛋孵成小鸡的过程中，有一个中间状态，其既不是鸡蛋也不是小鸡。我们很难给它命名。这一点我们可以从第14章里得到进一步印证："此三者不可致诘，故混而为一。一者，其上不皦，其下不昧，绳绳不可名。"

这里，老聃用了一个"一"来代替，虽然"一"表示了某个概念，但不足以表述其大部分的特征，因为其特征无法简单用一个字确切地描述，因此可以说无法确切命名。

另外一个问题，"名"应该是人类命名的吧？那在人类出现之前已经存在的宇宙万物是不是有名呢？如果有的话，那又是谁来命名的呢？是不是如西方宗教中的上帝或者我们的"天帝"给命名的呢？显然不是，因为在老聃这里没有上帝或者"天帝"，更不存在"天帝或上帝"创造世界，如果是其固有的名字，这显然是不可思议的。那么，命名的只能是人类了。在人类没有诞生之前，也就无所谓"有名"与"无名"了。

对"故恒无欲以观其妙(眇)；恒有欲以观其徼"也有两种不同的断句方法——"故，恒无欲，以观其妙(眇)；恒有欲，以观其徼"和"故恒无，欲以观其妙(眇)；恒有，欲以观其徼"。

首先我们看看这里的"其"是指什么？有的学者把这个"其"解释为"道"，就通篇《老子》而言，这个"其"指"道"也是合乎逻辑的。如果把这两个"其"当作"道"，则后一句翻译成现代语言的话就是："因此，从恒无中，将以观察道的微妙；从恒有中，将以观察道的边际。"这样翻译也是非常令人费解的。这涉及"无"与"道"的关系、"有"与"道"的关系。如果是"无"，怎么"观"呢？当然，"无"的微妙之处也可能表现成"道"的某些特征，我们由此可以加深对道的微妙之处的理解。

从第一种断句方法来看，这是一种"研究"方法。就是以什么心态去研究、思考微妙和边界。以无欲的心态去研究、思考"道"的微妙之处；以积极的态度去探索道的边际。这是符合我们思考问题的一般方法的。譬如，我们要探索宇宙的边际问题，我们需要建立"天眼"，去积极观察并收集遥远的信息。但如果我们要研究微妙的问题，那么静静思考是必不可少的。正如《老子》第16章所表述的"致虚极，守静笃。万物并作，吾以观复"。

如果是第二种断句方法，那么句中的第一个"其"是"无"，则第二个"其"就是"有"了。观"有"还好理解，观"无"就令人费解了。造成断句出现问题的根源出在通行本。通行本的语言为了优美和押韵，对原文字进行了精简，古代又没有标点符号，这样就造成断句混乱，语义也就产生歧义了。

这一句在帛书本是这样的："故恒无欲也，以观其眇；恒有欲也，以观其所噭。"中间用"也"作为尾词，很清晰地表述了意思。

在这一句中，有的学者认为"恒无欲"的"恒"或"常"订正为"当"；而徼则通"邀""要"，即追求、求索之义，引申为"功用"的意思。魏晋时代的王弼[①]在作注《老子》时说："徼，归终也。"《尹文子·大道（上）》中也有这个"徼"字："故穷则徼终，徼终则反始。"《列子·天瑞》中也提到"死也者，德之徼也"。

本章的最后一段，竹简本与通行本是有区别的：通行本是"此两者，同出而异名，同谓之玄。玄之又玄，众妙之门"；而竹简本是"此两者，同出而异名同谓。玄之又玄，众妙之门。""玄"这个字在《老子》中也被常用，其本义是黑色中有赤色，像幽暗中又被什么遮盖，不是一见就可明了的。义喻为隐蔽而深远的意思。我们可以理解为玄妙、深奥的含义。现代汉语中，"玄"具有神秘不可明了的意思，恐怕与老聃的原义是不太相符合的。这里的"之玄"是指谁之玄？显然是"两者"，即"无"与"有"。如果仅仅是"同谓之玄"是不够的，还有"异名"，笔者认为这是原文的真正含义所在。在《墨经·经说》上有："所以谓，名也。所谓，实也。名实耦，合也志行，为也。"这里的"谓"是含义、所指之义。因此，笔者认为竹简本的"此两者，同出而异名同谓"是更明确的。此后的"玄之又玄"是对"此两者，同出而异名同谓"的进一步描述。

[释义]

"道"是可以阐述的，但"道"并非永恒不变的。事与物是可以命名的，但"名"不是永恒不变的。无，是天地形成之始；有，是创生万物之母。所以常处于无欲状态，去观察宇宙间精细、微妙之处；以积极的姿态，去观察天际间的事物，探索浩瀚的宇宙。这两个被叫作"无"和"有"的，虽然名字叫法不同，但它们的出处是相同的，它们的蕴含所指也是相同的。越往深层次探索，就会越深

---

① 王弼（226年～249年）：字辅嗣，三国时期魏国玄学家。著作有《周易注》《周易略例》《老子注》《老子指略》等。现在通行版八十一章的《老子》章次即依据其《老子注》编排，内容也多参考了其著作。

奥，这也正是所有深奥之源头，也是我们揭示一切奥秘之门。

二 相对观

  天下
  皆知美之为美，丑矣；
  皆知善，此其不善矣；
  有，无之相生也；
  难，易之相成也，
  长，短之相形也；
  高，下之相盈也；
  音，声之相和也；
  先，后之相随也。①
  是以圣人
  居无为之事，行不言之教。
  万物
  作而弗始也，
  为而弗恃也，
  成功而弗居也。
  夫唯弗居，是以弗去。

走进老子

  我们看看版本的差异：帛书本为"天下皆知美之为美，斯恶矣；皆知善之为善，斯不善已。故有、无相生，难、易相成，长、短相形，高、下相倾，音、声相和，前、后相随"；通行本为"是以圣人处无为之事，行不言之教。万物作焉而不辞，生而不有，为而不恃，功成而弗居。夫唯弗居，是以不去"。

  我们看看上面的两个版本，初一看，似乎差别不大，但如果仔细分析一下，就会发现差异是巨大的。差就差在"之"这个字上。

  我们先看看"有无相生"与"有，无之相生也"的区别。如果是"有无相生"，那么我们很容易理解为无生有、有又转化为无，两者之间的关系是你生我、我生你，循环无始终，最后把我们的思维带进一个车辕辘式的思维陷阱中。那么，"有，无之相生也"呢？我们可以理解为"有是由无而生的，无是有的根本"。在《老子》其他章节中也有类似这种表述方式：如第39章的"贵，以贱为

---

① 以上采用楚简本。

本，高，以下为基"、第40章的"天下万物生于有，有生于无"、第63章的"天下难事必作于易，天下大事必作于细"，这就做到了前后相应、统一。

这段话里包含着"相互"的概念，同时隐含着转换的概念。但是不是相互转换呢？这章没有非常明确的说明，有的可能可以相互转换，因为相对，譬如高和低；但有的就没有明确说明，譬如有与无。可以"无中生有"，但"有"不一定可以转换为"无"，至少这里没有很肯定地说明。如果把"有，无之相生也"改成"有无相生"，那么有与无是可以相互转换生成的。但通观《老子》，没有发现由有到无转化的明确提法。"相生"是指这一事物对另一事物具有促进、助长和滋生的作用，如果少了"之"就可能造成逻辑模糊与混乱。

这里，老聃告诉了我们美与丑、善与恶、有与无、难与易、长与短、高与下、音与声、前与后等，都是相反而又相互依存的概念，离开前者则后者不存在，离开后者则前者也不成立。这是来自于客观存在的启示，也是老聃深邃的辩证思维。

另外，关于声与音，我们现在基本上是用的组合词，即声音。但声与音是有区别的，单一发声为声，声组合为"音"，也就是"乐"。

有一个关于美与丑的故事，我们来看一看诸子百家之一的杨朱是怎样看待美与丑的。

杨朱到宋国，住在旅馆里。旅馆主人有两个妾：一个美丽，一个丑陋。但是丑陋的地位高且受人尊敬，美丽的反而地位低且不受人待见。杨朱问其中的缘故，店主回答说："那美丽的自以为美丽，可我不这么认为；那丑陋的自谦丑陋，可我也不这么认为。"杨朱回头对弟子们说："你们要记住：行为高尚，又不自以为自己多么高尚的，不管走到哪里都会受欢迎的。"《庄子·山木》《韩非子·说林（上）》）

提到相对或关于相对的理论，大家可能马上会想到爱因斯坦的相对论。那么老聃的相对观与爱因斯坦的相对论是什么关系呢？简单地讲，老聃的相对观是哲学层面的，包含有更广阔的意义，而爱因斯坦的相对论是物理学上的，是关于运动、空间和时间关系的理论。这两者不属于同一范畴。如果要找出什么相同之处，则爱因斯坦的相对论更加精细。

老聃的相对之观点，在今天看来是比较简单的，但能在2500年前提出，却是一个崭新的思维方式。纵观我国历史，除了阴阳相互转化以及五行学说之外，长期受礼教束缚，思维缺少逻辑性及思辨性，从而造成了思维的单一性和模糊性，严重地阻碍了社会步入科学的殿堂。当然，我们的语言也是一个问题。

如果我们考虑到前半部分的内容，也就是老聃论述的相对概念，用相对观来评价世上（尤其是当时）许多人为制定的规范、政令和标准时，即使被认为是对的，也不一定是真对；被认为是不对的，也不一定就真错；被认为是好的，也不一定是真好；被认为是坏的，也不一定就真坏。这说明老聃是不赞赏用人为的价值观，至少是当时的价值观，作为评价好坏的标准的。就老聃的相对观而言，除了其哲学意义之外，对当时的社会也是具有现实意义的。我们知道周王朝是建立在"宗法制"与"礼乐制"之上的，其特点就是有等级森严的"级差"。老聃的相对观也是对其等级制度的隐含否定。位居高位的人是以地位低下的人为基础的，没有地位低下的人，也就没有地位高的人，也就是老聃所说的"高，下之相盈也"。

《易传》（又称《十翼》）"说卦"中有"立天之道，曰阴与阳；立地之道，曰柔与刚；立人之道，曰仁与义。兼三才而两之"，含糊地表述了其相对观。因此，有些儒家学者说《老子》源于《周易》。这里有一个很重要的问题，究竟是《易传》在前，还是《老子》在前？一般认为用于作注《易经》的《易传》形成于战国到西汉之间。但如果没有确切的证据证明《易传》比《老子》更早，那么这种论点是站不住脚的。

本章的后半部分是讲圣人行为的。老聃对"圣人"的界定，已经在前面做过介绍。老聃所说的圣人不是我们平常讲的或者听到的儒家的圣人。如果按照儒家的圣人来理解这里的圣人就会产生很大的问题。因此，这里的"圣人"需要与儒家的"圣人"完全切割开，否则，就不可能正确理解老聃的这些论述。老聃的"圣人"不但"居无为之事"，且"行不言之教"。

这里我们还需要就"圣人"做进一步思考。这里的"圣人"是指一般意义上的无官职之人，还是作为最高执政者？如果是一个没有什么官职的人，那么这里所说的"圣人"进行的"无言之教"就与儒家的"孔圣人"完全对立了，因为"孔圣人"不但课堂上讲，而且还跑到列国去宣讲。当然，如果机械地去理解"无言之教"的话，不说话则如何施教，那只能是身教了，也就是我们常说的"言传身教"的身教。但人如果不说话的话，教育他人也基本上是不可能的，或者说是难上加难的。其实老聃主张的是不用过多的、可伪之语言来教育、教化他人。在第57章里圣人说"我好静"，当然对那些喋喋不休的言谈是不会喜欢的。

如果老聃的"圣人"是国君，是邦国的最高执政者，那么这里的"言"就不仅仅是说教的问题了，它必然包含着"政令"。因此，从这个意思上讲，老聃是不主张最高统治者频繁地发布政令的。

在后边的章节我们将会看到，老聃的治国理念是无为而无不为，也就是说要顺其自然。不加入自己的意志和私欲，不人为地、刻意地去追求什么东西、去做什么事情，这样才能有利于治国。因此，也可以说"行不言之教"是无为而无不为的一种具体表现。

老聃崇尚"不言"或"无言"，就"不言"而言，它是"无为"的延伸，也可以说"不言"是"无为"的体现。关于"言"，在《老子》中有多处提及，如第

走进老子

17章的"悠兮，其贵言"、第23章的"希言，自然"、第43章的"不言之教，无为之益，天下希及之"、第45章的"大辩若讷"、第56章的"知者不言，言者不知"、第62章的"美言可以市尊"、第73章的"天之道……不言而善应"和第81章的"信言不美，美言不信"都涉及"不言"或"言"。由此我们可以推测，老聃对语言的本质，包括语言的局限性是有深刻认识的。"不言"是对"言"的超越，也是对"言"的延伸与补充，正如沉默是对言语的延伸与补充一样。就此而言，"不言"也是一种"言"，一种"不言之言"，是超越了一般语言的无声的言说。从某种意义上说，不懂得"不言"也就不懂得"言"。不懂得沉默，也就不懂得说话。正如画中国写意画，不懂得布白也就不懂得作画，空白也是"绘画的语言"，是画面形象的延伸与补充。

在"言"的方面，孔丘说"有德者必有言，有言者不必有德"《论语·宪问》、"君子欲讷于言而敏于行""古者言之不出，耻躬之不逮也"《论语·里仁》、"巧言令色足恭，左丘明耻之，丘亦耻之"《论语·公冶长》及"巧言令色，鲜矣仁"《论语·学而》。

这些记录前后不一，可能是不同时期孔丘的言论。但有一点是可以确认的，那就是孔丘也是不喜欢这些矫饰以媚悦人之"巧言令色"的。

在日常生活中我们可以看到有些浮躁浅薄的人话特别多，而沉默寡言者却常常有更为深沉的思想和感情。正如有一个谚语所说的"有些时候我们的声音越大，越不被理解"，这似乎没有引起国人的注意，也没有成为我们的主流文化！如果你去一个国人为主的餐馆，你就会有深深的体会。

对于老聃的"不言"，唐朝著名诗人白居易不以为然，还写了一首七言绝句讥讽老聃：

言者不如知者默，此语吾闻于老君；
若道老君是知者，缘何自著五千文。

[释义]

天下人都知道美之所以为美，是因为有其参照的"丑"；都知道"善"是因为有其参照的"不善"。"有"是由"无"相生的；"难"是由"易"相成的；"长"是由"短"形成的；"高"是由"低"溢出形成的；"音"就是由"声"合成的；"前"是因为相随的"后"才能称之为"前"，"前"与"后"是相对的，也是相互的。

因此圣人不刻意作为，用无为的方式、顺应自然地处理事物，实行不言之教。任万物自然生长，生长的万物，也并不据为己有；培育万物，也不独自把持它；成就万物，亦不居功。因为不居功，所以他的功绩反而永远不会泯灭。

三　无为而治

不尚贤，使民不争；
不贵难得之货，使民不为盗；
不见可欲，使民心不乱。
是以圣人之治：
虚其心，
实其腹，
弱其志，
强其骨。
恒使民无知无欲，
使夫智者不敢为也。
为无为，则无治。

当我们读到第一句"不尚贤"时，可能会产生这样的疑问：不崇尚贤人社会能进步吗？这似乎与我们的文化价值取向严重相悖。当继续读到第二句"使民不争"时，一时间会使你的疑问变成困惑，"不尚贤"与"使民不争"有直接的因果关系吗？这在逻辑上好像也是有问题的。不崇尚贤人和老百姓纷争有什么关系？之所以造成这种疑问，关键出在这个"贤"字上。

贤的繁体是賢，从贝，贝是古代曾经作为货币使用，其本义是多财，后来才由"多财"转化成"多才"，并进一步转化为"有高尚道德情操而又多才能"的意思。这一演化过程可能得益于儒家文化，诚如"君子"一样。"君子"原来是对男子的尊称，当然也包括地位较高的人，如君主之子。但后来被赋予伦理之义，"君子"变成了具有高尚道德的人。相应的"小人"本来是指社会地位低下的人，被伦理化后就变成了道德低下的人。

那么，这个"不尚贤"的"贤"到底是用的本义还是引申义呢？我们来分析一下。尽管《老子》成书于公元前300年之前，但要判断这里使用的是本义还是引申义也是比较困难的。

从老聃所处的春秋时代往前看，谁是贤人呢？又有哪些时期推崇贤人呢？作为周王朝守藏室史官的老聃应该是非常清楚历史的。从现存的历史文献看，西周时期很少提及"尚贤"。在周公姬旦的《立政》一文中，他告诉新任的年轻国君在任人方面，主张任用有德有能之人，也就是我们现在说的德才兼备之人。尽管现在的"贤"与"德才兼备"意义相近，但那时"贤"这个字根本就没有出现

走进老子

过。春秋时期，有齐桓公吕小白重用管仲为相的实例，但广泛的重视"贤人"的社会风气似乎并没有形成。因此，具体判断这个"贤"是不是本义上的"贤"，那就要看成文的时间和作者的用字意图了。虽然公认的《老子》是来源于老聃之思想，但它的成书也是较晚的，而且也不能保证其所有的文字都是老聃的原意，就像收录孔丘言行集的《论语》一样。

我们来看看古代文献及其他人对这一句的解释。战国中期的道家人物庄周在其《徐无鬼》一文中对"贤"的解释是"以财分人之谓贤"，也就是说有钱的人称之为"贤"。传说西汉早期的河上公作注《老子章句》时说："贤，谓世俗之贤，去质尚文也。不尚者，不贵之以禄，不贵之以官。"魏晋时期的王弼在作注《老子》时说："贤，犹能也。尚者，嘉之名也。贵者，隆之称也。唯能是任，尚也曷为？唯用是施，贵之何为？尚贤显名，荣过其任，为而常校能相射。贵货过用，贪者竞趣，穿窬探箧，没命而盗。故可欲不见，则心无所乱也。"明代末年佛家高僧释德清（1546年～1623年）在其《老子道德经解》中说："尚贤，好名也。名，争之端也。"从这些解释来看，《老子》中的不尚贤的"贤"是与其本义密切相关的，也许那个时代的"贤"是财、才、名和社会地位的混合体，"贤人"还必须得到当时社会正统价值观的高度认可。我们知道了这些，就很容易理解老聃的"不尚贤，使民不争"了。

第77章的"是以圣人为而不恃，功成而不处。（若此①，）其不欲见贤也"的"贤"的含义也是一样的。

从另一方面讲，老聃虽然推崇圣人，但老聃推崇的圣人并非儒家所说的圣人。老聃的圣人可以说是清心寡欲的，既非欲得到名声也非要得到财产，而且还提倡无言之教，那么老聃不尚贤从其一贯的主张上看也是可以理解的。

关于"民相争"，先秦法家集大成者韩非从另一方面进行了解释，他认为："古者，人民少而财有余，故民不争。……今人有五子不为多，子又有五子，大父未死而有二十五孙，是以人民众而货财寡，事力劳而供养薄，故民争。"《韩非子·五蠹》古代的人们比较纯朴，就此而言，或许值得称颂，但那是当时的物质条件造成的，并不是说古代人们的品德就普遍比后代人高尚。也就是说韩非将"民相争"的原因归结于人口的增多导致财富贫乏。应该说这是一个原因，但绝对不是主要原因。除了人口增多之外，韩非忽略了其他方面的重要因素：政治、文化与技术。技术进步可使生产效率大幅度提高，譬如作为农耕生产工具的铁犁，当用牛拉铁犁进行农耕时，其效率会提高10倍以上，生产力的提高可生产出更为丰富的物质来满足更多人的基本生活要求。虽然如此，面对统治者的贪婪和追求奢华生活的欲望日趋膨胀，那些"贤人"追逐名利而导致社会贫富悬殊，多

---

① 帛书本有此两字。

数百姓生活并没有因为生产力提高而改善,反而变得异常艰辛,民争也就不可避免了。

如果把"不尚贤,使民不争;不贵难得之货,使民不为盗"这两句前后统一起来解读的话,这个"贤"解释为财多也是比较合乎逻辑的。结合本章其他内容及《老子》的其他章节,我们会发现这个解释也是符合老聃的思想体系的。用今天的话来讲,就是不要让拜金主义至上,这样最终会引起人们的相互争斗,社会也得不到和谐!如果进一步分析,那就是否定一切功名利禄至上的思想,使得人们不去争名夺利。

总体而言,这个"贤"从某种意义上讲,与我们今天的"贤达"或"名人"更为接近。也就是说一旦有了"贤"这个大名,无论是官方推举的还是民众公认的,随之而来的都是丰厚的俸禄和官位。为了成为贤人,百姓们也就无不争先恐后了,实际上也是造成了"民争"。

关于"尚贤"与"不尚贤",我们不能不提墨家创始人墨翟,因为他是提倡"尚贤"的。他在《尚同(上)》说:"是故选天下之贤可者,立以为天子。……又选择天下之贤可者,置立之,以为三公。……又选择其国之贤可者,置立之,以为正长。"由此我们可以看出,墨翟崇尚的是民选出来的"贤"。他的选"贤",不是仅仅选大臣及其以下级别的官员,而且连最高统治者天子也要选出来。由此可见在墨翟那里就有了民选官员的主张。我们知道,墨翟是第一个公开反对儒家学说的,因此我们有理由相信墨翟的选贤标准也是与儒家截然不同的。如果按照墨翟的选贤思想与标准,我们传统文化中孔丘的七十二个高徒是肯定不会选为七十二贤人的。

关于"贤"的评价标准,除了才能之外,伦理道德标准是一个决定性标准,而这个伦理道德是随着时代变迁而变化的。考察一下我国的历史,这些被称为"贤人"的人,且不说他们得到了高官厚禄,对大众和人类进步做出了多少有益的贡献也是值得商榷的。历史上那些对人类进步做出巨大贡献的人,如天文学家的张衡、数学家祖冲之、政治家管仲和商鞅、法家集大成者韩非,他们都没有成为历史上的"贤人",殊不知他们才是真正推动人类文明进步的"贤人"。因此,我们有理由说是我们的文化价值取向有问题,我们的伦理道德价值观有问题,这无疑是需要我们深刻反思和坚决纠正的。套用老聃的一句话"社会不病,以其病病"。

今天,当我们理解"贤人"时,会说这些人是德才兼备,也就是说"贤人"不但要有出众的才能,还要有崇高的道德品德。但那时被评为"贤人"或者名噪一时、受人追捧的"名人",真的是我们所希望的"贤"吗?

我们再来看看"不贵难得之货,使民不为盗"这句,"不贵"不是使它便宜的意思,这个"贵"也是喜欢、崇尚之意思。所谓难得之货,并不一定是实用价值

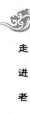
走进老子

很高的东西。我们常说物以稀为贵，同样的东西，在不同的地方和不同的时代，人们对其喜好是不一样的。譬如西方人喜欢钻石，而中国人喜欢玉。对国人来讲，历史上价值连城的和氏璧，在西方可能不值什么钱，更不可能拿十五座城池来交换它。如果到今天，尽管我们贵玉文化得以流传下来，和氏璧会得到足够重视，但要拿十五座城市去交换它，也是不可思议的。再如天然钻石，它是由碳元素构成的，与我们烧的木炭在化学成分上并无二致，但是由于其结构独特，外观也有独特的美，的确是难得之物。利用现代技术，很容易获得与天然钻石在视觉上没有什么差别的人造钻石。从实用意义上讲它们并没有什么明显的差别，但价格上也却有天壤之别。究其原因，不在于其美观、物品实用或技术含量高低，而在于人们的价值取向。又如，无论是钻石还是美玉，如果把它们放到原始部落里去，这些难得之物恐怕很难勾起他们的兴趣，也许还不如一块漂亮的动物皮毛。

魏晋朝时期的王弼在其《老子注》里注解说："贵货过用，贪者竞趣，穿窬探箧，没命而盗。"其意思是，你对一个东西的重视远远超过它的实用价值，就会引发贪婪的人去拼命追求，结果就会"穿窬探箧，没命而盗"。"穿窬"就是小偷没法从门进去，就在墙上挖了一个洞。"探箧"就是去窥视你箱子里有什么好东西。"没命而盗"就是为了偷盗连性命都可以不要了。

虽然"不贵难得之货"说起来是很简单，但要形成一种社会共同认知，那就不是件容易的事儿了。它需要成为一个社会的普遍价值和道德观。我们理解这句话时，不能把着眼点放在"难得之物"上，这是表面的东西，而真正的着眼点应该放在"不贵"上。如果世人"不贵"这些稀罕物的话，由此引起的盗窃之心自然就不会产生，盗窃也就不会发生。

对于下一句"不见可欲，使民不乱"的解读，我们先看看传说刘邦和项羽见到秦始皇巡视出行场面的故事。

西楚霸王项羽年轻时在老家碰巧见到了秦始皇东巡，当项羽见到秦始皇出巡的仪仗阵容后，便感慨道："今后我要取而代之。"而另一位建立汉朝的刘邦，当时还是一位外出劳工，也许是当时职位最低一级的乡村"亭长"。在当时的都城咸阳意外见到了外出巡视归来的秦始皇的出行阵容，感叹道："大丈夫就应当如此！"如今当我们见到这个令世界震撼的秦始皇灵柩旁护卫兵团——兵马俑的巨大兵阵时，可以想象出刘邦和项羽见到秦始皇出行场面时的震撼。那场面同时也激起了他们的欲望。当然，我们不能把项羽与刘邦推翻秦朝的统治简单地说是"见可欲而起乱"。

老聃在《老子》中，多次提到、用到"欲"这个字，如第48章"罪莫大于甚欲"。譬如衣食住行的欲望，得不到满足就会危及人类的生存。但应该如何满足？满足到什么程度？如何在满足的过程中控制过度欲望的趋势？这是一个复杂而永远伴随着人类成长的课题。欲望除了本能欲望之外，与社会文化、技术增长及周围的环境都有着直接关联。那些极易使欲望膨胀或者直接给人欲望诱惑、刺激的事物，老聃是反对的，认为这是引起社会混乱的因素之一。

老聃在这里提出的"不见可欲，使民心不乱"仅仅是一个技术层面的建议或者主张，更深刻的论述在后面一些章节才逐渐展开，如第19章的"见素抱朴，少私寡欲"。

鉴于上述提出的问题，老聃也给出了解决方案，那就是：虚其心、实其腹、弱其志、强其骨。

先说弱其志。老聃这里的弱其志的"志"是个人意志，是脱离自然之道的"志"，也就是脱离道的"志"。

与此对立的是我国传统的儒家观点——"君子以修身齐家治国平天下为己任"。儒家提倡的"修身齐家治国平天下"，关键是怎么修身，怎么齐家，以什么方式，按什么标准治理天下。对于儒家的"强志"，老聃肯定是反对的，他坚持"天之道（自然之道）"的治国方式，而儒家的治国之道乃"人之道"，主张人有地位高低之差别。在老聃看来，这是人为地制造社会不平等、不公正，从而容易导致社会混乱。这就是老聃提倡"弱其志"的根本原因所在！

老聃的弱其志就是要"弱化把人为的主观意志凌驾于自然规律之上"的思维，否则就完全违背了自然规律——天之道的观点。如老聃在第77章指出的那样："天之道，损有余而补不足；人之道，则不然，损不足以奉有余。"其最终要达到无为而治的目的，也就是我们现在说的尊重客观规律，一切按客观规律办事、治国。如果不弱其志，也就很难实现其无为而治的理念，这也是老聃要"绝智弃辩，绝伪弃诈，绝巧弃利"的缘由所在！

再说实其腹。

我们常说"民以食为天"，得到果腹的食物是人类生存最基本的条件。老聃在提倡弱其志、虚其心的条件下，满足人类最基本的生存条件就是必需的了。在老聃那个时代，老百姓食不果腹、衣不御寒是经常发生的事情。所以，要恢复社会秩序，治理好天下，让老百姓吃饱是一个最基本的条件。如果连这个生存的基本条件都得不到满足，那社会的混乱必然而至。与老聃的认知不同，孔丘提出的恢复社会秩序的办法是"克己复礼"，他认为当时的首要问题是"礼崩乐坏"，恢复礼制，加强礼治以平天下。这是因为他们对当时及人类社会的认知不同，凸显了道家与儒家认识问题的出发点的巨大差异。如果老百姓的生活都挣扎在死亡线上，又如何践行礼制呢？礼制又如何能约束老百姓呢？这恐怕连孔丘都没有深思熟虑过。

最后再看看"虚其心"。

关于"心"的论述，在第49章有"为天下，浑其心"和第55章的"心使气曰强"。老聃这里的意思是不能让民众"心强"，也就是我们常说的"心高气盛"。从道的本源出发,强为者早亡。这与后边的"无知无欲"是相关联的。这里的"无知"体现了老聃对当时主流文化的抵触。对于"无知",我们首先要知道"知"什么?那个时代,当然不是现代的科学知识。接下来一句"使夫智者不敢为也",这些所谓"智者"当然是指那些治国者或者说统治阶层,当然也可能包括"贤者"。简单地讲,不认同、不认知当时的各种统治者宣扬、教化的观念,也就不容易被智巧所骗。当然,我们也不能排除老聃为了使国家治理更加简单而采取的根本措施。

虚心,实腹,弱志,字确实很少,但里面的内涵却是老聃的治世理论。

今天,随着我们技术的飞速发展,人为的外界引诱也水涨船高,高度技术化会不会导致人类欲望极度膨胀、周围环境急速恶化呢?我想这是极为可能的,这也是值得我们深思和警觉的。老聃的思想虽然不能照搬以适用于我们的时代,但其极具借鉴意义是毋庸置疑的。

[释义]

不崇尚标榜富贵贤名,就会使百姓不起争心;不崇尚那些难得的稀珍之货,就不会使百姓起盗心;不炫耀引人贪欲之物,就不会使百姓的心思迷乱。

因此,圣人治理天下,要弱化人们的欲望,净化人们的心灵,使其没有贪婪的欲望;满足百姓的衣食温饱,削弱百姓的雄心壮志,使百姓没有奸巧的心智;增强人们的体质,可使百姓劳有所获。

若使人民常保有这样"无知无欲"的淳朴状态,没有奸邪的心智,没有贪婪的欲望,纵然有些心怀邪念的"聪明者",也不敢妄施伎俩、胡乱作为。这样就可用"无为"的方式来治理天下,到那时天下就没有得不到大治的了。

四 道若泉之源

> 道冲而用之,或不盈;
> 渊兮,似万物之宗;
> 湛兮,似或存;
> 吾不知谁之子,象帝之先。

老聃为了人们容易理解"道",把"道"比喻成水,说水近乎于"道"。但我们不能简单地把"道"视为水。如果"道"是水的话,往杯子里注水是会满的,也就是盈。如果继续注入的话,就会溢出,而"道"却不是这样的。

我们先来看看这个"道冲",这个词现在理解起来有点困难。通常的解释是这个"冲"字同"盅",因此这个词等同于"道盅"了。"盅"是古代的一种杯子,现代也是这个意思,是指不带把儿的小杯子,如酒盅、茶盅等。如果按照这种用法,那么这个"盅"的用途就是用来盛"道"的。这是一个复合词,在老聃那个年代是极少使用的。如果这样的话,这个"道"就是"盅"的修饰词了。那么后边的"用之"的"之"是指什么呢?"道""盅"还是"道盅"?就整个《老子》来讲,它是论"道"的,这个"之"指"道"是应该的,也是合理的。但如果把"用之"的"之"指"盅",把"盅"作为一个容器,而"道"只是装入容器,这样讲可以理解成"道"是无体无形的。这样解释似乎也合理,但如果参考第45章中的"大成若缺""大盈若冲""大直若屈"等,在"若"之后都是形容词,而不是名词。如果把"大盈若冲"改成"大盈若盅","盅"作为"器"的名词,这种用法显然是不合适的。这也可从另一方面说明把"冲"解释成"盅"是不妥的。

如果我们把"道"作为"盅"的定语,譬如我们说玻璃杯,指的是这杯子是用玻璃做的。如果这样认为,即"盅"是"道"做的,那么后边的"用之"的"之"也就是指"盅"了。这个"盅"或许是不会溢出的。这是现代人以材料来区分的,在公元前500年前,那时候是新石器时代,没有那么多材料,除了自然材料之外,就是陶、青铜或者铁了。那时多用一个偏旁来区分,如木制品加"木"字旁,而且各种器皿有专用字来命名,如鼎、簋等。从另一方面说,这"道"摸不着、看不到,作为材料的盅也是说不通的。因此,这"盅"是用"道"制作的显然是不对的。因此,把"冲"解释成"盅"是行不通的。

有的学者是这样解释的:这"盅"的中间是空的,所以引申为"空虚",那"道"也就是空虚的了。这样就解释成了:道是空虚的,用它可能不会溢出。这样的解释初看是很容易理解的,但如果参照其他章节,仔细琢磨一下,还是有问题的。

如在第11章有"埏埴以为器,当其无,有器之用"。也就是说和泥制作成的陶器当中是空的,是陶器的真正用途。这里老聃是用容器中的"空"解释"无"的作用的。

如果是器皿中的空、空间,那么"罄"这个字是最合适不过了,它的本义就是容器中的"空、空间"。我们现在常用的售罄,即销售一空。

老聃在《老子》使用过"虚"这个字,如第3章的"虚其心"和第5章的"虚而不屈"。那老聃为什么不直接用"虚"这个字而绕一个弯儿用"盅"呢?老聃完全可以写成"道虚而用之,或不盈",显然老聃表述的是另一种意思。因此,那些把"道"解释成"空虚"的人,恐怕连自己也不清楚"空虚"到底是什么含义。

以《孙子兵法》而闻名的孙武和老聃几乎是同一时代的人,在《孙子兵法》的《作战》篇中有"中原内虚于家"的表述,因此作为与《老子》同时代的著作,我们可知道那时"虚"字已被较广泛地使用了。那老聃为什么不用"虚"而用"冲"呢？我们把"冲"演化成"盅"，再进而推导出"空虚"可能就不是老聃的本意了。

在《老子》这本书中，老聃多次用水及与水有关的存在来作寓意。水是人类及一切生物赖以生存的条件，也是最常见、最常用的东西，但也是最神秘的存在。在日常生活方面，我们都有"冲茶"的生活经验，如果你往一个杯子里冲茶，那么多了杯子会"满"，再冲就会溢出，也就是会"盈"。如果是泉水，当泉水一直向上涌流的话，自然会溢出，因为水是占用空间的。但如果你用"道"进行"冲"的话，它既不会满，也不会溢出，因为"道"是无形又无体的。这里借助水的深处来解释"道"的特性——幽深。这里所说的"道"，也是指形而上的真实存在之"道"。

我们还是回到"冲"的本义来研究一下这个"道冲而用之，或不盈"吧。"冲"的本义是水中向上涌流的意思，引申为深远之意。我们现在已经可以探测到数万光年外的天体，也登上了月球，但我们对大海或者大湖深处还是缺乏了解，因此，老聃拿深渊作为精深玄妙的寓意是非常恰当的，也是非常形象的。

老聃这里的"冲"既有涌泉之意，又有深远、隐秘之意。即使把"道"作为"冲"，它也不会"盈"的，与水是不一样的。也就是说道作为无形、无体、深邃而隐秘的实际存在，是万物的源泉。

如果这样理解，那么后边"渊兮，似万物之宗；湛兮，似或存"也就顺理成章了。在第45章还有"大盈若冲，其用不穷"，这也可从另一方面来理解这个"冲"字。

为了更直观地理解"道"，不妨考虑一下常见的光。如果把光注入一个杯子之中，那么这个杯子会满吗？当然不会，就这个特征而言，这样是最容易理解的啦！当然，光是可见的，光不是"道"。

下面我们再看看"象帝"这个词。有的学者解释为好像天帝之先。天帝或者上帝，在老聃之前的文献，包括《尚书·汤誓》《诗经》里边都出现过，譬如《尚书·汤誓》里的"予唯闻汝众言，夏氏有罪，予畏上帝，不敢不正"。我们祖先的天帝或者上帝，不同于今天基督教所讲的上帝，基督教所讲的上帝是耶和华，是人格化的最高神。但我们祖先的上帝或者天帝，是一个很笼统的最高支配者，未有人格化。后来有了宗教——道教，这个天帝才慢慢开始人格化，也就是我们老百姓所说的"老天爷"。

"象"这个概念应该是老聃最先提出来的，老聃在第21章论述"道"时，说"道之为物……其中有象"，而在第41章里又说"大象无形"。西汉时期的刘安在其所著的《淮南子·天文训》中说"古未有天地之时，唯象无形"。也就是说，开始的时候是先有象而无形，象不同于形。这是我们古人一个独特的哲学概念。我们现在讲"抽象"是从事物或实物中经过思维加工出来的"象"。

据近代学者王国维的考证,"帝"是"蒂"的初字,即花蒂之蒂,意指生物之始,也可引申为万物之始,于是殷商民族就用这个字来尊称他们的始祖神。"帝"这个字,在商朝的时候是不用于在世之人的,无论他有多么伟大。"王"在过世后,其灵魂升天,才被冠以"帝"的称号。而周朝的统治者,作为"天帝"在人间的代理者,是不会自称为帝的,他们称"天子",死后也不会称"帝"而称"王"。

传说中我们的文明始祖伏羲发明了"八卦图",如果我们把"八卦图"看作"象"的话,称伏羲为"象帝"也是可以理解的,但这似乎并不符合历史传说。老聃在这里表达的意思是,他不知道"道"是由谁生产的,也许天地形成之前就存在吧!它比我们知道的最早的天帝还要早。

这里需要指出的是这里的"象帝"和宗教中所谓的上帝是迥然不同的概念。在宗教中,上帝创造了一切,而老聃这里的"象帝"只是很久很久之前就已存在,并不是"象帝"创造了万物。

[释义]

道无形无体,道似水又非水,水用时会盈满溢出,而道或许不会溢出。深邃啊!好像万物的宗主。隐秘啊!又好像真实存在。我不知道它是谁之子,似乎在有天帝以前就已经存在。

五 天地不仁、圣人不仁

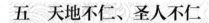

天地不仁,以万物为刍狗;
圣人不仁,以百姓为刍狗。
天地之间,其犹橐龠①乎?
虚而不屈,动而愈出。
多闻②数穷,不如守中。

在理解"天地不仁,以万物为刍狗"之前,我们先了解一下"仁"与"刍狗"两个词是指什么。

---

① 橐龠:音 tuó yuè,通行本为:其犹橐籥乎?
② 竹简本、帛书本为:闻;通行本为:言。

这里的"天地不仁"与"圣人不仁"是说天地、圣人没有偏爱或差别的爱。对于我们这个2000多年来一直以儒家为主流的社会来讲，要正确理解"天地不仁""圣人不仁"似乎有点令人困惑，因为我们一直浸泡在"仁"海里，"仁"是孔丘及后儒所推崇的理念，其基本含义之一是爱，而这种爱是有差别的爱，既不是兼爱，也不是博爱。老聃的哲学则完全超越了当时的社会伦理。老聃的"道"不仅独立运行，而且公正无私，凌驾于万物之上，当然也包括人类。

　　首先我们看看"天"。

　　"天"，首先是自然的"天"。但在古代，由于"天"与人们的生产、生活有密切的关系，但对它没有科学的认识，因此有神秘感。就思想背景而言，古人所信的天，除了自然的"天"之外，还有五种方面的角色及作用：第一，主宰者；第二，造生者；第三，载行者；第四，启示者；第五，审判者。

　　老聃这里的"天"，不能说没有其他含义，为了易于理解，可认为这里的"天"即为自然的"天"。当然，无论是"天"还是"地"，在老聃这里都是"道"化生的，置于"道"之下。

　　接下来我们看看"刍狗"的含义。"刍狗"是用草等植物扎成的狗，是古代的祭祀用品。《庄子·天运》曰："夫刍狗之未陈也，盛以箧衍，巾以文绣，尸祝斋戒以将之及其已陈也，行者践其首脊，苏者取而爨之而已。"也就是说：刍狗是用草扎成的狗，未用于祭祀之前，会被装在用竹制的箱笼里，用绣有图纹的饰物披着，祭祀主持人斋戒后才护送到神位上行祭。待祭祀完毕，"刍狗"就被随意丢弃，行人无意中踩踏它、捡柴的人则把它捡回用作烧柴。

　　人们对刍狗本身并无特别的爱和恨。人们在祭祀之前，因人为制定的"礼"将其作为祭品而受到人们的敬重。等祭祀完毕后，作为人为"礼化"之物，它完成了其使命，这时的刍狗只不过是一个以草扎成的狗而已，已经失去了使用或利用价值。刍狗在祭祀前后的不同待遇，这是由于人们受"礼"的约束或外来强制而为。那些没有受过礼教熏陶，持有自然质朴感情的人对待祭祀前后的"刍狗"不会有什么变化，"刍狗"仅仅是一个小小的物件而已，祭祀前是一个物件，祭祀后仍然是一个物件，其祭祀前后的物理本质和形状并没有什么变化。那为什么祭祀人对待"刍狗"的态度在祭祀前和祭祀后有差别？这当然要归功于当时的祭祀文化，也就是礼教。从这个方面讲，也间接地批评了人间的礼教，也可以解读为是反对儒家所主张的必须对死者厚葬并附之以礼。被弃置的刍狗，就是对礼教的讽刺，是对以此来炫耀对逝者追思的虚伪的讽刺。真正的思念是常驻在心间，而不是靠装饰华丽的祭品。

　　在日常生活中，人们也经常遇到类似现象，当某人有用时，会被奉为上宾，礼遇有加。当这个人被利用完，或者没有什么利用价值时，就会像对待刍狗一样冷落、抛弃他。

在上述分析中，我们在"为刍狗"之前无意中增加了一个"人"的主语。如果我们不加"人"这个主语，那么就成了天地对待万物就像天地对待刍狗一样，也就是说天地在祭祀前后对待"刍狗"是没有区别的。有差别对待的是接受了"礼仪"教诲的人，而不是天地。那么圣人呢？圣人也像天地对待刍狗一样来对待百姓，不会有所偏爱、厚此薄彼。圣人也不会因为你善就对你好，你不善就对你不好。可以说是"无爱无不爱"。这实际上也是一种"无为无不为"思想的表现。也可以说，道对人而言，犹如客观规律，是铁面无私的，也是毫无人情可言的。

这一思想在第32章对"天地不仁"进行了论证，即"天地相合，以降甘露，民莫之令，天自均焉"，也就是普降甘露，均衡平等，无私无偏。这一思想是与第79章表述的"天道无亲"，第56章表述的"故不可得而亲，亦不可得而疏；不可得而利，亦不可得而害；不可得而贵，亦不可得而贱。故为天下贵"一致的。

对道家的圣人来说，人类从生命中消失就像刍狗从祭礼上消失一样，像刍狗变成火炉中的柴火，人类也不会变成天国的祖先，而是变成某种非人的东西。当然，这不是说圣人不喜欢甚至鄙视人类，他们只是不再为当时的人类"文明"或者其他事物所牵累。圣人不仅使自己淡然，更使自己达到超然。

这里有一个孔丘食用祭品的故事，可感受那个时代"礼"的作用和规范。"礼"不但规定了人的等级，就连植物也分了等级，当然这不是从营养角度考虑的。当我们用现代的视角来看这"礼"时，显得多么荒唐与"不自然"。从另一方面讲，周礼是脱胎于祭祀又与祭祀有着密不可分的联系。

走进老子

孔丘陪坐在鲁国国君哀公姬将身边，鲁哀公赐给他桃子和黍子吃。孔丘先吃黍子后吃桃子，鲁哀公身边侍从都掩口而笑。鲁哀公说："黍子，并不是吃的，而是用来擦拭桃子的。"孔丘回答说："我知道这种用法。那黍子，是五谷中排在第一位的东西。祭祀先王时它是上等的祭品。瓜果蔬菜有六种，而桃子为下等品，祭祀先王的时候不得拿进庙中。我仅听说过君子用下等的东西擦拭高贵的东西，没有听说用高贵的东西来擦拭低贱的东西。如今用五谷中高贵的来擦拭瓜果蔬菜中低贱的，是用上等的来擦拭下等的。我以为这样做损害了礼义，所以不敢把桃子放在宗庙的祭品前面先吃。"(《韩非子·外储说左(下)·说三》)

"道"是无形无体的，不像天地一样可以观察到，取法于天地不等于得"道"或者说取法于"道"，但天地是源自于"道"，且是没有经过人为改造的，可以给圣人很多启示。言外之意，老聃是不学那些人为之物或者人为之"规定"的，如礼制。人为之物或人为之"规定"一定是带有偏差，甚至是被扭曲的。这是与老聃的思想相违背的。

接下来老聃借用了鼓风囊来形容天地之间。我们要正确理解老聃的这个比喻，就首先要搞清楚这个"橐"和"龠"或"迭"是什么意思。东汉许慎《说文》里说"橐，囊也"，也就是说橐是囊袋之类的东西。墨翟在《墨子·备穴》中说

"具炉橐，橐以牛皮"，又说"以颉皋冲之，疾鼓橐熏之"。墨翟是科学家，墨翟的说法应该是比较真实可信的。即用牛皮做的一种炉具（鼓风）的东西。成书于西汉时期的《淮南子·本经训》①记载："鼓橐吹埵②，以销铜铁。"山东滕县出土的汉朝炼铁画像石中就有橐的画面，它有三个木环、两块圆板，外敷皮革而成。拉开皮橐，空气通过进气阀而入橐；压缩皮橐，橐内的空气通过排气口而进入到输风管，最后再进入冶炼炉中。因此我们可以推断老聃所说的橐，就是在没有被压缩之前，是一个中间具有一定空间的形态，也就是老聃所说的"虚而不屈"。但"橐"被压缩时，其出口处就会涌出呼呼的风，也就是老聃所说的"动而愈出"。

"籥"发源于"吹火管"，后成为一种乐器。用科学方法分析一下，这"籥"很可能是风箱到燃烧物的输风管，把风直接输送到燃烧物上，使其充分燃烧并产生高温。

"迭"是交换，轮流。我们现在常用交迭、更迭这些词。另外"迭"同"叠"，也有折叠的意思。因为橐类的东西都是软的，古代的牛皮不一定做得像今天一样柔软，但能折叠应该是不成问题的。

这一句中尽管由于版本不同而有的字不同，但无论是"籥"还是"迭"，从原理上都是讲得通的。

现代科学告诉我们，冶炼铁需要从铁矿石（酸化铁）中还原出一氧化碳，而这就需要1100℃至1300℃高温来熔解铁矿石。古代通过木炭的燃烧来达到高温，就需要给燃烧的木炭供应大量的空气，而输送这些空气的设备就是橐。考古发现告诉我们，冶炼铁的技术在春秋时代就已经出现，而这个鼓风橐是必不可少的设备，可见老聃所叙述的"橐"是当时的高技术产品。

另外，通行本与帛书本中有一句有一字之差，即通行本的"多言数穷，不如守中"与帛书本"多闻数穷，不如守中"中的"多言"与"多闻"。古代的书籍都是抄写的，但把"闻"误传抄成"言"的机会不太可能，因为二者无论是字形还是意义上都相差很大。最大的可能就是被后人修改过的。"多闻"与"多言"在意思上有什么区别呢？

如果是"多言"的话，与第23章的"希言自然。故飘风不终朝，骤雨不终日。孰为此者？天地尚不能久，而况于人乎"、第45章的"大辩若讷"及第56章的"知者不言"的思想是一致的。也就是老聃提倡的"少言"或"不言"的主张。

如果是"多闻"的话，这个似乎与我们传统的主流文化（儒家主导的文化），如"读万卷书，不如行万里路"的思想相违背。但这一句也是与老聃的提倡相一

---

① 《淮南子》是淮南王刘安（公元前179年~前122年）组织编撰的。
② 埵：音duǒ，风箱的出风铁管。

致的，如第47章的"不出户，知天下"和第52章的"塞其兑，闭其门"。其实这里老聃主张是不要被外物复杂多变的表面现象所迷惑，要放弃那种追逐表象的行为。这作为我们的文化主题可能是一个致命的弱点，我们过度地注重表面现象，而且热衷于制造表面现象。

总之，无论是"多言"或是"多闻"，都与《老子》的基本思想是一致的。

清朝的郑板桥（1693年～1765年）在他的《言志诗》对"读万卷书，行万里路"提出了异议，他说："读书数万卷，胸中无适主。"这或许是郑板桥的生活感悟，与老聃的思想也是不谋而合的。的确，我们会常常遇到那种阅历丰富，走得远、见得多，但对于世界和人生却并无多少真知灼见的人。

下面我们看看这个"数"。

这个"数"不是我们平常所说的数字的"数"，而更像我们常说的"心中有数"的数。如果按照"多言数穷，不如守中"的话，那么老聃这里以风箱（囊）为比喻，这呼呼的风就像人说的话一样，说得太多了，那么其"心中的数"也就变成"中空"了。与其这样，还不如静静地守住"中"。如果按照"多闻数穷，不如守中"的话，那么到外面看得眼花缭乱，听得乱七八糟，这样反而心中无数，遇事不知所措了。

需要指出的是，这里的"中"与儒家提倡的"中庸"的"中"不是一个概念。

用现代的语言来讲，我们过多地追逐外界的信息而缺乏自己的思考，看起来红红火火、热热闹闹，其实是没有什么效率的。在当今信息由爆炸到轰炸的时代，我们随时都可以轻而易举地得到很多的外部信息，但这些海量的信息真的有益吗？老聃的劝告也是值得我们深思与借鉴的。

[释义]

天地对待万物无所偏爱，任万物自然生长和死亡。就像对待用于祭祀时用草扎成的狗一样（不会像奉行礼教的人，祭祀之前把草狗当珍宝，祭祀之后就随便抛弃）。同样的做法，圣人对待百姓就像对待刍狗一样，不会以自己的好恶或需要去区别对待他们。

天地之间，实在像一具风箱一样啊！没有人驱动它，它便虚静、无为。一旦鼓动起来，风就呼呼涌出了。天地如风箱一样，其间有静也有动。但狂风刮不了一个早晨，暴雨也下不了一整天，风起雨涌尚且不能持久，何况渺小的人类呢？天地之间尚属如此，我们每日忙忙碌碌，东奔西跑，喋噪不休，还不如静静地守护内心的宁静！

六　天地之根

> 谷神不死，是谓玄牝。
> 玄牝之门，是谓天地根。
> 绵绵若存，用之不勤。

《老子》中多次用到"谷"字，如第15章"旷兮，其若谷"，第28章"为天下谷"，第32章"譬道之在天下，犹川谷之于江海"，第39章"谷得一以盈"，第41章"上德若谷"，第66章"江海所以能为百谷王者"等。我们有必要深究一下"谷"字的本义。谷是一个会意字，甲骨文字形，上面的部分像水形而不全，表示刚从山中出洞而尚未成流的泉脉；下面像谷口，其本义是两山之间狭长而有出口的低地，往往包含一个流域。

这里老聃可能考虑到那个时代的山谷，空旷神奇，草木茂盛，山花烂漫，五颜六色，争奇斗艳，飞禽走兽，鸢飞鱼跃，流水潺潺，一派生机盎然的景象。如果拿这个地带比喻生生不息、万物转化是再合适不过的了。山谷在山的中间，也代表卑下、空旷、包容与接纳，同时有无限的可能。

这里提到"神"，我们不能说老聃是一个无神论者，但他不是把神凌驾于万物之上的神圣论者。商代是一个对鬼神顶礼膜拜的时代，出土的甲骨文多是记录祭天祀神的文字可以证明这一点。周王朝作为商王朝的后继者，虽然不像商朝那样，但也是一个深受鬼神崇拜影响的时代。老聃处于春秋末年，讲到"鬼神"，认为有"鬼神"是很自然的，但老聃提到的"神"与古代崇拜的神灵是不相同的。如老聃在第39章提到神时说"神得一以灵""神无以灵将恐歇"。在第60章又说"以道莅天下，其鬼不神，非其鬼不神，其神不伤人"。老聃把"神"视如万物中的一种，"道"凌驾于神之上。这个"神"只有得到"道"才会有灵气。在老聃看来，只要以"道"来治理天下，有害的鬼也就不能危害于人。"神"不一定是指具体的神，它是一种奇妙的力量，有时候是一个神奇的表现。老聃把"谷"与"神"结合起来形容"道"，用"谷神"来比喻幽深的"道"也可以理解的。

再来说说这个"牝"字。"牝"的本义是雌性的生殖器，老聃用母性的生殖器比喻为万物之母。这一观念有人认为其思想源泉来自上古时期对生殖器，尤其是母性生殖器的崇拜，也可能保留了原始母系社会制度的一些观念和风俗。从现在的我国文化传统来看，这种比喻表面上看似比较原始甚至粗鲁，但从另一方面审视，与其说比较原始、粗鲁，倒不如说更为自然，也显得十分贴切。它触动了最自然、最原始，也是最真切的人类繁衍、进化的真实事实！"玄"是黑色中有赤色,象征着幽深和神奇。因此,用"玄牝"来形容"道"神奇的"生殖力"。有人把"玄牝"比喻成黑洞,这涉及宇宙起源的黑洞学说。这个比喻也许有一些道理,因为宇宙的起源是我们积极探索的,也是神秘的、未知的。但如果我们把老聃与宇宙起源的爆炸学说、黑洞学说硬扯到一起,那过分抬高老聃了,也是不合适的。他只不过把万物的来源形容成一种神奇的生殖,这一来源就是"道",因此,老聃说"道生一,一生二,二生三,三生万物"(第42章),这个"生"字我们也就更好理解了。

下面看"绵"字。"绵"的本义是丝棉。引申为丝絮状物和像丝绵那样柔软。如陆游《醉中怀盾山旧游》中"海棠如雪柳飞绵"。进而引申指像丝绵一样接连不断。如《诗经·大雅·绵》中"绵绵瓜瓞①,民之初生"。这句话的意思是瓜藤上大瓜小瓜层出不穷,象征着子孙后代的昌盛,也就是我们常说的多子多孙。

那么我们怎么解释这个"绵绵若存"的绵绵呢?一般的解释为接连不断,这时候我们需要关注一下它的主语,一般解释为"道",也就是说"道体是接连不断的",好像存在且用之不尽。如果我们认为"绵绵若存"是丝絮状之物或像丝绵那样的柔软之物,也是完全可以解释得通的。道好像丝絮状那样存在着,不但柔软也是中空的,且用之不尽。这样的解释和其他关于道的解释,如无形等,是吻合的。

[释义]

无始无终而又神妙的道,是产生天地万物之根源。就同母性的生殖器一样,是生产之门,是天地之根本。它就像飘忽丝絮一样的存在,用之不竭,无穷无尽。

七 天地无私、圣人无私

> 天长地久。
> 天地所以
> 能长且久者,
> 以其不自生,
> 故能长生。
> 是以圣人
> 后其身而身先,外其身而身存。
> 非以其无私邪!故能成其私。

---

① 瓞:音dié,小瓜之意。

这一章分为两节，前面叙述"自然"的天地，引导出圣人顺应大自然(天地)的行为。这个天长地久因为时代不同，理解也不同，我们今天主要用永久、长久之意。在这里，老聃把他的视野放到了天与地，与我们现在讲的世界与宇宙是一样的概念。当然，那时候的天文研究不像现在，没有望远镜，更不可能有天文望远镜，不可能清晰地观察浩瀚的宇宙，也缺乏科学理论，不可能科学地认识宇宙运行规律。那时候是怎么认识我们赖以生存的地球的呢？地球是平的，而天则像一个锅一样扣在地球上。这就是我们古人所说的"天圆地方"(《尚书·虞书·尧典》)。当然，人们熟知四季交替变化是农耕社会的基本要求，也是生存的根本之道。

在老聃那个时代，还没有盘古开天地的说法。盘古开天地的说法是从东汉时候才有的。追溯历史，那个时代主要讲夏商周三代，偶尔也讲讲五帝，至于三皇可能就更为少见了。

在悠久的历史长河和广阔的宇宙空间中，天还是那个天，地还是那个地。以天地这些自然存在的特性来阐述老聃的"圣人"，自然有其自行的规律，有自己恒定的轨迹，而这些不是为自己而自行。这或许就是老聃为什么称"天长地久"的原因。

这里的圣人与其说效法天地，不如说遵循道。就连德也是"惟道是从"(第21章)。

"是以圣人后其身而身先"，意即圣人退居众人之后，结果反而处在众人之前。"外其身而身存"，意即不刻意或者过分在意自己，结果反而保全了自己。譬如说，有些人过分讲究保养，反而对身体不好，变得不自然。不在意身体的保养，而是按照原本的生物规律去生活，这样反而保全了自己的身体。"非以其无私邪？故能成其私"，意即不正是由于他没有私心吗？这样反而达成了他的私心。

这里的"成其私"，如果理解成"达到私欲、自私的目的"的话，显然是不合适的。"成其私"并非指圣人先有私心，而是自然而然的结果，但在别人看来，他好像达成了私心。圣人的"无私"表现在谦让、不争、忘我上，从结果看起来却是积极的。在此，"成其私"不是无私所要达成的目的，而是无私的自然结果，不能把目的和结果混为一谈。本来不在乎自己，结果不在乎反而得到了保存，达成了目标。这也是我们常说的"无心插柳柳成荫"。

这里比较难理解的是"私"，为什么圣人还要"成其私"呢？是不是应该大公无私呀？那个年代恐怕没有"公"这个概念，圣人之心应该是圣人治理天下的事情，这也是他的"私事"。这里反映了老聃的无为无不为的思想。圣人不会像常人那样总是为自己的"私"而着想，正是由于他没有私心，才能成就其"私"。这里的"私"是否一定要理解成为自己的利益呢？不完全是，但有一点是可以肯定的，那就是圣人也是需要吃饭的，吃饭也是圣人的"私"。我们也可以把圣人的"私"理解为其治理邦国的事情，这既是他的责任也是他的事业。在第49章老聃又说"圣人无恒心，以百姓心为心"，这可以作为圣人成其私的另一个诠释。

在《墨子·兼爱下》中也有类似的表述:"吾闻为明君于天下者,必先万民之身,后为其身,然后可以为明君于天下。"

这一章也充满了老聃的辩证思维,"不自生"与"长生"、"后其身"与"身先"、"外其身"与"身存"、"无私"与"成其私",这些看似相矛盾的双方,在一定的条件下会转化成对立面。这也正是老聃的表述难以理解之处。

[释义]

天地之所以能长久存在,是因为天地不为自己而生,故能够长久。与天地相仿,圣人置自身于众人之后,却反能处于众人之前;常常把自身的事情置之度外,却能得到意想之外的收获。这还不是因为他遇事无私,故才能成就自己吗?

八　道善若水

上善若水。
水善,
利万物而不争^①,
处众人之所恶,
故几于道。
居,善地,
心,善渊,
予,善信^②,
正,善治,
事,善能,
动,善时。
夫唯不争,故无尤。

走进老子

在本章,通行本和帛书本有一处差异:在通行本里的"与善仁,言善信",在帛书本中则是"予善信"。考虑到老聃是对"仁"持否定态度的,如在第18章里的"大道废,有仁义"和第38章里的"失道而后德,失德而后仁",那么这里出现"与善仁"是与《老子》一书的整体思想相矛盾的。因此,笔者认为帛书本

---

① 帛书本:"不争"处为"有静"。
② 通行本:与善仁,言善信。

中的"予善信"是比较符合《老子》一书整体思想的。

这一章主要用水的特性来阐述"道"，水是我们日常生活离不开的，其特性我们也是最熟知的。

宋代文学家苏辙在其《道德真经注》中解读水的七善，很有特色：

第一，"避高趋下，未尝有所逆，善地也。""避高趋下"，因为水往下流"未尝有所逆"，它绝对不会违背这个原则。地是我们人类生活的场所与基盘，水善地可以理解为"人往高处走"的反动。"人往高处走"并不意味着人不往好处走，这两者不是一个概念。高处是相对于他人，好处是相对于自己。苏辙的哥哥苏轼就有"高处不胜寒"的著名词句。

第二，"空虚寂寞，深不可测，善渊也。"一个水潭，表面上风平浪静，里面却深不可测，善渊的"渊"就是渊深。这与老聃所说的"古之善为道者，微妙玄通，深不可识"（第15章），具有相同的意义。

第三，"利泽万物，施而不求报，善仁也。"这里"善仁"可能是苏辙所用的版本不一所致，但也不可能排除受儒家思想影响所致。

第四，"圆必旋，方必折；塞必止，决必流，善信也。"这是指水流动时的情况。水进入圆的地方就会旋转，进入方形的地方就会转弯。水遇到堵塞就停止，有缺口就流动。这里的"信"是指水的行为一如既往，不会改变。正因为如此，其行为有规矩可循，是值得"信赖"的。对于大自然来讲，可以说是"无言而信"，四季变迁，什么时候开始变暖复苏，什么时候冰雪消融而作物返青，什么时候下雨等。如果风调雨顺，也就是大自然"有信"。

对人类而言，则情况往往很复杂。经常遇到相同的情况，即使说法一样，行为也往往不一样，也就有了不守信。因此，人类的"信"，尤其是统治者，不但具有很大的不确定性，同时也有很大的危害性，正因为如此，老聃特别强调"守信"。而判断是否守信，也要有高超"智慧"的，当然撒谎同样也需要巧智。为此，他在第38章说："夫礼者，忠信之薄而乱之首。"

第五，"洗涤群秽，平准高下，善治也。"水可以洗清一切脏东西。我们的食物、衣物无不是用水来洗涤的，就连我们的空气，在一场大雨过后也涤清如新。"平准高下"，水面可以作为平分高低的基准，如我们今天还是以海平面作为陆地高度的基准。

第六，"遇物赋形，而不留于一，善能也。""遇物赋形"，是水遇到什么形体就成什么形状，遇圆成圆，遇方成方。"而不留于一"是指"水"不具有一定的形状。

第七，"冬凝春冰，涸溢不失节，善时也。"水在冬天开始凝固，一直到春天都为冰，"涸"即干枯，"溢"是指满出来，"不失节"主要是指水应时节而变。当气温回升，万物期待复苏时，需要水的滋润。这时冰雪消融，给万物提供及时充足的"滋养"。对于当时的社会，无论是奴隶还是君王，都必须根据总结自然规律得到的历法来管理、从事农事活动，而且还必须择取恰当的时间来进行其他"行事"，譬如祭祀等。这就是"动善时"。

水，柔静温和，滋养万物，从不争夺，甘于卑下，这正与"道"相吻合。这也是老聃崇尚的为人处世之道。除此之外，老聃还告诉我们"居，善地，心，善渊，予，善信，正，善治，事，善能，动，善时"，这也是老聃提倡的超出寻常却又合乎自然规律的行为指南。

在本章的最后老聃说"夫唯不争，故无尤"。那么这里的"尤"应该如何具体解释呢？"尤"是形声，从乙，又声。"乙"像植物屈曲生长的样子，受到阻碍。"尤"除了其本义外，还有责备、过错之意。如果解释为"责备"或者"过错"，似乎也是讲得通的，只要不争了，也就不会有责备了。但如果说就不犯错误了，似乎逻辑上说不过去。如果这样解释，似乎与前面没有什么呼应，显得缺乏逻辑演绎性。如果我们应用"尤"的本义，即像植物屈曲生长的样子，受到阻碍。作为生活在社会中的人而言，也就是受到排挤与打压。如果不像植物从土壤中挣扎着"挤"出来，那么受挤压也就无从谈起了。这就是说，如水不争，当然也就不会受到挤压了。把"尤"翻译成过失，来源于魏晋时代王弼的解释，是不合上文的，也是缺乏逻辑演绎性的。无尤，自由自然自在。

[释义]

最高的善如同水一样。水滋养万物而不与之争夺，汇聚在人们厌恶的低洼之地，因此，水近乎于"道"。安心处于相应的地位，即使是低微的地位，心像深渊一样平静与清静，说话要言而有信，要顺应自然、按自然法则处理政务，做力所能及的事情，要善于把握行动的时机。正因为不争、不强求，也就不会受到排挤、打压甚至伤害，而自由、自然、自在。

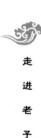

走进老子

九　功成身退

持而盈之，不如其已；
揣而锐之，不可长保；
金玉满堂，莫之能守；
富贵而骄，自遗其咎。
功遂身退，天之道。

在历史长河中，有的大富大贵、金玉满堂；有的事业辉煌，荣登顶峰，但其归属却往往大相径庭。

春秋末年，就有两位叱咤风云的人物伍子胥和范蠡。

伍子胥（公元前559年～前484年）是吴王阖闾及其子吴王夫差的左膀右臂。

公元前506年，伍子胥辅助吴王阖闾长途跋涉，奇袭楚国都城郢都并迫使楚王逃离都城，给当时的楚国一沉重打击。后又辅佐吴王夫差，于公元前494年，迎战越王勾践，在重创越军的同时，乘胜追击，把越王勾践围困在会稽山（今浙江绍兴南）。勾践采纳卿大夫范蠡、文种等人的建议，暂时"降服"吴国，以图东山再起。伍子胥力谏吴王夫差杀掉勾践以绝后患，但夫差未采纳伍子胥的建议，答应了越国的"降服"，把军队撤回了吴国。此后，伍子胥与吴王夫差之间生疑，终于在公元前484年，吴王夫差赐死伍子胥。伍子胥自杀后不久，吴国被对手越国所灭。

范蠡（公元前536年～前448年）则是越王勾践的左膀右臂。

在与吴国争斗之时，越王勾践被打败受困于会稽山时，范蠡先给越王勾践出谋划策，帮助越国免于被灭，而后又辅助越王勾践实现复国，最后协助越王勾践灭掉吴国。就在灭吴后途经由五湖时，范蠡向越王告辞说："君王努力治国吧，我不回越国了。"越王惊奇地问："我不明白你这样说是为了什么？"范蠡答道："我听说，做臣子的，君王忧虑，臣子就要为他操劳；君王受辱，臣子就要为他去死。过去君王困守会稽受到兵败之辱时，我之所以没有去死，为的是报仇。如今仇已报，请让我补受在会稽时就应该受到的惩罚。"越王说："如果有不原谅你的过失，不称赞你的美德的人，我将让他在越国不得善终。你听我的话，我要把国政分一部分给你主管。你若不听，将被处死，妻子也一起杀了。"范蠡回答说："我听到您的命令了。您可以执行您的法令，我按照我的意志行动。"于是就乘着小船泛游于五湖之上，没有人知道他最后的去向。（见《国语·越语（下）》）

作为越王勾践大功臣的范蠡在获得巨大成功后，没有享受越王勾践的论功行赏，没有享受高官厚禄，而是选择了隐退。范蠡正好践行了"功遂身退，天之道"的精神。

这一章老聃从水盈则溢，物锐则易损这些日常生活的简单道理，阐述了他对人生的思考，提出了"功遂身退，天之道"的主张，当然这也基于自然法规的人生思考。

[释义]

把持而使它盈满，不如适时而止，因为水满则溢，过于盈满的人，必会衰落，就像锐利锋芒的，其锐利是不能保持长久的。金玉满堂的人虽然富有，但却不能永久保住他的财富；而那些持富贵而骄的人，也必将自取其祸。只有收敛、不自满、不自骄，功成而身退，这才符合自然的法则，即天之道。

十 抱一

　　载营魄抱一，能无离乎？
　　专①气致柔，能②如婴儿乎？
　　涤除玄览，能无疵乎？
　　爱民治国，能无为乎？
　　天门开阖，能为雌乎？
　　明白四达，能无知乎？
　　生之畜之，
　　生而不有，
　　为而不恃，
　　长而不宰，
　　是谓玄德。

　　这一章是从修身写起，进而谈到治国的方略。因此我们理解该章时，应从修身出发。

　　首先看第一句"载营魄抱一"，这个"载"字是个虚词，古代为发音和谐或强调而加的。这里的"营魄"解释为"魂魄"。其实这个"营"字的本义是古人用土围起来作为居住的地方，现代我们用军营或营地，就是用的其本义。"营"也有当运营讲，譬如我们讲营生、营业等。在《淮南子·本经》中有"不足以营其精神"。这里的"营"也许与"营魄抱一"的"营"更相一致。

　　古代的魂与魄也是不一样的，魄指依附于人的身体而存在的，而魂则可以游离于身体而存在，魂与魄都是精神层面的。我们成语里有失魂落魄，也就是说魂是可以丢掉的，而魄这是不能的。大约成书于魏晋时期的道教经典著作之一《内观经》中有"动以营身之谓魂，静以镇形之谓魄"的论述。

　　我们再来看看这个"一"代表着什么？这不是数学上简单的一、二、三的"一"。老聃在第14章说："视之不见名曰'夷'；听之不闻名曰'希'；抟之不得名曰'微'。此三者不可致诘，故混而为'一'。一者，其上不皦，其下不昧，绳绳③不可名，复归于无物。"以及第42章有"道生一"的叙述。关于"一"与

走进老子

---
① 专：音 tuán，通抟。
② 通行本：如。
③ 绳：音 mǐn。

"道"，我们在上篇4.15节中已经做了讨论。"一"在东汉许慎所著的《说文》中被解释为："一，唯初大极，'道'立于'一'。造分天地，化成万物。"这里的"大极"就是太极。《说文》一书成书于东汉初年，这时候道教思想已经萌生且儒道有相互借鉴、思想融合的趋势。

有人把"抱一"直接翻译成"守道"，这样的话，"抱一"就等同于"抱道"了，显然是不太妥当的。其实"抱一"和"抱道"还是有区别的，譬如我们在练气功时要求意念集中在一点，也即"抱一"的具体应用。"抱一"可以说是身与道的结合。"抱一"一词后来被道教用作专门术语，具有专注于"一"与合一的含义。在第22章中有"是以圣人抱一为天下式"的叙述，其"抱一"的含义与本章是一样的。

纵观这些论述，用现代的话说就是如何使身体与精神，或者说身心得到合一。

"专气致柔，能如婴儿乎"这一句里的"专"同"抟"，是聚集的意思。也就是说，我们聚合精气使我们致柔，能够像婴儿一样吗？那么，道家是怎样看待婴儿的呢？

婴儿整天号哭，声音却不嘶哑，这是真精和顺所致；整天握拳而不拿东西，这是德行自然的结果；整天看而眼珠不动，这是看不偏向的结果；行走没有目的，停下来也不知道要做什么，只是随顺环境外物，与之同浮沉罢了。这就是道家认为的婴儿的自然本性。

"天门开阖，能为雌乎"中"天门"是指什么呢？《楚辞·九歌·大司命》中有"广开兮天门"的想象。这里的天门可以理解为人体与外界交流沟通、信息传输的门户，如眼睛、耳朵、嘴、鼻子等。"开阖"就是打开与关闭。这些"天门"打开了，自然也就打开了人类与外界的沟通与信息交流，也即视、听、言、食、嗅等。这些交流，会引起我们情绪与思想的变化，喜怒哀乐、食欲、性欲、爱恨等各种欲望。对这些外界的诱惑与刺激，还能保持宁静吗？用一句物理学的术语来讲，你还能处于低能态吗？

本章一开头连用六个设问句。前三问主要是修身，从自身的营魄抱一、专气致柔到涤除玄览。这三个方面，从顺序上讲也是步步深入的。先做到身体与精神的合一，进而以气化为柔，从而达到像婴儿一样"柔和纯朴"之境界，再进一步则是清除内心的杂念与污垢，达到清明如镜一样无瑕。而后推而及之，要求在治国中做到"无以智外（不用智巧）"、为雌守静及"无为而治"。

"生而不有，为而不恃，长而不宰"这几句从字面上是不难理解的，那么它的精髓是什么呢？

英国哲学家罗素（1872年～1970年）于20世纪初在北京讲学时对老聃的这几句话进行了评论。他说：人类的本能，有两种冲动，一是占有的冲动，另一个是创造的冲动。占有的冲动是要把某种事物据为己有,这些事物的性质,是有限的,是不能相容的,譬如经济上的利益,甲多得一部分,乙、丙、丁就少得一部分;政治上权力,甲多占一部分,乙、丙、丁就丧失一部分。人类发达起来后,便日日在争夺相杀中,所以这是不好的冲动,是应该抑制的。创造的冲动正好相反,是要把某种事物创造出来,公之于人,这些事物的性质,是无限的,是能相容的,譬如哲学、科学、文学、美术、音乐,任凭各人有各人的创造,愈多愈好,绝不相仿,创造的人并非为自己谋取什么好处,只是将自己所得传给众人,就觉得是无上快乐,许多人得了他的好处,还是莫名其妙,连他自己也莫名其妙,这种冲动发达起来,人类便日日进化,所以这是有益的冲动,应该提倡。

罗素以此哲理为根据,认为老聃的"生而不有,为而不恃,长而不宰"是提倡创造的冲动,因此老聃的哲学是有益于人类、有利于人类进步的。

[释义]

你能坚守躯体与精神的合一而互不分离吗?你能集气致使柔和,达到如婴儿一样淳朴自然吗?你能洗净尘垢、杂念,达到纯洁无瑕吗?爱民治国,能够顺应自然而实现无为而治吗?感官开闭,能使你保持宁静无动吗?通达四方,能够使自己认为无知吗?

(这些事如果都能做到的话,)便能任万物化生,滋养万物。化生万物而不据为己有,兴产万物而不自恃,长养万物而不视己为主宰,这就是最高深的"德"。

十一 "无"之用

三十辐,共一毂①,当其无,有车之用;
埏埴②以为器,当其无,有器之用;
凿户牖③以为室,当其无,有室之用。
故
有之,以为利;无之,以为用。

"毂"是套装在轴上可以绕轴转动的物件,我们现在也叫轮毂。在轮毂与轴

---

① 毂:音gǔ,车轮中心的圆木,周围与车辐的一端相接,中有圆孔,可以插轴。
② 埏:音shān,意义为用水和土;埴,读zhí,意思为黏土。埏埴即为和泥制作陶器。
③ 牖:音yǒu,为穿过墙壁透光的侧窗。

之间是有空隙的，也就是老聃说的"无"，即空间。"埏"是揉的意思，"埴"是黏土。在做陶器的时候，首先要把黏土加水揉成泥状物，然后用脚踩或用手揉细腻均匀，进而塑造成一定的形状，烧成固化，就变成了可供人类使用的陶器了。古代的陶器主要是做器皿用，也就是盛纳液体或其他东西。"凿"是凿洞，古人有的以此为居室。时至今日，在陕北还有窑洞供人居住。无论是洞、门还是窗，都是空的，也就是"无"。正是这些"无"的作用才是"用"。

"利"这个字的原意是指刀剑等的锋利。譬如，刀剑是用青铜制成的，但仅仅是青铜块而没有锋利的刀刃，那么青铜也就成不了刀剑了。这个"利"隐含着使"有"的物形成某种特定的形状而具有了使用的特性和依据。再譬如，如果陶土烧制成片状的东西，那么显然它是不可用来容纳流体的，也就没了容纳液体及其他物品的"用"了！

"利"作为"有"的特性，是"用"的依赖和基础。"无"是与"有"相对的，"利"和"用"是相依的。也是我们常说的"利与用"，譬如现代词"利用"。

本章老聃以"车""器""室"为例，说明我们在看到物的实体时，不能只关注其"有"的实体部分，也应看到其"无"的部分。正是由于"有"实体空间的"无"的存在，才能够使此物器具有了功用。在现实生活中，人们往往直观感觉看到的是事物的实——有，即可视的一面，而忽视了其另一面——无，想不到"无"的作用。

这些作为器物实体的"有"和器物所形成的空间的"无"，是相互依存的统一体，就其"利"和"用"而言，是不能相互分离的，也就是说这里的"有"与"无"并列关系。当然我们也不能排除这个"利"是获利的"利"。如房屋交易，买的是房屋的实体而不是房屋的空间。

所以老聃这里特地提醒人们要全面地看待事物，指出事物是由"有""无"两者结合而成，从而可以"利"和"用"。但这并不是说"无"就比"有"重要，两者是相辅相成的，是辩证统一的。

在第1章，老聃已经论述了"有"与"无"的关系，那是比较抽象的形而上的关系。而作为形而下的具体事物，"有"与"无"的关系，我们不能生搬硬套地用在形而上的"有"与"无"的关系上；同样，我们也不能把形而下的具体事物"有"与"无"的关系生搬硬套地用在形而上"有"与"无"的关系上。就像牛顿定律不能生搬硬套地应用到基本粒子物理学中一样。

如果我们对车、器皿、房屋的制作过程做一详细分析，就其制造过程而言，它们也符合"从无到有""有生于无"的过程，虽然这是形而下的，但也体现了形而上的道。从另一方面看，那就是先有器物的形成，然后才出现器物中的"无"，譬如在房屋没有盖好之前，它空空如也的空间"无"并没有特殊的用处，只有等房屋盖好后，它所形成的空间"无"才可以供人使用。这里的墙壁和屋顶的

"有"，与室内的空间"无"似乎是形成了"先有后无"了，但实际并非如此，一是这里的"有"和"无"并非同源，二是这是形而下的，并不是形而上的概念，不宜把两者等同。这里之所以举这个例子，只是为了通俗说明老聃"有"与"无"的概念而已。

[释义]

三十根辐条汇集到一个车毂上，车毂的中间为中空(无)，才能让车轮安装在车轴上，从而使作为"有"的车能够移动，这是中空"无"的功能。把黏土放进模具做成器皿，器皿中间的中空，才是作为"有"的器皿的功能，否则器皿就失去了盛东西的用处。开凿门窗建造房屋，有了门窗和四壁之中间的中空，才是作为"有"的房舍的功能。因此，作为"有"的(器物)可以带来利好，作为"无"的(器物中空)才能有其功用所在。

十二　为腹不为目

　　　　五色令人目盲，
　　　　五音令人耳聋，
　　　　五味令人口爽，
　　　　驰骋畋猎，令人心发狂，
　　　　难得之货，令人行妨。
　　　　是以圣人，
　　　　为腹不为目，
　　　　故
　　　　去彼取此。

古代以青、黄、赤、白、黑为五色；以宫、商、角、徵、羽为五音，又称五声；以酸、苦、甘、辛、咸合称五味。这里的五色、五音和五味泛指色彩缤纷、声音交错纷繁和众味纷陈。"五"这个数在我国历史上占有非常重要的地位，我们常以五来代表多。历史上这类例子不胜枚举，如五帝、五谷、五福等，其集大成者是五行学说。

这里的"目盲""耳聋"我们今天还是很容易理解的，但"口爽"则与我们今天感到快感的"爽"是很不相同的，这里的"爽"是伤、败的意思，"口爽"是指损坏了味觉。

随着生产力的发展，为社会提供了愈来愈多的生活资料、愈来愈丰富多彩的生活。我们都知道"民以食为天"这句话。"吃饱饭"在古代一直是一个天大的事情，食不果腹对大多数老百姓来讲是经常发生的，即使在科技高度发展的今天，这个问题还是没有很好地解决。

对此发展趋势及当时的现状，老聃是持反对态度的，因此他提出了"为腹不为目"的主张。这一主张实际上是对历史和现实经验的总结。王弼在注释《老子》时写道："为腹者以物养己，为目者以物役己。"这就是说，人要活着就必须依赖外物来养活自己，譬如吃，吃饱了就行了，这叫"为腹"。"为腹"是指人生存最基本的条件。但是人活着不能成为"外物"的奴隶，被"外物"所奴役，这就是"不为目"！这里的"目"可以理解为感官和心理，如耳、口、心，也包括生活额外的需求，如行等。过多颜色使人眼花缭乱，过多音调使人听不清楚，过多滋味使人难以分辨，放纵狩猎使人疯狂，珍贵宝物会诱惑人行为不轨。因此，"圣人为腹不为目"。

作为道家后生的庄周（或许是庄周弟子们）从历史发展角度，对仁义礼乐进行了批判。

"自夏、商、周三代以来，始终是喋喋不休地把赏善罚恶当作当政之急务，他们又哪里有心思去安定人的自然本性和真情呢！而且，喜好目明吗？这是沉溺于五彩；喜好耳聪吗？这是沉溺于声乐；喜好仁爱吗？这是扰乱人的自然常态；喜好道义吗？这是违反事物的常理；喜好礼仪吗？这就助长了繁琐的技巧；喜好音乐吗？这就助长了淫乐；喜好圣智吗？这就助长了技艺；喜好智巧吗？这就助长了琐细之差的争辩。天下人想要安定自然赋予的真情和本性，这八种做法，存留可以，丢弃也可以；天下人不想安定自然赋予的真情和本性，这八种做法，就会成为拳曲不伸、扰攘纷争的因素而迷乱天下。可是，天下人竟然会尊崇它，珍惜它，天下人为其所迷惑竟达到如此地步！这种种现象岂止是代代流传下来呀！人们还虔诚地谈论它，恭敬地传颂它，欢欣地供奉它，对此我将能够怎么样呢！"（《庄子·外篇·在宥》）

《庄子·天地》篇还认为："大凡丧失真性有五种情况：一是五种颜色扰乱视觉，使得眼睛看不明晰；二是五种乐音扰乱听力，使得耳朵听不真切；三是五种气味薰扰嗅觉，困扰壅塞鼻腔并且直达额顶；四是五种滋味秽浊味觉，使得口舌受到严重伤害；五是取舍的欲念迷乱心神，使得心性驰竞不息、轻浮躁动。这五种情况，都是生命的祸害。"

在《庄子·马蹄》篇里还说：素材没有被分割，谁还能用它雕刻为酒器；白玉没有被破裂，谁还能用它雕刻出玉器；人的自然本性不被废弃，哪里用得着仁义；人固有的天性和真情不被背离，哪里用得着礼乐；五色不被错乱，谁能够调出文彩；五声不被搭配，谁能够应和出六律。

在《庄子·外篇·胠箧》篇中做了更为偏激的批判："搅乱六律，毁折各种乐器,并且堵住师旷[1]的耳朵,天下人方能保全他们原本的听觉;消除纹饰,离散五彩,粘住离朱[2]的眼睛,天下人方才能保全他们原本的视觉;毁坏钩弧和墨线,抛弃圆规和角尺,弄断工倕[3]的手指,天下人方才能保有他们原本的智巧。因此说:'最大的智巧就好像是笨拙一样。'削除曾参[4]、史鳅[5]的忠孝,钳住杨朱、墨翟善辩的嘴巴,摒弃仁义,天下人的德行方能重新趋于玄同。"

今天看来,老聃的主张,尤其是庄周的主张几乎到了毁弃一切文明成果的程度,显然是有些极端的。现代的科技和生产的飞速发展,是否完全满足了人们的需求了呢?没有!如果人类的欲望无节制地膨胀,再快的科技和生产的发展也赶不上人类贪欲的膨胀速度。即使在科学与技术高度发展的今天,很多地区的温饱问题仍然没有得到解决,这不能不令我们深思。尽管老聃和庄周的主张比较极端,但其合理的一面也是绝对不容忽视的,它对我们人类社会具有恒久的现实意义。

今天的科学与技术高度发达,我们可以把黑夜变成白昼,但过度的五颜六色的灯光,真的会给我们带来更多的幸福美感吗?当我们过度地享受照明技术带来的五光十色和光明时,我们却忘记了大自然恩赐给我们的黑夜。如果没有黑夜,我们如何生活?我们的睡眠需要黑色的夜晚。如果我们把黑夜也照亮得如同白昼,李白还能写出《静夜思》吗?我们还能从"床前明月光,疑是地上霜。举头望明月,低头思故乡"中得到美感吗?

过分追求色彩的享受,终致视觉迟钝,进而造成视盲;过分追求声音的享受,终致听觉障碍,进而造成失聪;过分追求过多、过度的味道享受,会导致味觉麻木,终致味觉丧失,食而不得其味;过分纵情于野外骑马狩猎杀戮,终会导致内心放荡疯狂;过分追求金银珍宝,会导致德行败坏,终致身败名裂。所以圣人的生活,只求饱腹、宁静,摒弃一切外物的引诱,确保固有的朴真。

---

[1] 师旷:春秋时著名乐师。
[2] 离朱:古代传说中的人物,他"能视于百步之外,见秋毫之末"。
[3] 工倕:古代传说中的能工巧匠。
[4] 曾参:师从孔丘,今通称曾子(公元前505年~公元前435年),主张孝恕忠信。
[5] 史鳅:鳅,音qiū。春秋时卫国大夫,以临终遗言,尸体不按照礼制停放在正堂,因此而进谏。

十三　宠辱无惊

人^①，宠辱若惊，贵大患若身。
何谓宠辱若惊？
宠为下^②。
得之若惊，失之若惊，是谓宠辱若惊。
何谓贵大患若身？
吾所以有大患者，为吾有身；
及吾无身，吾有何患？
故
贵以身为天下，若可寄天下；
爱以身为天下，若可托天下。

　　本章采取了两段式的论述方式，前半部分主要是指出世人过于关注自身的荣辱得失；后半部分则是有关圣人之行为，是对前半部分的回应。
　　我们先看看清代吴敬梓在《儒林外史》中讲述的一个"宠辱若惊"的故事：
　　范进是一个读书人，一直想考取功名，但考了二十多次，直到五十多岁还未考中。这期间，经常被其岳父胡屠户斥骂"现世宝穷鬼""烂忠厚没用的人"等等。怎奈考取不中，也只能在这位盛气凌人的屠夫岳父面前唯唯诺诺，苟延生存。后来范进中了一个有虚名而不中用的秀才，一家人倒也欢喜。岳父大人胡屠户也登门贺喜，不过在酒足饭饱之后，还是教训了范进一顿，其中缘由是秀才只是个名，没有利。后来，范进欲参加更高一级的考试，思谋晋级，向胡屠户借路费，竟也被臭骂一通。范进只好瞒着丈人去应试，但回家后又被胡屠户大骂一顿。
　　待到出榜当日，范进家中断炊，他只好拿母鸡到集市去卖以换取食粮。与此同时，报录人到范家报喜，恭贺范进高中举人。众邻都纷纷前来贺喜，送米送蛋，送鸡送酒。报录人也吵着要赏银。家人急急忙忙赶到集市，寻得范进让他回家。回到家中范进见到喜报后，大笑着说："噫！好！我中了！"突然昏厥过去，醒后又拍着手大笑道："噫！好！我中了！"紧接着就疯疯癫癫一路狂奔，又去了集市。
　　范进喜得惊疯了，可愁坏了家人。众人商议着如何治好范进的疯癫。报录人

---

① 楚简本多了一个'人'字，此从楚简本。
② 楚简本及帛书皆为"宠为下"，通行本为"宠为上，辱为下"。

倒是见多识广，建议由凶神恶煞的胡屠户掌掴范进。此时的范进已不是原来的范进，尽管他已经受宠成惊，疯疯癫癫，胡屠户也不敢像以前一样对待这个疯人，但又不能不答应。于是连饮数杯酒壮胆，趁着酒后胆大，来到范进跟前，骂道："该死的畜生！你中了甚么？"一个嘴巴打将过去，把范进从"惊喜"中打回了原型。此时，众邻百般奉承，胡屠户也极尽讨好，这个范举人好不威风啊！

这个故事是清代吴敬梓笔下的"儒林"，那么我们现代逃脱了这个"儒林"了吗？

我们再看看战国时期庄周在《庄子·逍遥游》中讲的另一个人对待宠辱的态度：一个叫宋荣的人，他的处世态度是"举世而誉之而不加劝，举世而非之而不加沮，定乎内外之分，辨乎荣辱之境"。意思是说"世上的人们都赞誉他，他不会因此而越发努力，世上的人们都非难他，他也不会因此而更加沮丧，是一个超越世俗的人。他清楚地划定自身与物外的区别，辨别荣誉与耻辱的界限。"

宋荣对待荣辱的态度，可作为老聃观点的一种注脚。宋荣还讥笑了那些才智足以胜任一个官职、品行合乎一个乡下人心愿、道德能使国君感到满意、能力足以取信一国之人的人，他们很在意自己的荣誉与耻辱。而我们现世中，不也有许多天天计较一时的荣辱与得失、焦虑烦躁，甚至诚惶诚恐地过日子的人吗？

前边的比较容易理解，但对最后两句"故贵以身为天下，若可寄天下；爱以身为天下，若可托天下"的解读主要是对"贵以身"与"爱以身"的解读存在着分歧或者说难点。

关于"贵以身"，不但涉及老聃，也涉及百家之一的杨朱（关于杨朱与老聃，在上篇"2.3老聃与孔丘"一节已提及）。杨朱以"贵生"和"重己"的思想为后人所知，这样就把老聃的"贵以身"与杨朱的"贵我"联系起来了。

那么杨朱的思想到底是什么呢？因其著作已经遗失，我们可以通过其他历史文献的记述来了解一下杨朱的"思想"。

走进老子

杨朱大概是与墨翟同时代的人，之所以杨朱现在仍然比较有名，不是得益于其著作或思想，也不是得益于其在世时名满天下，而是得益于孟轲等儒家学派对他的猛烈抨击。孟轲在其《滕文公（下）》中写到："杨朱、墨翟之言盈天下；天下之言，不归杨则归墨。杨氏为我，是无君也；墨氏兼爱，是无父也；无父无君，是禽兽也。"从孟轲言语中可知，当时杨朱与墨翟两个人的思想是社会的主流，也就是说孔丘的儒家思想并不是主流，或者说被边缘化。杨朱到底是不是道家学派或者说老聃与杨朱的思想有多少关联，这个仍需要进一步深入探讨，毕竟我们只是知道杨朱的只言片语，而这些只言片语也未必正确、全面地表达了他的思想。

孟轲在《孟子·尽心（上）》指责杨朱"拔一毛以利天下，而不为也"；而韩非则在《韩非子·显学》中说："今有人于此，义不入危城，不处军旅，不以天下大利易其胫一毛……轻物重生之士也。"孟轲与韩非引用的出发点不同，落脚点也不同。但基于儒家文化传播广泛，孟轲的说法也就在社会上被广泛传播并接受。那么杨朱的观点是什么呢？我们还是通过《列子·杨朱》中叙述的一个故事来了解一下：

"禽子①问杨朱曰：'去子体之一毛，以济一世，汝为之乎？'杨子曰：'世固非一毛之所济。'禽子曰：'假济，为之乎？'杨子弗应。"也就是禽滑厘问杨朱："去你身体上一根毫毛，以救济一世，你干不干？"杨朱回答："这个社会不是靠一根毫毛可以拯救的。"禽滑厘又说："如果可以的话，你干不干？"接下来杨朱没有回答。

禽滑厘只好出来给杨朱的学生孟孙阳说这个问题。孟孙阳解释说："先生您不懂老师的心。我请问您，如有侵害您的肌肤而给您万金，您干不干？"禽滑厘回答说："干！"孟孙阳又接着问："如果断您四肢的一节，您可得到一个邦国，您干不干？"禽滑厘沉默不语，并没有立即回答孟孙阳的问题。于是，孟孙阳接着说："一根毫毛对于肌肤而言不算什么，一点皮肤对于一节肢体也不算什么，这是'省'。但一根毫毛也是组成肌肤的一部分，一小块皮肤也是组成肢体的一部分，纵然一根毫毛是组成肌体的万分之一物，那么我们就应该轻视它吗？"

显然孟孙阳从整体的万分之一推及到整体，是有更深层的考虑的。而禽滑厘显然没有深刻理解杨朱的思想。禽滑厘如此，我们只能说他没有深刻理解杨朱的学说或者看问题的出发点和落脚点不一样。那么到孟轲这里就更进一步了，使这个问题更加伦理化，按照儒家的伦理观，杨朱是非批不可的。

至于杨朱为什么没有回答禽滑厘的问题，我们不得而知。但就从对话内容与双方的思想来看，也许杨朱认为禽滑厘的这一提问不屑一顾。无论怎么理解关于杨朱的言论，这里有一点是清楚的，那就是杨朱是不会去当国君的，当然也就不存在其治国的事情了。刘安在评述杨朱时说："全性保真，不以物累形，杨子之所立也。"（《淮南子·汜论训》）

老聃的"及吾无身，吾有何患？"后来发展成道家的"至人无我"思想。正如庄周在《庄子·大宗师》所表述的那样："鱼相忘乎江湖，人相忘乎道术。"人该在道中忘记自己，就好像鱼在水中忘记自己一样。

对于最后两句，庄周在《庄子·在宥》里分别加了一个"于"字："故贵以身于为天下，则可以托天下；爱以身于为天下，若可以寄天下。"即能够像看重自己的身体一样去治理天下，才可把天下托付于他；能够像爱惜自己的生命一样去治理天下，才可把天下寄托于他。

尽管在爱身方面，老聃的思想与杨朱的思想有相似之处，但老聃在他的五千

---

① 禽子：墨翟之弟子禽滑厘，也称禽滑釐。

言中，多次提到圣人治国的主张。因此，把老聃的思想捆绑到杨朱的思想上，既没有事实根据，也没有理论基础。单就文字而言，我们也不能把"贵以身"与"贵我"等同起来。尚且老聃在第72章也明确表示："自爱，不自贵。"

[释义]

　　世人很重视外来的宠与辱，因而无论是得宠还是受辱，都免不了惊身。又因不能把生死度外，畏惧大患也会惊身。为什么得宠和受辱都要惊身呢？因为在世人的心目中，一般都是媚上得宠，羞辱卑下。得到光荣就觉得尊显，受到耻辱就觉得丢人，因此得之也惊，失之也惊。为什么畏惧大的祸患也惊身呢？因为我们常想到自己，假如我们忘了自己，那还会恐惧什么祸患吗？所以说，能够像看重自己的身体一样去治理天下，才可把天下托付于他；能够像爱惜自己的生命一样去治理天下，才可把天下寄托于他。

十四　道纪

视之不见，名曰夷；
听之不闻，名曰希；
抟①之不得，名曰微。
此三者不可致诘②，故混而为一。
一者③，
其上不皦④，
其下不昧，
绳绳不可名，复归于无物。
是谓
无状之状，
无物之象，
是谓惚恍。
迎之不见其首，

走进老子

---

① 抟：音 tuán，本义为把东西捏聚成团。
② 诘：音 jié。
③ 此为帛书本，通行本无此"一者"。
④ 皦：音 jiǎo。

随之不见其后。

执今之道①，以御今之有。

能知古始，是谓道纪。

关于"道"与"一"的关系，我们已经在上篇4.14节做了详细论述。这里我们从另一个角度看看这个"一"。一般注释者经常把"混而为一"的"一"解释为"道"，因为道是视而不见、听之不闻、抟之不击的。老聃在这里首先给这"三者"定义，取了"名"，其实这不是名，而是代指的"文字"，这样就便于接下来的叙述，因此他讲此三者不可深究。老聃是从人类的视觉、听觉和触觉这三个维度来描述的，那时候没有3D的概念，也没有4D的概念，这种描述可以说是具有全面限定，尽管如此，老聃还是没有明确地描写出来，这当然不能怪老聃，他所做的已经远远超越了他所处的时代。不仅如此，我们人类对微观的认识，直到20世纪初叶才达到老聃的深度，从这方面说老聃的思维深度跨越到了20世纪也不为过。我们来了解一下20世纪初叶关于物质世界微观层面的认识发展的情况。

光是我们非常熟悉，但又非常陌生的。没有光我们将生活在黑暗之中，没有光万物不会生长。光是我们每天都见到、碰到的，但我们了解光是由什么构成的吗？是怎么构成的吗？恐怕一般人是讲不清楚的。

我们都知道伟大的物理学家牛顿。牛顿生活在17世纪，那时候牛顿认为光应该是粒子流，就像机关枪射出的子弹一样。由于牛顿的德高望重，除了一些微弱的反对声音以外，这种观点一直被人类认为是正确的。直到19世纪，托马斯·杨和其他一些人证明了光是粒子的理论是错误的。他们认为，光更应该是一种波动。我们打水漂时会泛起涟漪，当风吹过水面时，也会泛起涟漪。所不同的是，这些涟漪是以水为媒介的。如果两个人以不同的方向打水漂，所形成的不同涟漪相遇时，就会相互干扰从而产生新的波纹，这个在物理学上称之为"干涉"。对于我们熟悉而又陌生的光，物理学家有一个的著名的"双缝"实验，就像我们同时打出的水漂一样，当光通过"双缝"后也会形成类似的干涉图案。也就是说光既有粒子的特性又有波的特性。

当我们进一步探索"光子"的大小形态时，物质的运动与我们宏观物体的运动是极不一样的，可以说一个"光子"跟我们裸眼见到过的任何东西都不一样。对于这一微观级别的描述，就是量子力学。我们裸眼看到的世界，能用牛顿力学进行清晰的描述。相比而言，量子力学描述的量子行为或运动状态是"模糊不清"的，我们甚至不能精确预言任何行为，我们只能描述其"象"。但量子力学却是唯一能对亚原子体系做出明确并正确预言的理论——就像经典力学能准确

---

① 通行本为"执古之道"。

预测台球、火箭和行星的运行一样。当然从量子层面来说,量子的运动不像台球那样,可以通过某种精确的图形展示出来。量子就像老聃所说的"道",很是"恍惚"!

关于光的本质的问题,在20世纪初曾一度困扰着科学家。现代量子力学的开创者之一,也可以说是第一个用创新思维撬开原子的人——丹麦物理学家玻尔在1928年提出了并协原理,又称互补原理。他说:"一些经典概念的应用不可避免地排除另一些经典概念的应用,而这'另一些经典概念'在另一条件下又是描述现象不可或缺的;必须而且只需将所有这些既互斥又互补的概念汇集在一起,才能而且定能形成对现象的详尽无遗的描述。"玻尔在1937年访问中国时见到了道家的太极图,为其互补原理找到了哲学基础。1947年,玻尔设计了他所在的哥本哈根学派研究所的图徽,其中心是反映道家思想的"太极图"(阴阳鱼),同时还加上了"对立即互补"的铭文。1949年,当他被丹麦王室授以勋章时,他说:"我不是理论的创立者,我只是个(道家)得道者。"由此可见道家思想对他的影响。

对于量子级别的超微观物质,有的是我们可以通过视觉感官感知的,如光(光子),还有许多是我们感官无法直接感知到的。即使我们感觉不到,我们也不能认为它就不存在,譬如有一个非常非常小的粒子,叫中微子,它可在某些核聚变过程中产生。在茫茫的宇宙中间,在我们的周围就存在着大量中微子。因它与其他物质的相互作用很少,大量的中微子束可以穿越地球,当然也包括我们的身体,但我们对它却毫无察觉。有的时候,中微子会撞击原子核中的另一个非常非常小的粒子——中子,撞击的结果就是将中子变成另一种带电的非常非常小的粒子——质子,而它自身则变成其他形式的微粒子,如电子。从这个层次和深度上讲,老聃的思想可谓是划时代的,是无与伦比的。

本章的倒数第二句因版本不同是有差异的。通行本是"执古之道,以御今之有",而帛书本则是"执今之道,以御今之有",二者只差了一个字,把"今"换成了"古"。按照通行本的理解,是要遵循古老的方法来治理现代。

据《史记·老子韩非列传》记载,孔丘向老聃请教有关"礼"的问题,老聃却告诉他:"子所言者,其人与骨皆已朽矣,独其言在耳。"意思是说,复古的话,是不可能实现的,要根据现实情况来具体采取新的方法。当然这里说的是"礼"而非"道"!

在《庄子·天运》中借老聃之口告诉孔丘说:"今子之所言,犹迹也。夫迹,履之所出,而迹岂履哉!"意思是你学习的这些东西,都是先人留下来的遗迹,又哪里是他们的真实内涵呢?脚印是脚踩出来的,但脚印又哪里是脚呢!

因此,我们按照帛书本去理解的话,当今的事情要用当今的办法来处理。因为时势和对象已经发生了变化,方法也要与时俱进,所以以"执今之道""御今之有"是合理的。但也有一个问题，如果"道"是指自然规律的话，那么这个"道"无论是"古"还是"今"都是一样的。这样的话，即使"古""今"有很大区别，但这两个字用在这里就没有什么大的区别了。但事物是随时间变化的，所以还是"执今之道，以御今之有"比较合适。

如果按照通行本的话，那么就是"把握这亘古就已存在的道，就可以驾驭万事万物"了。如果我们再看看下一句，我们就会觉得，这样也是前后呼应的。

对于最后一句"是谓道纪"中的纪，如果我们简单地把"纪"翻译成现代用语的法规、规律，则显得过于简单也不达义。譬如《竹书纪年》的《夏纪》和《史记》中的《周本纪》，这里的"纪"就不能解释为法规。

我们先来看看这个"纪"。纪从糸，与线丝有关，本义是散丝的头绪。譬如"纲纪四方"《诗·大雅·棫朴》，"丝缕之有纪，网罟之有纲"《墨子·尚同（上）》。

在"是谓道纪"之前是"能知古始"，由此可以推断这里所谓的"道纪"应该是与《夏纪》和《周本纪》的"纪"具有相似的意义，也就是纪元的纪，这个"纪"具有追根求源、提纲挈领的意思，也有时间进程的含义。人们只要掌握了道之规律和法则，就可以治理当今社会；人们知道了"道纪"，就可以认识宇宙的初始了。

[释义]

看不见的叫作"夷"，听不见的叫作"希"，抟又抟不住的叫作"微"。此三者如此的特性，不可再进一步去穷究它们了。三者混为一体，它的上边不显得光亮，下边也不显得阴暗，连绵不断，无法命名，其最终复归无物。这叫没有形状的"形状"，没有物体的"形象"，也可称它为恍惚不定的状态。你迎着它走，却看不到其首；想随着它，也望不见它的后背。这就是宇宙起源时的状态，是亘古存在的道。把握了这亘古就已存在的道，不但可以驾驭今天的万事万物，也能够了解宇宙的初始，这就是"道纪"。

十五　善为道者

古之善为道者，微妙玄通，深不可识，是以为之容①：
（夫唯不可识，故强为之容②：）

---

① 郭店楚竹简本有此"是以为之容"句。
② 郭店楚竹简本无此"夫唯不可识，故强为之容"句。

豫兮，若冬涉川，
犹兮，若畏四邻，
俨兮，其若客，
涣兮，其若释①，
敦兮，其若朴，
旷兮，其若谷，
混兮，其若浊，
澹②兮，其若海，
飂③兮，若无止。
孰能浊以静之徐清？
孰能安以动之徐生？
保此道者不欲盈。
夫唯不盈，故能蔽而新成。

本章是对"古之为道者"的描述。通行本和帛书本是有区别的，通行本的"古之善为士者"，帛书上是"古之善为道者"，其意义是指"道士"，但由于现在统称道教的信徒为"道士"，如果翻译成现代用语，作为"道士"虽然准确，但极易与道教的道士相混淆。另外，就"士"而言，在周王朝时代是对一定阶层的称谓，"士"是庶民之上、"大夫"之下的一个阶层。如"是信是使，是以为大夫卿士"《尚书·周书·牧誓》和"太子晋，胄成人，能治上官，谓之士"《尚书·周书·多士》。因此笔者认为还是不用"士"为好。

"古之善为道者，微妙玄通，深不可识"，意即古代善于为"道"的人很难清晰地描述为道者，所以用举例"若"来形容他，力图比较全面地描述为道者的全貌。

第一个"豫兮，若冬涉川"，意即小心谨慎，有如冬天涉水过河。在北方，冬天如果从结冰的河面上过河，必须时刻留意冰面的状况，如果不小心踩上薄冰处，有可能发生危险。这里借用了渡冰河时的谨慎来描述为道者的特征之一。

第二个"犹兮，若畏四邻"，意即提高警觉，犹如害怕邻国攻击。当时是春秋时代，邦国都很小，邦国就是邑邦、部落，但各国之间战争频繁，各国都处于高度警备状态，以防四面邻国的侵入。

第三个"俨兮，其若客"，意即拘谨严肃，犹如在外做客。我们都有在外做

---

① 采用郭店楚竹简本。帛书及通行本为"涣兮其若凌释"。凌，即冰块，像冰块一样消散。
② 澹：音dàn，本意是恬静、安然的样子，水波纡缓的样子。
③ 飂：音liáo，风的声音。

客的时候,尤其是比较生疏的客家,这时就显得拘谨、严肃。

第四个"涣兮,其若释",涣是流散的意思,如冰融化后的流散。这里有融和自然之意。

第五个"敦兮,其若朴",意即淳朴,犹如未经雕琢的木头。"朴"即未被雕琢的原木,相比雕琢的木制品,原木本身是纯朴的。老聃认为一旦原木被作(雕)成器,如木椅、木杯子,它就是失去了其"朴","朴"就是散失了。

第六个"旷兮,其若谷",意即空旷开阔,犹如山谷。

第七个"混兮,其若浊",意即混同一切,犹如浑浊的河水。混同一切,并不做刻意选择,也是一种包容性的体现。

我们再来看看庄周对为道高人"真人"的描述。

"古时候的真人,不知道喜欢生存,也不知道憎恨死亡,不因降生人世而喜,也不会拒绝死亡的来临;他们把生死看作极为平常的事,却能牢记不忘生的来源,不求死的场所;当死亡来临的时候,他们怀着欣然接受的态度,以期重返自然。因为他们知道死亡本就是生存的开始。这种不用心机违反大道,不用人为胜过天理的人,就叫作真人。

"他们的内心无忧无虑,容样安详而平静,额头更是宽大无比,严肃的时候有如肃杀的秋天,温顺又如春临,喜怒时更好似四时的运转。他们能顺应事物的变化随遇而安,所以没有人知道他们的胸怀究竟有无极限。

"古时候的真人形容高大不动摇,卑躬自谦却不谄媚,个性坚强却不固执,志向远大而不夸饰。他们的神情欢愉,行为也合乎自然之理。他们待人处事有威严但不骄傲,高远而不受牵制。那沉默的表情,好似封闭的感觉,那无心的模样,又好似忘记了说词。"(见《庄子·大宗师》)

"保此道者不欲盈。夫唯不盈,故能蔽而新成",这一句翻译成现代话就是"谦虚使人进步"。

[释义]

古时善于为道的人,精微玄妙,深邃而不易理解、认知。他小心谨慎,如同冬天涉足于河川;他警觉戒惕,好像提防四邻威胁;他恭敬庄重,好像身为宾客;他融和可亲,好像春风中冰的解冻;他淳厚朴质,好像未经雕琢的素材;他心胸开阔,好像空旷的山谷;他浑朴纯和,好像混浊的水流包容、深沉;他飘扬放逸,如风声无限,如大海浩淼无边。

谁能够将浊水静止,慢慢澄清?谁能在安定中启动,慢慢活生?谁能做到如此,唯有为道之人。因为为道的人不求满盈,所以才能与万物同运行,做到蔽旧成新。

十六　遵道悟道

致虚极，守静笃。
万物并作，吾以观复①。
夫物芸芸，各复归其根。
归根曰"静"，是曰"复命"；
"复命"曰"常"，知"常"曰"明"。
不知"常"，妄；妄作，凶。②
知"常"、容，
容乃公，
公乃全，
全乃王，
王乃道，
道乃久，
没身不殆。

人及由人组成的社会怎样才能达到长久而安全呢？我们应该遵循什么？我们应该如何做呢？这正是老聃在本章后面要交代的。其中一个重要概念就是"复归其根"，要回归到其根本，就像我们常说的"返璞归真"一样。需要指出的是，这里有一个字——"常"，这个"常"不是永久之意，而是具有自然和谐之法则之意。万物都是变化不止的，但决定万物变动的自然和谐之法则却是不变的。我们也可以理解成不变的规律或者说"常规"——客观规律。在古本《老子》中，"恒"与"常"是有不同的含义的，用法也是不一样的。后来为了回避汉文帝刘恒的名字，才把"恒"换成"常"字，这样就使后人在读《老子》时产生混淆，或者说削弱了老聃用"常"的表现力。

由此，老聃得出了要长久且安全，人们就应该遵循客观规律，就应该包容、公平公正，要周全不要偏颇。"道"正是如此，人的行为亦应如此。

[释义]

人们致虚、宁静达到清静无为的境界，这样来观察、思考由无到有，万物

---

① 帛书本及通行本多作"观其复"。
② 这里采用帛书本。通行本为"不知'常'，妄作，凶"。

生长，再由纷繁众多的万物复归其根本的往返变化，寻求其根源，我们就会发现其中的规律与奥秘。回归根本叫作"静"，也叫作"复命"。这是万物变化的常规，即不变的规律，所以"复命"就叫作"常"，即永恒的客观规律。认识把握这个"常"可称为"明"。不认识把握这个"常"就会轻举妄为；轻举妄为、盲目行事，就会招致凶险。能够认识把握这个"常"就能包容一切，能够包容就能公正，能够公正就能周全，能够周全就能符合自然，符合自然才能符合"道"，能够符合"道"就能长久，终生也就可免于危险。

十七　悠然治国

> 太上，下知有之。
> 其次，亲而誉之。
> 其次，畏之。
> 其次，侮之。
> 信[①]不足焉，有不信焉[②]。
> 悠兮，其贵言，功成事遂，百姓皆谓：我自然。

西周统治者，不但重视其在世时候的名誉，而且从中期开始还对离世的帝王将相进行"盖棺定论"——封谥号，譬如周宣王、周幽王等。不但对周王室的先王追封谥号，连前朝的也追谥，如商纣王等。这是周王朝，也是礼教文化的一个重要"创新"，在《周官》中记载了对谥号的命名有严格而繁琐的规定。这些谥号往往是统治集团基于当时的时事政治和伦理道德观命名的，对故人的评价缺乏历史高度，也不能全面客观地评价。这些"谥号"虽然对后世有一定的教育和警示作用，但从历史长河的角度来审视这一文化传统，就会发现它是片面和僵化的，它使得认识简单化、符号化，使人们只是把王侯个人作为赞誉或批判对象，遮蔽了人们对制度和文化的反思与批判，因此，对社会的发展弊大于利。这一"礼制"到秦始皇时被废弃，到汉代又复活。在汉武帝时期，始建年号作为纪年，那时的年号往往因为大事件或者天象而更改，有的皇帝在位的年号多达十几个。到明清时代，一个皇帝只用一个年号，我们常称的康熙帝的"康熙"就是年号。

作为为儒家经典《春秋》作传的《左传》，在鲁襄公二十四年（公元前543年）

[①] 信：真实，不虚伪。
[②] 这一句与第23章的语句相同。

的一段中有"太上有立德,其次有立功,其次有立言。虽久不废,此之谓不朽"的记述,从儒家的角度叙述了对王侯的期待。在《论语·季氏》中有:"君子有三畏:畏天命,畏大人,畏圣人之言。小人不知天命而不畏也,狎大人,侮圣人之言。"孔丘不但主张"畏天命,畏圣人之言",而且还"畏大人"。到西汉时期,《礼记·曲礼(上)》则有"贤者,狎而敬之,畏而爱之"的记述,凸显了儒家认为百姓应对统治者及圣贤所持有的态度。这些都与老聃对王侯的期待和态度反差巨大,彰显了儒道两家的巨大分歧。

对于帝王的评价,有一首古老歌谣——《击壤歌》。相传在唐尧时,天下太平,百姓安居乐业。有一位八十多岁的老人,在道上敲打着地面,合着节拍吟唱自乐。看到这情景,围观的人就说:"大哉!帝之德也。"老人唱着答道:

日出而作,
日入而息。
凿井而饮,
耕田而食。
帝力于我何有哉!(晋·皇甫谧《帝王世纪·高士传·壤父》)

这个故事中凸显了对"帝"的不同看法:一是"大哉!帝之德也。"。二是"帝力于我何有哉"。对于"帝力"历来有两种解释。看到这情景,围观的人就说:"帝的大德恩惠天下呀!"老人回答道:"太阳出来了,我就下地干活,太阳下山了,我也就进屋歇息。我喝的水是我自己打的井里的,吃的是自己种地打的粮食。于我而言,帝之德与我何干?"

这首民谣否定了帝王的作用,百姓所作所获与帝王无关,也就是"百姓皆谓:我自然"。这里的自然不是我们现在所说的大自然,可以理解成"自然而然"、正常存在状态或样貌,也是"使然"的对立面。

对于诚信问题,老聃多有论述,如第49章的"信者,吾信之;不信者,吾亦信之,德信"、第81章的"信言不美,美言不信"。也对礼教的失信予以了谴责:"夫礼者,忠信之薄也,而乱之首也。"(第38章)由此可以看出,老聃是非常重视诚信的,也是非常守信的,而且对不信者亦信之。

说到统治者取信于民的例子,在《史记·商君列传》中有商鞅"立木取信"的故事:

商鞅变法的条令已准备就绪,还没公布,担心百姓不相信自己,于是(命人)在都城南门前竖起一根高三丈的木头,并告示:谁若能把这根木条搬到集市北门,就给他十金。百姓看到后对此感到疑惑,没有人敢去搬木头。于是,商鞅又加码奖赏说:"能搬木头的人赏五十金。"这时有个壮汉,怀着疑惑、壮着胆子把木头搬到了集市北门。商鞅立刻命令兑现赏金,给了壮汉五十金,借以表明"诚信"。这事情慢慢在老百姓中传播开来,而商鞅的新法也很快在秦国推行开来。

这个故事记述了商鞅施政初期,为了获取老百姓对秦国统治者的信任所采取的措施。而后,在商鞅施政过程中,赢得了秦国老百姓对邦国治理的信任,使秦国进一步崛起,为秦国统一中国奠定了基础。当然,秦国的施政方针并不是老聃提倡的无为而治。

这一章从表面上是讲如何评价最高统治者的,有人说老聃还是拥护君权的。但如果我们仔细琢磨一下,似乎并不那么简单。我们知道现在被认为是道家人物的杨朱因为"贵身"到"为我"再到"不忠君",遭到孟轲的猛烈抨击,被咒骂是"禽兽"。为此孟轲还发出了号召:"杨、墨之道不息,孔子之道不著。能言距杨、墨者,圣人之徒也。"(《孟子·滕文公(下)》)杨朱的学说后来销声匿迹也就可想而知了。就杨朱的学说而言,如果冠一个"自私"也许还能显得有分寸,也比较"正儿八经"。毕竟杨朱只是"贵身自爱",并没有大张旗鼓地反对统治集团,更没有危及统治者的根本利益。杨朱尚且如此,如果老聃明确反对君主,他将受到的攻击就可想而知了。老聃这里采取了他的"攘无臂"战术,我举起臂来要打你,但你看不到我举臂。老聃以老百姓对最高执政者的态度作为评价标准,表面上是为侯王统治者向善着想,但实际上是巧妙隐晦地批判了当时的执政者,甚至是谩骂了那些贪得无厌的国君。老聃的抽象辩证思维和正言若反的表达方式,钝化了其价值取向,也模糊了那些不善于辩证思维的伦理家的视线,既避免了被攻击,又做到了"言"在前而身其后。

老聃第一个采用了万民评价的标准和手法,对最高统治者进行评价,改变了统治集团内部评价的惯例。这是官方按照其价值观所做的评价,时代不同官方的价值观也会随之而变,如以从德为主变成以仁为主。至于其他学派及老百姓的评价往往被忽视、被掩埋,甚至在历史上没有记录,毕竟话语权和记录权掌控在统治集团手中。从这个意义上讲,老聃的评价方法与标准是革命性的。毋庸讳言,老聃对最高统治者的评价标准仍然是基于其"无为而无不为"的思想。

在老聃看来最好的侯王是行不言之教,清静无为,因此百姓根本不知道他的存在。百姓"亲而誉之"的统治者,是因为言而有信。那些繁苛政令、言而无信、欺骗剥削百姓的统治者,老百姓必然对他"畏之""侮之"。言而有信者是有所作为,言而无信者是欺骗百姓,老聃认为都比不上行不言之教、清静无为的侯王。所以,老聃主张统治者贵言、希言、不言,即不要繁多的政令、繁琐的礼制和残酷的刑法,这样才能顺应自然,达到无为而治的效果。如果按照老聃的观点,那些历史上被大书特书的大名鼎鼎的帝王倒不是什么好君主,而那些默默无闻的、被人遗忘的帝王倒有可能是好皇帝。

这一章老聃提出了"贵言",关于"言"与"不言",我们已经在第2章做了详细阐述。在《老子》中涉及"言"与"不言"的还有第23章的"希言,自然"、第43章的"不言之教,无为之益,天下希及之"、第45章的"大辩若讷"、第

56章的"知者不言，言者不知"、第62章的"美言可以市尊"、第73章的"天之道……不言而善应"和第81章的"信言不美，美言不信"。这里就不再赘述。

[释义]

最好的(统治者)，百姓感觉不到他的存在；其次的，百姓亲近他、赞誉他；再其次的，百姓畏惧他，更其次的是百姓轻蔑他。统治者诚信不够，百姓自然不会相信他。最好的统治者应该是悠闲无为的，不轻易发号施令。等到事情办好，大功告成时，百姓反而都说："我们本来就是这样的呀。"

十八　大道废

大道废，有仁义；
(慧智出，有大伪)①；
六亲② 不和，有孝慈；
国家昏乱，有正臣③。

在帛书本及通行本中均有"智慧出，有大伪"句，郭店竹简本无此句，这可能是在战国中后期，道家学派与儒家学派产生了激烈冲突，受到庄周后学中激烈派的影响，而增加了此句。

老聃所处的春秋末年，孔丘把它描述成"礼崩乐坏"的时代。这是表面上的认识与描述，因此孔丘主张"克己复礼"以改变现状。但老聃从追根溯源的思维模式出发，追溯产生这些变化的原因。老聃的表述是辩证性的，因为大道坠废才有仁义产生；因为六亲不和，才凸显孝慈；因为国家昏乱，才显现出正臣。

这个思想的基本观点是：在人的本性尚未堕落之时，人们依大道，也就是顺应自然之道而行，且完全服从自己的本来的样子。这时的善是无意识的善，也称不上"善"，也就是庄周所说的"大仁不仁"。而一旦失道，那么仁义、(智慧、大伪)、孝慈、正臣之类就诞生了，这些都违背了"大道"——自然之道，也破坏了原有

---

① 郭店竹简本无此句。
② 六亲指父子、兄弟、夫妻。
③ 本书采用竹简本。湖南长沙马王堆帛书甲、乙本及北大汉简本均在本章的四个"有"字前有"安"(甲本安作"按"同安)字，即"安有仁义""安有大伪""安有孝慈""安有忠臣"。"安"，为"乃""于是"之意。通行本为：国家昏乱，有忠臣。

的自然之道，是对大道的背离和否定。

这些"仁义""孝慈""正臣"是由于天下背离大道出现大乱后凸显出来的，而天下大乱乃是"夫礼者，忠信之薄也，而乱之首也"。(第38章)

从另一方面讲，如果国家和谐、人人美满，那么这些孝慈、仁义、忠臣也就没有存在的必要了。在这里老聃提出充满辩证思想的历史观，认为大道与仁义，六亲不和与孝慈，国家混乱与正臣，虽然相反，却有因果关系，给我们以深刻的启示。

与此相同的观点，在第38章中做了更为详细的论述。

[释义]

大道堕废之后，才有仁义；(智巧出现之后，才产生伪诈；)家庭不睦之后，才显出孝慈；国家昏乱之后，才产生正臣。

十九　见素抱朴，少私寡欲

绝智弃辩①，民利百倍；
绝伪弃诈②，民复孝慈；
绝巧弃利，盗贼无有；
此三言③，以为文，不足。
或命之，或有所属④。
见素抱朴，少私寡欲(，绝学无忧⑤)。

我们先看版本的差异，帛书本及通行版的"绝圣弃智"和"绝仁弃义"这两句在竹简本中是"绝智弃辩"以及"绝伪弃诈"。由于通行版的《老子》流传广泛，这两句也是常常受到人们质疑。

老聃的治国理念也是圣人治国，但此圣人是老聃自己定义的圣人。老聃在其

---

① 通行及帛书本：绝圣弃智。
② 通行及帛书本：绝仁弃义。
③ 通行及帛书本：此三者。
④ 通行及帛书本：故令有所属。
⑤ 郭店竹简本"绝学无忧"不排在此章，排在四十八章"学者日益"之中。因此，"绝学无忧"不在此论述。

五千言《老子》中，提及圣人之处达几十次，《老子》中又出现"绝圣"的字眼，显然是相互矛盾。即便这个"圣"字仅仅代表聪明，也是很难理解的。其实《老子》中的"圣人"与儒家的"圣人"完全不是一个概念。老聃的圣人是基于其理论的理想人物，儒家是基于儒家伦理道德学说的理想型人物。当然，时代不同，圣人这个概念的内涵也会随之而变。从历史的长河中看，儒家的确不遗余力地引导人们成"圣"，并把孔丘从一个教师、传统儒家文化的整理者与传播者推上了"圣人"地位。孔丘的"圣人"首先是孟轲冠名的，司马迁在《史记》中则进一步把孔丘推向了"至圣"巅峰。不仅如此，儒家后辈还散布迷信的图谶等，号称孔丘是五百年才出一个的"王者"。可惜，孔夫子一生既没有成为国君，更没有成为国王。但后世的崇拜者却又给他戴了一顶"素王"桂冠，成为非王而王。

　　通行版本的"绝圣弃智"，恐怕是后来道儒两家对立、矛盾激化而被修改的。如果我们细读《庄子》，就会发现其关于"圣人"的论述是前后矛盾的，究其原因是其前后语义不一。在《天下》篇和《逍遥游》篇中，"圣人"这一词汇的语义是与老聃的圣人观一脉相承的，可以说庄周很好地继承和发展了老聃的思想。但在《庄子·外篇》中对"圣人"进行了猛烈的批判，而这里"圣人"的语义显然是指儒家的"圣人"。不过庄子有一点和老聃是一致的，那就是反对儒家。

　　《老子》竹简版是公元前300年左右的，其中多处提到"圣人"，因此可以推断，在庄周时期，《老子》就已经成书。虽然我们没有发现如同现代通行本的八十一章，而仅仅有三十多章，由此可以推断，庄周是熟悉《老子》及其中心思想的。

　　那么为什么会造成《庄子》里前后矛盾呢？有研究指出，《庄子·外篇》是出自庄周弟子之手。"圣人"一词前后语义矛盾，即《庄子·天下》篇中是道家的"圣人"，而"外篇"中则是儒家的"圣人"，就不难理解了。从另一方面讲，在庄周之后，儒道两家的冲突变得异常激烈。在《庄子·外篇·胠箧》篇中就讲了一个对儒家的圣人进行辛辣讽刺和猛烈抨击的有关盗窃的故事：

　　盗跖的徒弟问他说："做强盗也有规矩和准绳吗？"

　　盗跖说："怎么会没有呢？凭空臆测到屋里储藏着什么财物，这就是圣；先进去就是勇；后出来就是义；知道见机行事就是智；分赃公平就是仁。以上五样不能具备的，却能成为大盗的人，天下绝无仅有。"

　　这篇《胠箧》讽刺、批判了以"仁、义、礼、智、勇"为标准的儒家圣人，认为这只是假借"圣人"之名欺世盗名而已，儒家的圣人是假圣人或者称之为"伪圣人"，进而把"圣人"提升到震耳欲聋的地步："圣人不死，大盗不止！"

　　在这篇文章中，还特意提到了"圣智之法"，就是前意识可知未来。我们今天来看这是一种迷信，但这与当时儒家所提倡的"圣人"与"圣智"有关，也是当时儒家思想的一种表现。

因此，由"绝智弃辩"变成"绝圣弃智"极有可能是儒道关系极其紧张时被后人所改，但它也代表了当时道家一派的思想。

在上篇3.3.3节，我们已经总结了老聃对圣人的描述。庄周在其《庄子·天下》篇对"圣人"也作了定义："以天为宗，以德为本，以道为门，兆于变化，谓之圣人。"这一定义更加合乎老聃关于"圣人"的论述。

除此之外，在《庄子》中还有一篇《在宥》，对"绝圣弃知而达到天下大治"进行了直接论述：

"当年黄帝开始用仁义来扰乱人心，于是尧和舜疲于奔波而腿上无肉、胫上秃毛，用以养育天下众多的形体，满心焦虑地推行仁义，并耗费心血来制定法度。然而他们还是未能治理好天下。此后尧将欢兜放逐到南方的崇山，将三苗放逐到西北的三峗，将共工放逐到北方的幽都，这些就是没能治理好天下的明证。延续到夏、商、周三代更是多方面地惊扰了天下的人民，下有夏桀、盗跖①之流，上有曾参、史䲡之流，而儒家和墨家的争辩又全面展开。这样一来或喜或怒相互猜疑，或愚或智相互欺诈，或善或恶相互责难，或妄或信相互讥刺，因而天下也就逐渐衰败了；基本观念和生活态度如此不同，人类的自然本性散乱了，天下都追求智巧，百姓中便纷争迭起。于是用斧锯之类的刑具来制裁他们，用绳墨之类的法度来规范他们，用椎凿之类的肉刑来惩处他们。天下相互践踏而大乱，罪在扰乱了人心。因此贤能的人隐居于高山深谷之下，而帝王诸侯忧心如焚，战栗在朝堂之上。当今之世，遭受杀害的人的尸体一个压着一个，戴着脚镣手铐而坐大牢的人一个挨着一个，受到刑具伤害的人更是举目皆是，而儒家、墨家竟然在枷锁和羁绊中挥手舞臂奋力争辩。唉，真是太过分了！他们不知心愧、不识羞耻竟然达到这等地步！我不知道那所谓的圣智不是脚镣手铐上用作连接左右两部分的插木，我也不明白那所谓的仁义不是枷锁上用作加固的孔穴和木栓，又怎么知道曾参和史䲡之流不是夏桀和盗跖的先导！所以说：'断绝圣人，抛弃智慧，天下就会得到治理而太平无事。'"

这里论述了应该"断绝圣人，抛弃智巧，达到天下大治而太平无事"的思想，这也是无为而治思想的具体体现。

综上所述，这句"绝圣弃智"中的"圣"具有"圣智"的意思，是儒家学派的"圣"。

另外，如何才能使"民复孝慈"呢？那就是要杜绝虚伪，杜绝巧诈，这样才能恢复到真正的孝慈。你要孝顺你父母，可以！但你不可假心假意，甚至别想着我得孝顺一下父母了。要出于一种自然而然的亲子之情，这样才是真孝慈。

在这一章中的"此三者(言)，以为文，不足"，多数翻译成"这三者，都是文

---

① 盗跖：传说中的起义领袖，原名展雄，据称是柳下屯人，故也称柳下跖，跖是指赤脚奴隶。

饰，不足以治理天下"。其实我们仔细分析一下就可看出，这里没有提及"治理天下"的意思。再对照前边的"绝智弃辩、绝伪弃诈和绝巧弃利"及后边的"见素抱朴，少私寡欲"，这实际上是说前面的三个文句或者文饰是不够的，它只是提出了杜绝的号召，如果仅仅靠这杜绝，显然是不够的，那人们应该怎么做呢？或者提倡什么呢？文中给出的答案是"所属"，并给出了建言："见素抱朴，少私寡欲。"这里的"见"就是现，是表现、展现、呈现的意思。"素"在古代是指没有染色的白丝。"朴"是没有雕凿的木头。所以说，本来的样子就是"素"和"朴"，那么，要怎么样能让人有所依归呢？就是"见素抱朴，少私寡欲"。

[释义]

　　杜绝和抛弃巧智与诡辩，百姓可以得到百倍的利益；杜绝和抛弃虚伪与诡诈，百姓可以恢复孝慈的天性；杜绝和抛弃巧诈私利，盗贼自然就会绝迹。仅仅依靠前面的三个文句是不够的，因此要人们有所归属：外在呈现朴素，内心淳朴，减少私心，清寡欲望。

二十　世人与我

唯之与阿，相去几何？
美之与恶①，相去若何？
人之所畏，不可不畏。
荒兮，其未央哉！
众人熙熙，如享太牢②，如春登台。
我独泊兮其未兆，如婴儿之未咳③；
儽儽④兮，若无所归。
众人皆有余，而我独若遗。
我愚人之心也哉！沌沌兮。

---

① 通行本里是"善之与恶，相去若何"，而帛书及北大存本则是"美之与恶，相去若何"。考虑到第二章的"天下皆知美为美，斯恶已"的情况，采用"美之与恶，相去若何"是比较合适的。
② 太牢：古代天子祭奠上天及社稷的祭祀，仪式上有大量牛、羊、猪等祭品。后来"太牢"也指食物丰盛的宴会。
③ 咳：小孩的笑声。
④ 儽：音lěi，羸弱之意。

俗人昭昭，我独昏昏；
俗人察察①，我独闷闷。
众人皆有以，而我独顽且鄙。
我独异于人，而贵食母。

"唯"与"阿"都是古代的应答之声，听长辈说话的时候，年轻人要"唯"；"阿"是古时候长辈对晚辈说话的口气，从喉咙里发出"阿"的声音。"唯"代表尊敬，"阿"代表傲慢，这里的"唯"与"阿"作"尊"和"卑"解释。现在我们说的"唯唯诺诺"也是来源于古代的应答之声。我们的一些文字中，也经常用到"赐"与"给"，地位高的人，譬如皇帝，那是必须用"赐"，但这两个字，除了具有强烈等级意识的接受方感觉不一样之外，表达的是传输过程，在本质上没有什么区别。

这里老聃给出了一幅春秋末期世态人情的风俗画，在春光明媚的季节，好人、坏人、善良的、丑恶的，形形色色的人们涌向高台，眺望远景；有的兴高采烈地呼朋唤友，参加豪华盛宴。呼喊声、应诺声、斥责声交杂成一片，熙熙攘攘的人们，难分彼此。老聃描述了一种世态实景，紧接着引入自己，形成较大的反差。相比世人，也反衬出了老聃的淡泊自守、浑沌宁静和质朴淳厚。老聃孤身一人，显得闷闷不乐，他在沉思、在自问。他想了些什么呢？

这是很有意思的一段描写，许多文字是老聃的内心独白，也是其哲学思想的表现。作为一个哲人，我们可以感受到老聃的与众不同，与世人之间存在着鸿沟般的差异，独立于世人之间。也许正是由于老聃作为哲人的孤独思考、清醒的认知，才创作了《老子》这部旷世力作。

这里我们需要注意的一个问题是，老聃描写的这些世俗生活场景是普通老百姓的吗？老聃是周王室守藏室史官，而在那个时代等级是非常分明、也是非常严格的。因此我们有理由相信老聃描述的不是普通老百姓的世俗生活场景，而是有较高社会地位，很可能是一些士大夫阶层的生活场景。如果我们误认为是普通

---

① 察察：精于算计。

老百姓的生活场景，并把它认知为春秋末年的社会普遍生活状态，那么我们可能就会以点带面，严重误导我们对春秋社会的认知。

对世人的描写，在《庄子·徐无鬼》篇里给了一个更加具体、形象的描述：

有智谋的人，要是没有碰到思虑的机会，就不高兴；好辩论的人，要是没有碰到辩说的机会，就不快乐；有能力的人，要是没有碰到困难的事，心情就不会爽快。这都是受了外物影响的缘故。爱国的人想要振兴朝廷，知识分子渴求荣耀，有巧艺的人渴望显示自己的妙技，勇敢的人渴望献身患难，拿兵器的人喜欢战争，退休的学者爱慕虚名，通晓法律的人研究政治，守礼教的人修饰仪容，行仁义的人广谈社交，农夫没有耕耘的事就不快乐，商人没有买卖的事就不高兴。百姓只要有早晚短暂的工作就会勤勉，工匠只要有器械的技巧就气盛，贪心的人不能积财就忧愁，得不到更高更大权势且喜欢自夸的人就会悲伤。依仗权势掠取财物的人热衷于变故，一遇时机就会有所动作，不能够做到清静无为。这样的人就像是顺应时令次第一样地取舍俯仰，不能够摆脱外物的拘累，使其身体与精神过分奔波驰骛，沉溺于外物之中，终身也不会醒悟，实在是可悲啊！

[释义]

恭敬的应答声"是"，与傲慢的应答声"哼"，相差究竟有多少？人们所说的"美"与"丑"，究竟相差在哪里？人们所畏惧的，我也不能不害怕。宇宙是如此宽阔啊，从古到今，世风轮转，好像没有尽头！然而，众人都在纵欲狂欢，如同享用"太牢"盛筵，如同春天登上高台极目远望美景。呼喊声、应诺声、斥责声交杂成一片；好人、坏人、善良、丑恶，形形色色的人们似乎也难分彼此。而我却独自淡泊宁静、无动于衷、浑浑沌沌，像婴儿不知嘻笑的疲劳、困顿，无所归依。众人都有盈余，而唯独我好像不足，我真有一颗愚人的心啊！世俗的人都活得明白鲜亮，而我却活得糊涂暗昧；世俗的人活得洁净精明，而我却过得浑浊质朴。大家都有作为，而我却愚朴鄙陋。我独与世人不同，崇尚道的本源。

走进老子

二十一　道之为物

孔德之容，惟道是从。
道之为物，惟恍惟惚。
惚兮、恍兮，其中有象；
恍兮、惚兮，其中有物；

窈①兮、冥②兮，其中有精；
其精甚真，其中有信。
自古及今③，其容不去④，以阅众甫⑤。
吾何以知众甫之状哉？
以此。

"德"在上篇3.3.2节我们已经做过较为详细的介绍，它的原义是"神奇的能力"之意。古代的帝王具有非凡的能力，这自然就是"德"了，譬如炎帝发明了取火技术，神农氏开发了农业种植技术，大禹成功地治理了江河水的泛滥。在早期儒家观念里，"有德"是一个君主取得认可的先决条件，而王权合法性信仰也是以德为本位，以德为核心的。这在儒家经典《尚书》中多有体现，如《召诰》中的"有殷受天命，唯有历年……不其延，唯不敬厥德，乃早坠厥命"。

对第一句多数的解释是把"孔德"翻译成"大德"，虽然比较普遍，也比较容易让人接受，我们不是常说"大恩大德"嘛！但这样的解释是很值得磋商的。"孔"这个字的本义没有大的意思，是中通、通空的意思。凡空虚能容者，孔也！我们也可以延伸为虚空的意思。我们常说"无孔不入"，也就是用的"孔"的本义。如果要是表述"大德"的话，老聃也不用绕圈子，直接用大德不就行了！

另外，这个"容"字有解释为"动"的意思，也是不对的。"容"在《说文》解释为"容，盛也"。《易·第七卦·师》有"君子以容民畜众"，也就是容纳畜养民众的意思。

因此，"孔德"与后边的"容"连起来解读，只是指"德"的包容性，也可以理解"德"具有容纳养育之功能，这个功能只能取决于"道"，也就是"惟道是从"。"容"这个字我们比较熟悉的一句话就是林则徐所说的"海纳百川，有容乃大"。这句话包含了较多的老聃思想。

另一个字"精"，经常把"精"加上"气"变成精气，这并不是十分妥当的。古人如果这样写的话，还是可以理解的，因为毕竟"气"带有古代的思维方式与语言特点。但在科学占主导地位的今天，添加"气"字就完全没有必要了，这样会很容易使人再次陷入古代的思维陷阱，同时也会与现代的用法相混淆，譬如我们今天说的气体、氧气等，与古代的"气"完全不是一个概念。

---

① 窈：深远，幽静。
② 冥：幽深，幽暗。
③ 帛书本：自今及古。
④ 通行本：其名不去。
⑤ 帛书本：众父。

老聃在第55章里描述婴儿，虽然并不知男女交媾之事，也无需外部环境的刺激，其小生殖器却能不时勃起。老聃在解释其原因时说"精之至也"。当然老聃说的是人，也是动物，但具体到"物"也会有助于我们的理解。

《庄子·秋水》是这样描述"精"的："夫精，小之微也。"而另一个假借春秋时期齐国名相管仲之名的《管子》，在《内业》篇里是这样描述"精"的："精，气之极也。精也者，气之精者也。"我们可以说"精"是精微。

成书于战国末年的《吕氏春秋》，在《精通》篇里是这样描述"精"的："身在乎秦，所亲爱在于齐，死而志气不安，精或往来也。"这里的"精"与生命体相伴却又可以脱离生命而存在。在《吕氏春秋》的另一篇《尽数》中，则描述了精气：

"精气生成之后，一定要有所依存。依存羽毛就表现为飞翔，依存野兽就表现为奔跑，依存珠玉就表现为美润，依存树木就表现为茂盛，依存圣人体魄就表现为高明。精气依存在轻盈的物体中，就会让它飞扬；依存在奔跑的动物中，就会让它奔走；依存于美好的事物中，就会让事物变得更加美好；依存于能够生长的物类中，就会让它丰盛；依存于有智慧的人之上，就会让他更加聪明。"

古人不懂力学，也不懂空气动力学，更不一定清楚动物的能量转化机理。但我们想要把古人的"精气"精准地诠释成现代科学语言也是非常困难的。现代科学是精细化与单一化的思维方式，而古人则是抽象化、综合化，也是模糊化的思维方式。因此，要正确理解这里的"精"则是需要深度思考的。

我们现在仍不能解释类似的现象，据此我们把"精"认为是"精神"的或者是迷信的思想，似乎理由也是不充足的。

在第10章里有"载营魄抱一"，古代的魂与魄是不一样的，魄指依附于人的身体而存在，而魂则可以游离于身体而存在，魂与魄都是精神层面的。如果我们把"精"与"魄"做一比较，"魄"侧重于精神层面，而"精"可能更侧重于物质或能量层面。

我们可以参考一下现代量子力学中的纠缠关系来加深我们的理解。

在自然界中，两个有共同来源的微观粒子之间存在着某种纠缠关系。科学实验发现，即使两个量子相隔很远，一个出现状态变化，另一个几乎在相同的时间出现相同的状态变化，而且不是巧合。也就是说不管它们被分开多远，都一直保持着纠缠的关系。伟大的物理学家爱因斯坦在其狭义相对论中假设光的传播速度是最快的，而且在不同的介质中是不变的，这样量子纠缠现象就与相对论的基础假设——光速最快——发生了矛盾。两个纠缠的量子就好像甲乙两个人坐一个跷跷板玩，甲下去，乙必然会上来；相反乙下去，甲也必然立刻上来。虽然甲乙的联系不是相关亿万光年的超距离，但甲和乙之间的相应变化是超光速完成的。当然两个纠缠的量子之间不是用跷跷板相联系的，两个纠缠的量

子是怎么具体关联的？就我们现在发现的一些譬如引力、磁力等都被排除在外，这具体是什么样的超级关联，我们不得而知，也许同源的量子或者物体本身就有这种关联。

下面我们再讨论一下"象"这个字。"象"的本义是兽名，即大象。甲骨文的象字，是大象的侧视图形。

《老子》中也多次提到"象"，如第4章的"吾不知谁之子，象帝之先"、第14章的"复归于无物，是谓无状之状，无物之象"、第25章的"道之为物……其中有象"和第41章的"大象无形"。

"象"是老聃提出的一个独特的概念，也是我国古典哲学的范畴。老聃对"象"的高度概括和总结是"大象无形"。

"象"作为一种哲学范畴，是老聃首先引入的。"象"与"形"是不同的，"形"是我们可以视觉上直接感受到的，又可以是触觉的对象。而"象"就不一样了，它既可以是视觉对象，又可以是超越视觉，超越"物"，超越一定的"形"，成为超越视觉的意识中的"象"。

庄周在论道时说："夫道，有精，有信，无为，无形，可传而不可受，可得而不可见。自本，自报，未有天地，自古以固存。"（《庄子·大宗师》）可以说直接传承了老聃的思想。又《庄子·达生》篇里有"凡有貌象声色者，皆物也"。

对"象"多有解读，刘安（公元前179年～前122年）在其《淮南子·天文训》中是这样解释"象"的："象，古未有天地之时，唯象无形。"这个沿用了老聃的观点"大象无形"（第41章）。河上公在作注时称："象，道也。"刘勰（约公元465年～520年）则说："神用象通。"（《文心雕龙·神思》）宋代王安石（1021年～1086年）也认为"象者，有形之始也"。（容肇祖辑《王安石老子注辑本》）这些关于"象"与"形"的解释基本上是一致的，就是"象"在"形"之前，可以独立于"形"而存在。"形"在一定意思上是反映"象"的，但"形"不等同于"象"，这是一个至关重要的概念。

"象"的哲学范畴深深影响了中国人的思维，这一概念深入了中国文化的精髓，无论是相面还是看风水，无论是绘画的意境还是书法的神韵，几乎都源于这个"象"这一概念。这个"象"似乎昭示着规律，规定着事物的发展方向。"象"对我们的文化艺术也产生了深远影响。我国的中医学理论体系也与"象"息息相关，"象"在中医学占据着极其重要的地位。比方说中医的主要诊断手段之一的号脉，而得到的信息称之为脉象，就是这一概念在中医上的应用。我们的国画讲究意境，其实是在形的基础上试图抽象出更深刻的表现形式。也可以说是"形"向"象"靠近的一种手法，或者是直观地表达"象"的手法。

老聃的这四个"其中有象""其中有物""其中有精""其中有信"，就是他描写"道"的顺序。第一个"有象"，是指好像有一个样子在里面，并不是完全虚无的。第二个"有物"，是指不是空的，是有一个实际存在的物。第三个"精"，是指这个物是精髓,"精"本义是指细密的,不是粗糙的,也可能指某种关联。第四个"有信","信"是指人的真言,也就是说具有真实的信息、实信。对于动植物来说,我们也可以把生物的基因(DNA)理解为是接近老聃的"信"的概念。如果没有真实的信息或者得不到真实的信息,就很难正确地了解它、全面地掌握它,譬如黑洞。

"象""物""精""信"说明了"道"并不是虚无的,只是不能用人们的感觉去直接体验,是视之不见、听之不闻、搏之不得的真实存在。换句话说,真正存在的东西不依赖于我们的感觉,这种真实存在是不是我们的理智可以完全理解的,在老聃那里似乎存在着疑问。从万物生成的角度看,万物并不是由虚无产生的。具体到"无中生有",这里的"无"是一个哲学上的概念,我们不能把其理解成"虚无"或者"零",或者什么都没有。

道是形而上的,无边无际,无形无状,恍恍惚惚,似有似无。但是,德是道的表现,德依赖于道,也就是"孔德之容,惟道是从"。因为道是万物的本原和归宿,永远存在,所以,可以追溯万物的初始。

认识事物不能仅仅局限于了解表面现象,要正确理解往往需要追根求源,这也是老聃的思维方式,也是其深邃之所在。

[释义]

　　德的容纳特征,完全依赖于道。道是什么样子呢?似有似无。如此恍恍惚惚,其中却有象;如此恍惚,其中却有物。遥远幽深啊,其中却有精;这精非常真切,可以得到验证。从古到今,道一直存在,它的"容"永远不会消失,可以用来追溯万物的初始。我怎么知道万物初始的情状呢?就是从道认识的!

二十二　不争之益

曲则全,
枉则直,
洼则盈,
敝则新,
少则得,
多则惑。
是以圣人
抱一为天下式。

不自见[①]，故明；
不自是，故彰；
不自伐，故有功；
不自矜，故长。
夫唯不争，
故天下莫能与之争。
古之所谓"曲则全"者，
岂虚言哉？
诚全而归之。

  本章是第2章相对论的延续与扩展，这里老聃仍然用了他擅长的相对观及辩证法来阐述处世与修身。曲与全，枉与直，洼与盈，敝与新，少与得，多与惑，这些既是相反、相对的双方，又互相依存、互相转化。类似的表述在第41章里有"大白若辱"和"大方无隅，大器免成，大音希声，大象无形"。他告诉我们在观察事物、处理问题时，不能认识"绝对"，走极端，将两个方面绝对化、极端对立化，这是错误的。
  关于"抱一"已经在第10章做了解释，这里与第10章是一样的。

[释义]

  委屈反而可以保全，弯曲反而能够伸直，低下反而可以充盈得益，破旧反而可以生新，少取反而可以多得，若是贪多反而弄得迷惑。所以圣人坚守着"道一"作为天下事理的范式。不自我张扬，反而能够显明；不自以为是，反而能够彰显；不自我夸耀，反而能够见功；不自我矜持，反而能够长久。这都是不和人争反而能显现自己的结果。正因为不与人争，所以全天下没有人能和他相争的。古人所说的"曲就是全"等语，难道还会是假话吗？能够做到这些，道亦会归向他了。

二十三　希言自然、道者同道

希言，自然。
故
飘风不终朝，

---

① 见：音xiàn，同"现"。

骤雨不终日。
孰为此者？天地。
天地尚不能久，而况于人乎？
故
从事于
道者，同于道；
德者，同于德；
失者，同于失。
同于道者，道亦乐得之；
同于德者，德亦乐得之；
同于失者，失亦乐得之。
信不足焉，有不信焉①。

　　这一章老聃用"自然之道"，也就是"天之道"为依据来论述"人间之道"。自然之道是"狂风刮不了一个早晨，暴雨也下不了一整天"，天地都如此，那么人间为什么会喋喋不休呢？显然人间的喋喋不休是违反"自然之道"的。这也是老聃为什么在第2章说"圣人行不言之教"、在第17章说"悠兮，其贵言"的根据吧！类似的表达还有第45章的"大辩若讷"、第56章的"知者不言、言者不知"、第73章的"天之道，……不言而善应"和第81章"信言不美，美言不信"。关于"言"与"不言"，已经在第2章做了较详细论述，不再赘述。

　　《老子》中的论述，以现代逻辑学的观点看，有的是前后次序不对。譬如本章的前半部分，以笔者的观点，顺序应该是："飘风不终朝，骤雨不终日。孰为此者？天地。天地尚不能久，而况于人乎？故希言，自然。"这样可能更合乎现代逻辑推理方式。

　　有人把暴风雨引申为"政令"，天地尚且使得暴风雨不到一天，人间的暴政能够持久吗？因此，严刑峻法、苛捐杂税的暴政既不可能长久，又不会有好结果。这也算是一种解释。

　　这章老聃表述了其因果论的思想，也就是我们常说的种瓜得瓜，种豆得豆。具体表现为"道者，同于道；同于道者，道亦乐得之"。这里没有强制观点，也没有善恶之分，没有劝善的强烈企图，一切自然而然。在这一点上是与佛教的因果观不一样的，因此也有"失者，同于失；同于失者，失亦乐得之"。这也道出了其相互观。

---

① 这一句与第17章的语句相同。

[释义]

　　老聃认为少言、希言是自然的。为什么呢？狂风刮不了一个早晨，暴雨也下不了一整天，兴起风雨的天地尚且不能持久，何况渺小的人类呢？所以从事于道的就同于道；从事于德的就同于德；表现于不道不德的，行为就与失道失德相同。因此，同于道的，道也乐于得到他；同于德的，德也乐于得到他；同于失道失德的，就会得到失道失德的结果。诚信不足的人，人们自然不会信任。

二十四　余食赘形

　　企①者不立，跨者不行。
　　自见②者，不明；
　　自是者，不彰；
　　自伐者，无功；
　　自矜者，不长。
　　其在道也曰：余食赘形，物或恶之。
　　故
　　有道者不处。

　　这一章的论述手法和上一章一样，都是从事实出发。所不同的是上一章从大自然的自然之道出发，而这一章是从人的自然行为，也是常识出发。踮着脚跟站立着不可能长久，跨步式行走不可能走远。人间的其他行为也是一样，譬如彰显自我、傲慢炫耀。尽管世界上总有一些人标新立异的反自然行为，但到头来都不过是昙花一现。因此人要顺应自然，自然而然。

　　对于今天的人们，除了上述行为之外，另外一个"不道"的行为就是过多的饮食，使人变得臃肿不堪，不但影响了形象，同时也影响了健康。所以老聃仅仅提倡"实其腹"，也就是"吃饱了就行了"。这不但是老聃的主张，今天看来也是有科学（自然之道）依据的。

　　这一章就整章的核心思想而言，几乎与第22章是一致的，不过本章是从"反面"加以论述的。

---

① 企：同"跂"，踮起脚跟。
② 见：音 xiàn，同"现"。

与本章"自见者，不明"相近的表述还有第16章及第55章的"知'常'曰'明'"、第22章的"不自见，故明"、第47章的"是以圣人不见而明"、第33章的"知人者智，自知者明"及第52章的"见其小曰明"。

[释义]

踮起脚跟的人难以久立，跨越式走路的人难以远行。自己喜好表现的人，并不聪明；自以为是的人，反不彰显；自我炫耀的人，反而没有功；自我骄傲的人，不能长久。从道的观点来看，多饮余食会使人变得赘肉横生、身体畸形，可以说连物类都讨厌它。因此，有道的人是不这样做的。

二十五　道与四大法

有物混成，先天地生。
寂兮，寥兮，
独立而^①不改，
周行^②而不殆，
可以为天下母。
吾不知其名，(强)^③字之曰：道。
(吾)^④强为之容^⑤曰：大：大曰逝，逝曰远，远曰反。
故
道大，天大，地大，人^⑥亦大。
域^⑦中有四大，而人^⑧居其一焉。
人法地，

---

① 这个"而"字在通行本里没有，河上公注本及其他版本则有。
② 周行：无所不至。
③ 楚简本中无此"强"字。
④ 帛书本有此"吾"字。
⑤ 《韩非子·解老》篇为"强为之容曰大"。通行本、帛书本为"强为之名曰大"。
⑥ 楚简本、帛书本中为"王"，也有的古本为"人"的。
⑦ 楚简本中为"国"。在西周金文中，王都附近被称为"中或（中域）"。随着时代的变迁，邑邦之间逐渐划定了比较明确的边界，"或（域）"字加上方框"囗"就成了"國"，因此，这章里的"域"与"国"是近义词，没有本质差别。
⑧ 帛书本中为"王"。

地法天，
天法道，
道法自然。

在《老子》中，"道"这个字是有不同含义的，但老聃并没有给这个核心概念命名为"道"，老聃说"吾不知其名，(强)字之曰：'道'"。下一句的通行本为"强为之名曰：'大'"，这就与第32章的"道恒无名"及第41章的"道隐无名"相矛盾，尽管"道"不等同于"大"。在这一章里，紧接着又有"道大，天大，地大，人亦大"，这里的"大"显然是形容词，与前面的"名曰大"显然也是不协调的。

为什么老聃用"道"来指称他的核心概念呢？我们先看看汉字是如何创造的。简单归纳起来，有以下几种方法：

（1）象形，以摹写物象外形的方式，创制一个描述存在的符号。这个符号是象形的，其实就是简易线条绘画。

（2）指事，在已有的象形符号基础上，突出加强某一特征，使之成为一个表示新意义的符号。

（3）会意，把几个有关的象形符号或象形符号的部分进行组合，成为一个新的符号。譬如"圣"这个字就是会意字。繁体字书写为"聖"，由"耳""口""王"三字构成。表示圣人不仅一听就理解，而且口才也要好，还能讲出来。

（4）形声，借用一个原有符号的读音，添加一个象形符号作为偏旁，从而组合为一个新符号。

（5）转注，利用意义上相同或相近的字彼此互相解释。如"考"字下说"老也"，"老"字下说"考也"，就是互训的例子，"老"和"考"的基本意思都是"年纪大"。

（6）假借，借用已有的形近、音同的字，表示不同意义的新词，客观上造成了同音同形而异义的词。

那么具体到老聃的核心概念，如果用上述六种方法是很难造一个字来表示其含义的。从另一方面讲，命名需要知道被命名的内涵，因为老聃的核心概念不但"虚无缥缈"而且内涵特别丰富，要命名也是很不容易的。为此，老聃也只能借用一个当时意义比较接近的字来表述他的核心概念，于是"道"这个字就被他选用了。

在老聃那个时代，人除了名之外还有字，譬如孔子的名为"丘"，字为"仲尼"。除了个人的名字之外，还有官民和其他称呼，如公、司空、司徒等。但其他事物，如植物和动物，则没有那么多的称谓。人的名一般是父母等亲族给起的，譬如简单地可叫张三，李四。但到弱冠(成年)年龄，需要再给一个称谓，称之为"字"。而这个"字"一般是请来宾根据弱冠(成年)人的特点等给起的,"字"往往更能反映这个人的秉性或相貌特征。从这个意义来讲,老聃无奈之下选了一个可能最大限度地代表了其概念特征的字——"道"来进行称谓。

老聃认为在未有天地之前,"道"已经存在,而且"道"是浑然的,由"物"等混成,即处于一种浑朴的状态。这些对天地万物起源的认识,早期人类认为宇宙是由微小粒子组成的均匀"气态物质"(这个气状描述显然不精准,也许波粒动态之状更为确切)构成的。而后这些"气态物质"凝聚,慢慢生成了今天的宇宙恒星和行星体系。我们祖先有的认为,天地未形成之前,宇宙间处于混沌状态,而后轻清者上升而为天,重浊者下降而为地。

这一章老聃进一步明确了"道"是由物混成的,也是天地之母,而且强调了"道"是独立的,而且是无所不至,周行不殆。这里老聃也响应了他的"道恒无名",为了叙述方便,强行以一个"道"字来指代,而非命名。从这一点上讲,老聃是非常严谨的。

现在有一种学说认为宇宙是在一个奇异点(奇点)发生大爆炸而生产的,由此生产的宇宙仍然膨胀之中。我们且不论该学说正确与否,该学说中有一些问题还是需要思考的。这"奇点"是不是亘古存在的呢?还是后来形成的呢?如果是后来形成的,那又是如何形成的呢?这些问题都没有学说来进行研究和推测。但我们可以假设宇宙膨胀到"极限"就会收缩,进而收缩到其原点。

此后这一句"强为之容曰大"采用了《韩非子·解老》篇文句,在通行本、帛书本中均为"强为之名曰:'大'"。是"名"还是"容"呢?我们来分析一下。

老聃在其他章节一再重述"道隐无名"(第41章),这里又强加给一"名",不是前后矛盾吗?"大"这个字多做形容词,很少做名词。在随后的"道大,天大,地大,人亦大"中,"大"也是作为形容词对前面的名词进行描述的。在这之前已经"(强)字之曰:'道'",那么还有必要再给它起一个名字吗?显然是没有必要的。

至于这个"容"字,在其他章节也有使用的,如第15章的"夫唯不可识,故强为之容:豫兮,若冬涉川;犹兮,若畏四邻"。因为"不可识"才"强为之容"来描述"古之善为道者"的容样与特征,在第1章里也有"道,可道也,非恒道也"的叙述,的确"道"也是很难认识的。

其次,我们再来看看"容"这个字的含义。容既有"容样"之意,也有"容纳"之意。用"大"字来描述"道"的"容样"或者"容纳"之特征,是可以理解的,在第21章还有"孔德之容"。再有那个时代有关于"名"与"实"思辨,"道"不是实,因此命"名"也是不合适的。何况"名"要反映事物的特征、特性,显然从这一点上讲"叫大"也是不合适的,这也是老聃为什么不给他的核心概念命名的原因。老聃只是给了一个字"道"来指称他的核心概念。因此,笔者认为这里作为"容"是正确的。这样就巧妙地避免了给"道"命名，以免前后不一。

本章除了"道"之外，老聃还提及了"四大"，即"道大，天大，地大，人亦大"。不但把"四大"并列，而且还特别强调"域中有四大，而王居其一焉"。因此，与下文"人法地，地法天，天法道，道法自然"并不矛盾。它突显了老聃不但重视大自然和道，也同样十分重视人在自然中的重要地位。虽然由于时代局限，老聃的道论带有直观性和朴素性，但它在哲学上，在认识论方面仍然具有十分重要的意义与价值。值得注意的是，在"四大"中并没有列入神，这显然是对神本主义的否定，对人本主义的肯定，也表现了老聃对人的尊严的认定和推崇。这在2500年前的春秋末年，老聃能有此观念是非常难能可贵的。

在我国兵家经典著作《孙子兵法》中，孙武也使用了"道"字，在"计"篇"五事（一曰道，二曰天，三曰地，四曰将，五曰法）"的排序中，"道"位居首位，孙武将其界定为："道者，令民与上同意也。"孙武先言"道"，后言"天""地"，与本章的"道大，天大，地大，人法地，地法天，天法道"在哲理层次顺序上相似的。因此，有人提出了"兵家源于道德"之说。实际上，《老子》的"道"与《孙子兵法》相比，其内涵要丰富复杂得多。正如《老子》中的"道"，包含了形而上之宇宙本原、本体和万物的运动变化所遵循的规律及人类生活的准则、个人修养的最高境界、社会理想状态等诸多含义；而《孙子兵法》此处的"道"，其内涵则仅限于社会政治领域。"地""天""道"在《老子》那里不是平行并列的范畴，"地""天"均要遵循"道"；而在《孙子兵法》当中，"道"与"地""天"是平行并列的，均为"五事"之一，孙武的"道"并不具有统领"地""天"的地位。因此，两书所论之"道"各有不同指向，尽管如此，也不能完全否认两者具有渊源关系。

[释义]

有天地之前，有物浑然而成，它寂静、空旷，独立而不改变，可行至无所不至且永不懈怠、永不停止。它可以成为天地万物之源。

我实在不知道这么玄妙的名字是什么，只好勉强用一个字"道"来代表它。如果要勉强用一个字描述的话，也只能用"大"了。"大"就运行不息，又称为"逝"；"逝"就会延伸遥远，又称为"远"；"远"就会返归本原，又称为"返"。

所以说，"道"是最大的；其次是天，再其次是地，最后则是人。宇宙间有"四大"，而人为"四大"之一，人为地所承载，所以人当效法"地"；地为天所覆盖，所以地当效法"天"；天为道所包涵，所以天当效法"道"；道本身"自我如此然"，所以道当法"自然"。

二十六 轻与重

> 重为轻根，
> 静为躁君。
> 是以君子①
> 终日行，不离辎重；
> 虽有荣观②，燕处超然。
> 若何③万乘之主，而以身轻天下？
> 轻则失根，躁则失君。

这一章里存在着一些用词的问题或者疑问，我们看看是什么问题。

首先这里用了一个词"万乘"，当时的大国或者强国是以有多少战车来衡量的。就战车的数量而言，到春秋末年，还没有一个国家拥有"万乘"战车。与老聃同时代的孔丘在《论语·学而》里说："子曰：'道导千乘之国，敬事而信，节用而爱人，使民以时。'"又《论语·先进》有载："子路率尔而对曰：'千乘之国，摄乎大国之间，加之以师旅，因之以饥馑；由也为之，比及三年，可使有勇，且知方也。'"也就是说那个时代"千乘之国"为中等国家，并非大国。从另一方面讲，也不能排除这是一个约词，形容数量多，就如"万物"一样。也有人说那个时代没有"万乘之国"，至今为止，发现《老子》一书的最早版本为战国时期的，因此，也不能排除这一章节是春秋以后补加的或被修改的。

再有一个问题，就是"是以君子终日行"这一句，在通行本中是"是以圣人终日行"。这里的"圣人"或"君子"是与后面的"万乘之主"，即国君相对应的。"圣人"或"君子"是"万乘之主"的比较参照。那么国君以什么为参照（标准）呢？就高是"圣人"，就低是"君子"。老聃的《老子》多论述"圣人"，很少提及"君子"，只是在第31章有"君子居则贵左，用兵则贵右。兵者，不祥之器，非君子之器"。"圣人"在《老子》里是一个比较清楚的、但与儒家的所指的"圣人"是截然不同的概念。

那么这里的"君子"具体是什么含义呢？

君子的原义是指有很高地位的男子，如公、侯及王子、公子等。也有对男子

---

① 通行本为"是以圣人"，帛书本为"是以君子"。
② 帛书本为"环馆"。
③ 通行本为"奈何"；帛书本为"若何"。

的美称的用法,是一种尊称,譬如对爱慕、敬慕男子的称呼。如在《尚书·无逸》一文中周公姬旦告诫周成王时说:"呜呼!君子所,其无逸。"这里的"君子"是指具有很高社会地位的人。又如《诗经·国风·周南》中的《关雎》中有"窈窕淑女,君子好逑",这里的君子显然是表示对男子的美称。

在《左传》中,君子和小人多用于区分人的社会地位高低,君子指在社会中具有较高地位的人,小人则是地位很低的人。小人即贱民,也可称贱人,也就是我们常说的阶级或者阶层的划分。如《左传·襄十三年》中的"君子曰:'让,礼之主也。……世之治也,君子中能而让其下,小人农力以事其上;是以上下有礼,而谗慝黜远,由不争也,谓之懿德。及其乱也,君子称其功以加小人,小人伐其技以冯(凭)君子,是以上下无礼,乱虐并生,由争善也,谓之昏德。国家之学,恒必由之。'"这里的"君子"用我们现在比较熟悉的话来说,"君子"就如我们现在称老爷、少爷之类的称呼;小人也就是我们现在的"小民""小的"或者小老百姓。

"君子"一词的含义也随时代变迁而逐渐变化。到孔丘时代,由于孔丘非常讲究级别又非常注重伦理,在孔丘的言行集《论语》中,君子与小人的含义就变成了以道德标准来划分了。这一用法与含义一直延续到现代。不过,在孔丘日常与人对话之中,却不一定是纯粹伦理意义上的"君子"与"小人",如《荀子·哀公》中的"鲁哀公问于孔子曰:'寡人生于深宫之中,长于妇人之手,寡人未尝知哀也,未尝知忧也,未尝知劳也,未尝知惧也,未尝知危也。'孔子曰:'君之所问,圣君之问也。丘,小人也,何足以知之?'"类似的用法在《礼记·哀公问》中也有记述:鲁哀公问于孔丘:"大礼何如?君子之言礼,何其尊也?"孔丘回答说:"丘也小人,不足以知礼。"这里孔丘所说的"小人"是指自己地位低贱,并非是纯粹伦理道德意义上的小人。

这就这给我们读古代书籍造成了困惑。年代不同,著作者的立场不同,即使同样的词汇,其含义也可能极为不同。

这里的"君子"不是我们现在纯粹道德意义上的君子,而是指社会地位较高但低于君主的统治者。通观《老子》一书,"圣人"是老聃的理想化治国者,因此,这里帛书本"君子"是正确的。

接下来的几个关键词是辎重、荣观、燕子和超然。辎重在这里指的是四面有屏蔽的车,并非今天所指的军械物质。荣观一词是指荣华之境,游观之所,但在帛书本里是"环馆"。意义上有所差别,但没有本质区别。燕子我们都非常熟悉,其居住之处往往是房檐之处,这里义喻虽然燕子身处雕栏玉阁,却并不被牵绊,能超然居之。这里喻君子像燕子对待住所一样坦然处之。

接下来笔锋一转指向"万乘之主",这个"万乘之主"隐含着两种意思,一是身份有分量,另一种可能是出行豪华。这样就更加反衬出"以身轻天下"了。轻浮躁动就会失去对国家的掌握与治理。

我们都知道不倒翁，之所以上部的"轻"不倒，是因为有下部的"重"根。对一个人而言，头重脚轻则不是一个好状态。当然老聃把它上升到更高的层次了。

下面我们分享一下我国北宋时期的大诗人、文学家苏轼的《超然台记》。这篇散文记述了苏轼从繁华大都市杭州迁到偏僻荒芜的密州时的心境，也许是对"虽有荣观，燕处超然"一句的最好注释吧！

1075年（北宋熙宁八年）苏轼从杭州到密州治所（在今山东诸城）任知州。在杭州时，苏轼住着有墙壁雕绘的华美漂亮的住宅，而到诸城之后住的则是小木舍；外界环境也由杭州湖光异彩的美景变成了桑麻丛生的荒野。苏轼到任时，密州西北城墙上有"废台"，苏轼修缮了一下，这里就成了其公务之余的好去处。其弟苏辙依据老聃的"虽有荣观，燕处超然"为其起名曰"超然台"。苏轼根据自己的经历感受，写了《超然台记》一文："任何事物都有可观赏的地方，都可使人有快乐，不必一定是怪异、新奇、雄伟、瑰丽的景观。吃酒糟、喝薄酒，都可以使人醉，水果蔬菜草木，都可以充饥。以此类推，我到哪儿会不快乐呢？人们之所以要追求幸福，避开灾祸，因为幸福可使人欢喜，而灾祸却使人悲伤。人的欲望是无穷的，而能满足我们欲望的东西却是有限的。如果美好和丑恶的区别在胸中激荡，选取和舍弃的选择在眼前交织，那么能使人快活的东西就很少了，而令人悲哀的事就很多，这叫作'求祸避福'。追求灾祸，躲避幸福，难道是人们的心愿吗？这是外物蒙蔽人呀！这些人局限在事物之中，而不能自由驰骋在事物之外；事物本无大小之别，如果人拘泥于从它内部来看待它，那么没有一物不是高大的。它以高大的形象横在人们面前，那么人就常常会眼花缭乱反复不定了，就像在缝隙中看人争斗，又哪里能知道谁胜谁负呢？因此，心中充满美好和丑恶的区别，忧愁也就由此产生了，这不令人非常悲哀吗！"

在密州的日子里，就是在这个超然台上，苏轼写了他的千古绝唱《水调歌头·明月几时有》。

[释义]

稳重是轻率的根本，清静是浮躁的主宰。君侯外出整天不离开四面屏蔽的车辆，虽然有华美之居和观览之乐，却能如燕子一般安处其中，超然物外。身为万乘之君怎么能自身轻浮地面对天下、浮躁地治理国家呢？轻率就会丧失根本，浮躁就会丧失主宰。

二十七 袭明

善行，无辙迹；
善言，无瑕谪；
善数，不用筹策；
善闭，无关楗而不可开；
善结，无绳约而不可解。
是以圣人
恒① 善救人，故无弃人；
恒善救物，故无弃物。
是谓袭明。
故
善人者，不善人之师；
不善人者，善人之资。
不贵其师，不爱其资，
虽智大迷，是谓要妙。

这一章中的"善数，不用筹策"的解释多有异意。有人把这句解释成"善于计算的人，不用筹码之类的计算工具"。的确，在春秋时期，有竹片或木条（棍）作为计算工具，也有一定的计算方法。但这样解释，似乎过于简单，也没有正确地理解这个"数"字。这个"数"在春秋时代并不是我们今天所说的数学，而是一种与占卜关联的学问。在《左传·僖公十五年》中就有"龟，像也；筮，数也。物生而后有象，象而后有滋，滋而后有数。先君之败德，乃可数乎"的记载；《礼记·曲礼（上）》则有"龟为卜，策为筮"的记述。"数"的学问在《易经》中也占有重要地位，归根结底是与占卜有关的。春秋时期，在重大决策中，譬如战争，往往通过问卜为决策提供依据。如公元前635年，晋文公重耳去平定周王室之乱时行军到达黄河边。在平诸侯还是勤王的抉择时，进行了占卜：

今为可矣，使卜偃卜之，曰："吉。遇黄帝战于阪泉之兆。"公曰："吾不堪也。"对曰："周礼未改。今之王，古之帝也。"公曰："筮之。"筮之，遇

---

① 通行本为"常"。

《大有》①之《睽》②，曰："吉。遇'公用享于天子'之卦也。"（《左传·僖公二十五年》）最后以占卜之结果而做出行动决策。

因此，笔者认为这里的"数"是筹划、谋略之意，也有事物发展规律之意，这是古代人信奉的。即使今天，我们许多人仍然相信数的奥秘。因此，"善数，不用筹策"之意是"善于谋划与决策的人，是不用筹策占卜的"。

这里论述了"救人救物"的问题，无论是何人，无论好坏都要救。这和第5章的"天地不仁，以万物为刍狗；圣人不仁，以百姓为刍狗"是一样的方式，区别只有一个是救人而另一个是待人。

如果现在有人突然看见一个小孩要落入井里，此人会出手相救吗？通常情况下肯定会施救或呼救的。孟轲把这种救人之心称之为"怵惕恻隐之心"，究其原因，则是"非所以内交于孺子之父母也，非所以要誉于乡党朋友也，非恶其声而然也"。如果无"恻隐之心"则就是"非人也"。当然，孟轲的论述没有涉及救人还是不救，只是说了"恻隐之心"。也许在孟轲的眼里，救人不救人这个行动本身不是最重要的，最重要的是要有"恻隐之心"。

[释义]

善于行车的人，不会留下任何车痕；善于言谈的人，不会留下瑕疵；善于谋划与决策的人，是不用筹策占卜的；善于关闭门的人，无需门楗也会使门打不开；善于绑定的人，不用绳结也会使人解不开。因此，圣人永远善于救助他人，无论何人都不会被抛弃；圣人永远善于拯救万物，无论何物都不会被抛弃。这就是内敛的聪明。因此，善人是不善人的老师，不善人是善人的学生。那些不尊重他的老师、不爱护他的学生的人，虽然自以为聪明，其实是莫大的糊涂，这就是精微玄妙的道理。

①《周易》六十四卦之十四卦。
②《周易》六十四卦之三十八卦。

二十八　知雄守雌[①]

　　知其雄，守其雌，为天下谿[②]。
　　为天下谿，恒德不离，复归于婴儿。
　　知其白，守其黑，为天下谷。
　　为天下谷，恒德乃足，复归于朴。
　　知其荣，守其辱，为天下式。
　　为天下式，恒德不忒[③]，复归于无极。
　　朴散则为器，圣人用之[④]则为官长。
　　故大制不割。

　　这一章里"朴散则为器，圣人用之则为官长"这一句最难理解。有人把它解释成"圣人使用这些器具，就可以成为百官之长"。如果这样的话，则需要思考一下为什么圣人使用这些器具就能成为百官之长？这里的"器"是什么呢？

　　"器"，虽然我们可以理解成一般意义上的器皿或器具，但也不能仅仅局限于此。在第31章就有"夫兵者，不祥之器"的用法，这里的"器"不仅仅是指刀剑之类的武器，也是指武装力量。在第29章又有"天下，神器也"，这里的"器"我们可以理解成人类社会，理解成各个国家也是未尝不可的。这句的"朴散则为器"，那么"朴"是什么呢？

　　老聃在第32章说"道恒无名，朴；虽微，天地弗敢臣"，"朴"是描写"道"的状态，即道常处于"朴"的状态。

　　"朴"这个字的本义是没有加工过的原木的意思，就是木的原本状态。老聃在其他章节也多次用到，如第15章的"敦兮，其若朴"，第19章的"见素抱朴"，第37章的"吾将镇之以无名之朴"，第57章的"我无欲而民自朴"等。由此可以看出，"朴"这个概念在《老子》中使用的次数较多，它是与"道"有着密切关系的。"朴"是对"道"状态的描述，是"道"的特征之一。如果有了"人

[①] 通行本为：知其雄，守其雌，为天下谿。为天下谿，恒德不离，复归于婴儿。知其白，守其黑，为天下式。为天下式，恒德不忒，复归于无极。知其荣，守其辱，为天下谷。为天下谷，恒德乃足，复归于朴。朴散则为器，圣人用之则为官长。故大制不割。
[②] 谿：音xī。《庄子·天（下）》篇曾引"老聃曰：'知其雄，守其雌，为天下谿。知其白，为天下谷。'"这应该是《老子》的原文。
[③] 忒：差错之意。
[④] 帛书本无此"之"字。

为的",而不是自然而然的,那么这个"朴"就被破坏掉了,这就是老聃所说的"朴散则为器"之意。也就是说,制作成的器将其原来"朴"的自然特性破坏掉了。我们拿原木(是木的"朴"的状态)制作成了桌椅板凳之类的"器",那么作为原木的"朴"也就散掉了,桌椅板凳不再具有原木的"朴"的原始状态与特性。老聃是反对"礼"的,因为"礼"是人为制定的,它规定了人间的等级差别。老聃认为把"礼"强加于人的行为,这样人天然的"朴"就被破坏掉了。"朴"是老聃的一个重要概念,也常常用于表达他的思想。在本章中就有"复归于朴",即复归到原朴状态。

当"朴"被用于一般事务或指人时,是在用它的延伸意义,具有"淳朴"等含义。

我们再来看看这个"圣人用之则为官长"中的"之"是指代什么?是朴还是器?是器的话,那么这个器也只能是社会化的人,为官长的话只能是人了。这个"朴"散的器——社会化的人与后面的用之没有明显的逻辑关系。只能这样理解了:圣人能以朴为精髓和原则来设置官长。在第67章中有"慈,故能勇;俭,故能广;不敢为天下先,故能成器长"。这里的"器长"与本章的"官长"同义,同时也可从上述内容来佐证对"圣人用之则为官长"的解释是正确的。

最后一句"大制不割"就是"使制度不会割裂",由此可以看出老聃对待当时的社会制度或者体制是改造或者改良,而不是革命。这与他从思想上、文化上对礼制的根本颠覆是不同的。可以说老聃在思想上是革命性的,在行动上是渐进改良型的。就整个老聃的思想体系而言,要改造人类已经形成的固有观念,也不是一朝一夕的事情。尽管如此,他与孔丘的"克己复礼"思想,也就是说保守思想,在根本上还是对立的。与老聃和孔丘相比,墨翟在思想上和行动上都是比较激进的。墨翟在思想上甚至提出了:"是故选天下之贤可者,立以为天子。……又选择天下之贤可者,置立之,以为三公。……又选择其国之贤可者,置立之,以为正长。"(《墨子·尚同(上)》)在行动上,墨翟主张"兴天下之利,除天下之害"(《墨子·节葬(下)》),"摩顶放踵利天下,为之"(《孟子·尽心(上)》)。

走进老子

另外,从这一章的最后两句,即"朴散则为器,圣人用之则为官长。故大制不割",似乎与前面的"知雄守雌"在思想上没有什么关联性。但如果我们把"圣人用之"的"之"理解为"知其雄,守其雌"、"知其白,守其黑"和"知其荣,守其辱",则是具有关联性的,否则放到一章里有点牵强附会。最后两句倒是与第29章有一定的关联性。

[释义]

自己深知雄强的道理,却不去争强,反而甘愿守雌柔,犹如天下的溪涧,空旷包容,滋生众物。作为"天下"的涧谷,永恒的德不会离去。不仅如此,还能回归到像婴儿一样纯真的质朴状态。深知自己的洁白，却甘愿守污黑，此乃天下之"范式"。作为天下之"范式"，永恒的德才能无错无失，进而复归到无极的质朴状态。这种质朴往往因各种器具的形成而散去，但圣人仍能以朴为精髓与原则来设置官长，因此可以做到(现行)制度不会割裂，使万物、百姓各遂行其天然之性，从而达到"无为而治"。

二十九　戒强

> 将欲取天下而为之，吾见其不得已。
> 天下，神器也，不可为也，不可执也①；
> 为者，败之；执者，失之。
> 夫物
> 或行或随，
> 或嘘②或吹，
> 或强或羸③，
> 或挫或隳。
> 是以圣人，
> 去甚④，
> 去奢，
> 去泰⑤。

老聃处于春秋末期，在春秋时代，由于周王室式微，天下大乱，到后期已经发展到诸侯列强争天下的局面。提起春秋，我们可能马上会想到著名的春秋五伯(霸)。孔丘在评述齐桓公称霸这段历史时说："管仲相桓公，霸诸侯，一匡天下，民到于今受其赐。"及"桓公九合诸侯，不以兵车，管仲之力也。如其仁！如其仁！"(《论语·宪问》)这凸显了孔丘对齐桓公和管仲的赞美！但作为后辈的孟轲却对

---

① 通行本为：天下神器，不可为也，不可执也。
② 嘘：缓吹为嘘。
③ 羸：音léi：瘦弱。
④ 甚：会意，沉溺于男女欢情。本义：异常安乐。
⑤ 泰：骄纵；傲慢。如《国语·晋语·叔向贺贫》中"桓子，骄泰奢侈，贪欲无艺"和"以泰于国"，就在国内非常奢侈。泰，过分、过甚。

伯侯进行了猛烈的批判,认为"五霸者,三王之罪人也"。其实,这五伯(霸)中,齐桓公及晋文公不是取天下而是霸天下。真正想取天下的应该是楚庄王、吴王夫差及越王勾践。他们都是不被当时周王室认可的半"蛮夷"之国,他们当然都是靠武力取天下的。老聃从社会哲学的高度批判了这种靠武力强行取天下的行为,因此才说"将欲取天下而为之,吾见其不得已。天下,神器也,不可为也;为者,败之,执者,失之",进而主张"以无事取天下"(第57章)。这也是老聃无为思想的延续,是与以孔丘为代表的儒家观点截然相反的。孔丘主张"克己复礼""不可为之而为之",这一思想被后儒继承,直到明末清初,还有学者张岱(1597年~1679年)作了进一步表述:"不知不可为而为之,愚人也;知其不可为而不为,贤人也;知其不可为而为之,圣人也。"(《四书遇》)

如果我们再看下面的内容,即"夫物,或行或随……或挫或隳",这显然不仅指人类,也包括万物,因此,取天下也必包含改造客观世界,不仅仅是人类社会。按照老聃的理论,我们现在所做的一些技术工作,如合成一些自然界不存在的东西,制造一些地球上自然界本不会自然发生的事情,这本身就是对大自然造成不可逆的破坏,这些都是违反老聃"顺自然而然"思想的。高度发达的科技究竟给人类带来的是福还是祸,这是需要整个人类深思、反省的!

接下来老聃所说的"是以圣人去甚,去奢,去泰",这不仅仅是圣人应该做的,也是整个人类都应该遵循的。

就近代而言,西方的拿破仑和希特勒都想以武力取"天下",最终都是彻底失败。如果拿破仑和希特勒看过老聃的著作,是不是会变得"聪明"一些呢?当人类走到21世纪,科学与技术也使武器发展到足以灭绝人类,毁灭地球的地步,人类会不会吸取一些老聃的智慧呢?从这个意义上讲,老聃的思想不仅是超前的,而且是伟大的!

[释义]

想要夺取天下而"治理"它,我看是不会达到目的。天下是神圣的,不能强求之,为之。强行为之必然失败,用力把持最终也会丢失。世间万物,千姿百态,千差万别,有积极前行的,也有消极跟随其后的,有的嘘寒,有的吹暖;有缓有急,有刚强有羸弱,有成就有毁坏。因此,圣人要清静无为,顺应自然,除去极端,除去奢侈,除去过分。因此圣人从不妄自作为,所以不会失败;从不强行把持,所以不会失去。

三十 戒用兵

以道佐人主者，
不以兵强天下。
其事好还。
师之所处，荆棘生焉；
大军之后，必有凶年。
善有果而已，
不敢以取强。
果而勿矜，
果而勿伐，
果而勿骄，
果而不得已，
果而勿强。
物壮则老，
是谓不道，
不道早已①。

老聃在这里叙述了战争的残酷和对社会造成的巨大危害。即使不得已的战争，也只要达到有限的目的即可，而且特别强调了"得胜"后的态度，即不要矜夸、炫耀、骄傲，这源于"物壮则老，是谓不道，不道早已"以及第76章所说的"坚强者，死之徒"的哲学思想，也就是说事物发展到极端就会走向反面，就会消亡。因此以道辅助主人时，不可以兵强天下。

尽管有老聃这些警告，但在历史上也不乏其例，如春秋末年，吴王夫差在伍子胥的辅助下，先奇袭大国楚的都城，并成功占领，迫使楚王外逃，大大削弱了楚国的国力。后又打败越国，迫使越王勾践降服。在这些胜利面前，吴王夫差欲北上与齐国交战，企图称雄中原：

"吴将伐齐……谏曰：'越在我，心腹之疾也。壤地同，而有欲于我。夫其柔服，求济其欲也，不如早从事焉。得志于齐，犹获石田也，无所用之。越不为沼，吴其泯矣，使医除疾，而曰'必遗类焉'者，未之有也。……今君易之，将以求大，不亦难乎？……其始弱矣。盈必毁，天之道也。'"（《左传·哀公十一年》）

---

① "物壮则老，是谓不道，不道早已"与第55章重复。

伍子胥极力劝阻吴王夫差，不但未能阻止，还招来了杀身之祸。公元前484年，吴国虽然在"艾陵之战"中歼灭齐军十万，但也付出了损失五万左右兵力的代价。吴王夫差未听伍子胥之劝，"以兵强天下"，终于在公元前473年被越王勾践灭国后自尽。

我们再来了解一下春秋战国时期的军事制度。在春秋时代，多数参加战争的人不是职业军人，而是相当于我们现在的民兵。只有参加战争时，才由民变成兵，古人叫作"出军法"或"军赋"。临近作战，临时征集兵士，而车马兵甲等军用物资则由国家配置。当出征时，才临时配给，叫作"授甲""授兵"（《左传·隐公十一年》及《左传·哀公十年》）。对于军队的构成，在《司马法》有记载："一车，甲士三人，步卒七十二人，炊家子十人，固守衣装五人，厩养五人，樵汲五人，轻车七十五人，重车二十五人。"一辆兵车的配置人员约百人，那么，千乘就需配置十万人。

那么，多少人可以养多数军队呢？在《管子·揆度》中给算了个账：

"百乘之国，中而立市，东西南北度五十里。……百乘为耕田万顷，为户万户，为开口十万人，为当分者万人，为轻车百乘，为马四百匹。千乘之国，中而立市，东西南北度百五十余里。……千乘为耕田十万顷，为户十万户，为开口百万人，为当分者十万人，为轻车千乘，为马四千匹。万乘之国，中而立市，东西南北度五百里。……万乘为耕田百万顷，为户百万户，为开口千万人，为当分者百万人，为轻车万乘，为马四万匹。"

《孙子兵法·作战》篇的"凡用兵之法，驰车千驷，革车千乘，带甲十万"也反映了当时的用兵情况，与上述情况是一致的。

在西周及春秋早期，战争规模及征伐距离都有限，为时也较短，军资也主要由国内取得。当然，粮秣给养则需要由国内税赋负担。在《国语·鲁语（下）》中载有孔丘追述周代初期的税赋制度："先王制土，籍田以力而砥其远迩；赋里以入而量其有无。任力以夫而议其老幼，于是乎有鳏、寡、孤、疾，有军旅之出则征之，无则已。其岁收，田一井，出稯禾、秉刍、缶米，不是过也。"这里的出稯禾（40把饲料）、秉刍（1把柴禾）、缶米（16斗米），其中粮食只够一个士兵吃一个多月。

但到春秋末期，由于战争长途跋涉，运输成了严重负担。孙武在《孙子兵法·作战》篇作了总结："善用兵者，役不再籍，粮不三载，取用于国，因粮于敌，故军食可足也。国之贫于师者远输，远输则百姓贫。"也就是说"武器装备由国内供应，从敌人那里设法夺取粮食，这样军队的粮草就可以充足了"。这就是老聃所说的"师之所处，荆棘生焉；大军之后，必有凶年"。

[释义]

　　用道辅佐国君的人，是不会用武力逞强于天下的。军队所到之处，就会造成伤及无辜，劳力减少，田野荒芜，荆棘丛生，食粮匮乏。因此，大战过后，必会造成荒年。善于用兵的，只求达到有限的军事目的，决不逞强黩武，称雄称霸。用兵只是为达到目的而不得已为之。即使取得胜利、达到目的也不应矜夸、炫耀、骄傲。万事万物，一旦强大壮盛到一定程度就会转而开始衰弱，所以黩武逞强是不合乎道的。不合乎道，就会提早衰亡。

三十一　用兵不祥

　　　　夫兵者，
　　　　不祥①之器，
　　　　物或恶②之，
　　　　故
　　　　有道者不处。
　　　　君子居则贵左，用兵则贵右。
　　　　兵者，
　　　　不祥之器，
　　　　非君子之器，
　　　　不得已而用之，
　　　　恬淡为上。
　　　　胜而不美，而美之者，是乐杀人。
　　　　夫乐杀人者，则不可得志于天下矣。
　　　　吉事尚左，丧事③尚右。
　　　　偏将军居左，上将军④居右。
　　　　言以丧礼处之。
　　　　杀人之众，以悲哀泣之；

---

① 第55章：益生曰"祥"。
② 恶：音wù，厌恶、憎恨。
③ 通行本为"凶事"，楚郭店竹简版、北大简、湖南长沙马王堆帛书甲本均作"丧事"。
④ 有学者考究"上将军"一职设置于战国时期，因此推测该章应成书或修改于战国时代。

战胜，以丧礼处之。

本章的第一句是"夫兵者，不祥之器"。这里对"兵者"和"器"的解读不同，会产生微小差别。笔者认为，这里的"器"字不但指"武器"，同时也是指军人。这样"兵者"包含了军人及武器，也就是现代的武装力量。

这一章老聃用"礼"来阐述他的观点。老聃是熟知古代礼仪的，孔丘曾向他求教过有关"礼"的学问，就可说明这一点。在上一章，老聃讲述了战争的巨大危害，同时也指出了即使战争得胜也是不值得炫耀的。这一章主要讲述了作为有道君子要远离兵者，即使万不得已而用之，也要淡然且适可而止。除了对企图以用兵来取天下的谴责之外，老聃也表达了对于不得已战争所持的态度，这也说明老聃不是反对一切战争。对这种"不得已而用之"的战争，即使取得了胜利，也要"以悲哀泣之""以丧礼处之"。这样的战争观不能不令人肃然起敬！

关于战争取胜后的行为及其战争观，我们可以通过古代历史文献了解一下。据《左传·宣公十二年》记载，公元前597年发生了晋楚之间的大战——邲之战。这次战役，楚军大败晋军，尸横遍野。楚国大臣潘党建议在战场筑一胜利纪念物——"京观"，以纪念这次楚军的胜利。楚庄王（芈姓，熊氏，名旅，公元前613～前591年在位）断然拒绝了，他从文字的角度解释了"止戈为武"，讲了"武"的七德"禁暴、戢兵、保大、定功、安民、和众、丰财"，还说"今我使二国暴骨，暴矣"，意即如今因为这场战争而使两国的将士暴骨于战场，这已是残忍的行为了。他这么说是因为他认为战争是残暴的行为，不值得炫耀。

这个故事发生于春秋后期，也是老聃所处的年代。由此我们可以看出，老聃的思想已深深根植于华夏文明的沃土之中。楚庄王熊旅引据的典籍，虽非《老子》但也从另一方面说明楚文化的独特性。尽管"正统"的周王朝一直把楚国归于半蛮夷国度，但从出土的最早的《老子》版本——楚简本依然可了解到《老子》在楚地的影响力。

走进老子

[释义]

武装力量，是不祥事物，不但人们讨厌它，就是物类也不喜欢它，因此有道的人远离而且绝不轻易用它。有道的君子，平时贵左尚吉，而用兵则以右方为贵。武装力量是不祥的事物，非君子所用之物。即使万不得已而用之，也要淡然用之，适可而止。即使打了胜仗，也不可得意。如果赞美胜利，就等于喜欢杀人。那些喜欢杀人的，是不可能得到天下的。吉庆的事情以左为上，凶丧的事情以右为上。所以用兵时，副指挥官就在"左方"，而正指挥官则在"右方"，这就是说出兵打仗用的阵势是以丧礼的形式列队的。所以，人杀多了要悲伤哭泣去追悼；战胜了，还需以丧礼来祭奠。

三十二　道恒无名、朴

道，恒无名，朴；虽微①，天地弗敢臣。
侯王若能守之，万物将自宾。
天地相合，以降甘露，民莫之命，天自均焉。
始制有名，名亦既有，夫亦将知止，知止所以②不殆。
譬道之在天下，犹川谷之于江海。

首先我们来分析这一章的断句。第一句"道，恒无名，朴；虽微"在断句上有不同的断法。一种是"道恒无名，朴虽微"，这样就把"朴"当成一个独立的主语了。这样"朴"就成了"道"的下游或者由"道"首先生成的了。另一种断句方式是"道恒无名，朴；虽微……"。

对于第一种断句，"朴"则是"混沌"中存在的最小的原始物，它成为后来所形成的万物的基础，这显然与老聃在其他处所用的"朴"是不相吻合的。

"虽微，天地弗敢臣"这一句通行本是"虽小，天地莫能臣"，虽然意义相近，但用"小"与"微"还是有区别的。如果用"小"，给人的直观印象是大小之分的"小"，道是无形无体的，说到"小"似乎给人的印象是有体积的。"微"既有"小"的含义，又有隐遁之意。譬如我们常说的"皇帝微服私访"，这里的"微"不是小的意思，是不穿皇帝的龙袍而穿普通服饰，因而就"隐遁"了皇帝的身份。当然，普通服饰展现的地位当然要比龙袍显得低贱。因此，"微"用来描述"道"更为精确。这样"道……虽微"也是指"道"不但"小"而且是隐遁的，与《老子》其他章节关于道的描述是一致的。

老聃在讲述"道"时用了"恍惚""物""精""象"等词（概念）来描述、形容，在探讨天地形成伊始时使用了"混沌"等概念。有人这样理解：在天地未形成前，宇宙中存在着被称为"混沌"的"气状物"，我们这里不用气体，因为气体两字很容易与我们日常的气体概念相混淆，故这里使用"气状物"。

下面的"天地相合"也有许多翻译成"天地阴阳交合"或"天地间阴阳之气交合"。我们不是说老聃没有"阴阳"的概念，但老聃没有直接使用阴与阳，而且阴阳这个概念在西周的时候就被史官用到过，因此作为史官的老聃自然也应该非常清楚。如果加上"阴阳"两字，就有点《易经》的味道，还是不加为好。

---

① 采用楚简本。帛书本、通行本为：道，恒无名，朴；虽小，天下莫能臣。
② 竹简本、通行本为：可以。

这一章的"天自均焉"与第5章的"天地不仁"、第56章的"故不可得而亲，亦不可得而疏；不可得而利，亦不可得而害；不可得而贵，亦不可得而贱。故为天下贵"是相一致的。

对于天，也就是自然的天，它"普降甘露，均衡平等，没有偏私"。这些是天(自然)的特性，这些特性不会依据人们的意志而改变，是自然而然的事情。这跟第5章的"天地不仁"、第79章的"天道无亲"在哲学意义上是相同的。

这章里的"有名"，在第1章里我们做了讨论。这里的"有名"是指事物有了名，但这个"名"不是自己产生的，应该是人类命名的。作为名称，一是为了区分事物，譬如花、草、狗、猫等；二是界定社会意义上或者道义上的各种名分，如王侯、卿士、大夫等等。对于区分万物的名称而言，譬如，花就是花，草就是草。这些存在有了一定的特性、界限就可以给它们命名，而命名后就可按照它本身的名称来加以界定。

人作为宇宙间一种特殊的存在，老聃也把人列为四大之一(第25章)。在宇宙万物中，人类是独一无二的创造了灿烂文明的具有高度智商的动物，但也是一种极其贪婪的动物。其他动物，即使是最凶残的动物，在饱食之后其凶残的本性也就暂时收敛，甚至消失。但人类却在果腹之后还有食不厌精、脍不厌细的奢望，更有五味俱全的要求。除此之外，人类命名了万物的名字，还为自己设置了许多"虚名"：什么王侯，什么卿士，什么大夫等。当然，这些名并不完全虚而无用，它代表了人在社会中的地位与作用，当然也给这些"名"人赋予了特定的社会含义，也就是"名分"。就连孔丘的弟子问他如果请他去治理国家的话，他该如何做？孔丘也回答"首先正名"。可见这些人为的"名分"的"名"不但虚，而且很可能歪。除了一些徒有虚名的"名"人之外，乡间路边的小饮食店可以起名皇宫大饭店；一个芝麻官可以在职务级别上虚称西瓜官而心满意足、得意洋洋。这也彰显了遗传至今的文化特征。

人类给同一事物以不同的命名，并赋予其不同的含义，人们对此习以为常。但于其他物品或动植物而言，实属多此一举。

因此，老聃说："始制有名，名亦既有，夫亦将知止，知止所以不殆。"也就是说有了名就有了界定，有了界定也就有了范围，因此不主张扩展自身的所属领域，譬如说树枝和花是不同的，我们不要试图将树枝变为花，也不要试图将花强行变为树枝。人类社会也是一样。

一般多把"譬道之在天下，犹川谷之于江海"这一句说成是老聃的正言若反，其实这是不妥的。也就是说"天下对于道来讲，就如川谷归于江海一样"，把"道"说成是"天下"的归宿，其实这里老聃的意思是"道"是"天下"本源的意思。在第66章有"江海之所以能为百谷王者，以其能为百谷下"，通过引用江海与川谷关系来表达"处下"的观点。

[释义]

　　道永远无名，处于自然而然的原朴状态。它虽然隐微，天下没有能够臣服它的。侯王如果坚守它，万物将会宾服。天地间相互作用，就会降下甘露，人们无需给它什么指令，它自己会自然均匀。产生万物后，也就有了各种"名称"，名称既然有了，也就说被命名的是在被确定了界限之后才被命名的。因此，知道了界限，就可以没有危险了。"道"为天下的源本，犹如作为源泉的川谷对于江海一样。

三十三　自知者明

　　　　知人者智，自知者明。
　　　　胜人者有力，自胜者强。
　　　　知足者富。
　　　　强行者有志。
　　　　不失其所者，久。
　　　　死而不亡者，寿。

　　我们都知道"人贵有自知之明"这句名言，但却很少有人能够做到。
　　古代希腊有一个大哲学家叫苏格拉底（公元前469年～前399年），与墨子几乎是同时代的人，他的学生曾去神殿向神求签询问谁是全雅典最聪明的人，神告诉他，无人比苏格拉底更聪明，这个学生回去把此事告知了苏格拉底。苏格拉底出于自身的怀疑便开始在全城之中寻找一个比他更加聪明的人。他拜访了雅典的许多名人权贵，其中有当时掌权的众多政治家、闻名遐迩的著名诗人、建造出众多美轮美奂建筑的建筑工艺家，但这些知名人士却全部让苏格拉底大为失望。
　　最后，苏格拉底终于明白了为什么神说没人比他更加聪明了，因为他至少知道自己的"无知"，而其他人却连自己的"无知"都不知道。这也是老聃所说的"自知者明"。
　　在《老子》中与"自知"相关的论述还有第16章的"'和'曰'常'；知和曰明"、第71章的"知'不知'，上；不知'不知'，病"和第72章的"是以圣人自知，不自见"。
　　这一章的最后一句是"死而不亡者，寿"，这对现代人来讲是比较难以理解的。为什么死了却说不亡呢？直接翻译这句话就是"死了而不会消失的才算长寿"。在春秋战国及其之前的年代,"死而不亡",可以说是一种观念,认为人死之后,虽然作为主体的身体死亡了,变为泥土了,但那时的人们相信"死而不亡",死是身体和生命的结束,但死后灵魂还没有消失。一般认为人死后变成了鬼,所以才有祭祀祖先的活动,以祭拜祖先的灵魂。从《老子》的其他章节来看,老聃并非认为鬼神是不存在的,如第60章的"其鬼不神,非其鬼不神,其神不伤人"。那么是不是鬼神会永存呢?老聃在这里没有说明,就老聃的时代而言,可能有各种认识。今天我们来理解这句"死而不亡",应该有两个意思,第一是精神遗产长存,第二是死亡意味着回归道体,亦即永不消逝。

[释义]

能了解他人的人可谓有智,了解自己的人才是明智。能够战胜他人的人可称为有力,能够克服自己、胜过自己才是真强。能够知足淡泊于财富的就是富有。顽强坚持的人叫作有志。不失道的根本的人就能长久。身死而精神不亡的人才算长寿。

三十四 大道无所不至

大道泛兮,其可左右。
万物恃之,以生而不辞,
功成而不名有,
衣养万物而不为主。
恒无欲①,可名于小。
万物归焉而不为主,可名为大。
以其终不自为大,
故能成其大。

我们先看第一句"大道泛兮"是什么意思。在《庄子·知北游》里对其有很好的解释:

东郭子向庄周请教,问:"人们所说的道,究竟存在于什么地方呢?"庄周回答说:"大道无所不在。"东郭子又问:"必定得指出具体存在的地方才行。"庄周回答说:"在蝼蚁之中。"东郭子再问:"怎么处在这样低下卑微的地方?"庄周回答说:"在稻田的稗草里。"东郭子接着问:"怎么越发低下了呢?"庄周回答说:

---

① 通行本为"常无欲"。

"在瓦块砖头中。"东郭子接着又问:"怎么越来越低下呢?"庄周回答说:"在大小便里。"东郭子听了后不再吭声。

于是,庄周说:"你问的问题,没有接触到实质,所以我只能这么回答你。从前正获问监管市场的人如何判断猪的肥瘦,便是从脚看起。你不要固执成见,认为屎溺里面没有道,其实天地间没有一样东西能离开道。'至道'如此,伟大的学说又何尝不是如此呢?"

这一章主要论述"道"的特性与品质。关于"道"在上篇3.3.1节做了较全面论述。在"道"的特性和品质之中,其"大小"还是有区别的。"恒无欲"是"道"的一个特性,也是"道"的品质,但这并不是"道"大的特性和品质,而是小的方面的。"道"的伟大的特性和品质是"万物归焉而不为主",即万物归附于它而它却不自以为主宰。这些"道"的特性和品质都化身为老聃所描述的理想人物——圣人——的特性和品质。换句话说,老聃的圣人的品质都是源于道,老聃的圣人是道在人间的化身。圣人的特性和品质不但是统治者的榜样,也是全人类的榜样。这是老聃人本思想的基本点和出发点。在其他章节中也有对圣人特性与品质的描述,如第2章的"是以圣人居无为之事,行不言之教。万物作而弗始也,为而弗恃也,成功而弗居也",第7章的"是以圣人后其身而身先,外其身而身存"和第22章的"不自伐,故有功"。这些都体现了圣人是"道"的化身。

[释义]

大道广泛而普遍,可左可右,无边无际,无处不在,无所不至。任万物赖以自由生长,而不加以干预;任万物赖以成就,而不居功己有;它养育万物,而不为万物主宰。道永远没有欲望,这是它品质小的方面。万物归附于它而它却不自以为主宰,这可称为"道"的伟大。道之所以能成其伟大,是因为它不自以为伟大。

三十五　执大象天下往

执大象,天下往。
往而不害,安平太。
乐与饵,过客止。
道之出口,淡乎,其无味。
视之不足见。
听之不足闻。
用之不足既。

在第21章，我们详细解释了"象"这一深刻且具有中华文明哲学含义的概念。

通俗解释一下这个"象"。在《封神榜》中，姜子牙的坐骑是"四不象"。那么这个"四不象"有象吗？有，那就是四不象。"道"有象吗？我们说不出来，也可以说是"万不象"。那么，即使是"万不象"也是有象的，那就是万不象。"万不象"是什么呢？"万不象"就是无象之象，即为大象。这个"大象"，虽为无象，却可以生"万象"。

对"象"的认识与信仰，可以说贯彻于我们的文明史，只是老聃首先把它提升、抽象成哲学概念。远古时代，人们的科学知识非常贫乏、生产力极低，对"象"的信奉是完全可以理解的。最简单的例子莫过于随着蓝天白云的"天象"转换成乌云密布的"天象"，那么就预示着要下雨，而这雨水对于农耕社会而言是极其重要的。这是"近距离"的天象，随着对四季认识的加深，人们逐渐把目光投向遥远的星空。

在古代，天象，也称星野。古人认为，星野是对应着地上的各个区域或邦国的。古人相信这些星辰的排列组合成的"象"象征着什么，它对地面上的人们是有警示作用的。用现在的话来讲，就是天体的运作会影响到地球的气候等。古人信仰"天象"就像我们今天笃信科学一样。只是时代不同，用语不一而已。

甲骨文主要是占卜的记录，包含有天象的记录。这是殷商文化的遗产。对殷商族而言，即使商王朝作为"天下共主"被终结，这一文化传承也没有中断。公元前480年，在宋国（殷商后裔）有一个关于天象的故事就很能说明这种传承。

宋景公三十七年，荧惑星（即火星）侵入心宿的范围，正看守住心宿的心星。依照当时星象，心星对应的地域正好是宋国，这是主导灾祸的凶事。宋景公（子姓，名栾，公元前516年～公元前469年在位）对此事非常担忧，就召见专管占星相的子韦询问原因，说："火星在心宿出现，这是什么缘故呢？"子韦说："火星是上天惩罚下界的妖星；心宿是宋国的分野，这是预示着国君您要有灾祸。尽管如此，您可以将灾祸转移给宰相。"宋景公说："宰相是和我共同治理国家的人，将灾祸转给他，这不吉利。"子韦说："可以将灾祸转移给百姓。"宋景公说："百姓都死了，我还为谁当国君呢？我宁愿自己去死！"子韦说："可以将灾祸转移给农业收成。"宋景公说："收成不好，百姓就会挨饿，闹饥荒百姓也会死了。作为国君却害死百姓求得自保，那还会有谁把我当作国君呢？这是我的寿命本就已经到头了，你无需再说了。"子韦站立起来，恭恭敬敬地向北而拜，说："我祝贺您，上天虽然处于高处，但可以听到地上的声音。您刚才说出了最为美善的三句话，上天必定会奖励您三次。所以今晚火星一定会后退三舍，您可以延长寿命二十一年。"宋景公说："你怎么知道的呢？"子韦回答说："您有三句美善的话，一定会得到三次奖赏，所以火星一定会后退三舍的。每退一舍便要经过七颗星，一颗星代表了一年的寿命，三七二十一年，所以臣说您可以延寿二十一年。臣请求守候在宫殿的台阶下等待火星迁移，若是火星不迁移，臣甘愿领死。"宋景公说："可以。"当天晚上火星果然后退了三舍。

荧惑守心就是一个天文现象，简单地讲，就是指火星在心宿内发生"逗留"的现象。在"逗留"的前后时期，火星看似运动很慢，往往在很小的范围（2°角）内徘徊近一个月，好像是停留在那里一样。这时两"火"相遇，红光满天。古人称之为"荧惑守心"，视这种现象是很不吉利的天象。

从这个故事我们可以了解到古人对天象的观察是非常精细的，尤其是商族，这是他们的信仰与传统。当然，殷商族的这一信仰与传统的传承，不但给我们留下了甲骨文，同时也留下了许多古代天文学史料。可以说，这是对我们华夏文明的重要贡献。

故事中宋国的大臣利用天文现象来寓意。今天我们知道星星后退三舍只不过是一个正常的天文现象，与人间没有什么必然联系。不过殷商族相信这个，大臣就利用这一点顺水推舟罢了。尽管如此，观察天象传统还是得到了传承，我们中国人常说"宇宙万象""万象更新"，就是对这一"象"文化的继承。

尽管我们不能说老聃的"象"来自于殷商族的信仰"天象"或象之征兆，但也不能否认其文化传承。

如果把第一句"执大象，天下往"翻译成"执守大道，天下百姓都来归往"是非常简单的。在第14章也有"执今之道，以御今之有"，尽管两者意义相近，但还是有区别的。"执今之道，以御今之有"是深层次的，是自然层面的，是说掌握自然之道，就可以驾驭现实的物质世界的发展规律，譬如种庄稼、疏河流等。而"执大象，天下往"则是天地人层面的，简单地翻译成"执守大道"有点模糊性和不确定性。因此，这里的"大象"也包含人类社会的运行规律。

儒家也讲究"大道"，孔丘在《论语·卫灵公》曾说"君子谋道不谋食"和"君子忧道不忧贫"；又在《论语·里仁》里说"朝闻道，夕死可矣"。《周易·系辞（上）》则说"在天成象，在地成形"。那么这里的道是什么道呢？是不是老聃所讲的道呢？显然是不一样的，孔丘多指社会及伦理层面，而且是一些具体的事物；而老聃的道是哲学层面的，不但涉及对宇宙万物起源，也涉及对人类社会运行规律的认识，具有更深刻的核心内涵和更广泛的外延。

[释义]

掌握和遵循道的规律来治理国家，天下百姓都会归往。因为归往的百姓不但不会受到伤害，反而能够享受天下的太平和安康。音乐、美食、美味，虽然能诱使过客止步，有短暂的享受，但不会持久。而讲述出来的道，虽然平淡无奇，淡而无味，无形无声，既看不见，又听不到，但却能用之不尽，用之不竭。

三十六　盛极必衰

> 将欲歙之，必固张之；
> 将欲弱之，必固强之；
> 将欲废之，必固兴之；
> 将欲取之，必固与之；
> 是谓微明。
> 柔弱胜刚强。
> 鱼不可脱于渊，
> 国之利器，不可以示人。

这一章老聃表达了事物强盛到一定程度，走向极端就会衰败，甚至灭亡。也是以柔弱胜刚强的推演，可以理解为不是显而易见的，也就是我们常说的微妙。

对于本章前几句，遭到了儒家的批评或攻击，儒家称之为阴谋论，在2.4节"学说与道教"已经做了详细论述，这里不再赘述。

关于"将欲歙之，必固张之；将欲弱之，必固强之"，《韩非子·说林（上）》中讲了一个历史故事：

春秋末战国初，晋国的几大士卿家族争权夺利，其中智伯家族最为强大，一天智伯向魏宣子（魏驹）索要土地，魏宣子不给。任章问他道："为什么不给他呢？"宣子说："无缘无故来索要土地，所以不给。"任章说："没有缘由就索取土地，邻国一定害怕；胃口太大又不知满足，诸侯一定都害怕。假使你把土地给了他，智伯必定越发骄横。一骄横就会轻敌，邻国害怕就自然会相互团结。用相互团结的军队来防御对付轻敌的国家。智伯肯定活不长了！《周书》说：'将欲败之，必姑辅之；将欲取之，必姑予之。'也就是说：'想要打败他，一定先要暂且辅助他；想要夺取他，一定先要暂且给予他。'所以您不如把土地给他，以便使智伯越来越骄横。"魏宣子说："好！"于是就把一个有万户人家的封邑给了智伯。智伯很高兴，于是又向晋国卿大夫赵氏索取土地，赵氏不答应，智伯就围攻晋阳。这时韩氏、魏氏从国外反击，赵氏从国内接应，智伯就灭亡了。

本章中的"将欲歙之，必固张之；将欲弱之，必固强之"不是什么人人皆知的大道理，只是以柔弱胜刚强的"微明"罢了。在第30章、第55章里有"物壮则老，是谓不道，不道早已"及第76章的"草木之生也柔脆，其死也枯槁"，都是老聃"物极必反"哲学思想的体现。

老聃把这一策略称之为"微明"，是一种微妙隐遁的深刻智慧。这是老聃观察事物的一种方法，即达到某种目的往往不需要表面的、直接的手段，而采取一种间接迂回的方式，这本身并无价值取向问题。在孙武那里，将其直接应用到战争中并加以发展、细化，为达到目的，遂采用各种手段，包括诡诈之术，并且说"兵者，诡道也"。但就战争而言，这些致胜的高招奇术，往往成为制胜的"秘籍法宝"。春秋末年之后，人类战争史上用诈术制胜的例证比比皆是，这不能说与《孙子兵法》的思想无关。因此，有人借此攻击老聃善于"伪装"，把这一方法又扯到伦理方面去了。

在这一章中存在比较大争议的是对"国之利器"的解释，到底"国之利器"是指什么呢？老聃并没有给出确切的说明。韩非把他解读并发展为君王驾驭大臣们的秘密，这显然是不合适的。"国之利器"可以理解成国家独有的技术、象征物及道术等。譬如，我们可以认为"国之利器"是周王室铸刻有铭文的青铜器，当然包括铸刻技术。因为周王室赠予各诸侯国这些铸刻有文字的青铜器，各诸侯国都视为圣神之物，是周王室的"象征物"，对统领各诸侯国起到了重要的作用。同时，这种刻有铭文的"象征物"也是那个时代文化与信息传递的工具与手段，这一技术和它制造的东西，在西周时期是其他国家一直未能掌握的。它在那个时代起的作用绝不亚于我们今天的互联网技术！

《左氏春秋·闵公元年》载："亲有礼，因重固，间携贰，覆昏乱，霸王之器也。"意思是说亲近有礼仪的国家，依靠稳定坚固的国家，离间内部涣散的国家，灭亡昏暗动乱的国家，这是称霸称王的方法。这里的"器"之用法可供我们参考。

[释义]

物极必反，势强必弱，这是变化的自然法则。如能明此道理并加以运用，则会审时度势，无往不利。任何事物，要收敛它，必先扩张它；要削弱它，必先使其强盛；要废弃它，必先兴举它；要夺取它，必先给予它。这个微妙隐遁之道理可称为"微明"。柔弱必定胜过刚强。深水是鱼生存的根本，鱼不能脱离深水，否则必定死于干涸；国家利器是治国、守国之本，不可轻易炫耀于外人，否则会自取其祸，导致国灭身亡。

三十七　无为而治，天下自定

道恒无为①，（而无不为②。）
侯王若能守之，万物将自化。
化而欲作，吾将镇之以无名之朴。
无名之朴，夫亦将无欲。
不欲以静，天下将自定。

这是老聃倡导的治国方略，也就是无为而治。当然，在现实社会中，并不是老聃的圣人来治国，人民也不是老聃所期望的人民。老聃在第28章就说："朴散则为器，圣人用之则为官长。"也就是以朴为精髓和原则来设置官长。在人类的历史长河中，人类社会从原始状态，到产生私有制，伴随着私有财产又有了相应的政治与文化，人的自我意识和智力也得到加强和提高。而这一历史进程，在老聃看来是"朴散为器""化而欲作"，那么应采取什么方法来震慑和约束这种变化趋势呢？只能用道的本质"无名之朴"。如果能成功，那么天下将自定，无需再采用什么外在的强制措施。而要成功，则必须改变人心，消减人的欲望，涤清人的心灵，让人归复至质朴状态，从而达到"天下自定"。关于这一思想，在《庄子·天地》篇是这样论述的：

"天和地虽然很大，它们的运动和变化却是均衡的；事物虽然纷杂，处理它们的方法却是相同的；百姓虽然众多，决定他们言行的却是国君。国君就是有'德'而又受命于天的人，所以说，遥远的古代君主统治天下，好像什么都没做，一切都遵循着自然的法则。用道的观点来对待、处理事物，那么掌管天下的国君就是正确的；用道的观点来看待职位的不同，那么君和臣各自承担的道义就分明了；用道的观念来看待各人的才干，那么天下的官吏都可以得到很好的管理；从道的观念笼统地观察，万事万物全都齐备，应有尽有。……所以说，古时候，蓄养天下苍生的人，无欲追求而天下自然富足，无所作为而万物自行变化发展，沉默宁静则百姓必处于安定。"

[释义]

道永远不会去刻意造作，而是自然而然所为，（因为无刻意而为，反而无所不为）。作为

---

① 通行本为"道常为为"。
② 简书及帛书本均无此句"而无不为"。

国君侯王，如果能够坚守它，不妄为，万物将各顺己性，自然成长变化。即使成长变化可能产生贪欲、妄为，也可用质朴淳厚之风镇慑、引导。用道的质朴来镇慑、引导，人就不会产生私欲贪念；人不产生私欲贪念而回归本性，社会就趋于宁静，天下也就自然而然自行安定。

三十八　德衰

上德不德，是以有德。
上德无为，而无以为。
上仁为之，而无以为。
上义为之，而有以为。
上礼为之，而莫之以应，则攘臂而扔之。
故
失道而后德，
失德而后仁，
失仁而后义，
失义而后礼。
夫礼者，
忠信之薄也，而乱之首也。
前识者，
道之华也，
而愚之首也①。
是以大丈夫，
居其厚而不居其薄，
居其实而不居其华②。
故去彼取此。

我们先看看版本上的差异。在《韩非子·解老》中是这样引述本章内容的："失道而后失德，失德而后失仁，失仁而后失礼，失礼而后失义"，在每一句中加了一个"失"字。韩非的引述也许是由于传抄的失误，但这一字之差使它们有了

---

① 这句采用帛书本。通行本为"道之华而愚之始。"
② 这句采用帛书本。通行本为"处其厚，不居其薄；处其实，不居其华。"

截然不同的含义。从语言特征来看,把错综交互、递相差次的句式一改而为并列联串的句式,使语言表述丧失了张力,同时也使表达的思想出现了逆转。通行本以及帛书本的《老子》,在这一段话中都没有这个"失"字。

关于"仁",我们分别在上篇4.1"慈爱"和4.2节"贬礼与仁"做了介绍。关于"德"和"礼"我们也分别在上篇3.4节"德"和1.2.2节"意识形态变革"做了详细的论述。关于"礼"我们再讨论一下。

说到"礼制",值得一提的是被儒者奉为"元圣"、也是理想化的周公姬旦。有人说他是礼制制定者,但实际上"周礼"与周公没有多大关系。如果读读《尚书》里有关周公姬旦的言论,我们就可以得出这个结论。在《尚书》中,周公姬旦除了论述"德"及军队的重要性之外,根本没有提及"礼制"。从周推翻商王朝入主中原的初期看,周王朝是很不稳定的,可以说当时是内忧外患。周公在位7年主要是对内、外进行平乱,稳定周王朝的统治地位。周王朝和它的官僚体制以及与之相适应的礼制,是在稳定以后逐渐建立与完善的。

从历史进程的角度看,在西周时期基本上没有怎么提倡"仁",推崇"仁"是在周天子"德衰"之后的春秋时期。在春秋以后逐渐形成了以仁、义、礼为核心价值的伦理传统。这一人文传统被以孔丘为代表的儒家所继承和弘扬,成为儒家学说的核心内容。

孔丘主张"克己复礼"来恢复当时的"国际"秩序,同时又提倡推崇"仁义"来治理社会。对于孔丘的相关言论,我们在前面已经做了充分的论述。那么,孔丘在遇到具体的受礼问题时,是如何应对的呢?

《论语·乡党》论述了臣子待国君召见之时的乘车之"礼",孔丘说:"君命召,不俟驾行矣。"也就是适逢国君有召,即徒行而出,等车驾好了赶上来,才开始乘坐。这是臣子侍君被召之礼。若能徒步提前赶到也罢,非要摆出尊君之姿态,而实际上还是乘车到达。

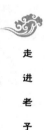

后来孔丘的弟子颜渊死了,颜渊的父亲颜路请求孔丘卖掉车子,好给颜渊买个外椁。孔丘说:"不管有才还是无才,也都是自己的儿子。我儿子孔鲤下葬的时候,也是有棺而没有外椁的。我没有卖掉车子给他买椁。因为'以吾从大夫之后,不可徒行也!'"(《论语·先进》)可见孔丘是一个非常坚守礼制的人。在孔丘这里,当"官礼"遇上私人"葬礼"时,"官礼"要高于厚葬之"私礼"。我们套用孔丘的一句话——"己所不欲,勿施于人"来回应这一行为或许是最恰当的。

与孔丘主张用"克己复礼"来恢复天下秩序不同,深谙历史和崇尚自然的老聃,则从历史文明的发展源头和对自然界及自然规律的深思,提出了自然无为的治国安邦理念——崇德守道,从而超脱于世俗的政治、伦理价值体系,显示出其深邃的思想境界。

老聃在第18章说"大道废,有仁义;(智慧出,有大伪;)六亲不和,有孝慈;国家昏乱，有忠臣"，以及本章"失道而后德，失德而后仁，失仁而后义，失义而后礼"，采用反推的思维方式，把道与德、德与仁、仁与义、义与礼，进行排队，依次相差，又接续而生。老聃之所以反对仁、义、礼，是基于对春秋后期社会动荡、政治黑暗的现实认识以及对商周以来政治文化传统反思的缘故。

我们再看看道家对华夏文明发展历程的认知。

按照道家的看法，人之所以渐渐失去了原有的德，是因为人类逐渐增多的欲望，知识的丰富也会扩展人们的欲望范围。人为了满足欲望，寻求更多的快乐。但是，欲望是无限的，这种趋势的逐渐发展会导致欲壑难填，道家是反对这种膨胀的。

庄周在《庄子·缮性》中描述了"德"衰的历史进程：

"古时候的人，生活在混沌鸿蒙、淳风未散的境况中，跟整个外部世界混为一体而且人们彼此都恬淡无为。那时候，阴与阳谐和而又宁静，鬼神也不会干扰，四季变化顺应时节，万物均不会受到伤害。众生命都不会夭折，都能尽享天年，人们虽然有心智，但也无处可用，这就叫作和谐统一。那时候，人们无人为地作为而让万物顺其自然。

"等到后来德衰落，到了燧人氏、伏羲氏统驭天下，世事皆宜却不能和谐统一。德再度衰落，到了神农氏和黄帝统驭天下时，虽能安定世道却已不能满足民心与物欲的需要，德再度衰落。到了唐尧、虞舜统驭天下，开启了治理和教化的风气，淳厚质朴开始离散，背离了大道而作为，隐没了德而行，这之后也就舍弃了自然本性而顺从于各自的私心。人们彼此之间知晓心意，也不足以使天下安定。然后又贴附上浮华的礼文装饰，增加了众多的世俗学问。礼、文饰浮华毁坏了质朴之风，繁多的世俗学问淹没了纯真的心灵，然后人民才开始迷惑、纷乱，没有什么办法再返归本真而恢复到自然的本初。"

王弼作注时特别提到"鱼相忘于江湖，相忘之道失，则相濡之德生也"。意思是水、江湖对于鱼而言就是"道"，鱼在江湖（"道"）里面忘记彼此。如果失去了江湖（"道"），使自己忘记彼此的"道"，就产生了"以互相吐沫来相濡之德"。这句话源于庄周的《庄子·大宗师》，其中有这么一段话："泉涸，鱼相与处于陆，相呴以湿。相濡以沫，不若相忘于江湖。"意思是泉水干涸了，几条鱼一起困在陆地上，互相吐沫来润泽对方，还不如在江湖中彼此忘记。鱼当然希望在江湖（"道"）中悠游自在，彼此相忘（也无需相互关照），但是奈何泉水干涸，连泉水（"道"）都没有了，才有"相濡以沫"，而"相濡以沫"的"德"又怎能与相忘的江湖（"道"）相比呢！以"江湖"来比拟有道的社会，在那里无需"相濡以沫"，因为那里充满了"道"——水。而失"道"（泉水）之后，也就是干涸之后，才显出"德"——"相濡以沫"，也就是说"道"失去了，"德"才会出现。

由此观之，世间丧失了自然之大道，自然之大道丧失了人世。社会和"道"

交相丧失，有道之人凭借什么来振兴人世间，人世间又怎么能从自然之道得到振兴呢？大道没有办法在人世间兴起，人也没有办法让大道得以振兴，即使圣人不生活在少有人烟的山林之中，他的德也必将隐没而不为人知晓。

这也正是恩格斯所说的"一种离开古代氏族社会的纯朴道德高峰的堕落"（《马克思恩格斯选集》，人民出版社2012年版，第4卷第94页）。这种堕落是渐变展开的，也即老聃所说的"失道而后德，失德而后仁，失仁而后义，失义而后礼。夫礼者，忠信之薄也，而乱之首也"。

"礼"出现后，人们有了基本的礼仪，就开始安排名分，名分一定，各种待遇随之而定。而各种礼仪、礼节讲究的是如何表现，如何表演。人与人相处，表面上礼数周全，实际上却无真情实感可言，彼此内心却充斥着虚伪，这就是"忠信之薄"。虚伪一旦出现，就需用智巧来掩人耳目。而智巧的滥用造成尔虞我诈，争斗不息。人们为了获得更高的地位，甚至不惜杀戮对手，致使天下始乱。

就连后来的儒家经典之一《礼记·礼运》也对奉行以礼治国进行了指责：

"如今大道已经消逝了，天下为公变成了天下为家，天下成了一家一姓的私有财产。人们只把自己的亲人当作亲人，把自己的儿女当作儿女，财物和劳力都为私人拥有。上位的诸侯天子们把权力和地位传给自己子弟，使权力和地位变成了世袭，并成为名正言顺的礼制，修建城郭、沟池作为坚固的防守，制定礼仪作为行为准则，去确立君臣的名分关系，加深父子的恩情，使兄弟关系和睦相亲，使夫妻关系和谐相处，由此而设立各种制度，划分田地和住宅界限，以此推许勇敢和聪明的人，奖励为自己效力的人。这样一来，一切阴谋诡计就产生了，而战争也就由此而起。夏禹、商汤、周文王（姬昌）、周武王（姬发）、周成王（姬诵）和周公旦（姬旦），由此成为三代中的杰出人物。这六位君子，没有一个不谨慎奉行礼制治国的。他们以此来确立行事的是非标准，彰显礼制的内涵，用它们来考察人们的信用，揭露过错，标榜仁爱，讲求礼让的典范，使老百姓能以礼法而行。如果有越轨的反常行为，有权势者也要斥退，百姓也会把它看成祸殃。"

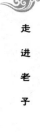

这样就从另一相对的学派验证了老聃所说的社会历史现状，尽管两者不融合，但似乎历史的趋势是确定的。老聃高度概括、浓缩地描写了这一历史趋势的变迁。

为什么会说"夫礼者，忠信之薄也，而乱之首也"？意即礼的出现，使忠信沦于浅薄，也是大乱的祸首。"忠"是忠诚无私，"信"是诚信、守信。老聃这里提到"忠信"并不是儒家倡导的"忠君"，那么儒家是如何对待诚信的呢？我们看看儒家代表人物的独特见解。

孔丘弟子子贡请教孔丘说："管仲不是仁人吧？齐桓公杀了公子纠，（管仲）没自杀，却又做了齐桓公的宰相。"在齐国发生混乱时，公子纠及其弟弟吕小白分别外逃避难，管仲保护的是公子纠，而鲍叔牙保护的是小白。后两者急奔回齐，争夺君主继承权。在这一过程中，小白杀了公子纠，而后小白登上国君宝座。后管仲在鲍叔牙的推荐下，出任齐国之相，辅佐齐桓公。

孔丘回答说："管仲相桓公，霸诸侯，一匡天下，民到于今受其赐。微管仲，吾其被发左衽矣。岂若匹夫匹妇之为谅也，自经于沟渎而莫之知也！"（《论语·宪问》）孔丘在盛赞管仲之后说："难道让管仲像一般平民百姓那样，为了守小信，在小山沟里上吊自杀而不被人所知道吗？"

《论语·卫灵公》也有"君子贞而不谅"的记述。"贞"有坚守正道之意，而"谅"则是诚信之意，也有解释成"小信"的。其意思是说，君子只要是坚守正道的，就不必顾及什么"小信"了。

孟轲就这一思想作了更为直白的说明："大人者，言不必信，行不必果，唯义所在。"（《孟子·离娄（下）》）也就是说"义"才是关键所在，有"义"字当头，"言不必信，行不必果"的人也可以是君子。这是极端伦理化。这可能就是老聃所指责的"夫礼者，忠信之薄也，而乱之首也"吧！

按照儒家学说进行推理的话，那些信守承诺之事，只是些道德境界不高的人所为。那些"道德"高尚的"大人"可以"言不必信"，那么，那些低微的"小人"是不是必须守信呢？这就是我们缺乏契约精神之根源所在！

就礼者的薄信，老聃在第49章提出了针锋相对的主张："信者，吾信之；不信者，吾亦信之。"老聃也对容易失信者进行了提防，他说"夫轻诺必寡信"（第63章）。

[释义]

有德而不自以有德，才是上德。上德顺从道，服从道，顺应自然，不是为了为而为，而是无刻意而为。上仁是欲为，却是无所作为；上义是欲为而有所为；上礼欲行礼，而无人响应，便不惜用臂推搡强迫人服就于礼。所以说，失去了道后才有德，失去了德后才有仁，失去了仁后才有义，失去了义后才有礼。而退到礼这一步，则标志着忠信薄弱，也就是祸乱的开端，礼是祸乱的罪魁祸首。所谓有先识之明、可预测未来的人，不过是卖弄道的虚华，是愚昧之极。所以，大丈夫身处敦厚，而不居于浅薄俗礼；身处笃实，而不居于虚华。所以，要抛弃浅薄虚华，取用敦厚笃实。

三十九　道一

昔之得一者：
天，得一以清，
地，得一以宁，
神，得一以灵，
谷，得一以盈，
万物，得一以生，
侯王，得一以为天下贞，
其致之一也。
天，无以清，将恐裂。
地，无以宁，将恐废。
神，无以灵，将恐歇。
谷，无以盈，将恐竭。
万物，无以生，将恐灭。
侯王，无以贞，将恐蹶。
故
贵，以贱为本，
高，以下为基。
是以侯王
自称孤、寡、不穀。
此其以贱之本与？
非也①。
故致数舆无舆②。
是故
不欲琭琭若玉，硌硌若石。

我们先来看看本章中个别句子，其中"侯王自谓孤、寡、不穀"一句中的"孤、寡、不穀"是春秋战国时期各诸侯王"自谦"用语。老聃在第42章指出了这个"自谦"用语的来历："人之所恶，唯孤、寡、不穀，而王公以为称。"诸侯

---

① 这两句采用帛书本。通行本为："非乎？"这里只是改了一个语气词，就把否定变成了肯定。
② 采用帛书本。通行本为"誉无誉"。

王以这些本来令人厌恶的词语来自称是何意呢？是表示自己愿意"受国之垢"吗？是这些侯王真正懂得"贵，以贱为本，高，以下为基"吗？答案是否定的！在老聃那个时代，虽然"礼崩乐坏"，但那些侯王也是高高在上的。那个时代有"礼不下庶人"之规范。因此，侯王用"孤、寡、不榖"表面上是自谦，实际上无非是沽名钓誉，以虚伪的方式骗取老百姓的认同，甚至赞誉。

在通行本中紧接着这一句的是"此其以贱之本与？非乎？故致数舆无舆"。据此有的学者被误导，把"舆无舆"中的"舆"转化成"誉"，这样一来，"舆无舆"就变成了"誉无誉"，意思是说侯王自谦，否则就成了过度的赞誉等于无誉了。也许这一解释借鉴了《庄子·至乐》中的"至乐无乐，至誉无誉"。

就"舆无舆"的语言特点而言，似乎合乎老聃的表述，因为在其他章节就有"为无为，味无味"。但这里犯了一个基本错误，就是通观《老子》，老聃对于统治者的侯王从来都是批判、指责或教育，从来没有赞誉过现实中的侯王。老百姓会因为侯王用"孤、寡、不榖"自谦就大赞特赞，以至"誉无誉"吗？我看不会的！

的确，这一句比较难以理解。"舆"原本是与车有关系的，古代指手工造车，也指车厢，后来也泛指车和以车承载运输。那么这句"故致数舆无舆"是什么意思呢？有的现代学者基于现代生活给了一个解释："以现在生活来解释，一个人拥有的太多了，等于没有，因为要出门时，虽有好几个司机，李司机认为是江司机载你，江司机又认为王司机载你，结果，几个司机都溜掉了。老板要出门，司机一个都不在。"这种解释很容易被人理解，但也最容易误导人。用车多、司机多和管理不善来直接解释"故致数舆无舆"也过于表面化和简单化了！当然也现代化了！

我们看看北宋苏辙在作注《老子》时是如何解释的，他说"轮、辐、盖、轸、轵、毂、辖会而为车，物物可数，而车不可数"。这一句前面几个字都是组成车的部件。他的意思是把这些部件组合到一起才为车，而这些部件再多，不按规律组合到一起是不会成车的。车是这些部件的合理组合，是一个整体，是"一"。结合上面的"侯王得一以为天下贞，其致之一也"和"侯王自称孤、寡、不榖"，我们就会发现侯王这几个自称是不会"致一"的。关于"贞"与"一"，汉代贾谊在其《新书·道述》一文中是这样解释的："言行抱一谓之贞，反贞为伪。"

接下来"不欲琭琭若玉，珞珞若石"的解释，往往把核心放在玉和石上。但这一句的核心是"琭琭"和"珞珞"，"琭琭"是指美丽的光泽，而"珞珞"是坚硬。我们知道，玉也是石的一种，只不过因为玉有非常漂亮的外观和较好的手感，才得到人们的喜欢。我国有着悠久的玉文化。在老聃所处的春秋时代，铁器还没有广泛普及，石器是重要的生产、生活工具和建筑材料。作为工具，坚硬是一个很好的特性。老聃这里是告诫人们不要偏执于追求单独一个方面，无论你是喜欢玉的光泽还是讨厌冰冷坚硬的石头，这种欲求都不是"得一"的执念。

值得一提的是在郭店发现楚简版《老子》时，同时也发现了与《老子》在一起的一篇关于宇宙起源的文章——《太一生水生天地》，楚简版《老子》里没有通行本第14章和第39章关于"一"的内容。而马王堆汉墓帛书本却有通行本第14章和第39章。从两者关于"道"与"一（太一）"的描述来看，这两者有相似之处，但差别也很大。因此，我们有理由相信后边的帛书本是道家学者进一步总结了关于"一（太一）"的概念后融入了《老子》一书。因此本章使用了"一"的概念（不是太一）。尽管"一"和"道"有极其相似的特性，但毕竟不是完全相同的概念。而后人在解读《老子》时笼统地将"一"解释为"道"也是不准确的。为了简便和便于读者理解，我们在解释时，在有的地方将"一"置换成"道一"，以免造成混淆和在解释"一"时过于繁琐的现象。

关于"一"的思想，随着春秋战国连年不断的战争，无论是思想界还是普通老百姓，逐渐趋向于天下统一的共识上来。庄周指出这样的社会"天地虽大，其化均也；万物虽多，其治一也。"（《庄子·外篇·天地》）"其化均"即处理一切事情都公平而无私心，庄周要求以"一"治天下或者说治理天下归于"一"。

《老子》这里关于"一"的思想，虽然是哲学层面的，但也具现实指导意义。如在《吕氏春秋·执一》就有这样的表述："天下必有天子，所以一之也，天子必执一，所以抟之也。一则治，两则乱。"法家集大成者韩非，在其思想上，也是继承了"一"的思想，他说："故圣人执一以静，使名自命，令事自定。"（《韩非子·扬权》）我们认为韩非的法家学说的出发点是老聃哲学思想也是有道理的。

关于"道"与"一"，可参见上篇4.15节"一"与道。

[释义]

天地万物都来源于道，也可简单认为是"道一"。自古以来天得一才就清明，地得一才就宁静，神得一才就灵妙，谷得一才就充盈，物得一才能化生，侯王得一才能使天下安定。反之而言，天不能清明就会崩裂，地不能安宁就会震溃，神没有灵妙便会休止，谷不能充盈便会枯竭，万物不能化生就会绝灭，侯王不能以正治国就会被颠覆。

因此，贵以贱作为根本，高以下作为基础。侯王自称孤、寡、不穀。这不是以低贱作为根本吗？不是！所以，明白这个道理的人，就不会强烈称赞玉的光泽美丽，也不会强烈非议石材的坚硬，因为偏执任何一方面都不合乎道一，就好像再多的马车部件也不会是马车一样，因此，必须坚守完整和谐的道一。

走进老子

四十　返的原则

　　反者，道之动。
　　弱者，道之用。
　　天下万物生于有，
　　有，生于无。

　　这一章看似非常简单，却是老聃核心哲学思想之一。这也是理解整部《老子》的关键所在，《老子》里的许多思想、理念都是由这一总原理推演出来的，也可把本章看作《老子》的总纲之一。这一思想在第25章也有表述："(强)字之曰：道。(吾)强为之容曰：大。大曰逝，逝曰远，远曰反。"我们所在的地球，冬去春来，四季往返，生聚死别，日出日落，斗转星移，无数自然现象揭示这一规律：循环往复。

[释义]

　　循环往复，是道的运动方式；柔弱，是道的运用特征。天下的万物产生于"有"，"有"产生于"无"。

四十一　闻道

　　上士闻道，勤而行之；
　　中士闻道，若存若亡；
　　下士闻道，大笑之。
　　不笑不足以为道。
　　故建言有之：
　　明道若昧；
　　进道若退；
　　夷道若颣[①]；
　　上德若谷；

---

① 颣：音lèi，本义为丝上的疙瘩，这里引申为不平坦之义。

大白若辱；
广德若不足；
建德若偷；
质真若渝①；
大方无隅；
大器免成②；
大音希声；
大象无形；
道隐无名。
夫唯道，
善贷且成。

纵观老聃对"道"的描述，如"道冲而用之或不盈"(第4章)，"迎之不见其首，随之不见其后"(第14章)，造成了悟道者"微妙玄通，深不可识"(第15章)。"道"对于一般人而言，可能会有点虚无缥缈之感。这是因为"道"与人类的生活常识相距太远，要一般人立刻认知到也并非易事。因此老聃说"下士闻道，大笑之"也是合情合理的。在理解与认知问题上，孔丘也有类似的论述："中人以上，可以语上也；中人以下，不可以语上也。"(《论语·雍也》)其意思是说："中等理解力以上的人，可以和他谈论高深的学问；中等理解力以下的人，不可以和他谈论高深的学问。"当然，《论语》中的中人也不能排除是伦理意义上的概念。

这里的"下士"可以理解为具有中等以下认知水平的人。也就是说，中等以下认知水平的人听到"道"的第一反应是不以为然，会哈哈大笑。为什么会嘲笑呢？显然是以为老聃的"道"不靠谱、荒唐。这说明两个问题，一是老聃提出的"道"的概念是与当时的社会认知完全不一样的，所以具有一般认知的人初次听说时会完全不以为然，会不屑一顾。二是这个"道"也是非常深奥的、不是轻而易举可以理解的。所以老聃说：中等认知水平的人会认为其似真似假，模棱两可。但老聃在第70章里说："吾言甚易知、甚易行。"也就是说他的学说不但容易懂，而且容易践行。这两者不是矛盾了吗？其实是不矛盾的，因为当时(包括现在)的主导文化是周王朝制定的礼制和宗法制，在周王室统治几百年后，儒家文化已经根深蒂固地根植于我们的文化之中，它浸入了人们的血液，禁锢了人们的思想，尽管老聃提出的学说是易懂易行的，但它与长期以来的儒教文化完全是格格不入的，或者说是异类和颠覆性的。因此人们是不会轻易接受的，这种情况就

---

① 本义：水由净变污，引申为改变、变。
② 通行本：大器晚成；竹简本：大器曼成。

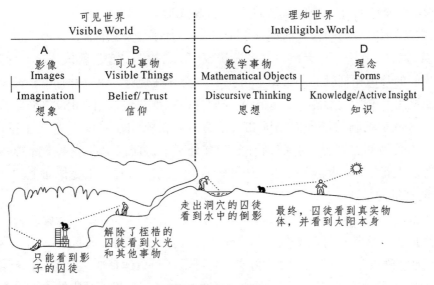

柏拉图洞穴比喻图示

像古希腊哲学家柏拉图在其《理想国》里讲的一个著名的洞穴比喻来说明人类的认知过程：当时人类住在洞穴里，所有住在里面的人，都是坐在椅上，双手双脚被绑，眼睛看着前面的墙壁，墙壁上有很多影像，椅子后面有道具，再后面有火光，火光照着道具，在墙壁上演出很多故事。大家看着以为那是真的，换句话说，是把假的当作真的。有一个人就想真的是这样吗？于是想办法把绑着的绳子松了，跑到后面一看，才知道墙壁上看到的影像全是骗人的。

可以说那时候大部分人就是住在"儒洞"里，人们听到的、看到的全是官方所宣传的儒家文化，也可以称之为教化。如果人们好好观察一下自然——这个我们赖以生存的基础和朝夕相处的伙伴，静下心来想一想，再慢慢读一读《老子》，就会发现老聃的学说还是非常容易懂也容易践行的，因为它是来自对自然显而易见现象的深层次思考。为什么易懂又易行却没有广为流行呢？这不能不反思我们的文化教育，尤其是自汉武帝采纳了"废黜百家、独尊儒术"政策之后的文化教育。我们要准确理解、领悟老聃的"道"的理论与主张，就必须翻过儒家文化的这座大山、走出儒家文化的这个洞穴。因此，人们不容易入门、理解和接受也是有其原因的。从这个意思上讲，"道"是很深奥的。

下面我们来看看本章的一些句子。在帛书本与通行本中，"大器免成"与"大器晚成"有一字之差。这一字之差造成了歧义。"大器晚成"表达了经过很长时间，经历漫长历程后终成大器。对于人成才而言，就是很晚才显露出来；另一个则是无需雕刻，顺其自然，也就是说大才不是刻意成就、人为造就出来的。这里的大器免成，其基本意义是要"顺其自然"，不要去刻意追求"大器"。基于老聃的辩证思维，把"大器免成"一句解释成"大器无成"是适宜的，也是与上下文意相符的，如"大方无隅""大音希声""大象无形"。

这些类似的语句中，其前都有一个"大"，加了"大"字后，其语义也就发生了变换，"方"就有了"无隅"、"音"就成了"希声"、"象"就成为"无形"，这是与我们的常识相抵触的。常识告诉我们，说方就有隅，说音就有声，说象就有形。而这里其义皆前后相反，超出了我们日常思维习惯，用"相反"来诠释这个"大"，这就是老聃的辩证性思维和表达方式。王弼作注时说："听之不闻曰希。大音，不可得闻之音也。有声则有分，有分则不宫而商矣。分则不能统众，故有声者非大音也。""大器"与"大方""大音""大象"一样，都是形而上的，是对"道"的特征的描述。

如果为"大器晚成"的话，则与《老子》前后语句不衔接、文意不合，显得突兀且孤零。这句在竹简本作"大器曼成"，通行解读因受通行本影响，"曼成"仍解读成"晚成"。"曼"有"无"之义，这样其实可以解释成"无成"，与"免成"即免于成相通。在北京大学收藏的竹简本《老子》中为"大器勉成"，"勉"与"免"同音通假。

另外，我们也可以从第45章的"大成若缺，大盈若冲，大直若屈，大巧若拙，大辩若讷"的辩证性表述来佐证"大器免成"的正确性。譬如说"大巧若拙"，我们总觉得自然界的东西不够完美，想要人为去改造它，制作成器。但我们制作出来的任何器物，都远远比不上自然界一片树叶、一只小鸟那么精巧。我们说"巧夺天工"也是赞美大自然的鬼斧神工。

不过这句"大器晚成"，流传已久，已深入人心，也是我们常常使用的成语。

[释义]

有上等认知水平的人听了道，就会努力去实行；有中等认知水平的人听了道，或许保留或许遗忘；有下等以下认知水平的人听了道，不晓得道为何物，反而会哈哈大笑，不屑一顾。如果不被这样肤浅的人嘲笑，那道就不是高深的，也算不上真道。因此，古时留下这一学说的人这样说："光明的道好像暗昧，前进的道好像后退，平坦的道好像不平。"同样的，崇高的德犹如低下的川谷，广博的德好像不足，明健之德反像苟且的样子，纯真质朴好像邪秽。最洁白的好像垢污，最方正的好像无角，最精美的器皿却无成形。最美妙的天籁音乐却无声可闻，最大的象是无形之象，大道幽隐无名。唯有道，善于帮助而且成就万物。

四十二　道生万物，戒逞强

> 道生一，
> 一生二，
> 二生三，
> 三生万物。
> 万物负阴而抱阳，冲气①以为和。
> 人之所恶②，唯孤、寡、不穀，
> 而王公以为称③。
> 故物
> 或损之而益，
> 或益之而损。
> 人之所教，
> 我亦教之④，
> 强梁者，不得其死。
> 吾将以为教父⑤。

老聃认为，道生万物是有一个过程的，具体从道到万物这个过程的详细情况是什么，老聃并没有详细描述，只是说"道生一，一生二，二生三，三生万物"。于是，后人就提出了各种各样的解释，但很多解释都是借鉴了其他比较流行学派中的概念，因此容易产生偏颇，譬如解释这个"二"为"阴"和"阳"，"三"为"阴""阳"和"气"。

我们首先看看时代离老聃比较近，也是公认的老聃思想继承人的庄周是如何解释的。他在《庄子·齐物论》里说：

"天地与我共生，万物与我为一体。既然已经浑然为一体，还能够有什么议论和看法？既然已经称作一体，又还能够没有什么议论和看法？客观存在的一体加上我的议论和看法就成了'二'，'二'如果再加上一个'一'就成了'三'，

---

① 帛书本：中气。
② 帛书本：天下之所恶。
③ 帛书本：而王公以自名也。
④ 帛书本：亦议而教人。
⑤ 帛书本、北大汉简本：我将以为学父。

依此类推,最精明的计算也不可能求得最后的数字,何况大家都是凡夫俗子!所以,从无到有乃至推到'三',又何况从'有'推演到'有'呢?没有必要这样推演下去,还是顺应事物的本然吧!"

我们在理解这句话时,把它当成一个过程就行,无需过度或者牵强附会地解释。对于事物的形成往往是一个复杂的过程,譬如人是怎样生成的呢?其整个生成到出生过程简单地讲是这样的:

一个精子在卵子表面不停地游逛,寻找一个入口,找到合适位点以后,会分泌一些酶物质造出一个"缺口",然后钻进去。卵子具有自然阻击第二个精子的本能。一旦有一个精子进来,马上把入口封死。基本上不会让第二个精子再有机会进来的。精子进来后就被降解,然后精子的细胞核和卵子的细胞核结合,形成双倍体,受精卵开始发育,逐渐分裂为2个细胞,再分裂为4个细胞、8个细胞、16个细胞,此时受精卵还在子宫里面游逛,还没有与子宫壁结合。继续分裂下去,形成64个细胞、128个细胞,这时它找到合适的地点与宫壁结合了。与宫壁结合后,摄取母体血液营养继续发育。

经过短短的四个礼拜后,胎儿开始有心跳。慢慢地,神经管形成了,脊椎形成了,四肢开始发育,通过细胞凋亡,开始形成手指头。到四、五个月的时候,胎儿开始在母体里踢腾。出生之前,胎儿的大脑发育非常快,各种神经元及其间的联系迅速形成,这样就生成了一个鲜活的生命,而这一鲜活生命来自于一个受精卵。

当然,这是从物到物,而非由道到物。

老聃在这里用了至今在华夏文明中有着广泛影响的"阴"和"阳"的概念。阴阳概念由来已久。收录记载中国古代事迹及政治言论的《国语》一书(成书于公元前四世纪至前三世纪之间),在其《周语(上)》中就记载了公元前780年(周幽王二年),西周地震,山川雍塞,当时博学的史官伯阳父评论说:"阳伏而不能出,阴迫而不能烝,于是有地震。"也就是说阴阳的观念在公元前8世纪就已经产生。

"阳"这个字的本义是阳光,或任何与阳光有关联的事物。"阴"的本义则是指没有阳光的阴影和黑暗。后来,它们的含义逐渐发展成为宇宙中的两种相反相成、相生相克的力量,阳可代表男性、主动、热、光明、干燥、坚硬等;阴则可代表女性、被动、冷、阴暗、柔软等。宇宙一切现象都是阴阳两种力量相互作用的结果。这种宇宙观,深深地植入了华夏文化之中,对后世直至今天都产生了深远而广泛的影响。

为了理解"冲气以致和"这一句,我们先来了解一下原子。原子由原子核与原子核外面的电子组成。原子核携带正(阳)电,外边的电子则带负(阴)电,两者之间以吸引力(冲气)使原子核与电子连接在一起,形成稳定、和谐的原子,这就是"致和",而原子核与电子之间的引力就是"冲气"。

"人之所恶，唯孤、寡、不穀，而王公以为称"一句在第39章已经做过解释，含义是一样的。

接下来的"强梁"是指凶暴、强横，这个词语在《墨子·鲁问》中也有使用："譬有人于此，其子强梁不材，故其父笞之。"意思是说好比这里有一个人，他的儿子凶暴、强横，不成器，所以他父亲鞭打他。

最后一句是"吾将以为教父"，这里的"教父"不是宗教意义上的教父。这"教父"两个字在古本及王弼本中为"学父"，在河上公本中为"教父"。教和学在现代汉语中是教学活动的两个方面。这一活动是由教授方和学习方组成的，从教授方来说是"教"，是输出方，从学习方讲是"学"，是接受方，是一个传递过程，其核心是知识。无论"学"还是"教"，其核心意义在于传递知识，传递思想。在《老子》一书中，老聃经常用"母"来比喻造生万物的根源。"父"是与"母"相当的，"父"也是一个传承的根本。如果我们考虑到古代没有学校的时候，父亲承担着老师的角色，是传承知识和技能的主要承担者。因此，无论是"学父"还是"教父"都不是指老聃的身份和角色，而是指传递知识、思想的根本所在。

[释义]

道是化生万物的总源头，道生一，一生二，二生三，三生万物。万物背阴而向阳，以"气"相交而和谐。"孤、寡、不穀"是人们所厌听的，而侯王公却以此自称。任何事物，表面上看来受损，实际上却是得益；表面上看来得益，实际上却是受损。因此，人不可仗恃自己的力量逞强，否则定会得不到善终。前人教给我这个道理，如今我也传授给别人，并以此作为"戒逞强"的基本要义。

四十三　至柔

天下之至柔，驰骋天下之至坚。
无有入(于)无间①，吾是以知无为之有益。
不言之教，无为之益，天下希及之。

我们先来看看第二行，在通行本中是"无有入无间"，帛书本中是"无有入于无间"，这两句没有本质区别。那么这个"无有"应该如何断句呢？是"无、有"还是"无有"呢？如果是"无有"，那么这个"无有"是指什么呢？这章老聃

---

① 通行本为：无有入无间；帛书本：无有入于无间；帛书乙本《德经》：出于有，入于间。

是用"天下之至柔驰骋天下之至坚"来说明"无为之有益"。《老子》中多处提到"柔",如第5章的"骨弱筋柔而握固",这个"柔"主要是描述"有"的特征。但这里不只是"柔",而是"至柔",而且还"驰骋",那么我们就不能说"至柔"是"有"的特征了,那它只能是"无有"的特征或者特性了。在第1章解释了"无"与"有",在第11章老聃讲述了"无"之用,也可以是"无"之有益。如果我们追根求源,这个"无有"只能追溯到"道"了,或者简单地认为"无有"指的就是"道"。

老聃在《老子》中常用水来做比喻,我们都知道"水"是柔的,也是无孔不入的。水可以流淌在石涧,可以渗留在土壤之中,也可以渗入沙漠之中。但是不是只有水才是柔的呢?"刀"会不会也是柔的呢?你可能回答"刀是坚硬的"。那么坚硬的刀能"柔"吗?我们来看看庄周在其《养生主》中讲述的"庖丁解牛"的故事:

有个名叫丁的厨师给文惠君宰牛。他的手接触的地方,肩膀靠着的地方,脚踩着的地方,膝盖顶住的地方,都哗哗地响,刀子刺进牛体,发出嚯嚯的声音。没有哪一种声音不合乎音律:既合乎《桑林》舞曲的节拍,又合乎《经首》乐章的节奏。文惠君说:"嘿,好哇!你的技术怎么高明到这种地步呢?"厨师丁放下屠刀,答道:"我所喜好的是事物的规律,它比技术进一步了。我最开始宰牛的时候,看到的无一不是整头的牛;三年之后,就不曾再看到整头的牛了;现在呢,我用精神去接触牛,不再用眼睛看它,感官的知觉停止了,只凭精神在活动。顺着牛体天然的结构,击入大的缝隙,顺着骨节间的空处进刀;依着牛体本来的组织进行解剖,脉络相连、筋骨聚结的地方,都不曾用刀去碰过,何况那粗大的骨头呢!好的厨师,每年换一把刀,因为他们用刀割肉;一般的厨师,每月换一把刀,因为他们用刀砍断骨头。现在,我的这把刀用了十九年啦,它宰的牛有几千头了,可是刀口像刚从磨刀石上磨出来一样。因为那牛体的骨节有空隙,刀口却薄得像没有厚度,把没有厚度似的刀口插入有空隙的骨节,宽宽绰绰的,它对于刀的运转必然是大有余地的了。因此,它用了十九年,刀口却像刚刚从磨刀石上磨出来一样。虽说是这样,每当遇到筋骨交错聚结的地方,我看到它难以处理,因此小心翼翼地警惕起来,目光因此集中到一点,动作因此放慢了,使刀非常轻,结果它嚯地一声剖开了,像泥土一样散落在地上。我提着刀站起来,为此我环顾四周,为此我悠然自得,心满意足,把刀擦拭干净,收藏起来。"

坚硬的东西是容易折坏的,尖刀也不例外。但坚硬的刀到庖丁手里就不一样了,他在充分了解了牛体结构的基础上,在屠宰过程中顺应了牛体结构的"自然",很好地保护了坚硬的刀,也就是顺应"自然"才能保护自己,才能长寿,也就是养生之道。从另一方面讲,刀虽然坚硬,但对牛来说可以说是"无孔不入"。当然这个例子并不是"非有入非无间"。

这就更加启示我们，不能凭自己的好恶任意乱为，须顺应自然而为，这时即使坚硬的刀也柔！这也就是老聃所提倡的无为而为。

[释义]

天下最柔软的东西，可以驰骋于天下最坚硬的东西之间。至柔的道无微不入，可进入无间隙之中。由此我知道了无为的益处。但是像这样的道理——不言的教诲，无为的好处，天下人却很少能够认识到，也很少有人能做得到。

四十四 知足

名与身，孰亲？
身与货，孰多？
得与亡，孰病？
是故
甚爱必大费；
多藏必厚亡。
知足不辱，
知止不殆，
可以长久。

在第42章，老聃告诫人们"戒逞强"，本章则告诉人们要知足。

这章老聃采用了先设问的方式，把问题及选择性结果摆在读者面前，给读者一个预先性的思考，对老聃而言，按照其一贯的思维方式和哲学思想，答案是显而易见的。

这里的"甚爱必大费"有人解释成"过分爱惜自己的身体，必然会有大量耗费"。这种解释在某种程度上尚属合理，譬如过分爱惜自己的身体而食用大量的山珍海味、享用奢侈的保健用品等。这个对我们一般世人来讲，这样"爱身"花大费是没有问题的。但对老聃的"爱身"思想而言，显然不是这样的，也是与第29章的"是以圣人去甚，去奢，去泰"相悖的，这不符合老聃提倡的清静无为和为腹不为目的主张。关于"爱身"和"贵身"在第13章有这样的表述："贵以身为天下，若可寄天下；爱以身为天下，若可托天下。"这里表达了老聃的贵身思想。

关于"爱身"或"贵身"，有的学者把杨朱的"为我"或"贵我"思想与老聃的思想等同起来，指责杨朱过分"贵身"，到了极端自私的地步。关于杨朱的观点，我们已经在上篇2.3节"老聃与孔丘"及第13章作了详细介绍，不再赘述。总之，老聃的"爱身"或"贵身"思想并不是极端的自私或者过分的贵身。

《史记·老庄申韩列传》记述了庄周的一个故事：楚威王听说庄周很有才干，便派使者送给他很多钱作为聘礼想请他做宰相。庄周笑着对楚国的使者说："千金之利太重了，宰相之位太尊贵了。你难道没看见祭祀时作牺牲的牛么？饲养它好几年，还给它穿绣花外衣，等到将它拿到太庙来祭神的时候，那牛即便想做只孤独的小猪，难道可能吗？你还是赶紧回去吧，不要玷污了我。我宁愿在污浊的小沟渠中游玩而自寻快乐，也不愿被拥有国家的人所束缚。我终身不做官，以便畅快我的志向哩！"

这个故事说的是庄周终身不仕，但也体现了其崇尚自由和贵身的思想，也可以说包含有老聃的贵身思想。

第46章的"祸莫大于不知足，咎莫憯于欲得"，也是这种贵身思想的体现。

[释义]

　　身外的名声与自己的身体相比，哪一个亲近？身外的财货和自己的生命相比，哪一样重要？得到名利与失去生命，哪一样更有害呢？过分的爱名，必然要付出重大的耗费；收藏太多将来损失的也必然多。因此，懂得满足就不会受辱，懂得适可而止就不会遭受到危险，只有这样才能保持生命长久。

四十五　清静为天下正

　　　　大成若缺，其用不弊。
　　　　大盈若冲①，其用不穷。
　　　　大直若屈。
　　　　大巧若拙。
　　　　大辩若讷。
　　　　躁胜沧②，静胜热③。
　　　　清静为天下正。

---

① 帛书本、简书本：大盈若盅。
② 帛书本：躁胜寒；通行本：静胜躁。沧，音cāng，冷、寒之意。
③ 帛书本：静胜热；通行本：寒胜热。

"成""盈""直""巧"和"辩",这些都是人们常识性的东西,对它们似乎已经习以为常。这章老聃仍然采用了辩证思维来进行论述,如同第41章,老聃做了进一步拓展,在这些字之前加了一个"大"字。加了这个"大"的"成""盈""直""巧""辩",才是老聃真正推崇的东西,也可以说老聃并不认可世间流行或者推行的东西,用他那深邃而辩证的思维,探索这些日常概念的真谛。

《韩非子·外储说左上·说一》讲述了大巧若拙的故事:

相传墨翟花了三年时间才造成一只木鹰,木鹰飞了一天就坏了。他的弟子说:"先生的技巧,到了能使木鹰会飞的程度。"墨翟说:"我的手艺不如制造车插销的人巧妙。他们只用尺把长的木头,不费一天的功夫,就能牵引好几百斤的重量,使车子跑远路,力量大,可以用好几年。现在我造木鹰,三年才完成,可是飞了一天就坏了。"惠施听到这件事后评论说:"墨子大巧!"这个故事可以加深我们对老聃所言的理解。

在上古时期,人们不会轻易获得取暖或者说取暖很奢侈,一般人享用不起。当身体感到寒冷时,人们往往会以运动来增加自己身体的热量,使身体暖和起来,也就是老聃的"燥胜沧"。

如今我们的生活尽管有取暖设备,有空调,可以方便地调节我们居住或工作环境的温度,但并不能排除在冬季,除温度低之外,潮湿会使我们有更加寒冷的感觉。在夏季,当烈日炎炎时,我们感觉到非常燥热。但如果我们把心静下来,就不会感到热不可耐;如果我们以烦躁的心情对待炎热,我们只会感到更热。

老聃的这些道理大多来自于自然界,只要我们静下心来进行思考,就会获得同样的感悟。可惜我们现在似乎越来越没有耐心,很难静下心来。因此我们需要重温老聃这些箴言:清静才是天下之正。

[释义]

最完满的东西,看起来好像有欠缺的样子,但是它的作用却永不会停竭;最充盈的东西好像亏缺的样子,但它的作用却没有穷尽。最直的东西看起来好像曲屈的样子;最灵巧的东西看起来好像很笨拙的样子;最雄辩的人才好像口吃的样子。沉静战胜浮躁,清静战胜炎热。清静无为乃天下正道。

四十六　知足恒足

　　天下有道,却走马以粪。
　　天下无道,戎马生于郊。

罪莫厚①于甚欲②，
祸莫大于不知足。
咎莫憯③于欲得。
故
知足之足，恒④足矣。

这章就其论述内容而言，是与第44章相似的，谈论知足与不知足的议题，不仅论及普通人，也上升到国家层面，直指国君。老聃在这里以马为切入点，马既可以用于生产，也可以用于战争，据目的不同，对马的处置和马的生存状态也是不同的。用"戎马生于郊"来衬托战争的危害，而战争的起源莫不源于人类的贪欲。因此老聃劝人要知足，而且长久知足才能铸造长久和平。

当然，这一章也再次表明了老聃的反战观点，犹如第30章、第31章一样。

那么孔丘是如何看待"天下无道"和"天下有道"的呢？

> 故曰：天下有道，则礼乐征伐，自天子出。天下无道，则礼乐征伐，自诸侯出。……天下有道，则政不在大夫。天下有道，则庶人不议。(《论语·季氏》)

孔丘认为天下有道，应该使天子仍为天子，诸侯仍为诸侯，大夫仍为大夫，陪臣仍为陪臣，庶人仍为庶人，俨然是在维护周王朝的宗法制与礼制。我们也可以看出，孔丘的"天下无道"和"天下有道"与老聃的"天下无道"和"天下有道"截然不同，究其原因是所站的立场不同。

[释义]

天下有道，人人知足知止，国与国之间没有战争，驰骋战场的马会放回田野运肥播种。天下无道，人人贪欲无厌，国与国之间征战频繁，所有的马用来战争，甚至连母马都要在荒郊野外生下马驹。贪得无厌是最大的罪过，不知满足会造成更大的祸患。因此，治国如此，做人也如此。只有知道满足，才会永远的满足啊！

---

① 帛书、通行本：大。
② 帛书、通行本：可欲。
③ 通行本：大。憯，音cǎn，同"惨"，惨痛。
④ 通行本：常。

四十七 得知之法

> 不出户，以知天下①。
> 不窥牖②，以知③天道。
> 其出弥远，其知弥少。
> 是以圣人
> 不行而知，
> 不见而明，
> 不为而成。

这里老聃给了我们一个有别于传统的认知方法："不出户，以知天下。"老聃认为道是万物的本源，只要悟得道，认识其他事物就找到了根本，找到了根源，就可以从根本上洞察一切，"执今之道，以御今之有；能知古始，是谓道纪"。当然，对道的认知，不是走马观花就可以轻易认识到的，必须"涤除玄鉴"，保持内心清静，认真体会，就可以明道。因此，不出户，不窥窗，可以知天道。如果外出寻求经验，就会触及社会已有的知识体系，就会勾起社会欲望，就会扰乱心灵，而使得耳目蒙蔽，视听混淆，不辨真伪，因此要"塞其兑，闭其门"。

当然这是老聃的一种思考方式，是一种认识万物本源的思考方式，这样可以便于深度思考。但我们不能把它推广到极端，认为每天宅在家里就可以认识世界了。

在《汉书·食货志》中有"孟春之月，群居者将散，行人振木铎徇于路以采诗，献之太师，比其音律，以闻于天子。故曰：王者不窥牖户而知天下"的记述，这里讲的是周王朝时期，到一定的时节，周王室派相关官僚，到各地去采风以获取情报，以此来判断各地的情况，实际上了解的是当地的风土人情的变化，从这个方面来讲也可以推知国家的整体情况。这是当时的工作方法，也是当时的文化。今天若听听以前的音乐或者读读诗歌，也可大致了解那个时代的风貌。当然这只是宏观的文化层面的，对于当时具体情况还不能用这样的方法作出精确判断。

时代不同，着眼点不同，获取情报和判断的行为方式也会不同。譬如，当年

---

① 通行本：见天下；帛书本：以知天下。
② 牖：音yǒu，偏窗之意。
③ 通行本：见天道；帛书本：以知天道。

毛泽东在西柏坡那个小村庄里指挥国共大决战，不出庄而决胜于千里之外。当然他不是待在屋子里、院子里凭空冥思苦想，而是从各种渠道获得情报作出决策。他并非频繁外出到前线视察，更不是到前线直接指挥，而是集中精力思考、运筹帷幄。这或许是老聃思想的一种实践吧！当然，毛泽东也不是"不为而成"的，而是倾注了大量心血来指挥战争的。

[释义]

万物万事皆有其道理。天下虽大，若能知天下之所以为天下的道理，不需出户，就可以知天下；若能知天下万物之所以为的道理，不看窗外，就可以了解自然的法则。如果要外出以求知求见，则会行愈远知愈少。所以得到宇宙万物的总源头、总规律的道的圣人，无需远行，就可知道天下的事理；即使没有见到也会知道其中的道理；不刻意去作为，"事业"也会成功。

四十八　绝学无忧、以无为取天下

> 为学日益，
> 为道日损，
> 损之又损，
> 以至于无为。
> 无为而无不为。
> 绝学无忧^①。
> 取天下，恒以无事^②；
> 及其有事，不足以取天下^③。

当我们在这一章读到"绝学无忧"时，一定感到很困惑：我们从小学就一直在学，甚至上大学、读研究生都在学呀！我们整个社会不都提倡学习吗？那么为什么要绝学呢？

这里论述的问题是学什么和如何学。

首先我们看看典籍和儒家是如何解释这个"学"的：

---

① 通行本及帛书本将此四字排入了第19章，这里采用的是楚简本。
② 此处采用帛书本。通行本：取天下，常以无事。
③ 第57章：以无事取天下。

孔丘说"不学礼，无以立"《论语·季氏》）、"博学于文，约之以礼"《论语·雍也》）。

孔丘的学生子夏说："百工居肆以成其事，君子学以致其道。"《论语·子张》）

孟轲则说："夏曰校，殷曰序，周曰庠，学则三代共之，皆以明人伦。"《孟子·滕文公（上）》）其意思是说：夏代叫校，商代叫序，周代叫庠。在办学功能这一点上，夏商周三代是共通的，都是教人明白人间伦理的。

有人把这里的"学"与正确知识等同起来，这显然是不足为取的。首先对知识定义的不同会导致我们理解上的时空错乱，认为老聃杜绝了我们今天的知识。当时的知识与现代的知识绝对不可同日而语的。我们现代的知识主要是以自然科学与技术知识为基础，包括自然科学在社会学上的应用，当然也有关于人类社会的学问。而那时的所谓"知识"，占主导地位的基本上是与"礼制"相关的人文知识，这些"知识"在老聃或道家看来是应该彻底唾弃的，故有"绝学"之说。

可以将知识简单地分为两种：一种是对自然界认识的知识，包括生产知识，譬如我们现代的科学知识；另一种就是人文知识，譬如"礼"等。

我们看看那个时代学什么？有什么可以学的？

老聃与孔丘的时代，是春秋末年。就社会制度来讲，是处于奴隶社会向封建社会过渡时期。就意识形态而言，是"礼崩乐坏"的年代，也是结束"官学"的独占统治地位，萌生"私学"的年代。孔丘就是那个时代教师的杰出代表，可称之为我国职业教师的鼻祖。孔丘教授的内容一般为六艺，据《周官·保氏》记载："养国子以道，乃教之六艺：一曰五礼，二曰六乐，三曰五射，四曰五驭，五曰六书，六曰九数。"也就是"礼、乐、射、御、书、数"。射，是射箭技能；御，是驾驭马车的技能；书，是识字与书写。

后又有人说，孔丘教授"六经"，也就是《诗》《书》《礼》《乐》《易》和《春秋》。且不论孔丘是否教授这些内容，我们先简单了解一下这些儒家经典的内容。

《诗》是周王朝时期的有关诗歌集，包括上层社会人士所作和民间采风收集的诗歌，是我国文学的源头；《书》（即《尚书》）是记载历史上王侯的语录以及对王侯颂扬文章的，具有一定的史学价值；《礼》主要是讲"礼制"，也就是当时的各种行为规范；《乐》主要是音乐，当然有礼对其的约束；《易》（不包括后来的《易传》）是属于占卜类的。

孔丘对"学"是这样主张的，"学"不但要学"礼"，而且要受"礼"的约束。他说"非礼勿视，非礼勿听，非礼勿言，非礼勿动"《论语·颜渊》），人们的一切行为被笼罩在"礼"中，其目的就是要达到以"礼"来控制社会。孔丘认为守"礼"不仅可以达到使社会礼序化的目的，"礼"还可以达到防止老百姓反叛的目的。他说："君子广泛地学习文化知识，再用礼来加以约束，这样也就不会离经叛道了。"①

---

① 《论语·颜渊》：君子博学于文，约之以礼，亦可以弗畔矣夫。

我们再来看看战国末期的儒家代表人物——荀况是怎样劝学的呢？他在《荀子·劝学》中说：

"学习究竟应从何入手又从何结束呢？答：按其途径而言，应该从诵读《诗》《书》等经典入手，到《礼》结束；就其意义而言，则从做书生入手到成为圣人结束。真诚力行，这样长期积累，必能深入体会到其中的乐趣，学到死方能后已。所以学习的教程虽有尽头，但进取之愿望却不可以有片刻的懈怠。毕生好学才成其为人，反之又与禽兽何异？《书》是政事的记录；《诗》是心声的归结；《礼》是法制的前提，各种条例的总纲，所以要学到《礼》才算结束，才算达到了道德的顶峰。《礼》敬重礼仪，《乐》讲述中和之声，《诗》《书》博大广阔，《春秋》微言大义，它们已经将天地间的大学问都囊括其中了。"

从上述内容来看，儒家所教授的东西，除了六艺之外，也可能包括部分被后世称之为"六经"的内容。这与当时科学、技术以及农、工生产，如天文学、冶金与铸造、陶器制作与造型、水利技术等，基本上没有任何关系。这与孔丘的办学思想密不可分。孔丘不但自己蔑视、也不从事农工商等工作，他办学所传授的知识也禁止相关内容。孔丘弟子樊迟"请学稼""请学为圃"，孔丘回答说自己在种庄稼上不如农民，也就是不教授这方面的知识。虽然这是实话，但等樊迟走后，孔丘却说："小人哉樊须也。"又说只要当好官，"则四方之民襁负其子而至矣，焉用稼？"（《论语·子路》）对于弟子子贡经商，孔丘也不满意，说："赐不受命而货殖焉；亿则屡中。"（《论语·先进》）孔丘教学的主要目的就是做官——学而优则仕！

按照后代儒学传人荀况的学习观："礼之敬文也，乐之中和也，诗、书之博也，春秋之微也，在天地之间者毕矣。"（《荀子·劝学》）也即人学习了这些"礼""乐""诗""书""春秋"就穷尽了人间大学问了。儒家这种学问及学习观无疑裹足了华夏文明，把华夏文明装入了"儒笼"。直到2000多年后的清代乾隆年间，主编《四库全书》的著名学者纪晓岚还感慨说："世间的道理与事情，都在古人的书中说尽，现在如再著述，仍超不过古人的范围，又何必再多著述。"当然，纪晓岚也割舍不掉儒家思维，跳不出"儒笼"，自然也就不用再多著述什么了。

老聃也许在思考这些人为制定的礼呀乐呀，会增加人们的烦恼与忧愁，阻碍人们理解、接受老聃所提倡的道与德，也远离了"朴"的状态。从学习的内容来看，老聃拒绝它也是合情合理的，因为老聃是反对儒家这些"知识"的。正因为如此，在理解"绝学无忧"这句时，我们不能简单地理解为杜绝我们今天的学习。

今天，无论是学习内容还是学习方法，都与古代有巨大区别。毋庸讳言，具体到学习方法，虽然我们有了很大的改进，但对我们今天学科学、技术而言，传统的学习方法是必须进行彻底革新的。

除了"学"什么之外，还有如何"学"的问题。

走进老子

道家认为当时的"学"就是模仿。解释《尚书》的《尚书大传》①也解释"学，效也。近而愈明者学也"。

有一个故事家喻户晓的成语故事——"邯郸学步"，可以加深我们对"学"的认识：

燕国寿陵有个少年，千里迢迢来到赵国都城邯郸，打算学习邯郸人走路的姿势。结果，他不但没有学到赵国人走路的样子，而且把自己原来走路的步子也忘记了，最后只好爬着回去（原文见《庄子·秋水》）。

对于这种一味模仿的行为，李白曾赋诗进行讽刺②。

在《史记·老子韩非列传》中记述了孔丘千里迢迢从鲁国曲阜到周王城雒邑向老聃请教有关礼的知识的故事。当老聃在听完孔丘的主张及提问后，并没有正面回答孔丘的问题，只是告诉他："子所言者，其人与骨皆已朽矣，独其言在耳。"

这段话的意思是说，（你所言及的想恢复的那个周礼）当年制定、倡导它的人连骨头都已经腐朽了，只有他们的言论流传下来。但古今不同，今世已变，如果拿古人的典章套用到现在，无疑是刻舟求剑。万物都在变动，人也在变动，人们每天都遇到新问题、新情况、新需求，若要应对就得采取新方法。对一个人来讲，即使在同一个时候，处境不同、情况不同、问题也有所不同，解决问题的方法也不可能一样。如果只知一味模仿，又能如何解决问题呢？用我们现在的话就是"死读书"或者叫"读死书"。如果这样的话，不如不读！

在《庄子·天运》里讲了孔丘求教老聃时的对话：

孔丘对老聃说："我研修《诗》《书》《礼》《乐》《易》《春秋》六部经书，自认为很久了，熟悉了旧时的各种典章制度；用违反先王之制的七十二个国君为例，论述先王治世的方略和彰明周公、召公的政绩，可是没有一个国君采用我的主张。实在难啊！是人难以规劝，还是大道难以彰明呢？"

老聃说："幸运啊，你不曾遇到过治世的国君！六经，乃是先王留下的陈旧遗迹，哪里是先王遗迹的本原！如今你所谈论的东西，就好像是足迹；足迹是脚踩出来的，然而足迹难道就是脚吗？"言外之意是指孔丘食古不化。

从这个对话中，我们能够领略两人对"故"的不同态度。那么，儒家是如何教的，儒生又是怎么"学"的呢？

关于这个问题，我们好好看看孔丘的言行集《论语》就明白了。

---

① 《尚书大传》是对《尚书》的解释性著作，作者和成书时间均无法完全确定。《汉书·艺文志》著录之《传》41篇。

② 李白《古风·丑女来效颦》：丑女来效颦，还家惊四邻。寿陵失本步，笑杀邯郸人。一曲斐然子，雕虫丧天真。棘刺造沐猴，三年费精神。功成无所用，楚楚且华身。大雅思文王，颂声久崩沦。安得郢中质，一挥成风斤。

在《论语》中记述了孔丘以对话形式来给学生授课，美其名曰"解惑"，那解什么"惑"呢？首先我们看看孔丘教授学生时所用的教材，也就是《诗》《书》《礼》《乐》《易》《春秋》。了解了这些经书的内容，我们就知道学些什么了。

《论语》是孔丘与他的弟子们的对话，也就是"解惑"的言行集。如果我们详细读读《论语》这本书，就可以发现所谓"解惑"基本上就是灌输伦理礼教之类的知识。孔丘解惑的重点是依据先王之言、先王之迹及这些"经书"进行解惑，重点是灌输结论，没有过程，也没有为什么，几乎没有什么思辨。你无需提出什么疑问，也不需要什么思辨，只要能背下来全盘接受就行。如果学生接受并理解了这些礼教，那么学生的"惑"也就消解了。若还能完整表述，就算是学富五车、接近圣人了。孔丘提倡的一些观念，缺少高度概括抽象，前后也不如一。譬如作为孔丘极力提倡的"仁"，他在不同的场合和对不同的人有不同的解释。当然，这也不是科学的东西，与自然也没有什么关系，也就无需逻辑论证或科学实验验证了。

关于"学"与"思"的问题，孔丘既有"学而不思则罔，思而不学则殆"《论语·为政》之说，又有"吾尝终日不食，终夜不寝，以思，无益，不如学也"《论语·卫灵公》之言。其重点还是放在"学"上。从另一方面讲，怎么"思"，通观《论语》也没有发现孔丘的解释，也没有发现孔丘关于"思辨"的论述。孔丘的"思"恐怕是严格禁锢在先王的言论及"礼"的海洋里吧！

关于学习方法，孔丘有一名言："温故而知新。"那么这个"故"是什么呢？无非是一些先王们的言语，也可称之为教诲。先王们说过的话字字珠玑、句句真理，你只要夸耀先王们伟大就可以了。我们囿于先王的"故"，即使"温"了那些先王的"故"又如何知道"新"呢？不"温"那些"故"就不能创新了吗？显然我们大多数的"知新"并不是温故温来的，而是发现先前的理论、理念等"故"的不足和错误的情况下，采用新思维、新方式，才有新发现，才能达到创新的目的。因此，仅仅温故是不足以知新的。

那么，老聃是不是真的主张不"学"呢？他在第15章里说"保此道者不欲盈。夫唯不盈，故能蔽而新成"，只要不自满，就会有新的进步，新的成就。显然老聃并不是不主张"学"的，问题是如何学，学什么？我们来看看道家是怎么提倡"学"道的。

在《庄子·大宗师》中给我们讲述了一个故事：南伯子葵询问女偊是如何得"道"的，女偊回答说："我从副墨（文字）的儿子那里听到的，副墨的儿子从洛诵（背诵）的孙子那里听到的，洛诵的孙子从瞻明（目视明晰）那里听到的，瞻明从聂许（附耳私语）那里听到的，聂许从需役（勤行不息）那里听到的，需役从于讴（吟咏领会）那里听到的，于讴从玄冥（深远虚寂）那里听到的，玄冥从参寥（高旷寥远）那里听到的，参寥从疑始（迷茫而无所本）那里听到的。"简而言之，就是追根求源，深度思考，这样才

走进老子

能认知真谛。

那么老聃是不是不学无术呢？

我们知道，孔丘曾经请教过老聃，这说明老聃是有学问的，不但具有《老子》里包含的学问，就连他鄙视的"礼"也是颇具大家风范的，这也是孔丘为什么千里迢迢去向老聃请教礼的重要原因。我们再看看《老子》一书，我们会发现老聃具有丰富的知识，包括政治、经济、军事、天文、农学、冶炼、机械等。就是对当时的高科技制品是非常熟悉的，譬如他还拿来作比喻的鼓风器。在今天我们城市里已经见不到这些鼓风器了，但在老聃那个时代，是极其先进的高科技制品，没有它就不可能产生足够的高温，也就不可能把铁冶炼出来。而铁对人类而言，是极其重要的，直到今天依然起着重要作用。

从这些学的方法与内容，我们可以充分了解道儒两家对"学"的内容、方法及目的不同。因此，即使《老子》中有"绝学无忧"这四个字，我们也不能简单地理解为今天的杜绝学习，因为时代不一样，学习的内容、方法及目的等都不一样。从另一方面讲，这四个字是对儒家教授内容的彻底拒绝。

老聃的"绝学无忧"也是那个时代的写照。在老聃那个时代，已有一股"无学不害"的社会风气。《左传》有一段颇有参考价值的记载：鲁昭公十八年（公元前524年）秋天，参加曹平公葬礼的人会见周王室大夫原伯鲁，交谈中，发现他"不说（悦）学"，回去把这情况告诉鲁大夫闵子马，闵子马十分担心，认为周王朝恐怕要发生动乱了。因为这种"不悦学"一旦形成了一种风气（"夫必多有是说"），就会影响在位者，因而闵子马认定"无学不害"的风气会构成"下陵上替"的危险情况。为此他曾指责周王室不学礼。也就是说那个时代已经有"不学礼"的风气或者说苗头。那么统治者为什么关心"不悦学"之风呢？这关系到学的内容，即教化问题。当时所学的内容无疑是有利于统治者进行统治的。

关于"学"，我们再来看看在先秦时期与儒教齐名的墨家是如何论述的。在《墨子·经（下）》中有这样的论述："学之，益也，说在诽者。"又在《经说（下）》篇中进一步说道："学也，以为不知学之无益也，故告之也。是使知学之无益也，是教也。教，悖！"墨翟认为学习是有益的，说"学无益"是误导大众。如果不知道"学之无益"，那么就要告诉他，被告诉之人就是学了。那么要使其知道"学之无益"的就是教授了。如果说"学之无益"是正确的话，那么你的"教"就是有益的，而学到"学之无益"也是有益的。这是一个逻辑上的悖论。这样对于老聃提倡的"绝学无忧"，也可以说老聃"教""绝学无忧"就自相矛盾了。但这里忽略了一个至关重要的问题，那就是教什么、学什么。如果教与学的内容不限定，那么这的确是一个逻辑思辨。譬如说一个大盗教人学偷，那么这个"学"显然是无益的。这也从侧面说明，老聃的思想在那时是有较大影响的。

上面我们解释了"学"及"绝学无忧"。在这一章还有两个最重要的关键词，

"为学日益,为道日损"。"为道"与"为学"是两个相反的目的。

庄周在《庄子·知北游》篇里有"礼者,道之华而乱之首也,故曰'为道日损'"。这里的"为道日损"显然是指"为道"会使礼的知识及影响日渐削弱,也就是减损了礼的影响。河上公《老子章句》中说:"学谓政教礼乐之学也;日益者,情欲文饰日以益多。道谓自然之道也;日损者,情欲文饰,日以消损。"而朱谦之的《老子校释》则认为"为学日益"与"绝学无忧"皆指学礼而言。

"为学"指的是一般的求知活动,是以求得知识为目的。知识要通过学习逐渐积累,不断丰富,所以是"日益"。这个"为学"我们前面已经分析过了,其关键是"知识",也就是说是什么样的知识。

"为道",也可称作"闻道",是一种获得"道"之精神的修悟,其目的是获得道之精髓与本源。老聃认为"道"是超越一切人为知识和规定的终极真理。而当时的知识是"为道"的障碍物,也是与道背道而驰的。因此,要"为道"就必须涤清业已存在的人为知识,或者称之为"政教礼乐之学""智巧"及"妄见"。所谓"日损",就是要抛弃既有的知识与成见,祛除认识与参悟的遮蔽,使人超脱于已知知识之上,使已有的知识与成见"损之又损",最终达到"无为而无不为"之境界。

我们再来看一看这个"取天下"。"取天下"很多人翻译成治理天下,其实这是不妥的。笔者认为这样的翻译没有充分阐释"取天下"的原义。老聃生活在春秋末年,各种新思想、新治国理念层出不穷。各侯国也争强争霸以取天下。但作为反战的老聃显然不会赞同以武力取天下。从另一方面讲,尽管各种新思想层出不穷,但作为意识形态的礼教和宗法制并没有完全消失,只是处于孔丘所感叹的"礼崩乐坏"阶段。道家思想显然是一种历久弥新的思想,仍然处于"在野"地位,因此,这里的"取天下"并不能翻译成"治理天下"或者"治天下",因为道家思想或者说老聃的思想还没有处于主导地位。它只是在传统的儒教思想逐渐崩溃的时候,出现的诸多新思想之一。这样对于道家思想来讲,首要的任务是"取天下",只有取得了天下,占据了主导地位,才能谈得上治理天下。因此,首先要使老聃倡导的理念广为传播,深入人心,使已经深入人心的儒教思想退化淡化,当然"绝学"是一个很好的办法。这是一个渐进的过程,也是一个以柔性方法,而不是以强(武)力取天下的过程。这也完全符合老聃的一贯主张与思想。当然我们也不能否认这是一种治理天下的方法。其实老聃的思想是一种极其放任的思想,如果用传统的治理国家的方法作为标准的话,老聃提倡的无为而治、以正治国更谈不上"治理"国家。在第35章中"执大象,天下往"也是一种"取天下"的方法。

[释义]

　　为学可以日渐增加世俗学问(礼学)，为道可以日渐清除这些世俗礼学，使之影响一天天减少。能把为学日益的妄念一天天消减，消了又消，减了又减，直到自己达到无为的境界。达到了无为的境地，就能顺应自然不妄为，也就合乎道了，自然也就可以无为而无不为了。那么，还何愁天下不可取呢？反之，若不顺应自然，强恃妄为，一意孤行，又如何能取得天下呢？

四十九　以民心为心

　　　　圣人恒无心①，
　　　　以百姓心为心。
　　　　善者，吾善之；
　　　　不善者，吾亦善之，
　　　　德善。
　　　　信者，吾信之；
　　　　不信者，吾亦信之，
　　　　德信。
　　　　圣人
　　　　在天下，歙歙②焉；
　　　　为天下，浑其心。
　　　　百姓皆属③其耳目，
　　　　圣人皆孩之。

　　这一章的内容前半部分是与第38章相呼应的，因为在第38章里有"夫礼者，忠信之薄也，而乱之首也"，老聃是对礼者的薄信提出了相反的观点，即"信者，吾信之；不信者，吾亦信之"。

　　这一章在解释上争议比较大的是"圣人皆孩之"这一句，其关键点是对这个"孩"字的解释。因为是单字词，在解释上就会有较大分歧，这"孩之"可以解释

---

① 通行本：无常心。
② 歙歙：音 xī，无所偏执的样子。
③ 通行本：注。

为把老百姓当孩子一样,或者使老百姓像孩子一样。"孩"在这里用现代汉语分析,是动词,"之"则是代词,指百姓。

前一种可以解释为对待老百姓像对待自己的孩子一样。这样就可以与前面的无论善与不善我都善待之相呼应。当然孩子可能是敦厚憨朴的,也可能是调皮捣蛋的。这里有可能是指圣人为父亲,而老百姓是孩子,圣人对老百姓的榜样作用就像父亲对自己的孩子一样,除了呵护之外,也是榜样。老聃在第20章也说"我愚人之心也哉!"

后一种解释则是把老百姓当成孩子一样看待或对待,因此有些人认为老聃所提倡的是愚民政策。即使老聃所说圣人视百姓如孩儿,其实也不能理解为愚弄百姓,因为老聃提倡的圣人本身也是一个"婴儿",正如他在第55章所表述的"含德之厚,比于赤子"。非但如此,老聃自己也如婴儿:"我独泊兮其未兆,如婴儿之未咳"(第20章),而且"为天下谿,恒德不离,复归于婴儿"(第28章)。因此,把"圣人皆孩之"解释成老聃的愚民思想,是不妥的。

另外,作为兵家的孙武是比老聃稍后的同时代人,他在《孙子兵法·地形》篇中说:"视卒如婴儿,故可与之赴深谿;视卒如爱子,故可与之俱死。厚而不能使,爱而不能令,乱而不能治,譬若骄子,不可用也。"这是他提出的可"爱兵"但不可"惯兵"的主张。将领既要关心爱护士卒,要"视卒如婴儿",要"视卒如爱子",但又不能过分宽松,不能骄纵放任,以免陷入"厚而不能使,爱而不能令"的窘境。从这些论述来看,孙武可能借鉴了老聃的思想。

在中国漫长的封建社会里,权贵者的确把老百姓当作"子民",老百姓称当官的为"官老爷""大人"等。而这些官僚的典型表情就如同"严父"的表情,高高在上、千人一面、不苟言笑。这些与儒家教化不无关系。在权贵者眼里,人民就是没有长大的"孩子",没有独立自主的人格与权利。从另一方面讲,这些官僚不知不觉地被异化为"礼教人",这是一种自然人性的扭曲,而这些人却完全意识不到这一点,还乐在其中。

在第27章也有相似的表述:"是以圣人恒善救人,故无弃人。恒善救物,故无弃物。"

[释义]

圣人永远没有私心,他以百姓之心为自己之心。善良的百姓,固然善持他们;不善良的百姓,也不摒弃他们,也要善待他们。这就是"德善"。百姓诚信的,固然要以信对待;百姓不诚信的,也要信任他们。圣人在天下,总是心无偏念的样子,为天下而浑沌百姓的心。百姓们都专注圣人耳与目,圣人则要使百姓恢复到孩童般淳厚质朴的状态。

五十　呵护生命

出生，入死。
生之徒，十有三。
死之徒，十有三。
而民生生①，动之于死地，亦十有三②。
夫何故？以其生生也③。
盖闻善摄④生者，
陆行不遇兕⑤虎，
入军不被甲兵。
兕无所投其角，
虎无所用其爪，
兵无所容其刃。
夫何故？以其无死地。

这里第一句话中的"出生入死"是我们常用的，形容冒着生命危险，不顾个人安危。这显然不是老聃想要表达的意思。老聃的意思是从出生到死去，也就是形容人的一生。有了这个大前提，我们再来看看下面的章句。

在这一章中，对"十有三"的解释存在着巨大分歧。

有人直接把"十有三"解释为今天的"十分之三"。按照这种解释，衍生出来的释义多为："天下正常活着的人，占十分之三；夭折死去的人，占十分之三人；活着，却行动在死亡之地的人，也占十分之三。"

这样的解释是有问题的。我们先看看"生之徒"和"死之徒"，这两句第76章里也有："坚强者，死之徒；柔弱者，生之徒。"如果把"生之徒"和"死之徒"分别翻译成"正常活着的人"和"(夭折)死去的人"是不合适的，其实这里的"死之徒"不是指已经死亡的人，而是指超常规趋向或者说走向死亡的一类人。徒的本义是步行，具有跟从的意思，因此引申为同一类或同一派别的人。因此，把

---

① 通行本：人之生。
② 帛书本：动、皆之死地之十有三。
③ 通行本：以其生生之厚。
④ 帛书本：执。
⑤ 兕：音sì，古时称一种类似犀牛的异兽，有独特的犄角。

"死之徒"等同于"死者"是不对的。

把"十有三"解释成"十分之三"也是不符合周王朝时期的写作文化特征的。在那个时代，还没有这样表达分数概念的，如周公姬旦在《尚书·周书·无逸》里就有"肆中宗之享国，七十有五年"、"肆高宗之享国五十有九年"和"肆祖甲之享国，三十有三年"。这里的七十有五年是七十五年的意思。

还有西周金文中有"分宕其三，女则宕其二，公宕其二，汝则宕其一"（召伯虎簋）。《左传》中有"大都不过三国之一，中五之一，小九之一"（《左传·隐元年（公元前722年）》）和"其季于今三之一也"。（《左传·(鲁)襄公三十年（公元前630年）》）

再有，在《论语·泰伯》中的"三分天下有其二，以服事殷"。《庄子·天运》中的"孔子行年五十有一而不闻道，乃南之沛见老聃"，是指孔丘五十一岁时去拜访老聃。以及《孟子》中的"耕者九一"（《梁惠王（下）》）及"其实皆什一也"（《滕文公（上）》）。

到战国后期，有了分数的明确写法，如记述商鞅变法（公元前359年）到秦始皇二十年（公元前227年）期间的《睡虎地秦墓竹简》中就有"十牛以上而三分之一死"和"度禾刍藁而不备其十分一以下"的记述。

如果是分数的话，也是不符合我们古代文化习惯的。古代以九为最大数，譬如九州、九鼎等，没有把"十"作为"大数"的。再说，三个"十有三"也不是一个全数，还有十分之一没有包括进去。如果是这样，"三有一"或"九有三"岂不更简单、更正确。因此，这样的解释只能是简单地以现代人的思维习惯去推测古人的表达方式而得出的。

假如"十有三"的意思是十分之三，按照这个思路我们来详细探讨一下这几句的具体含义。

如果把"死之徒"解释成死亡，显然是不通的，人最终都会死的，不可能只有十分之三。如果像有些人解释的那样，是"夭折"，且先不说老聃是不是这个意思，那么，一批人或者一个国家同时出生的人，只有十分之七能步入成年。这样的话，十分之三的"生之徒"和"动之于死地"的就各占一半。再加上上面的翻译，也就是说一半的人生活得很好，而另一半人则是挣扎在死亡线上。这样的话，与当时的社会状况符合吗？显然是不符合的。

那么，这里的"十有三"，也即十三，到底是指什么？战国末年的韩非在《韩非子·解老》中解释为四肢九窍。因韩非的年代离老聃的年代比较近，因此他的解释或许更有道理。四肢九窍的四肢是指人的四肢，而九窍则是指人的两耳、两鼻孔、两眼、口、尿道、肛门。这些器官对人的生存至关重要，缺少或者损坏，轻则带来生活不便，重则危及生命。如果按照这种解释，那么当人出生成长的时候，依靠四肢九窍；当人走向死亡的时候，四肢九窍依然存在。民众的生活，无论是繁重的劳动还是残酷的战争，其"动"都会使四肢九窍归向死地（也在所不惜）。这是为什么？为人们都要活着，即使生命赖以生存的四肢九窍处于有损

之境，也不得不处之！

另外，在这里有一个关键字"动"，老聃尚静，他在第16章里说"致虚极，守静笃。……归根曰静，是谓复命"，又在第37章里说"不欲以静，天下将自定"以及第57章的"我好静，而民自正"。"动"是"静"的相反词，但如果民众都"静"而不"动"，那也是无法生活的。这就是一个"静"与"动"的辩证问题，也是相对与平衡的问题。老聃所处的春秋末年，社会动荡不安，对民生造成了巨大影响，可以说普通民众生活在水深火热之中也不为过。这也是我们理解这章时需要参考的重要社会背景。

通行本的"以其生生之厚"则被解释为养生过分丰厚奢侈而缩短了生命。这样解释是欠妥的。而帛书本为"而民生生"，这里没有"厚"字。从另一方面讲，这里讲"养生"在《老子》的原文中也没有明确表示，更没有因为过度养生反而缩短了寿命的说法。

孔丘在《论语·泰伯》中也表述了类似的观点，即"危邦不入，乱邦不居。天下有道则见，无道则隐"。可以说这也是孔丘呵护生命的具体表述，也是人之常情。

[释义]

人始于生而终于死。当人处于生长之季，具有四肢九窍；当人走向死亡之季，具有四肢九窍。在芸芸众生的生命过程中，人们经历许多劳作、迁徙奔波，处于致死境地，仍然有四肢九窍。这是为什么呢？因为人们都要活着，即使生命赖以生存的四肢九窍处于有损之境，也不得不处之！

听说那些善于呵护生命的人，在陆地上行走不会遇到野兽，在战争中不会触及兵器。因此，兕虽凶悍，却无法以犄角来攻击他；老虎勇猛，爪子对他也没了作用；刀锋虽利，对他却难以使用。这是为什么呢？这是因为善于呵护自己生命的人是不会进入致死境地的。

五十一 道与德

道生之，
德畜之，
物形之，
势成之。
是以万物

莫不尊道而贵德。
道之尊，德之贵，
夫莫之命而恒自然。
故
道生之，
德畜之，
长之，育之，
亭之，毒之，
养之，覆之。
生而不有，
为而不恃，
长而不宰，
是谓玄德。

关于这一章，几个版本中存在较大的差别。前几句中通行本为"道生之，德畜之，物形之，势成之"，而帛书本则是"道生之畜之，物刑之而器成之"。

这两个版本中"形"和"刑"，"形"是自然而然成形，这也是"道"的无为而为；"刑"则是由于外界的影响而成形，是被成形。但两者在古代也是通用的。老聃在第28章说"朴散则为器"，"朴散"是由于外界人为造成的，其结果是成"器"，"器"是"朴"散失后的物，其原本的"朴"已经被破坏、丧失掉了。

相比于帛书本的"物刑之而器成之"，通行本中的"物形之，势成之"少了一个"器"，本来"器"也是万物的一种，这里更加细分出物的一种类型"器"。当然这个"器"是人为的而不是自然而然生成（自生）的。如果不涉及人为的干预，这个"器"是不存在的，也就是说，作为论述"道"和"德"，笔者认为"器"是没有必要涉及的。因此本书采用了通行本。

从另一方面讲，"器"是人为的，也是具体可观的，也可以说是表面的。但"势"却是内部的、不可视的。

这时的"势"可以理解成第42章的"万物负阴而抱阳，冲气以为和"的"气"或者"冲气"。用现代的语言来理解，也就是诸如"势力场"，譬如原子中的原子核和电子之间的引力场，以及我们太阳系的太阳和地球的万有引力等概念。这些都可以理解成"势"。

另外这里的"德畜之"与第21章的"孔德之容"是相融的，而不是相悖的。"生而不有，为而不恃，长而不宰"与第2章"是以圣人居无为之事，行不言之教。万物作而弗始也，为而弗恃也，成功而弗居也。夫唯弗居，是以弗去"是相一致的。老聃的圣人是得道之人，也可以说是道在人间的化身。

本章的"亭之、毒之"依现代汉语比较难理解。王弼作注为"亭谓品其形，毒谓成其质"。也就是"成之熟之"之义，与本章及全书意旨相吻合。高亨（1900年～1986年）从读音方面进行了研究，认为："'亭'当读作'成'，'毒'当读作'熟'，皆音同通用。"唐末五代杜光庭（公元850年～933年）在其《贺雅川进白鹊表》中曾用此语："亭毒万方，再树乾坤之本；照临下土，重悬日月之光。"因此，这里的"亭之、毒之"可理解为"成之熟之"之义。

[释义]

道为天下之母，所以万物皆由道而生，既已生则需蓄养；既生又蓄，物才能存在为物，由此产生了无穷尽的万物。而这一切的形式，乃由一个名为"势"的力量在其中关联。万物既由道生，所以莫不尊道；既受德蓄，所以莫不贵德。但道虽尊、德虽贵，却不自以为尊、自以为贵。施惠于物却不号令于物，而让物自由自在地自生、自存。所以说，虽然道化生万物，德蓄纳万物，长育、安定、覆养万物，使其成熟结果，却只是化生而不据为己有，虽贡献自任却不恃己功，长养而不自以为主宰。这就叫"玄德"。

五十二　袭常

> 天下有始，以为天下母。
> 既得其母，以知其子。
> 既知其子，复守其母，没身不殆。
> 塞其兑，闭其门，终身不勤。
> 启其兑①，济其事，终身不救。
> 见其小曰明，守柔曰强。
> 用其光，复归其明，
> 无遗身殃，
> 是为袭②常。

这章表述了老聃的修身方法及认知方法。

按照老聃的理念，要获得正确的认知首先要修身，使自己处于获得正确认知

---

① 采用帛书本，通行本为"开其兑"。

② 通行本：习。

的正确状态，其方法就是复归到道。老聃认为人类在社会上受到了人为环境，尤其是礼教的不良影响，因此要肃清这些因素的影响，使人回归质朴、回到道的本源。因"既得其母，以知其子；既知其子，复守其母"，老聃认为远古时代人们是质朴的，要复归到质朴的状态。老聃这一思想偶然被18世纪法国启蒙家卢梭①又提出："在自然状态（动物所处的状态和人类文明及社会出现以前的状态）下，人本质上是好的，是'高贵的野蛮人'（noble savage）。好人被他们的社会经历所折磨和侵蚀，而社会的发展导致了人类不幸的继续。"

老聃所采用的具体方法就是"塞其兑，闭其门"，即堵塞嗜欲的感官，关闭嗜欲的门径，使"不见可欲"，这样就可以涤清外界的诱惑和影响，使人回归质朴状态。可以说这是"悟道"的一个阶段。对事物的认知，首先要回归到事物的始点——道，再由道而推延到其他——"得其母，知其子"。

孔丘的认知思想与老聃是完全不同的，孔丘认知的回归点是"礼"，是先王的圣言，这既是回归点，也是标准点。孔丘把人的思想禁锢在"礼笼"里，他教育弟子时说："非礼勿视，非礼勿听，非礼勿言，非礼勿动。"（《论语·颜渊》）这样不仅遮蔽了其弟子的视野，也锢蔽化了弟子们的思想。当儒家思想占有独尊的统治地位时，民众的思想也被礼化、锢蔽化，这样民众就会如侍奉信仰一般归服统治集团。

由于道家与儒家这两种截然不同的思想，作为他们的继承人，无论是学习、修身还是发展，其结果也会大相径庭了。宋代的朱熹发展了理学，其思想原本已经触及到科学之门，但最终没有撬开其门，迈进科学的殿堂，又折回到儒家的终结点——礼，致使功亏一篑，全盘皆输。今天我们仍然在沿用其用词，譬如理科、理学部，但已经不是朱熹原本之意，而是转换成了科学所用的专用词汇。

[释义]

天下万物必有初始，这个初始的由来就是万物的本源——道；天下万物由道化生，道就是天下万物之母。既能认知天下万物之母的道，又能认识天下万物。既能认识天下万物，又能恪守创造天下万物的道，那终身就不会遭到伤害，也就不会有任何危险了。堵塞嗜欲的感官，关闭嗜欲的门径，你将终身不劳；放纵嗜欲的感官，沉迷于世间的庶事，那你则终身不可救治。能看见细微叫"明"，能坚守柔弱叫"强"。用道体之光，重归内心之明，不要给自身留下祸殃，这就是承袭永恒不变的规律。

---

① 卢梭（Jean-Jacques Rousseau，1712年～1778年），出生于瑞士日内瓦，法国哲学家、教育家、思想家、文学家。

五十三　奢夸之盗

　　使我介然有知，
　　行于大道，唯施是畏。
　　大道甚夷，而人好径。
　　朝甚除①，田甚芜，仓甚虚。
　　服文采②，带利剑，厌饮食，财货有余。
　　是谓盗夸。
　　非道也哉。

　　老聃所处的春秋末年，国与国之间战争频繁，原有的社会体制在崩坏，新的体制尚未确立。在这个巨变的时期，造成了社会混乱，贫富悬差，社会矛盾尖锐，阶级对立严重。统治者撕破了"礼"的伪装，更加贪得无厌，巧取豪夺，声色犬马，奢侈糜烂。频繁的战争造成田园荒芜，高赋税导致民不聊生，甚至生灵涂炭。老聃作为一位周王室守藏室史官，不仅了解现实，目睹了社会的混乱与变迁，而且以哲人的高度，痛击社会现状，责骂这些行为是强盗行为。

　　老聃在这章里还论述了一些现在还常见的社会弊病，那就是某些人避开坦途大道，专走偏斜小径。其"大道甚夷，而人好径"的意思是说，大道那样平坦，而世人为何偏偏喜欢走邪径小道。看来走小道、辟捷径，甚至"走后门"等社会不正之风和不良思维习惯，古已有之。鉴于这种社会弊端，老聃主张"行于大道，唯施是畏"。当然，老聃所说的这些偏爱走小道、甚至走歪道的，不仅仅只是一般的民众，而是直指最高统治者。

　　孔丘也有言"直道而行"，这句话的上下文是："吾之于人也，谁毁谁誉？如有所誉者，其有所试矣。斯民也，三代之所以直道而行也。"（《论语·卫灵公》）当然，这是对"三代"，也是对三代先王们及其治下社会的赞誉。孔丘着眼点在于对"三代"之想往和赞誉，侧重于先王之道；而老聃则是着眼于自己所推行的"大道"。如果考虑到孔丘的一贯政治主张——克己复礼，那么孔丘的"直道"与老聃的"大道"是截然不同的。

---

① 除：本义为土石工程的非正体部分、附加部分，这里指台阶。《说文》："除，殿陛也。"
② 文：本义为花纹；纹理；采同"彩"。文采是华丽之意。

[释义]

　　假若我稍微有些常识，当我们行走于大道时，唯恐误入歧途。但有些人却很奇怪，放着平坦大道不走，反而喜欢去寻邪路小径而行。国君舍去大道，结果朝廷奢靡腐败，田地荒芜，仓库空虚。而这些君主不但身服锦绣纹彩，佩带锋利的宝剑，炫耀富贵，而且饱食丰盛宴席，囤占大量盈余财物。这样的国君，简直就是强盗自夸。世间真无道呀！

五十四　修身布德

　　善建者，不拔。
　　善抱者，不脱。
　　子孙以祭祀不辍。
　　修之于身，其德乃真。
　　修之于家，其德乃余。
　　修之于乡，其德乃长①。
　　修之于邦，其德乃丰。
　　修之于天下，其德乃普。
　　故
　　以身观身，
　　以家观家，
　　以乡观乡，
　　以邦观邦，
　　以天下观天下。
　　吾何以知天下然哉？
　　以此。

　　在本章，老子讲了修身的原则、方法和作用。他说，修身的原则是立身处世的根基，只有巩固修身之要基，才会有益于自身，也有益于家、乡、国家和天下。在《庄子》中有一篇《让王》，讲述了道家对身与国家关系的观点："故曰：

---

①　长：尊崇。

道之真，以持身；其绪馀，以为国家；其土苴^①，以治天下。由此观之，帝王之功，圣人之馀事也，非所以完身养生之道也。今世俗之君子，多危身弃生以殉物，岂不悲哉！"这里认为道的真谛首要的是保身，剩余的才是为国家，其渣滓才用来治理天下。由《让王》篇看来，帝王的功业是圣人闲暇之余的事，并不是用以全身养生的方法。如今世俗的君子，不知内外轻重，多为了身外之物而伤身害性甚至丧命，这怎么能不悲哀呢！

儒家经典之一的《大学》中所讲的"格物、致知、诚意、正心、修身、齐家、治国、平天下"，即所谓的"八条目"，也是从一身讲到天下。道家与儒家在修身问题上并不相同，但也不是完全没有相同之处。其相同之处就在于都认为立身处世的根基是修身。所谓为家为国，应该是充实自我、修持自我以后的自然发展；而儒家则是有目的性地去执行。一为自然的，一为自持的，这就是儒、道之间的不同点。

道家是修身于身，以及于家、于乡、于国和于天下，而儒家则是修身、齐家、治国、平天下，这两者的做法是不一样的。这里还提到一个对等的观察与比较方法，我们不能用一个人去和一个乡、一个国家相比。墨家视个人、家、国家之间的关系是基于墨翟的"兼爱"观，与老聃有类似的相比方法。《墨子·兼爱（中）》篇中说："视人之国，若视其国；视人之家，若视其家；视人之身，若视其身。是故诸侯相爱，则不野战；家主相爱，则不相篡；人与人相爱，则不相贼；君臣相爱，则惠忠；父子相爱，则慈孝；兄弟相爱，则和调。天下之人皆相爱，强不执弱，众不劫寡，富不侮贫，贵不傲贱，诈不欺愚，凡天下祸篡怨恨，可使毋起者，以相爱生也，是以仁者誉之。"

[释义]

善于建树的人，不容易被拔除；善于抱持的人，不容易脱离。能遵从这个道理而行的，其子子孙孙、世世代代将永远祭祀不止，代代相传。把这个道理修养于自身，其德就纯真；把这个道理弘扬、染化于自家，其德就会丰盈有余；把这个道理弘扬、染化于自乡，其德就会受到尊崇；把这个道理弘扬、染化于自邦，其德就会丰盛硕大；把这个道理弘扬、染化于天下，其德就会普惠广大。所以，用自身观察、对照他身；以自家观察、对照他家；以自乡观察、对照他乡；以当前之天下观察、对照未来之天下。我何以能知道天下的情况呢？就是依据以上道理和对比方法。

---

① 苴：音 jū，一种植物，古时常用于作鞋底的草垫。土苴，比喻微贱的东西，犹如今天所说的"粪土"。

五十五　赤子德厚

含德之厚，比于赤子。
毒虫不螫①，猛兽不据，攫鸟不抟。
骨弱筋柔而握固；
未知牝牡②之合而朘③作，精之至也。
终日呼④而不嗄⑤，"和"之至也。
"和"曰"常"，知"和"曰"明"。
益生曰"祥"。
心使气曰"强"。
物壮则老，谓之不道，不道早已⑥。

　　关于"精"我们在第21章已经详细介绍过了，这个"精"在后来的其他书，如医学书中经常用"精气"来表述。"精"或者"精气"对于我们中国人来讲是一个非常玄妙的概念，也是很难具体界定的，或者说很难界定清楚。老聃说"道中有精，其精甚真"。这个道中的"精"和上面"精之至也"是不是完全一致呢？应该不是完全一致的。但可以肯定的是其精髓应该是相同的。

　　另外一个字就是我们通常用的"祥"，其本义是凶吉的预兆，但多用为"吉兆"之意。老聃在第30、31章有"兵者，不祥之器"的用法。在《国语·周语（中）》中则有"奉侍神祇靠祥"及"不祥则福不降"之用法。在《左传》则有"(鲁)哀公十四年春，西狩于大野，叔孙氏之车子钥商获麟，以为不祥"的用法。老聃这里的用法显然是指有益于生命或生存的称之为"祥"。战争显然是要死人的，当然是"不祥"的。这里没有凶吉的预兆之意，是引义。这里的"强"主要是指心志，我们常说心气儿强、要强，其对应的是"心平气和"。这里不是指身体的强健。这与33章的"自胜者强"不同，但与"强行者有志"是相近的。

---

① 螫：音shì，同"蜇"。
② 牝牡：音pìn mǔ；牝的本义是雌性的生殖器，也泛指雌性；牡的本义是雄性的生殖器，也泛指雄性。
③ 朘：音juān，指男性生殖器。
④ 通行本：嚎；帛书本：号。
⑤ 嗄：音shà，嗓音嘶哑。
⑥ "物壮则老，是谓不道，不道早已"与第30章重复。

[释义]

　　人所包含的德之厚可比照婴儿。婴儿，蜂虿之类毒虫见了不蜇他，虎豹之类猛兽见了不伤他，鹰隼之类凶禽见了不害他。他的筋骨虽很柔弱，但握起小拳头来，却是很紧固。他并不知男女交媾之事，但其小生殖器却常常勃起，这是因为其"精"充沛；他整天呼嚎而嗓子却不沙哑，这是因为他体内谐和的缘故。谐和就叫作"常"——自然和谐之法则；认识"常"就称作"明"。有益于生命存续的称作"祥"。心高气傲称作"强"。事物变得强壮就会迅速衰老，这是因为"强壮"不合于道，不合于道就会早亡。

五十六　知者不言，玄同为贵

> 知者不言，言者不知。
> 塞其兑，
> 闭其门，
> 知其光，
> 同其尘，
> 挫其锐，
> 解其纷，
> 是谓玄同①。
> 故
> 不可得而亲，亦②不可得而疏；
> 不可得而利，亦不可得而害；
> 不可得而贵，亦不可得而贱。
> 故为天下贵。

　　关于"言"与"不言"，已经在第2章做了详细阐述。在《老子》中涉及"言"与"不言"的还有第17章的"悠兮，其贵言"、第23章的"希言，自然"、第43章的"不言之教，无为之益，天下希及之"、第45章的"大辩若讷"、第56章的"知者不言，言者不知"、第62章的"美言可以市尊"、第73章的"天之道，……不言而善应"和第81章的"信言不美，美言不信"。这里不再赘述。

---

① 这一句采用帛书本。
② 通行本无"亦"，采用郭店楚简本。

这一章的"塞其兑，闭其门，知其光"在第52章已经有过解释。

[释义]

真正睿智的人是不会喋喋不休的，喋喋不休的人一定不是明智之人。

堵塞人们情欲欢悦的通道，关闭其引起欲望的门户，挫顿人们的锐气，消解人间纷争，和煦人们的光耀，与世俗之尘同处，这就是深奥的玄同境界。达到此境界的人，就会不分亲疏，不分利害，不分贵贱。这种超越了亲疏、利害、贵贱的"玄同"才是天下最为尊贵的。

五十七　以正治国

以正治国，以奇用兵，以无事取天下。
吾何以知其然哉？
以此：
天下多忌讳，而民弥贫；
民多利器，国家滋昏；
人多伎巧，奇物滋起；
法令滋彰，盗贼多有。
故圣人云：
我无为，而民自化；
我好静，而民自正；
我无事，而民自富；
我无欲，而民自朴。

关于"以正治国，以奇用兵"在上篇4.4节"用兵与取天下"和4.12节"针砭时政与治国"作了较详细说明，这里不再赘述。

中间这一段老聃给出了造成社会混乱的原因，其实造成混乱的原因不只是这些，老聃在其他章节也进行了陈述并提出了建议，譬如第3章的"不尚贤，使民不争；不贵难得之货，使民不为盗；不见可欲，使民心不乱"。这里又列举了几条"天下多忌讳""民多利器""人多伎巧"和"法令滋彰"。这个不仅涉及政治问题，也涉及文化问题，但归根结底还是政治和政策问题。

这里的"天下多忌讳"道出了当时政治和文化的束缚，老百姓不知所措，这也不能干那也不能做，最终导致人们的贫穷。譬如你家有劳力，可以去开荒种地，但政策不允许也是不行的。至于"民多利器"，民多了自然管理的难度更大。管理不好还胡乱管理，那岂不更乱，这也可能是老聃崇尚小国寡民的原因所在。至于"人多伎巧"则是道家一向比较反对的。按说技巧增强会提高生产力，但同时也会异化人，使人追求巧智和奇物。这才是老聃反对的主要原因。关于"人多伎巧，奇物滋起"，我们看看《庄子·天地》所讲的故事是如何表达道家思想的：

孔丘的弟子子贡到南边的楚国游历，返回晋国，经过汉水的南沿，见一老丈正在菜园里整地开畦，打了一条地道直通到井边，抱着水瓮浇水灌地，吃力地来来往往，用力甚多而功效甚少。子贡见了说："如今有一种机械，每天可以浇灌上百个菜畦，用力很少而功效颇多，老先生你不想试试吗？"种菜的老人抬起头来看着子贡说："应该怎么做呢？"子贡说："用木料加工成机械，后面重而前面轻，提水就像从井中抽水似的，快速犹如沸腾的水向外溢出一样，它的名字就叫做桔槔。"种菜的老人变了脸色讥笑着说："我从我的老师那里听到这样的话，有了机械之类的东西必定会出现机巧之类的事，有了机巧之类的事必定会出现机变之类的心思。机变的心思存留在胸中，那么不曾受到世俗沾染的纯洁空明的心境就不完整齐备；纯洁空明的心境不完备，那么精神就不会专一安定；精神不能专一安定的人，大道也就不会充实他的心田。我不是不知道你所说的办法，只不过感到羞辱而不愿那样做呀。"子贡满面羞愧，低下头去不能作答。

这个故事的着眼点不在于是否使用机械达到事半功倍的效果，而在于其深层的含义是道家认为机巧会侵蚀人们纯洁的心境，使人变得投机取巧而狡诈。

在科技进步，尤其是极速发展的今天，科技不但延伸了人类的手臂，坚实了人们的臂膀，让人类插上了翅膀，而且开阔了人们的视野，助长了人们的雄心，也滋长人类的贪图。如果刻意去规避这些科技发展带来的结果，无疑是掩耳盗铃。如何在这种极速发展导致欲望过度膨胀的时期，使人保持清醒的头脑，洗涤人们过分贪图的心灵，恐怕是我们永恒的课题。从这方面讲，老聃的思想是一盏永不灰暗的启明灯。

至于"法令滋彰"，这是与老聃的无为之治思想相悖的。当然法令的具体条文我们不清楚，但在老聃看来肯定是滋彰的，也很可能是出奇的。但如果我们把"法令滋彰，盗贼多有"前后连起来，它们应该是相互的，而不是"法令滋彰"就必然导致"盗贼多有"；反过来"盗贼多有"也会使"法令滋彰"。

《庄子·则阳》中的一个故事，可以加深我们对这一章的理解：

柏矩就学于老聃，说："请求老师同意我到天下去游历。"老聃说："算了，天下就像这里一样。"柏矩再次请求，老聃说："你打算先去哪里？"柏矩说："先从齐国开始。"柏矩到了齐国，见到一个被处以死刑而抛尸示众的人，推推尸体把他摆正，再解下朝服覆盖在尸体上，仰天号啕大哭地诉说："你呀你呀！天下出现如此大的灾祸，偏偏你先碰上了。人们常说不要做强盗，不要杀人！世间一旦有了荣辱的区别，然后各种弊端就显示出来；财货日渐聚积，然后各种争斗也就表露出来。如今树立人们所厌恶的弊端，聚积人们所争夺的财物，贫穷困厄的人疲于奔命便没有休止之时，想要不出现这样的遭遇，怎么可能呢？古时候统治百姓的人，把社会清平归于百姓，把管理不善归于自己；把正确的做法归于百姓，把各种过错归于自己；所以只要有一个人其身形受到损害，便私下总是责备自己。如今却不是这样。隐匿事物的真情却责备人们不能了解，扩大办事的困难却归罪于不敢克服困难，加重承受的负担却处罚别人不能胜任，把路途安排得十分遥远却谴责人们不能到达。人民耗尽了智慧和力量，就用虚假来继续应付，天天出现那么多虚假的事情，百姓怎么会不弄虚作假！力量不够便作假，智巧不足就欺诈，财力不济便行盗。盗窃的行径，对谁加以责备才合理呢？"

  但令人遗憾的是，《则阳》篇所描述的现象如今仍然存在。那么，是什么造成这些顽疾久病不治呢？这恐怕是需要我们整个社会深思的！最后老聃给出了基于他的治国理念的方法，那就是"我无为，而民自化；我好静，而民自正；我无事，而民自富；我无欲，而民自朴"。这既是老聃无为而治的体现，也是对当政者的教诲。

[释义]

  治国者以无为正道治理国家，以无所事事管理天下，用兵者以诡异奇谋指挥战争。我为什么知道是这样呢？只要从下面几个情形就可以看出。天下禁忌多，百姓动辄得咎，无所适从，不能安心工作，百姓就愈加贫穷；人们多智巧，国家就愈加混乱；人们技巧太多，就会产生太多奇物，奇怪之事也会层出不穷；法令繁多森严，盗贼就会增多。因此，圣人说：我无所作为，百姓就会自我教化；我喜欢清静，百姓就会自然端正；我无所事事，百姓自然会富足；我没有私欲，百姓就会自然朴质。

走进老子

五十八　政闷民醇

  其政闷闷，其民醇醇。
  其政察察，其民缺缺。
  祸兮，福之所倚；
  福兮，祸之所伏。
  孰知其极？
  其无正，正复为奇，善复为妖。

人之迷其日固久。
是以圣人，
方而不割①，
廉②而不刿③，
直而不肆，
光而不耀。

上一章陈述了老聃的治国方略，用现在的话来讲就是极端放任主义或自由主义。要实现老子的治国理想，首先必须有与之相应的社会基础和社会生产关系，否则只是空中楼阁。这一章，老聃进一步阐述了其治国理念，采用了辩证思维方式，对其做了进一步深入的探讨，同时也给出了圣人的行为方式。这不单单是圣人的行为方式，也是所有人应该践行的行为准则。

老聃在这里阐述了正奇、祸福、善恶相互转化的辩证思维。正可以变成奇，好可以变坏，饱可以变成饿，善可以变成恶，相反的转换也是成立的。

老聃摒弃了传统的非黑即白、非善即恶的二元思维方式，创造性地提出了新的思维方式——相对观。这种思维方式可以有效地防止走极端。

[释义]

治国者无为无事，一国的政治看似沉闷、无声色，其实它的百姓却是纯朴厚德，安居乐业；治国者有为有事，一国的政治看似精明条理，其实人民却是不堪束缚，诚惶德薄。灾祸，未必不隐含着幸福；幸福，亦未必不潜伏着祸根。这种得、失、祸、福的交替循环，谁会知道它们终极的结果呢？大概没有一个标准。就好像那本是正直的东西，突然间竟变作了虚假的东西；那本是善良的东西，突然又化作邪恶一样，让世人迷惑不解其中的道理。人们的迷惑，是非取舍，各执己见，不能自拔，人们长久陷入这一怪圈。圣人的言行方正而不伤害人，锐利而不戳伤人，直率而不放纵、任意行事，光鲜而不炫耀。因此，唯独得道的圣人，才能驱散人们的迷茫，才能使人们跳出这个怪圈。

---

① 割：本义为用刀分解牲畜的骨肉，泛指用刀截断，又有"害"之意。
② 廉：本义为厅堂的侧边，这里为引申义：品行端方。
③ 刿：音guì，本义为刺伤，划伤，这里是伤害之意。

五十九　俭啬久安

> 治人、事天，莫若啬。
> 夫唯啬，是谓早服。
> 早服谓之重积德。
> 重积德，则无不克。
> 无不克，则莫知其极。
> 莫知其极，可以有国。
> 有国之母，可以长久。
> 是谓深根固柢，长生久视之道。

"啬"被老聃视为三宝之一。"啬"是会意字，像粮食收入谷仓形，本义是收获谷物入仓，引申为爱惜，也就是我们常说的"俭省节约"的意思。"治人事天，莫若啬"，就是治理国家、事奉天道时，要遵循俭啬的原则。他除了提倡清净寡欲之外，在对待财物方面，也主张"去芸，去奢，去泰"，而且把这一原则提升到了"治人"与"事天"的高度，不单单是个人的修养和对普通人的劝诫。在老聃那个年代，"治人事天"不是一般老百姓的事情，而是侯王的事情。这不但是对侯王的劝诫，也同样适合普通人。"啬"既是反对铺张浪费，也是防止过度行为的有效观念。对国家而言，俭啬可使国家增加储备，增强实力，使国家"深根固柢"。这样国家在应对各种灾难、威胁和危机时，就可以立于不败之地。所以老聃又说"俭故能广"，这其中的道理是不言自明的。

对个人而言，所谓俭啬，就是要爱惜自身，收敛不张扬，内心淳朴。因此，老聃认为唯有俭啬才能早服道，才能重积德，才能不断聚积内在的力量，使自己立于不败之地。所以，俭啬就是长生不衰之道。

[释义]

无论是治理国家，还是敬事天地，最好的方法，莫过于爱惜精神，收敛智识。因为只有爱惜精神，收敛智识的"啬"，才能尽早服从道；尽早服从道，就是多积德；多积德，就没有什么不能克服的；没有什么不能克服的，就无法估计他力量的极限；无法估计他力量的极限，就可以拥有国家、知道治理国家的根本大道。这就是治理国家最根本所在，也是国家长久不衰的大道。

六十　治大国

> 治大国，若烹小鲜。
> 以道莅天下，
> 其鬼不神，非其鬼不神，其神不伤人。
> 非其神不伤人，圣人亦不伤人。
> 夫两不相伤，故德交归焉。

在第57章，老聃就指出了"民多利器"及"人多伎巧"等治国的难处，强调"以正治国"。这一章对于"治大国"，老聃用烹调作比喻，以烹小鱼喻治理大国。如果说第57章多以现实中的大国的治国混乱谈起，那么这一章是第57章的延续。

如果做过烹调、烹过小鱼的人可能深有体会。这里包含两个方面的意思。一是烹小鱼经不起频繁搅动，治大国如同煎小鱼，也不能频繁"折腾"，当然这里的"折腾"是指政令频繁，朝令夕改的行为。更应避免刑政烦苛、滋事扰民。应以"以正治国，清静无为"为主。二是大国人多、情况复杂，治理大国应谨慎从事，如同烹小鱼，不可操之过急，猛火急烹是不可取的。

老聃并不是无神论者，但神在老聃这里不是至高无上的，是受"道"约束的，是在"道"之下的。老聃的神，我们并不能很确切地界定它是独立于人而存在的，还是依附于什么，比方说人、鬼等。我们现在经常说的精神，和老聃那个年代的精和神不是一个事物，也就是说精是精，神是神。也许老聃的"精"更侧重于物质方面，而"神"则更侧重于意识方面或精神方面。

[释义]

治理大国，如同煎小鱼，要掌握火候、顺势、按时、小心谨慎，不能多次强行任意翻动。如何治理大国呢？政令不能繁出，不可朝令夕改，否则便会把国家弄乱、搞烂。要治理好国家，只能以"道"莅临天下，天下依"道"顺应自然，实行无为而治，使物各得其所，鬼神各行其序。这样，不仅鬼不伤人，神也不伤害人；不仅神不伤害人，就是圣人也不伤害人；鬼、神、圣人都能做到不伤害人，则德惠就都归向百姓，百姓就可安享太平。

六十一　大国与小国

大国者下流，天下之牝。
天下之交①，
牝恒以静胜牡，
以静为下。
故
大国，以下小国，则取小国。
小国，以下大国，则取大国。
故
或下以取，
或下而取。
大国不过，欲兼畜人。
小国不过，欲入事人。
夫两者各得所欲，大者宜为下。

　　老聃以雌雄性交为喻，说明大国应守雌取下。这种比喻中也包含了老聃对两性关系的深刻认识。雌性(女性)在性交的活动中表面上处在"下面"，处在被动的状态，但实际上雌性(女性)在性关系和生育的过程中，往往扮演着引导的角色，并且能以静制动，保持长久的耐力。而雄性(男性)则往往主动进攻，但进攻总不能持久。在性交过程中，雌性(女性)是被动的承受者，也是伟大的承担者。在老聃看来，雌性的行为符合他崇尚的柔与弱，是大道的体现。值得注意的是在第55章有婴儿"未知牝牡之合而朘作"这一也涉及性的描写，在老聃看来，以性交为比喻大约是很"自然"的事，这也许与老聃崇尚自然的思想有一定关系。

　　老聃所处的春秋时代，是一个以强凌弱、以大欺小、诸侯互相攻伐兼并、战争愈演愈烈的时代。这其中，国与国，尤其是大国与小国如何相处，是一个现实的问题。老聃从他的"知其雄，守其雌"理念出发，为了天下太平，开出了大国、小国和平相处的药方。这就是大国不应该恃强自傲，以武力相威胁，以大欺小，以强凌弱，扩张争霸。老聃认为大国、小国在外交关系中都应该保持谦下。但大国在外交中是强势一方，对待小国、弱国，更应该主动处下包容，善待相处。这样，大国可以引领小国，小国也可以被大国引领。这样就可以避免战争，

---

① 通行本：大国者，下流，天下之交。天下之牝。

各得其所，和平相处，百姓安宁。老聃的主张虽然表现了他反对战争、反对争霸的善良愿望，但现实往往是大国未必处下，小国也未必愿意谦让。应该说，这是老聃的美好幻想或理想主张。但人类历史的进程，并非如老聃所愿，其理想也显得柔弱无力。尽管如此，他的主张、思想无论对区域性还是世界范围的国际争端，无论是春秋时代、当今还是未来，都无不具有深刻的启迪意义。

[释义]

大国要像湖海一样处于下流，为天下万方交汇之处。天下的雌性动物，常以柔弱的静定战胜强大、躁动的雄性动物，就是因为雌性动物静定且能处于下方的缘故。因此，大国如能以处下的态度对待小国，自然能取得小国的信任，小国就会甘心归服；小国若能以谦下的态度对待大国，自然也就可取得大国的兼容。所以，无论是处下以求小国的信任，或谦下以求大国的平等相待，都不外乎兼收并蓄对方。故为了达到和平相处的目的，无论大国还是小国都必须谦下为怀。其中最为重要的还是大国应该先以处下的态度自居，这样天下各国才能相安无事。

六十二　道为天下贵

道者，万物之奥。
善人之宝，不善人之所保。
美言可以市尊，美行可以加人。
人之不善，何弃之有？
故
立天子，置三公①，
虽有拱璧以先驷马②，
不如坐进此道。
古之所以贵此道者何？
不曰：
求以得，有罪以免邪！
故为天下贵。

---

① 三公：周代以太师、太傅、太保为三公，是辅助周天子处理政务的最高官员。其中，太傅为周天子的辅佐大臣与太子的老师（天子年幼或缺位时他们可以代为管理国家），掌管礼法的制定和颁行。
② 驷，原指一辆车套四匹马。

这一章中的"美言可以市尊，美行可以加人"一句，纵观其他内容，则显得有些唐突，与其他内容相比也有些不太融合。这里的"市"，是"交换得到、博得"之意。"加"的本意是指用呐喊声助力，也指添枝加叶说假话、虚报，后来又有了"凌驾""强加"之意。

我们先看看其他文献中的相似用法，在《左氏春秋》中有"君子称其功以加小人"(《左氏春秋·襄公十三年》)，包含这一句的那段文字(在第26章有大段引用)是指责"君子"(地位高贵的人)和"小人"(地位低贱的人)互不礼让。这里的"加小人"显然不是让"小人"器重，而是用渲染、夸大自己的功绩来贬低、诽谤"小人"，也可以说是欺凌"小人"。也就是我们现在常说的"添枝加叶"和"添油加醋"这样的手段。

在《论语》中也有"子贡曰：'我不欲人之加诸我也，吾亦欲无加诸人。'"(《论语·公冶长》)。这一句多解释为"我不想让别人强加给我什么东西，也不想强加给别人什么东西。"这里"加"被解释成"凌驾"和"强加"。不过，笔者认为这样的翻译是不确切或不完全尽意的。

首先，这句"我不欲人之加诸我也，吾亦欲无加诸人"是孔丘与他的弟子在一起讨论弟子们的品性与性格特点时子贡所说的话。显然，这句是出现在"品头论足"会上，既然是"品头论足"会，那就会有各种各样的评说。这是子贡说这句话时的背景。

其次，虽然此观点与孔丘的"己所不欲，勿施于人"(《论语·颜渊》)有相似、相近之处，但毕竟是两个人的观点，用一个人的观点来支撑、论证另一个人相同或者相近的观点，显然逻辑上是行不通的。

因此，笔者认为子贡这句话的意思是："我不想让别人胡乱非议我，我也不想胡乱非议别人。"

基于上述分析和《老子》一书诸多关于"言"的论述，笔者认为，这句"美言可以市尊，美行可以加人"的意思是"美丽的言语可以换取世人的尊敬(但不足以赢得他人的相信)，华美的出行可以彰显自己，贬低他人"。这样是与第81章中的"信言不美，美言不信"在思想上相一致的。在本章中的"拱璧以先驷马"就可以认为是"美行"。

如果我们大胆假设原文为"美言可以加人，美行可以市尊"，那么解释起来就更加顺畅了。

本章值得注意的是"故立天子，置三公，虽有拱璧以先驷马，不如坐进此道"这一句与老聃主张的圣人治国不同，是基于现实，也是当时的社会制度所做的改良主张，这是对顶层统治者们的教育。奉劝那些顶层统治者们与其享受"有拱璧以先驷马"，不如坐进老聃所提倡的"道"，这句"不如坐进此道"中的"道"是双关语，一是指我们实际的道路，二是指老聃抽象出来的"道"。

第28章的"朴散则为器，圣人用之则为官长"和第37章的"侯王若能守之，

走进老子

万物将自化。化而欲作，吾将镇之以无名之朴"都是老聃以"道"之精神对现实社会的改良主张。

老聃这里只是提到"故立天子，置三公"，但并没有提及具体如何"立"、如何"置"。战国初期的墨翟与老聃不同，他提出了具有革命性和划时代意义的主张：

"是故选天下之贤可者，立以为天子。……又选择天下之贤可者，置立之，以为三公。……又选择其国之贤可者，置立之，以为正长。"（《墨子·尚同（上）》）

"是故选择天下贤良圣知辩慧之人，立以为天子，使从事一同天下之义。"（《墨子·尚同（中）》）

"是故天之欲一同天下之义也，是故选择贤者立为天子。"（《墨子·尚同（下）》）

这几句表达了两个含义，一是"选择天子"而不是宗法继承，闪耀着民选君、选王公、选官吏的民主思想的光芒；二是"使从事一同天下之义"，就是说天下应该一统，要置于一"主义"领导之下。

这章在最后对"道"的进一步描述"求以得，有罪以免邪"却有了宗教色彩，这也是后来道家的某种信念。

[释义]

"道"是庇护万物之所，它是善良人的瑰宝，不善之人也需要它的保护。美丽的言语可以换取世人的尊敬，华美的出行可以彰显自己、贬低他人。人即使不善，"道"也不会舍弃，为什么要抛弃他们呢？即使得到世间的显赫高位：被立为天子，或被封为三公，（身处这些高位）虽然以珍贵拱璧在前开道，驷马豪车紧随其后的华美出行，还不如安坐而深入此"道"。古时为什么会如此重视此"道"呢？因为它有求必有所得，有罪也可免除！所以，"道"才是天下最为珍贵的。

六十三　难与易

为无为，事无事，味无味。
大小、多少，报怨以德。
图难于其易，为大于其细。
天下难事必作于易。
天下大事必作于细。
是以圣人
终不为大，故能成其大。
夫轻诺必寡信，多易必多难。

是以圣人

犹难之,故终无难矣。

这一章和下一章的重点之一是讲述"为事"。作为老聃名言之一的"千里之行始于足下"就出自第64章。这两章老聃告诫人们如何"为事",也就是我们现在所说的"干工作""成就一番事业"。

他首先告诉人们,做事儿要从容易的开始,也就先易后难。如果我们从难处开始,那么我们就很难进行下去了。干大事儿需从小事儿做起、从细处做起。老聃在第64章还举例说"合抱之木,生于毫末;九层之台,起于累土;千里之行,始于足下"。这对于浮躁、急功近利的世态,无疑具有重要参考意义。

他还告诫人们,对于做事宜早早开始,尤其是一些有不好苗头的事情,即我们常说的防患于未然。但他也指出"民之从事恒于几(其)成而败之",说的是将要成功时,却功亏一篑,以失败告终。这是什么原因呢?老聃说"慎终如始则无败事",也就是说在成功之前需要始终如一地保持谨慎态度。尤其对瞬息万变的事情,譬如一些体育比赛和战争。

上述这些道理并不难理解,而"终不为大,故能成其大"这一句理解起来可能有些困难。这是老聃的语言特点,也是其思想的表现。这告诫人们,在做事儿的时候,要谨小慎微,持之以恒,兢兢业业,不能总是想着成就大业、伟业。那些抱着成就大业,自高自大的人,往往成就不了大业;而那些脚踏实地、勤勤恳恳的人,虽然不认为自己高大,但最终往往能成就大业。

对于人间的大事小事,老聃采取的是"报怨以德"的态度,这可能有别于我们传统的道德价值观。

走进老子

传统的对"德"与"怨"关系评价是:"以怨报德,不仁。"(《国语·周语(中)》),这是公元前639年,周王室大夫富辰谏周襄王姬郑邀请狄伐郑及娶狄女为后时说的,代表了对"以怨报德"的传统评论。

孔丘主张"以直报怨"(《论语·宪问》)的处世原则。如果按照正直来理解的话,那么可以说孔丘的主张在某些时候可以维系社会的正义,但也极易导致冤冤相报,使矛盾得不到妥善解决。

关于"直"这个字,在《论语·子路》中有一个父盗子证的故事:

叶公语孔子曰:"吾党有直躬者,其父攘羊,而子证之。"孔子曰:"吾党之直者异于是,父为子隐,子为父隐,直在其中矣。"

对一父亲偷羊,其子检举的故事,孔丘的评论是:"我们乡里正直的人做法不一样,父亲替儿子隐瞒,儿子替父亲隐瞒。这里面自然就有正直了。"这可加深我们对孔丘"直"的认识。

老聃并没有理会传统伦理道德对"以怨报德"不仁的指责,仍然主张"报怨以德"，以避免冤冤相报。老聃的"报怨以德"也是对世俗正义和道德价值的超越，不失为是一种宽容且睿智的化解社会矛盾的方法。

应该指出，这一方法并不是老聃大力提倡的解决社会矛盾的方法，因为老聃认为"和大怨，必有余怨"（第79章）。要从根本上解决社会矛盾，关键还要看社会体系是如何维护和统治的，为此老聃主张治国者对待百姓要无亲无疏、无利无害、无贵无贱，公正无偏私，使百姓不结怨恨。可以说"报怨以德"也是不得已而为之的化解矛盾的方法。

[释义]

人们是为所为而为，圣人是无所为而为；人们是为所事而事，圣人是无所事而事；人们是味其有味，圣人是淡其无味。天下事，大大小小，多多少少，人们常常是德怨分明，以怨报怨，以德报德，或以怨报德，或以直报怨；而圣人却是大公无私，无人我之分，以民心为心，以德报怨。若能以德报怨，天下还有何怨？天下难事，需从容易做起；天下大事，也需从小事做起。因此，圣人始终不自以为大，所以能够成就他的伟大。圣人深知轻易许诺必然会少守信用；把事情看得越容易，所遭受的困难也越多。因此，圣人遇事首先看到的是困难，所以最终也就没有困难了。

六十四 早为、恒为与无为

其安易持，其未兆易谋。
其脆易泮①，其微易散。
为之于未有，治之于未乱。
合抱之木，生于毫末；
九层之台，起于累土；
千里之行，始于足下。
为者，败之；
执者，失之。
是以圣人
无为，故无败；
无执，故无失。

---

① 泮：音pàn，通"判"，分离之意。

民之从事
恒于几（其）成而败之。
慎终如始则无败事。
是以圣人
欲"不欲"，不贵难得之货，
学"不学"，复众人之所过，
以辅万物之自然而不敢为。

这一章在处理具体事务上的箴言延续了上一章的内容。这一章表面上看还是很好理解的，如遇到问题要早做准备，早处理，"为之于未有，治之于未乱"。但是上下衔接在一起就显得不是那么容易理解了。下面紧接着的是"为者，败之；执者，失之"，而后又说"无为，故无败；无执，故无失"。那么，到底是为之还是不为之呢？这不是前后矛盾吗？那么到底是有为还是无为？在这一章似乎前后存在着矛盾。

当然我们可以从两方面来理解有为和无为的问题，一个是日常的，或者说是具体处理事务、治国的，另一个是哲学理念上的。在处理一些具体问题上，发现不好的苗头就尽早处理，这样会防患于未然，处理也容易。在处理事务的过程中，要始终如一地坚持谨小慎微的态度，这样才能获得最后的成功，不至于到最后功亏一篑。可见老聃既是一个哲学家，又是一个箴言家。

如果从更高的哲学层次上来讲，老聃的"无为"是不要刻意去做，或者说去违反自然规律而强行去做、去胡作非为。这也是老聃无为而无不为的重要思想。相比而言，儒家往往是豪言壮语，大有不可为也要为之的大无畏气概。我们许多人被这豪言壮语所驱使，在缺乏计划、规划时奋然冒进。殊不知，摩天大厦需要坚实的基础，千里之行需要始于足下，循序渐进，持之以恒，才能获得最后的成功。老聃的箴言也许会使我们有所领悟，对我们有所指引。

[释义]

事物发展处于稳定的状态则易于维持，事物发展尚未显示（衰弱）征兆之时，尽早谋划是容易的。事物发展尚处于脆弱之时则易破灭，尚处于微小之时则易散失。因此，在大的变故尚未发生时，就应该早做处理变故的准备；在事情尚未发生时就应该早做准备，在混乱尚未发生时，尽早治理就容易见效。合抱之粗的大树，是从细小的树芽生长起来的；九层的高台，是由一筐一筐的泥土累积起来的；千里的远行，是从脚下的举步开始的。普通的人做事，往往在快接近于成功的时候失败了，这是不能谨小慎微、始终如一而贪图冒进的缘故。如果对待事物能谨小慎微、始终如一，不贪图冒进，那就绝不会失败了。圣人深知此理，行事

和用心与众不同，人们喜爱难得的财货，圣人以不欲为欲，不看重难得的奇物财富；人们喜好追名求利、卖弄巧智，结果一错再错；圣人却以不学为学，排除那些世俗的欲见妄知。圣人遵从承载万物、顺其自然之道而不敢贪为、妄为。

六十五　不以巧智治国

> 古之善为道者，
> 非以明民，将以愚之。
> 民之难治，以其智多。
> 故
> 以智治国，国之贼。
> 不以智治国，国之福。
> 知此两者，亦稽式。
> 恒知稽式[①]，是谓玄德。
> 玄德深矣、远矣！
> 与物反矣，
> 然后乃至大顺。

这一章的核心是"不以巧智治国"，也就是"以正治国"，治国理念及方法我们在上篇4.12节"针砭时政与治国"中已经有过详细论述。

这一章先陈述理由，即"古之善为道者，非以明民，将以愚之。民之难治，以其智多"。从字面上看，我们不能完全否认老聃具有"愚民"思想，这也是《老子》或老聃常受诟病的地方。那么，老聃是不是真的如字面上所说的那样愚民呢？关键在于对"愚之"这两个字的理解。"愚"这个字在古代与在现代汉语的意义不尽相同，这个我们已经在上篇4.11节"智与愚"中解释过。需要补充一点的是，这个"古"是古到什么时候？是民开化之时？还是其他什么时候？这就涉及人类从野蛮到文明的发展过程及其界定。从老聃的治国理念来说，也就是无为而治，这似乎也是必须的。治国不但取决于统治者的理念，也取决于广大民众的理念。在社会上拜金主义、物欲横流，巧名横立的时代，老聃清净无为的治国理念只能遭到排斥、遗弃，是不可能实现其理想的。这也许也是老聃的一个思考。其实孔丘也有类似的言论："民可使由之，不可使知之。"《论语·泰伯》

---

① 湖南长沙马王堆帛书本：恒知稽式；通行本：常知稽式。稽式：考核的标准，衡量的法则。

老聃在第18章就指出"大道废，有仁义；智慧出，有大伪"，这可能是"以智治国，国之贼"的理论根据。进而老聃在第19章提出了"绝智弃辩""绝伪弃诈"和"绝巧弃利"，目的在于"民利百倍""民复孝慈""盗贼无有"，让百姓回归到质朴纯真的天性，以顺应大自然的规律。由此可知，老聃是针对奸诈虚伪之风横流的社会现实，而提出"愚之"的。因此，老聃所说的"愚"，是指其原有的质朴纯真，不能简单地理解为现代意义上的愚民政策。

那么通过什么方式来"愚之"呢？第56章提供了一个方法，那就是："塞其兑，闭其门，知其光，同其尘，挫其锐，解其纷。"第3章也提供了方法："虚其心，实其腹，弱其志，强其骨。"从而愚之为"不可得而亲，亦不可得而疏；不可得而利，亦不可得而害；不可得而贵，亦不可得而贱"。也就是不分亲疏，不分利害，不分贵贱。

"智"是人与人之间的学问和技巧，用今天的话说，这个字多半是指智巧、情商。

[释义]

古时善于以道治国者，不是让百姓多巧智，而是要百姓朴质敦厚。百姓之所以难以治理是因为巧智诡诈太多。如果百姓多巧智，治国者又用自己的智谋去治理他们，那么上下斗智，君臣相欺，邦国怎能不混乱！因此，用巧智治理邦国，就是邦国的祸害。如果不开启百姓的巧智计谋，治国者不用智谋，只以诚信待民，则全国上下必然相安无事，这岂不是邦国的一大福祉？所以说，治国者不用智谋治理邦国，就是邦国之福。"以智治国"和"不以智治国"是古今治国的分界岭，也是治国安邦的法则所在。若能常心怀此法则，不以智治国，进而达到玄德的境界。玄德既深邃又幽远，与万物返回到质朴的本原，就可以顺合大自然规律，合道而行。

六十六 处下为王

江海之所以能为百谷王者，
以其能为百谷下①，
故
能为百谷王。

---

① 通行本：以其善下之。

是以圣人
之在民前也，以身后之；
其在民上也，以言下之；
其在民上也，民弗厚也；
其在民前，民弗害也。
天下乐进而弗厌。
以其不争，
故
天下莫能与之争。①

本章老聃以江海为百谷之首作为比喻来说明"处下"的重要性，同时，也是对统治者高高在上的谴责。虽说这些是圣人的品质，但也是统治者的榜样。他教育统治者，一定要谦下身后，这样才能"其在民上也，民弗厚也；其在民前，民弗害也；天下乐进而弗厌"。这也是第17章所说的"太上，不知有之"。

进而提出了"不争，故天下莫能与之争"的辩证思维，也是老聃"无为"思想的一种体现。这一思想在第68章作了近一步细化，也就是"不争之德"。

[释义]

江海所以能够成为百川汇流的地方，是因为它善于处在低下的位置，所以，能够成为百川的首领。同样的道理，圣人虽为百姓首领，其身却居百姓之后；圣人虽位居高于百姓，但对百姓言词却谦下。因此，怀有处下、居后心胸的圣人，虽处上位，百姓却感不到其凌人、压迫；圣人在百姓面前时，老百姓也不会害怕、畏惧。所以，天下百姓乐意拥戴他而不是厌恶他。因为他不争，所以天下没有谁能与之相争。

六十七　我的三宝

天下皆谓我道大，似不肖。
夫唯大，
故似不肖。

---

① 通行本：是以圣人欲上民，必以言下之。欲先民，必以身后之。是以圣人处上而民不重，处前而民不害。是以天下乐推而不厌。以其不争，故天下莫能与之争。

若肖，久矣！
其细也夫。
我有三宝，持而保之：一曰慈，二曰俭，三曰不敢为天下先。
慈，故能勇；俭，故能广；不敢为天下先，故能成器长。
今
舍慈且勇，
舍俭且广，
舍后且先，
死矣！
夫慈
以战则胜，
以守则固。
天将救之，以慈卫之。

老聃有三宝：第一是"慈爱"，第二是"俭啬"，第三是"不敢为天下先"，其中"慈"最为重要。"慈"的基本含义是"爱"，这很容易让人想起儒家所提倡而被老聃所批评的"仁"。"仁"的基本含义也有"爱"，只是"仁"之为"爱"，主要强调的是血缘之亲之爱，是带有差别的伦理之爱。关于"慈"与"仁"中爱的含义，已经在上篇4.1节"慈爱"作了详细论述，可参考。

关于"慈"，儒家也有"孝慈"之说，孔丘在回答上卿季孙肥关于为政治民之事时说"临之以庄则敬，孝慈则忠，举善教不能则劝。"《论语·为政》这里的"孝"与"慈"并举，而不单单是"慈"。它所强调的是子孝父慈的伦理价值，就"慈"而言，其内涵也较老聃的"慈"要狭窄得多。从另一方面讲，它虽然强调的是父慈子孝的伦理价值，但其终极目的还在于政教功能，也就是归结到"忠"之上，效忠君主及其他统治者。老聃在第19章也用了孝慈——"绝伪弃诈，民复孝慈"，这里的"孝慈"恐怕与"孝慈则忠"的"孝慈"在具体含义上还是有区别的吧！

"俭"在第59章已经有过论述。"俭"也是儒家所提倡的道德观念。孔丘有"温、良、恭、俭、让"之德《论语·学而》和"礼，与其奢也，宁俭"《论语·八佾》的言论。但孔丘所说的"俭"主要着眼于为人与处事的具体态度，而老聃所说的"俭"则是根本性的原则，是"治人事天"的根本原则，具有更高的地位和广泛的价值。

另外，这里的"故能成器长"的"器长"，与第28章的"圣人用之则为官长"的"官长"意义相同。所不同的是，第28章所讲的是圣人能以朴为精髓和原则来设置官长，而本章是持有三宝的人可以成为器长。无论"器长"还是"官长"，按照老聃的观点，都是需要获得道之精髓的。

[释义]

　　世人说我的道太大，天下没有可与它比拟的。是的，就因为道大，所以才不像任何物体"小"；如果它像某些东西一样"小"的话，岂不早就变成微不足道、不屑一顾的东西了。我有三种宝贝应当永远保持着：第一种叫"慈爱"，第二种叫"俭啬"，第三种叫"不敢处于天下人之前（即谦下）"。慈爱能够激励勇敢；俭啬则蓄精积德，故能致宽广；不敢位于天下人之前，因此能够成为万物之长。现在（统治者）却舍弃慈爱而要勇敢，舍弃俭啬而要宽裕，舍弃谦让而要争先，那是走向死亡之路。三宝之中，慈爱居首。慈爱，用于进攻就胜利，用于守卫就稳固。上天将要拯救他，就用慈爱保卫他。

六十八　不争之德

　　善为士者，不武；
　　善战者，不怒；
　　善胜敌者，不与；
　　善用人者，为之下。
　　是谓不争之德，
　　是谓用人之力，
　　是谓配天，古之极。

　　这一章是沿用了第66章的"不争"之观念，可以说是这一观念在战争方面和用人方面的具体应用。"武""怒"对兵者而言，这些都是匹夫之勇、争强好胜。老聃在第30章也说"善有果而已，不敢以取强"。善于制胜者，避免正面交锋。这与《孙子兵法·谋攻篇》中"不战而屈人之兵"的目的相近，但方法却不同。

　　老聃说"善战者，不怒"，而孙武说"怒而挠之"（《孙子兵法·计篇》），意为敌将性躁易怒，就要想办法激怒他，待他失去理智就可乘机打败他。这是战争的双方，是事物的两个方面，其思想是一致的。

　　老聃的用兵在某些深层次思想方面与孙武是相通的，但在战略与战术上与孙武是不同的。老聃不主张主动发起进攻，而是被动迎战，这与墨翟的"非攻"思想具有一致性。而孙武则是主张先发制人的。

　　老聃的用兵虽然讲究"以奇用兵"（第57章），但也是"不得已而用之"。即使不得已而为之的战争，对战争的死伤危害，也尽量减小，"恬淡为上"。

在用人方面，也是"谦下"，与"礼贤下士"虽有相似之意，但"礼贤下士"还是包含有等级之差，与作为"上者"而"谦下"在本质上是有区别的。

这些都是老聃"不争"思想的具体体现，他在第73章进一步说："天之道，不争而善胜。"

[释义]

善于当统帅的人，不炫耀武力；善于作战的人，不轻易发怒；善于克敌的人，不用和敌人交锋；善于用人的人，对人谦下。这就称为不争之德，这就称为善于用人的能力，能做到不争和处下就称为符合"道"的原则，是古之最高的法则。

六十九　哀兵必胜

用兵有言：
吾不敢为主而为客，
不敢进寸而退尺。
是谓
行无行，
攘无臂，
扔无敌，
执无兵。
祸莫大于轻敌，
轻敌几丧吾宝。
故
抗兵相若①，哀者胜矣。

本章第一句"吾不敢为主而为客，不敢进寸而退尺"在《孙子兵法·形篇》中也有类似的表述且作了较为详尽的解说："孙子曰：昔之善战者，先为不可胜，以待敌之可胜。不可胜在己，可胜在敌。故善战者，能为不可胜，不能使敌之可胜。故曰：胜可知，而不可为。"这里孙武首先说"先为不可胜"，这也正是老聃的策略——"吾不敢为主而为客"。孙武强调，善战者"能为不可胜"，也就是说善于打仗的将帅，首先要"自保"而且能够"自保"。至于能不能战胜敌人，不

---

① 这里用帛书本，通行本为"加"。

仅仅取决于我们，也取决于敌人。所以说，我军实力强于敌方时，是可以预知胜利的，但仅凭实力强于敌方就采取进攻以图战胜敌人是不可取的，因为如果敌人不犯错误，也是无机可乘的。从某种意义上讲，不可强为。

"不敢进寸而退尺"虽然符合老聃"谦让"和"处下"的主张，但也是"不逞强"的具体表现，也不能排除寻找战机的可能性。

老聃"行无行，攘无臂，扔无敌，执无兵"的作战方针，在《孙子兵法·虚实篇》中也有类似的表述："故形人而我无形，则我专而敌分。"其意是说"使敌人暴露形迹，而我方却隐蔽实情，没有显示形迹，这样我方就能集中兵力，而敌人却分散兵力"。孙武又说："善攻者，敌不知其所守；善守者，敌不知其所攻。微乎微乎，至于无形；神乎神乎，至于无声，故能为敌之司命。"

从此，我们可以看出孙武与老聃思想的相似性，非但如此，在语音上也有相似性。这里的"微乎""神乎"与第21章的"惚兮恍兮"，此处的"无形""无声"与第41章的"大象无形""大音希声"，不仅仅是表述上的偶然相近，而且有思想上的关联性。

这一章老聃还特别强调"祸莫大于轻敌"，甚至把它称之为"轻敌几丧吾宝"，这是非常严重的警告。孙武在其《孙子兵法·计篇》中在论述战胜敌人的"兵道"时也是"卑而骄之"，也就是说无论是用卑词还是用佯装败迹迷惑敌人，使其骄傲轻敌。老聃的话与孙武的话，在旨趣上是一样的，老聃从防止失败的角度进行论述，孙武则从战胜敌人的角度进行论述。历史上，因为骄傲轻敌而招致失败的例子数不胜数。譬如解放战争时期，张灵甫率领整编74师，凭借其精良装备和以前骄人的战绩，严重低估解放军的战力，骄横轻敌，孤军突进，结果被围困在孟良崮，最后全军覆没。

在本章最后一句，因为版本不同，有不同的解释。通行版本的是"抗兵相加，哀者胜矣"，有一字之差，即"若"和"加"。不少通行版本的翻译者并没有对"加"字进行解释，只是笼统翻译这一句为"两军对垒时，悲愤的一方获胜"。如果是这样翻译，则有无论对方实力如何强大，悲愤的一方(往往是被侵略的一方)总会取胜之嫌，显得不合情理。如果是"若"，则是双方实力相当，那么悲愤的一方就会取胜，显得更合情理。因此，笔者认为帛书本的"若"是比较合理的。

这章的内容也在上篇4.4节"用兵与取天下"作了综述，可进一步参考。

[释义]

兵家曾说："我不敢先主动挑起战端，只有不得已的情况才应战防御；在作战时也不敢逞强冒进，宁愿先退避三舍。"这样的作战就是：虽有行阵，却好像没有阵法一样行进；虽要奋起，却好像没有挥臂；虽有兵器，却好像没有持有兵器；虽然面敌，交手却好像没有敌人。战争中轻敌是最大的祸害，轻敌几乎会丧失掉我的宝贵原则与思想。所以，两军力量相当的对抗，一定是悲愤的一方获胜。

七十　知我者希

> 吾言
> 甚易知、甚易行。
> 天下
> 莫能知、莫能行。
> 言有宗、事有君。
> 夫唯无知，是以我不知。
> 知我者希，则我者贵。
> 是以圣人
> 被褐①怀玉。

　　这一章论述了为道之难。老聃感叹他的主张，易知易行，然而，天下并没有多少人知晓，更没有多少人践行，甚至连老聃知之者也甚少，无人理解。尽管如此，老聃还是要被褐怀玉，顺应自然，坚持为道，守护三宝。这也是老聃流露出的寂寞、无奈和坚持！

　　尽管老聃的思想在历史的长河中，没有成为统治阶层的主流意识，人类社会也没有按照老聃的思想"为道"。但是，老聃的思想始终在启迪、警示着人们，值得我们深思、反省、醒悟。

[释义]

　　我的言论很容易知晓、很容易明白，也很容易实行。而天下人却没有谁能够明白，没有谁能够依照它去践行，却多惑于躁欲，迷于名利。我的言论是以"道"的无为自然为主旨，行事以"道"的无为自然为根据的。因为天下人不了解我的这些言论，也就不了解我。了解我的人少，效法我的人就更少，这些效法我的人的确是非常难能可贵的。所以，圣人即使胸怀美玉，内守其真，也只能外穿粗衣而行。

---

① 褐：音 hè，粗布或粗布衣服。

七十一 知"不知"

知"不知",上;
不知"不知",病①。
夫唯病病,是以不病。
圣人不病,以其病病。

关于"知'不知',上"在第33章已经讲过苏格拉底的故事,德国古典哲学家康德在他的《逻辑学讲义》一书的导言中也提及苏格拉底的"无知":"知其无知以科学为前提,同时又使人谦逊;相反地,想象的知则趾高气扬。所以苏格拉底的无知是一种值得颂扬的无知,实际上是自认其无知的知。"(康德《逻辑学讲义》,北京:商务印书馆,2018年,第43页)

在通行本里是"知不知,上;不知知,病"。有一种勉强的解释是:"知道表现为不知道,这才是高明;不知道表现为知道,这就是病态。"这样解释的话,老聃成了一个装模作样、世故狡诈的老头!说好的"信言不美,美言不信",怎么又明明知道却装不知道呢!这也成了有些人论说老聃是一个阴谋家、《老子》是阴谋论的根据了。

我们来读一读《庄子·庚桑楚》里的一个故事:有个叫南荣趎的人,他说:"邻里的人生了病,周围的乡邻询问他,生病的人能够说明自己的病情,而此人就算不上是生了重病。"能够把自己的病情说清楚的人,就算不上是生了重病;自己都不知道自己生了什么病,那才是真正的重病。

如果面对现实社会,若知道社会已经有各种毛病甚至大病,这也称不上很严重的病。如果我们连这个社会得了病都不知道,那就真的是病入膏肓了!

这里的"病病"中,第二个"病"是毛病的意思,主要不是指生理上的,而是指思想上的,第一个"病"是了解、知道、纠正的意思。因为知道有毛病且及时纠正,所以才不会有毛病,从而达到"不病"境界。圣人之所以不生毛病,是因为他有了毛病能及时纠正毛病。

类似的语言,孔丘也曾说过:"过而不改,是谓过矣。"(《论语·卫灵公》)意思是说"有了过错而不改正,这才真叫错了"。孔丘的话固然没错,但就思想深度而言,孔丘显然不敌老聃。有无过错首要的问题是认识问题,如果连过错都认识不到,那就不存在改错的问题了。譬如,我们穿着华美的衣裳,打扮艳丽的容貌,修饰自己的

---

① 帛书本:知不知,上;不知不知,病。通行本:知不知,上;不知知,病。

言行，讨好献媚于举世之人，却并不认为这是谄媚与阿谀，这不是最大的迷惑吗？

[释义]

知道自己无知的人，是最高明的人；根本认识不到自己无知，那才是患了妄知的病症，是真患病。能够认识到病是病的人，这便不叫有病。圣人之所以不患有此病，是因为他认识到病是病的缘故！

七十二　压迫与反抗

民不畏威，则大威至。
无狎①其所居，无厌其所生。
夫唯不厌，是以不厌。
是以圣人
自知，不自见，
自爱，不自贵。
故去彼取此。

这一章老聃批判统治者的耀武扬威，欺压百姓会导致百姓的反抗，而那些统治者只是高高在上，自我感觉良好，却没有自知之明。老聃是让统治者对百姓"无狎其所居"，两者的关系是"夫唯不厌，是以不厌"，也就是说统治者不欺压百姓，百姓才不会厌恶统治者。在对待统治者和老百姓之间的关系上，孔丘的观点与老聃的观点是截然相反的，孔丘的观点是"小人不知天命而不畏也，狎大人，侮圣人之言"(《论语·季氏》)。这里的"狎"是轻慢、轻忽之意。

老聃理想的最高执政者，即老聃心目中的圣人知道自己有什么优点，也知道自己有什么缺点。对自己出众的才能并不张扬，圣人虽然身处高位，却并不认为自己很高贵。这也是我们常说的"人贵有自知之明"。这个"自知"说起来简单，但要真正做到却非易事，"自知"这一命题常常贯穿于人的一生，无论是伟人还是凡人。这不单是对普通人的劝告，也是对当政者的劝告。

[释义]

百姓一旦不再畏惧统治者的淫威，那么就会有更大的混乱随之而来。因此，

---

① 狎：音xiá，本义为驯犬。这里是轻慢、轻忽之意。

统治者不要逞能来威逼百姓的生存，不得轻慢他们的安居；也不要嫌恶百姓的生存、生活，使他们无法安身续命。如能如此，百姓才不会厌恶你，也不会带来莫大的混乱。所以，圣人虽是自知己能，却不自我张扬；虽自爱，但不过分对待自身。采取前者而舍后者，百姓自会自律。

七十三　不争而善胜，天之道

勇于敢，则杀，
勇于不敢，则活。
此两者
或利或害。
天之所恶
孰知其故。
天之道
不争而善胜，
不言而善应，
不召而自来。
繟然而善谋。
天网恢恢，疏而不失。

这一章是关于"勇"的论述，在第67章"我的三宝"中已经提及"慈，故能勇……今舍慈且勇"。勇是对人类行为或者性格的一种描述，勇犹如一把双刃剑，用在好的地方是非常有益的，用在不好的地方则会伤及他人造成损害。老聃崇尚慈爱，他认为勇的根本和原动力应该是"慈爱"，所以他说"慈故能勇"。

但现实中的"勇"却展示了另一面，就是老聃所说的"今舍慈且勇"。老聃这在这一章进一步阐述了"勇"应该用到什么方面、不应该用到什么方面。这对春秋战国可以说是逆时代潮流了，人们往往通过战争，靠勇敢去获取胜利。但老聃提出了要勇于不敢。

孔丘把"勇"作为施"仁"的条件之一。"勇"必须符合"仁、义、礼、智"，而且不能"疾贫"，才能成其为勇。在《论语·宪问》中说："仁者必有勇。"又在《论语·阳货》说："君子有勇而无义为乱。"还有《论语·子罕》中的"知者不惑，

---

① 繟：音 chǎn，舒缓之意。

仁者不忧，勇者不惧"。

由此可以看出，当时"勇"的确是一个广受瞩目的行为，从另一方面也凸显了道儒两家对"勇"的观点的不同。

[释义]

勇于刚强进取的人，往往不得善终；勇于柔弱谦让的人，则能长久保身。这两者虽同样是"勇"，但勇于刚强进取则受害，勇于柔弱谦让则得利。天之道为什么厌恶那些勇于刚强进取的，没有人能够知晓。天之道就是不争强而善于得胜，不言语而善于回应，不召唤而自己归来，舒缓坦然而善于筹谋。这就好像一张广大无边的天网一样，虽然稀疏，却没有一样东西会从中漏失。

七十四　针砭时弊（一）

> 民不畏死，奈何以死惧之？
> 若使民恒①畏死，
> 而为奇者，
> 吾得执而杀之，
> 孰敢？
> 恒有司杀者杀。
> 夫代司杀者杀，是谓代大匠斫。
> 夫代大匠斫者，希有不伤其手矣。

老聃在第57章痛斥统治者的贪得无厌和奢侈腐化，而在第75章则告诉我们，统治者为了维持其奢侈的生活，靠重税搜刮民脂民膏，重税加重老百姓的负担，使老百姓忍饥挨饿，甚至到了不得不冒死犯上的地步，以死来威胁他们又有何用？那么如何制止这种不法行为呢？如果让百姓经常害怕死，对那些作恶的人，我抓到他就把他杀死，那谁还敢干坏事？但事实并非如此。

虽然我们不能说老聃完全站在老百姓的立场上，但也不赞成统治者的"乱杀"惩罚。对于那些做乱犯法的人，他主张不用刑法，而以天道来惩罚这些人。

---

① 通行本：常。

关于治国的严与松，历史上就有争论。如子产论执政的宽与猛。子产①在临终前，传授治国方略给其子，说："唯有德者能以宽服民，其次莫如猛。夫火烈，民望而畏之，故鲜死焉。水懦弱，民狎而玩之，则多死焉，故宽难。"（《左传·昭公二十年》）也就是说："只有道德高尚的人能够用宽厚的政策使民众服从，其次的政策没有比刚猛更有效的了。譬如烈火，民众望见就害怕它，所以很少死在其中的。水柔弱，民众亲近并和它嬉戏，很多就死在其中了，所以宽厚的政策难以实施。"由此我们可以看出老聃和子产的治国方略是完全不一样的，子产倾向于严刑治国，老聃却反对统治者对老百姓进行严酷统治。

[释义]

百姓饱受苛政到了生不怕死的地步，以死来威胁他们又有何用呢？如果让百姓经常害怕死，对那些作乱之人，我抓到他就把他杀死，那谁还敢触犯刑法干坏事呢？（但事实并非如此，尽管刑罚繁多，但作乱犯法的人却从未止步）人的生死顺应自然，寿命长短则有天道掌管，也有替天行道专管行刑的杀人者。如果越俎代庖，代替行刑的天道去杀人，就如同代替木匠去砍削。那代替木匠砍削的人，很少有不砍伤自己手的呀！

七十五　针砭时弊（二）

民之饥，以其上食税之多，是以饥。
民之难治，以其上之有为，是以难治。
民之轻死，以其求生之厚，是以轻死。
夫唯无以生为者，是贤于贵生。

这一章的主旨和第74章是一样的，都是针砭时弊。所不同的是这一章分析了造成民众饥荒、难治和不怕死的原因，之所以这样，是因为统治者横征暴敛，胡作非为，使民众苦不堪言，生不如死，所以百姓才不怕死。最后，老聃奉劝这些统治者不要奢侈求厚，当然老聃的奉劝也是无济于事的。从这点上看，老聃是一个思想革命家，而不是社会制度革命家。

---

① 子产（公元前584年～前522年）：别名公孙侨、姬侨。公元前554年任郑国卿，是中国历史第一个公示法律于民的。

[释义]

  人民为什么饥饿？因为统治者赋税太重、聚敛太多，致使人民无法自给，所以才造成饥饿。人民为什么难治？是因为统治者胡乱作为，致使人民无所适从，所以才难以治理。人民为什么不怕死？还不是因为统治者俸养过奢，横征暴敛，使人民不堪负重，所以才有百姓轻生去冒死犯法。不追求生命的丰厚，恬淡清静，这比靠奢养以求长生富贵要高明得多。

七十六　柔弱与刚强

  人之生、也柔弱，其死也坚强。
  草木之生也柔脆，其死也枯槁。
  故
  坚强者，死之徒，
  柔弱者，生之徒。
  是以
  兵强则灭，木强① 则折。
  强大处下，柔弱处上。

  关于柔与强，我们在上篇4.3节"柔与强、知雄守雌"作了较全面的论述，这里就不再赘述了。

[释义]

  人活着的时候，身体是柔软的；死了以后，就变得僵硬。草木生长的时候，是柔弱的；死了以后，就变得干硬。所以说，凡是刚强的都是属于死亡一类；凡是柔弱的，都是属于生存一类。强兵不但不能强盛，反而会走向灭亡，树木僵硬反而更容易折断。凡是强大自夸者，欲高居人上的，结果却反而居人之下；而那些柔弱者，并不想身居高位，反而却居于了高位。

---

① 强：这里不是健壮、有力之意，而是僵硬之意。

七十七　损有余、补不足

天之道，其犹张弓欤。
高者抑之，下者举之。
有余者损之，不足者补之。
天之道，损有余而补不足。
人之道，则不然，损不足以奉有余。
孰能有余以奉天下，唯有道者。
是以圣人
为而不恃，功成而不处。
（若此①，）其不欲见贤也！

本章既是对当时社会的针砭，也是老聃的治国理念。

在第75章，老聃深刻揭露了统治者苛税繁多、横征暴敛的行为。针对这些导致民不聊生的"人之道"，老聃在这章以射箭"高者抑之，下者举之，有余者损之，不足者补之"的原理比喻他的"天之道"。老聃当然不懂牛顿力学，也不知道抛物线运动。但老聃认为这是"天之道"，也是自然规律。人们只有遵循这"天之道"才能让箭头沿着正确的轨道前进，才能到达我们想要的目的地。对社会而言，要使社会沿着正确的方向前进，就必须对社会财富分配的富余与不足进行随时调节，"有余者损之，不足者补之"。而现实社会的情况却不是这样，是"损不足以奉有余"，也就是劫贫济富，剥削贫苦的百姓以奉养富贵的权贵者，从而造成贫富差距越来越悬殊，就会造成民不聊生，以至于"民不畏死，奈何以死惧之"的局面。这反映了老聃对现实社会统治王权的强烈谴责和彻底否定。当然老聃没有高呼革命口号，也没有明确提出推翻王权统治，而是回到他的"圣人之治"，也就是无为而治。

这里需要注意的是，"贤"这个字的含义不是我们今天的含义，是其本义，是指富有财富。这与第3章的"不尚贤"的贤是同义。

[释义]

自然之道，好像是拉弓射箭一样：弦位高了，便压低它一些；弦位低了，便抬高它一些。用力大了，就减小一些，用力不够，就补足一些；自然之道就是

---

① 帛书本有此两字。

减少多余的而弥补不足的。而现实社会实行的法则却不是这样，它减少不足的而供养有余的。谁能够用有余来补天下人间的不足呢？只有得道的人。得道圣人，作育万物，却不自持己有；成就万物，也不居功。如此不想做豪富，有余的奉献给天下。

七十八　柔弱胜刚强

天下
莫柔弱于水，
而
攻坚强者，莫之能胜，
以其无以易之。
弱之胜强，柔之胜刚。
天下莫不知、莫能行。
是以圣人云：
"受国之垢是谓社稷主，
受国不祥是为天下王。"
正言若反。

关于这一章的主题，我们在上篇4.3节"柔与强、知雄守雌"作了较全面论述，这里就不再赘述了。

[释义]

天下没有一样东西比水更柔弱，但能攻克坚强东西的，却没有能胜过水的。天下没有别的东西可以替代它。天下人没有不知道弱胜强，柔胜刚的道理的，却没有人去践行它。所以圣人说："能承受邦国的耻辱的人，才配做君主；能承受邦国的灾难的人，才配称为天下的君王。"这就是合于真理的话，表面看好像有悖常识、不合情理。

七十九　公平治国

和大怨，必有余怨，安可以为善？
是以圣人
执左契，而不责于人。
有德司契，无德司彻①。
天道无亲，恒②与善人。

老聃认为"和大怨""报怨以德"，也不能从根本上解决问题。老聃在第56章说："故不可得而亲，亦不可得而疏；不可得而利，亦不可得而害；不可得而贵，亦不可得而贱。故为天下贵。"也就是说治国者对待百姓要无亲无疏，无利无害，无贵无贱，公正无偏私，使百姓不结怨恨。这是解决问题的关键所在。反映到现代社会中，执掌裁判权力的法官尤为重要，如果法官在作裁判时徇私舞弊，势必会造成民众积怨，久而久之就会破坏社会秩序，严重时会导致社会动荡，甚至混乱。

第66章中的"是以圣人之在民前也，以身后之；其在民上也，以言下之；其在民上也，民弗厚也；其在民前，民弗害也。天下乐进而弗厌。"也是表述了这层意思。那些扰民害民，横征暴敛，残酷压迫百姓的是无德之君，是结怨的根源。

这一章的"天道无亲"与第5章的"天地不仁"、第32章的"普降甘露，均衡平等，没有偏私"和第56章的"故不可得而亲，亦不可得而疏；不可得而利，亦不可得而害；不可得而贵，亦不可得而贱。故为天下贵"是一致的。

这里有一句"有德司契"，而且主张"执左契，而不责于人"，这表现了老聃的公正治国的思想，可以说是契约精神的萌芽。其实在周推翻商王朝的过程中就体现了契约精神。

在《吕氏春秋·诚廉》中有一个著名的关于伯夷、叔齐的故事：

从前周王朝即将兴盛的时候，有两位士人在孤竹国居住，他们分别叫伯夷、叔齐，两人商量道："听说在西方有个西伯，似乎是个有道之人，为什么我们现在还待在这儿呢？"于是两人朝着西方周国走去，走到岐山南边的时候，文王已经离世了。武王即位，宣传周国的政德，派叔旦（即姬旦，今通称周公）去四内见胶鬲，与他签订盟约说："给你增加三级俸禄，位居一等之官。"准备了三份文辞一样的

---

① 春秋税收称之为"彻"，这里指征税。
② 通行本：常。

盟书,在上面涂抹祭祀用的牲畜的血,将其中的一份埋于四内的地下,双方各自带着一份回去。武王又将太保召公派到共头山下去见微子启(商纣王子辛之兄),与他签订盟誓说:"让你子子孙孙做诸侯之长,奉守殷朝原本的正常祭祀,共同奉尊桑林之乐,可以将孟诸当成你的封地。"准备好三份文辞一样的盟书,在上面涂抹祭祀用的牲畜的血,将其中的一份埋在共头的地下,双方各自带着一份回去。伯夷、叔齐听说这些事之后,相视一笑道:"啊!真是奇怪啊!和我们听说的不一样啊,这并非我们所说的'道'啊!"

后看两人不肯归服周,逃到了首阳山,也不肯食用周的粮食而饿死在首阳山。

这一个故事在《庄子》之中也有记述,虽然落脚点不同,但签订盟约还是相同的。周灭商后的分封在某种意思上讲,也是履行盟约。这也是我国早期的"契约精神",当然这不是18世纪由法国启蒙家卢梭所提出的统治者与被统治者的"社会契约",而是统治者间的契约。但无论如何,在某种意义上还是体现了"契约精神"的。

随着周王朝的确立与稳固,随之而起的是一种长期差别化"约定"——"礼"——的诞生与实施。"礼"与其说是契约的延续,不如说是对契约的破坏和终结。因为"礼"是单方面制定的"约定",是一种有贵贱之分、有等差不平等的"约定"。违反这一"约定"的只能是侯国,而不可能是周王室。保障这一"约定"实施的工具是"礼乐征伐",而不是仲裁。

值得注意的是,这里的"有德司契"带有公平仲裁的含义,是老聃为了化解社会矛盾、促进社会和谐而提出的一种积极而有深远意义的举措。

[释义]

对于大的怨恨,即使把它调和,一定还会有余怨,怎么可以说是做了好事呢?所以圣人治理天下,就好像掌握契约,不偏向、不苛责任何人。如此,则公平治国、百姓和谐,怨恨也就不会产生,还有什么大怨恨要调解的呢?因此,有德者执掌契约执行,而无德者则执掌征税。天道虽公正无偏私,但善人常常得到帮助!

八十 理想国

小国寡民:
使有什伯之器而不用。
使民重死而不远徙。

虽有舟舆^①无所乘之。
虽有甲兵无所陈之。
使民复结绳而用之。
甘其食，
美其服，
安其居，
乐其俗。
邻国相望，鸡犬之声相闻，
民至老死不相往来。

老聃反对诸侯国以强凌弱、以大欺小的兼并战争，厌恶贫富对立、两极分化的社会现实，因此，在小农经济的基础上，老聃提出了"小国寡民"设想，邦国小、人口少，可以避免对外扩张，同时也期望不受他国兼并，也不受外来干扰，自给自足，自享其俗，珍惜生命，顺应自然，自得其乐，固守家园，终老一生，甚至连器具、车船、甲兵之类都不需要，完全恢复到单纯质朴的状态。显然，这是老聃虚构的理想社会。如果从反对压迫、反对战争的角度来说，这种理想显然具有进步意义，给人以美好的启迪。因为小国实力弱，主动发动战争的可能性小；另一方面，小国从物质条件和人力资源上，也会抑制统治者的过度贪欲，进而防止对外战争。尽管把人类社会恢复到远古单纯质朴状态的设想是脱离人类社会发展实际的，也是无法实现的，但老聃的设想在人类发展过程中，尤其是科技高速发展的今天，也是具有借鉴意义的。

[释义]

理想的邦国是这样的：国土很小，百姓不多，他们有各种各样的器具，但并不使用；百姓重视生命而不随意迁徙。虽然有车船，因不乘坐远行，这些车船却无可用之处；虽有武器，却没有列阵示威的必要。使人民恢复到不用文字，不求知识的结绳记事时代，百姓都有甜美的饮食，美观的衣服，安适的居所，和乐的习俗，大家无争无隙。因为国小，邻国之间彼此都可看到，鸡鸣狗吠的声音也可以听见。虽然如此，百姓都生活安逸，彼此之间到老死也不会离开自己的邦国与邻国的人互相往来。

---

① 舆：古代对车的称谓。

八十一　信言不美，为而不争

　　信言不美，美言不信；
　　善者不辩，辩者不善；
　　知者不博，博者不知；
　　圣人不积，既以为人己愈有。
　　既以与人己愈多，
　　天之道，利而不害，
　　圣人之道，为而不争。

　　对"信言不美，美言不信"的实例，鲁迅给我们讲了一个在小孩满月的时候，不同人说的"美言"：

　　一户人家生了一个男孩，全家高兴透顶了。满月的时候，抱出来给客人看，自然是想得一点好兆头。一个说："这孩子将来要发财的。"他于是得到一番感谢。一个说："这孩子将来是要死的。"于是他得到一顿大家合力的痛打。说要死的必然，说富贵的说谎。但说谎的得好报，说死的必然得遭打。（鲁迅《立论》）

　　关于美、言和美言，庄周有一句非常精辟的话："天地有大美而不言"。这或许能让我们从更高的层次来理解美、言和美言的内在关联。

[释义]

　　真实可信的话语不华丽，华丽的言词不真实可信。善良的人不巧辩，巧辩、善辩的人不善良。有真知的人未必广博，广博的人未必有真知。圣人不累积财物，尽力帮助他人，自己反而愈加充足；他尽量给予别人，自己反而更丰富。自然的法则，是利物而不害物，圣人的"道"是惠及别人而不是与人争夺。

附录篇

附录 I 引用文献摘录

1 时代背景

1.1 商帝辛（纣王）继位

《吕氏春秋·当务》

纣之同母三人，其长曰微子启，其次曰中衍，其次曰受德。受德乃纣也，甚少矣。纣母之生微子启与中衍也，尚为妾，已而为妻而生纣。纣之父、纣之母欲置微子启以为太子，太史据法而争之曰：'有妻之子，而不可置妾之子。'纣故为后。用法若此，不若无法。

《史记·殷本纪》

帝乙长子曰微子启，启母贱，不得嗣。少子辛，辛母正后，辛为嗣。帝乙崩，子辛立，是为帝辛，天下谓之纣。

1.2 金滕—《书·周书》

既克商二年，王有疾，弗豫。二公曰："我其为王穆卜。"周公曰："未可以戚我先王？"公乃自以为功，为三坛同墠。为坛于南方，北面，周公立焉。植璧秉珪，乃告太王、王季、文王。

史乃册，祝曰："惟尔元孙某，遘厉虐疾。若尔三王是有丕子之责于天，以旦代某之身。予仁若考能，多材多艺，能事鬼神。乃元孙不若旦多材多艺，不能事鬼神。乃命于帝庭，敷佑四方，用能定尔子孙于下地。四方之民罔不祗畏。呜呼！无坠天之降宝命，我先王亦永有依归。今我即命于元龟，尔之许我，我其以璧与珪归俟尔命；尔不许我，我乃屏璧与珪。"

乃卜三龟，一习吉。启龠见书，乃并是吉。公曰："体！王其罔害。予小子新命于三王，惟永终是图；兹攸俟，能念予一人。"公归，乃纳册于金滕之匮中。王翼日乃瘳。

武王既丧，管叔及其群弟乃流言于国，曰："公将不利于孺子。"周公乃告二公曰："我之弗辟，我无以告我先王。"周公居东二年，则罪人斯得。于后，公乃为诗以贻王，名之曰《鸱鸮》。王亦未敢诮公。

1.3 多士—《书·周书》

成周既成，迁殷顽民，周公以王命诰，作《多士》。

惟三月，周公初于新邑洛，用告商王士。王若曰："尔殷遗多士，弗吊旻天，大降丧于殷，我有周佑命，将天明威，致王罚，敕殷命终于帝。肆尔多士！非我小国敢弋殷命。惟天不畀允罔固乱，弼我，我其敢求位？惟帝不畀（音bi）[1]，惟我下民秉为，惟天明畏。我闻曰：上帝引逸，有夏不适逸；则惟帝降格，向于时夏。弗克庸帝，大淫泆有辞。惟时天罔念闻，厥惟废元命，降致罚；乃命尔先祖成汤革夏，俊民甸四方。自成汤至于帝乙，罔不明德恤祀。亦惟天丕建，保乂有殷，殷王亦罔敢失帝，罔不配天其泽。在今后嗣王，诞罔显于天，矧曰其有听念于先王勤家？诞淫厥泆，罔顾于天显民祗，惟时上帝不保，降若兹大丧。惟天不畀，不明厥德，凡四方小大邦丧，罔非有辞于罚。"王若曰："尔殷多士，今惟我周王丕灵承帝事，有命曰：'割殷。'告敕于帝。惟我事不贰适，惟尔王家我

适。予其曰惟尔洪无度，我不尔动，自乃邑。予亦念天，即于殷大戾，肆不正。"王曰："猷！告尔多士，予惟时其迁居西尔，非我一人奉德不康宁，时惟天命。无违，朕不敢有后，无我怨。惟尔知，惟殷先人有册有典，殷革夏命。今尔又曰：'夏迪简在王庭，有服在百僚。'予一人惟听用德，肆予敢求于天邑商，予惟率肆矜尔。非予罪，时惟天命。"王曰："多士，昔朕来自奄，予大降尔四国民命。我乃明致天罚，移尔遐逖，比事臣我宗多逊。"王曰："告尔殷多士，今予惟不尔杀，予惟时命有申。今朕作大邑于兹洛，予惟四方罔攸宾，亦惟尔多士攸服奔走臣我多逊。尔乃尚有尔土，尔用尚宁干止，尔克敬，天惟畀矜尔；尔不克敬，尔不啻不有尔土，予亦致天之罚于尔躬！今尔惟时宅尔邑，继尔居；尔厥有干有年于兹洛。尔小子乃兴，从尔迁。"王曰："又曰时予，乃或言尔攸居。"

1.4 周王朝服制一《国语·周书上·祭公谏征犬戎》

夫先王之制：邦内甸服，邦外侯服，侯、卫宾服，蛮、夷要服，戎、狄荒服。甸服者祭，侯服者祀，宾服者享，要服者贡，荒服者王。日祭、月祀、时享、岁贡、终王，先王之训也。有不祭则修意，有不祀则修言，有不享则修文，有不贡则修名，有不王则修德，序成而有不至则修刑。于是乎有刑不祭，伐不祀，征不享，让不贡，告不王。于是乎有刑罚之辟，有攻伐之兵，有征讨之备，有威让之令，有文告之辞。布令陈辞而又不至，则增修于德而无勤民于远，是以近无不听，还无不服。

1.5 武装力量 一《周官》

《周官·夏官·司马》

凡制军，万有二千五百人为军。王六军，大国三军，次国二军，小国一军，军将皆命卿。二千五百人为师，师帅皆中大夫。五百人为旅，旅帅皆下大夫。百人为卒，卒长皆上士。二十五人为两，两司马皆中士。五人为伍，伍皆有长。

《周官·地官·司徒》

五人为伍，五伍为两，五两为卒，五卒为旅，五旅为师。

1.6 天命观

《诗·商颂·玄鸟》

天命玄鸟，降而生商，宅殷土芒芒。
古帝命武汤，正域彼四方。
方命厥后，奄有九有圆。
商之先后，受命不殆，在武丁孙子。
武丁孙子，武王靡不胜。
龙旂十乘，大糦是承圆。
邦畿千里，维民所止，肇域彼四海。
四海来假，来假祈祈。
景员维河囤，殷受命咸宜，百禄是何。

《诗·大雅·文王》

文王在上，于昭于天。
周虽旧邦，其命维新。
有周不显，帝命不时。
文王陟降，在帝左右。
商之孙子，其丽不亿。
上帝既命、侯于周服；
侯于周服，天命靡常。
殷士肤敏，祼将于京。
厥作祼将，常服黼冔。
王之荩臣。无念尔祖。

1.7 郑桓公欲避宗周一《国语·郑语》

(周幽王八年，郑)桓公为司徒，甚得周众与东土之人，问于史伯曰："王室多故，余惧及焉，其何所可以逃死？"史伯对曰："王室将卑，戎、狄必昌，不可偪也。当成周者，南有荆蛮、申、吕、应、邓、陈、蔡、随、唐；北有卫、燕、狄、鲜虞、潞、洛、泉、徐、蒲；西有虞、虢、晋、隗、霍、杨、魏、芮；东有齐、鲁、曹、宋、滕、薛、邹、莒；是非王之支子母弟甥舅也，则皆蛮、荆、戎、狄之人也。非亲则顽，不可入也。其济、洛、河、颍之间乎！是其子男之国，虢、郐为大，虢叔恃势，郐仲恃险，是皆有骄侈怠慢之心，而加之以贪冒。君若以周难之故，寄孥与贿焉，不敢不许。周乱而弊，是骄而贪，必将背君，君若以成周之众，奉辞伐罪，无不克矣。若克二邑，邬、弊、补、舟、依、𣲒、历、华，君之土也。若前华后河，右洛左济，主芣、騩而食溱、洧，修典刑以守之，是可以少固。"

"申、缯、西戎方强，王室方骚，将以纵欲，不亦难乎？王欲杀太子以成伯服，必求之申，申人弗畀，必伐之。若伐申，而缯与西戎会以伐周，周不守矣！缯与西戎方将德申，申、吕方强，其隩爱太子亦必可知也，王师若在，其救之亦必然矣。王心怒矣，虢公从矣，凡周存亡，不三稔矣！君若欲避其难，其速规所矣，时至而求用，恐无及也！"

1.8 烽火戏诸侯与周幽王被杀

《吕氏春秋·慎行论·疑似》

周宅酆、镐，近戎人。与诸侯约：为高葆祷于王路，置鼓其上，远近相闻。即戎寇至，传鼓相告，诸侯之兵皆至，救天子。戎寇当至，幽王击鼓，诸侯之兵皆至，褒姒大说，喜之。幽王欲褒姒之笑也，因数击鼓，诸侯之兵数至而无寇。至于后戎寇真至，幽王击鼓，诸侯兵不至，幽王之身乃死于丽山之下，为天下笑。

《史记·周本纪》

（周幽王）三年，幽王嬖爱褒姒。褒姒生子伯服，幽王欲废太子。太子母申侯女，而为后。后幽王得褒姒，爱之，欲废申后，并去太子宜臼，以褒姒为后，以伯服为太子。周太史伯阳读史记曰："周亡矣。"

当幽王三年，王之后宫见而爱之，生子伯服，竟废申后及太子，以褒姒为后，伯服为太子。太史伯阳曰："祸成矣，无可奈何！"

褒姒不好笑，幽王欲其笑万方，故不笑。幽王为烽燧大鼓，有寇至则举烽火。诸侯悉至，至而无寇，褒姒乃大笑。幽王说之，为数举烽火。其后不信，诸侯益亦不至。

幽王以虢石父为卿，用事，国人皆怨。石父为人佞巧善谀好利，王用之。又废申后，去太子也。申侯怒，与缯、西夷犬戎攻幽王。幽王举烽火征兵，兵莫至。遂杀幽王骊山下，虏褒姒，尽取周赂而去。于是诸侯乃即申侯而共立故幽王太子宜臼，是为平王，以奉周祀。平王立，东迁于雒邑，辟戎寇。

《史记·秦本纪》

七年春，周幽王用褒姒废太子，立褒姒子为适，数欺诸侯，诸侯叛之。西戎犬戎与申侯伐周，杀幽王郦山下。

《竹书纪年》—《左氏春秋》昭公二十六年正义引用

（褒姒之子伯盘，也称伯服）与幽王俱死于戏。先是，申侯、鲁侯及许文公立平王于申，以本大子，故称天王。幽王既死，而虢公翰又立王子余臣于携。周二王并立。

《竹书纪年》—《左传正义》引用

平王奔西申，而立伯盘（服）以为太子，与幽王俱死于戏。先是，申侯、鲁侯及许文公立平王子申，以本太子，故称天王。幽王既死，而虢公翰又立王子余臣于携。周二王并立。二十一年，携王为晋文公（侯）所杀。以本非嫡，故称携王。

1.9 文侯之命—《书·周书》

平王锡晋文侯秬鬯、圭瓒，作《文侯之命》。

王若曰："父义和！丕显文、武，克慎明德，昭升于上，敷闻在下；惟时上帝，集厥命于文王。亦惟先正克左右昭事厥辟，越小大谋猷罔不率从，肆先祖怀在位。呜呼！闵予小子嗣，造天丕愆。殄资泽于下民，侵戎我国家纯。即我御事，罔或耆寿俊在厥服，予则罔克。曰惟祖惟父，其伊恤朕躬！

呜呼！有绩予一人永绥在位。父义和！汝克绍乃显祖，汝肇刑文、武，用会绍乃辟，追孝于前文人。汝多修，扞我于艰，若汝，予嘉。"王曰："父义和！其归视尔师，宁尔邦。用赉尔秬鬯一卣，彤弓一，彤矢百，卢弓一，卢矢百，马四匹。父往哉！柔远能迩，惠康小民，无荒宁。简恤尔都，用成尔显德。"

1.10 繻葛之战—《左氏春秋·桓公五年》

王夺郑伯政，郑伯不朝。

秋，王以诸侯伐郑，郑伯御之。

王为中军；虢公林父将右军，蔡人、卫人属焉；周公黑肩将左军，陈人属焉。

郑子元请为左拒以当蔡人、卫人，为右拒以当陈人，曰："陈乱，民莫有斗心，若先犯之，必奔。王卒顾之，必乱。蔡、卫不枝，固将先奔，既而萃于王卒，可以集事。"从之。曼伯为右拒，祭仲足为左拒，原繁、高渠弥以中军奉公，为鱼丽之陈，先偏后伍，伍承弥缝。战于繻葛，命二拒曰："旝动而鼓。"蔡、卫、陈皆奔，王卒乱，郑师合以攻之，王卒大败。祝聃射王中肩，王亦能军。祝聃请从之。公曰："君子不欲多上人，况敢陵天子乎！苟自救也，社稷无陨，多矣。"

1.11 齐桓公伐楚—《左氏春秋·僖公四年》

四年春，齐侯以诸侯之师侵蔡，蔡溃，遂伐楚。

楚子使与师言曰："君处北海，寡人处南海，唯是风马牛不相及也。不虞君之涉吾地也，何故？"管仲对曰："昔召康公命我先君大公曰：'五侯九伯，女实征之，以夹辅周室。'赐我先君履：东至于海，西至于河，南至于穆陵，北至于无隶。尔贡包茅不入，王祭不共，无以缩酒，寡人是征；昭王南征而不复，寡人是问。"对曰："贡之不入，寡君之罪也，敢不共给？昭王不复，君其问诸水滨。"师进，次于陉。

夏，楚子使屈完如师。师退，次于召陵。

齐侯陈诸侯之师，与屈完乘而观之。齐侯曰："岂不谷是为？先君之好是继。与不谷同好，如何？"对曰："君惠徼福于敝邑之社稷，辱收寡君，寡君之愿也。"齐侯曰："以此众战，谁能御之！以此攻城，何城不克！"对曰："君若以德绥诸侯，谁敢不服？君若以力，楚国方城以为城，汉水以为池，虽众，无所用之！"

屈完及诸侯盟。

1.12 宋襄公兵败泓水—《左氏春秋·僖公二十二年》

二十有二年春，公伐邾，取须句。夏，宋公、卫侯、许男、滕子伐郑。秋，八月丁未，及邾人战于升陉。冬，十有一月己巳朔，宋公及楚人战于泓，宋师败绩。楚人伐宋以救郑。宋公将战。大司马固谏曰："天之弃商久矣，君将兴之，弗可赦也已。"弗听。冬十一月己巳朔，宋公及楚人战于泓。宋人既成列，楚人未既济。司马曰："彼众我寡，及其未既济也，请击之。"公曰："不可。"既济而未成列，又以告。公曰："未可。"既陈而后击之，宋师败绩。公伤股，门官歼焉。国人皆咎公。公曰："君子不重伤，不禽二毛。古之为军也，不以阻隘也。寡人虽亡国之余，不鼓不成列。"子鱼曰："君未知战。勍敌之人，隘而不列，天赞我也。阻而鼓之，不亦可乎？犹有惧焉！且今之勍者，皆我敌也。虽及胡耇，获则取之，何有于二毛？明耻教战，求杀敌也。伤未及死，如何勿重？若爱重伤，则如勿伤；爱其二毛，则如服焉。三军以利用也，金鼓以声气也。利而用之，阻隘可也；声盛致志，鼓儳可也。"（现又称《子鱼论战》）

1.13 里革论君之过—《国语·鲁语（上）》

晋人杀厉公，边人以告，成公在朝。公曰："臣杀其君，谁之过也？"大夫莫对，里革曰："君之过也。夫君人者，其威大矣。失威而至于杀，其过多矣。且夫君也者，将牧

附录篇

民而正其邪者也，若君纵私回而弃民事，民旁有慝无由省之，益邪多矣。若以邪临民，陷而不振，用善不肯专，则不能使，至于殄灭而莫之恤也，将安用之？

2 老聃

2.1 老聃其人

《史记·老庄申韩列传》

老子者，楚苦县厉乡曲仁里人也，姓李氏，名耳，字聃，周守藏室之史也。

老子修道德，其学以自隐无名为务。居周久之，见周之衰，乃遂去。至关，关令尹喜曰："子将隐矣，强为我著书。"于是老子乃著书上下篇，言"道""德"之意五千余言而去，莫知其所终。

或曰：老莱子亦楚人也，著书十五篇，言道家之用，与孔子同时云。盖老聃百有六十余岁，或言二百余岁，以其修道而养寿也。自孔子死后百二十九年，而史记周太史儋见秦献公曰："始秦与周合，合五百岁而离，离七十岁而霸王者出焉。"或曰儋即老子，或曰非也，世莫知其然否。

老子，隐君子也。老子之子名宗，为魏将，封于段干。宗子注，注子宫，宫玄孙假，假仕于汉孝文帝。而假之子解为胶西卬太傅，因家于齐焉。世之学老子者则绌儒学，儒学亦绌老子。道不同，不相为谋，岂谓是邪？李耳无为自化，清静自正。"

太史公曰：……老子所贵道，虚无，因应变化於无为，故著书辞称微妙难识。庄子散道德，放论，要亦归之自然。申子卑卑，施之於名实。韩子引绳墨，切事情，明是非，其极惨礉少恩。皆原於道德之意，而老子深远矣。

2.2 老莱子批孔丘—《庄子·外物》

老莱子之弟子出薪，遇仲尼，反以告，曰："有人于彼，修上而趋下，末偻而后耳，视若营四海，不知其谁氏之子。"

老莱子曰："是丘也，召而来。"

仲尼至。曰："丘！去汝躬矜与汝容知，斯为君子矣。"

仲尼揖而退，蹙然改容而问曰："业可得进乎？"

老莱子曰："夫不忍一世之伤，而骜万世之患，抑固窭邪，亡其略弗及邪？惠以欢为，骜终身之丑，中民之行进焉耳！相引以名，相结以隐。与其誉尧而非桀，不如两忘而闭其所誉。反无非伤也，动无非邪也。圣人踌躇以兴事，以每成功。奈何哉其载焉终矜尔！"

2.3 古之真人—《庄子·大宗师》

何谓真人？古之真人，不逆寡，不雄成，不谟士。若然者，过而弗悔，当而不自得也。若然者，登高不栗，入水不濡，入火不热，是知之能登假于道者也若此。古之真人，其寝不梦，其觉无忧，其食不甘，其息深深。真人之息以踵，众人之息以喉。屈服者，其嗌言若哇。其耆欲深者，其天机浅。

古之真人，不知说生，不知恶死。其出不䜣，其入不距。翛然而往，翛然而来而已矣。不忘其所始，不求其所终。受而喜之，忘而复之。是之谓不以心捐道，不以人助天，是之谓真人。若然者，其心志，其容寂，其颡頯（音qiu）。凄然似秋，暖然似春，喜怒通四时，与物有宜而莫知其极。

古之真人，其状义而不朋，若不足而不承；与乎其觚而不坚也，张乎其虚而不华也；邴邴乎其似喜也，崔崔乎其不得已也，滀乎进我色也，与乎止我德也，广乎其似世也，謷乎其未可制也，连乎其似好闭也，悗乎忘其言也。

2.4 学说与道教

司马谈《论六家旨归》

其术以虚无为本，以因循为用，无常势，无常形，故能究万物之情。

司马迁《史记·老聃韩非列传》

太史公曰：老聃所贵道，虚无，因应变化于无为，故著书辞称微妙难识。庄子散道德，放论，要亦归之自然。申子卑卑，施之于名实。韩子引绳墨，切事情，明是非，其极惨礉少恩。皆原于道德之意，而老聃深远矣。

江瑔《读子卮言·论道家为百家所从出》

上古三代之世，学在官而不在民，草野之民莫由登大雅之堂。唯老聃世为史官，得以掌数千年学库之管钥，而司其启闭。故老聃一出，遂尽泄天地之秘藏，集古今之大成。学者宗之，天下风靡。道家之学遂普及于民间。道家之徒既众，遂分途而趋。各得其师之一遍，演而为九家之学，而九流之名以兴焉。

智伯索地于魏驹

《韩非子·说林上》

智伯索地于魏宣子(魏驹)，魏宣子弗予。任章曰："何故不予？"宣子曰："无故请地，故弗予。"任章曰："无故索地，邻国必恐。彼重欲无厌，天下必惧。君予之地，智伯必骄而轻敌，邻邦必惧而相亲，以相亲之兵待轻敌之国，则智伯之命不长矣。《周书》曰：'将欲败之，必姑辅之；将欲取之，必姑予之。'君不如予之以骄智伯。且君何释以天下图智氏，而独以吾国为智氏质乎？"君曰："善。"乃与之万户之邑，智伯大悦。因索地于赵，弗与，因围晋阳，韩、魏反之外，赵氏应之内，智氏自亡。

《战国策·魏策》

知伯索地于魏桓子(魏驹)，魏桓子弗予。任章曰："何故弗予？"桓子曰："无故索地，故弗予。"任章曰："无故索地，邻国必恐；重欲无厌，天下必惧。君予之地，知伯必而轻敌，邻国惧而相亲。以相亲之兵，待轻敌之国，知氏之命不长矣！《周书》曰：'将欲败之，必姑辅之；将欲取之，必姑与之。'君不如与之，以骄知伯。君何释以天下图知氏，而独以吾国为知氏质乎？"君曰："善。"乃与之万家之邑一。知伯大说，因索蔡、皋梁于赵，赵弗与，因围晋阳。韩、魏反于外，赵氏应之于内，知氏遂亡。

2.5 老聃与孔丘

《庄子·外篇·天运》

孔子行年五十有一而不闻道，乃南之沛见老聃。老聃曰："子来乎？吾闻子，北方之贤者也！子亦得道乎？"孔丘曰："未得也。"老聃曰："子恶乎求之哉？"曰："吾求之于度数，五年而未得也。"老聃曰："子又恶乎求之哉？"曰："吾求之于阴阳，十有二年而未得也。"老聃曰："然，使道而可献，则人莫不献之于其君；使道而可进，则人莫不进之于其亲；使道而可以告人，则人莫不告其兄弟；使道而可以与人，则人莫不与其子孙。然而不可者，无它也，中无主而不止，外无正而不行。由中出者，不受于外，圣人不出；由外入者，无主于中，圣人不隐。名，公器也，不可多取。仁义，先王之蘧庐也，止可以一宿而不可久处。觏而多责。古之至人，假道于仁，托宿于义，以游逍遥之虚，食于苟简之田，立于不贷之圃。逍遥，无为也；苟简，易养也；不贷，无出也。古者谓是采真之游。以富为是者，不能让禄；以显为是者，不能让名。亲权者，不能与人柄，操之则栗，舍之则悲，而一无所鉴，以窥其所不休者，是天之戮民也。怨、恩、取、与、谏、教、生杀八者，正之器也，唯循大变无所湮者为能用之。故曰：正者，正也。其心以为不然者，天门弗开矣。"

孔子见老聃而语仁义。老聃曰："夫播糠眯目，则天地四方易位矣；蚊虻噆肤，则通昔不寐矣。夫仁义憯然，乃愤吾心，乱莫大焉。吾子使天下无失其朴，吾子亦放风而动，总德而立矣！又奚杰然若负建鼓而求亡子者邪！夫鹄不日浴而白，乌不日黔而黑。黑白之朴，不足以为辩；名誉之观，不足以为广。泉涸，鱼相与处于陆，相呴以湿，相濡以沫，不若相忘于江湖。"

附录篇

孔子见老聃归，三日不谈。弟子问曰："夫子见老聃，亦将何规哉？"孔丘曰："吾乃今于是乎见龙。龙，合而成体，散而成章，乘乎云气而养乎阴阳。予口张而不能脅。予又何规老聃哉？"子贡曰："然则人固有尸居而龙见，雷声而渊默，发动如天地者乎？赐亦可得而观乎？"遂以孔丘声见老聃。老聃方将倨堂而应，微曰："予年运而往矣，子将何以戒我乎？"子贡曰："夫三皇五帝之治天下不同，其系声名一也。而先生独以为非圣人，如何哉？"老聃曰："小子少进！子何以谓不同？"对曰："尧授舜，舜授禹。禹用力而汤用兵，文王顺纣而不敢逆，武王逆纣而不肯顺，故曰不同。"老聃曰："小子少进，余语汝三皇五帝之治天下：黄帝之治天下，使民心一。民有其亲死不哭而民不非也。尧之治天下，使民心亲。民有为其亲杀其杀而民不非也。舜之治天下，使民心竞。民孕妇十月生子，子生五月而能言，不至乎孩而始谁，则人始有夭矣。禹之治天下，使民心变，人有心而兵有顺，杀盗非杀人。自为种而'天下'耳。是以天下大骇，儒墨皆起。其作始有伦，而今乎妇女，何言哉！余语汝：三皇五帝之治天下，名曰治之，而乱莫甚焉。三皇之知，上悖日月之明，下睽山川之精，中堕四时之施。其知惨于蛎虿之尾，鲜规之兽，莫得安其性命之情者，而犹自以为圣人，不可耻乎？其无耻也！"子贡蹴蹴然立不安。

孔子谓老聃曰："丘治《诗》《书》《礼》《乐》《易》《春秋》六经，自以为久矣，孰知其故矣，以奸者七十二君，论先王之道而明周、召之迹，一君无所钩用。甚矣！夫人之难说也？道之难明邪？"老聃曰："幸矣，子之不遇治世之君！夫六经，先王之陈迹也，岂其所以迹哉！今子之所言，犹迹也。夫迹，履之所出，而迹岂履哉！夫白鹢之相视，眸子不运而风化；虫，雄鸣于上风，雌应于下风而风化。类自为雌雄，故风化。性不可易，命不可变，时不可止，道不可壅。苟得于道，

无自而不可；失焉者，无自而可。"孔子不出三月，复见，曰："丘得之矣。乌鹊孺，鱼傅沫，细要者化，有弟而兄啼。久矣，夫丘不与化为人！不与化为人，安能化人。"老聃曰："可，丘得之矣！"

《庄子·天道》

孔子欲西（观）藏书于周室。子路谋曰："由闻周之徵藏史有老聃者，免而归居，夫子欲（观）藏书，则试往因焉。"孔子曰："善。"往见老聃，而老聃不许。

《吕氏春秋·贵公》

伯禽将行，请所以治鲁，周公曰："利而勿利也"。荆人有遗弓者，而不肯索，曰："荆人遗之，荆人得之，又何索焉？"孔子闻之曰："去其'荆'而可矣"。老聃闻之曰："去其'人'而可矣"。故老聃则至公矣。

《礼记·曾子问》

曾子问曰："葬引至于堩，日有食之，则有变乎？且不乎？"孔子曰："昔者吾从老聃助葬于巷党，及堩，日有食之，老聃曰：'丘！止柩，就道右，止哭以听变。'既明反而后行。曰：'礼也。'反葬，而丘问之曰：'夫柩不可以反者也，日有食之，不知其已之迟数，则岂如行哉？'老聃曰：'诸侯朝天子，见日而行，逮日而舍奠；大夫使，见日而行，逮日而舍。夫柩不早出，不暮宿。见星而行者，唯罪人与奔父母之丧者乎！日有食之，安知其不见星也？且君子行礼，不以人之亲痁患。'吾闻诸老聃云。"

曾子问曰："下殇：土周葬于园，遂舆机而往，途迩故也。今墓远，则其葬也如之何？"孔子曰："吾闻诸老聃曰：昔者史佚有子而死，下殇也。墓远，召公谓之曰：'何以不棺敛于宫中？'史佚曰：'吾敢乎哉？'召公言于周公，周公曰：'岂不可？'史佚行之。下殇用棺衣棺，自史佚始也。"

子夏曰："金革之事无辟也者，非与？"孔子曰："吾闻诸老聃曰：昔者鲁公伯禽有为为之也。今以三年之丧，从其利者，吾弗知也！"

《史记·老庄申韩列传》

孔子适周,将问礼于老子。老子曰:"子所言者,其人与骨皆已朽矣,独其言在耳。且君子得其时则驾,不得其时则蓬累而行。吾闻之,良贾深藏若虚,君子盛德,容貌若愚。去子之骄气与多欲,态色与淫志,是皆无益于子之身。吾所以告子,若是而已。"

孔子去,谓弟子曰:"鸟,吾知其能飞;鱼,吾知其能游;兽,吾知其能走。走者可以为罔,游者可以为纶,飞者可以为矰。至于龙,吾不能知其乘风云而上天。吾今日见老聃,其犹龙邪!"

《史记·孔子世家》

辞去,而老聃送之曰:"吾闻富贵者送人以财,仁人者送人以言。吾不能富贵,窃仁人之号,送子以言,曰:聪明深察而近于死者,好议人者也。博辩广大危其身者,发人之恶者也。为人子者毋以有己,为人臣者毋以有己。"

《史记·孔子世家》

鲁南宫敬叔言鲁君曰:"请与孔子适周。"
鲁君与之一乘车,两马,一竖子俱。适周问礼,盖见老子云。

辞去,而老子送之曰:"吾闻富贵者送人以财,仁人者送人以言。吾不能富贵,窃仁人之号,送子以言,曰:聪明深察而近于死者,好议人者也。博辩广大危其身者,发人之恶者也。为人子者毋以有己,为人臣者毋以有己。"孔子自周反于鲁,弟子稍益进焉。

《史记·仲尼弟子列传》

孔子之所严事:于周则老聃,于卫蘧伯玉,于齐晏平仲,于楚老莱子,于郑子产,于鲁孟公绰。数称臧平仲、柳下惠、铜鞮伯华、介山子然贤,孔子皆后之,不并世。
并有孔丘:"学礼于老聃,学乐于苌弘,学琴于师襄子。"

2.6 申叔时论教太子之道—《国语·楚语(上)》

(士亹)问于申叔时,叔时曰:"教之《春秋》,而为之耸善而抑恶焉,以戒劝其心;教之《世》,而为之昭明德而废幽昏焉,以休惧其动;教之《诗》,而为之导广显德,以耀明其志;教之礼,使知上下之则;教之《乐》,以疏其秽而镇其浮;教之《令》,使访物官;教之《语》,使明其德,而知先王之务用明德于民也;教之《故志》,使知废兴者而戒惧焉;教之《训典》,使知族类,行比义焉。"

3 老聃的认知

3.1 论"德"

《商书·汤誓》"夏德若兹,今朕必往"。

《商书·盘庚上》"不敢动用非德","无有远迩,用罪伐厥死,用德彰厥善"。

《商书·盘庚中》"故有爽德,至上其罚汝"。

《商书·盘庚下》"上帝将复我高祖之德",'式敷民德,永肩一心'。

《商书·高宗肜(音 róng)日》

民有不若(顺从)德,不听罪。天既孚(同付)命正厥德。

《商书·盘庚下》

盘庚在迁都的时候发表的讲话:"尔谓朕曷震动万民以迁?肆上帝将复我高祖之德,乱越我家。朕及笃敬,恭承民命,用永地于新邑。"

《书·周书·康诰》"明德慎罚"。

《书·周书·召诰》"王敬作所,不可不敬德"。

《书·周书·蔡仲之命》"皇天无亲,惟德是辅。民心无常,惟惠之怀"。

《吕氏春秋·离俗览第七·上德》

为天下及国,真如以德,莫如行义。以德以文,不赏而民初,不罚而邪止,此神农、黄帝之政也。以德以义,则四海之大,江河之水,不能亢矣太华之高,会稽之险,不能障矣;菌庐之教,孙、吴之兵,不能当矣。故古之王者,德回乎天地,澹严乎四海,东西南北,极日月之所烛,天覆地载,爱恶不藏,虚素以公,小民皆之,其之敌而不知其所以然，此之谓顺天。教变容改俗而莫得其所受之，此之谓顺情。故古之人，身隐而功著，形息固而名彰，说通而化奋，利行乎天下而民不识，岂必以严罚厚赏哉？严罚厚赏，此衰世之政也。

三苗不服，禹请攻之。舜曰："以德可也。"行德三年，而三苗服。孔丘闻之曰："通乎德之情，则孟门、太行不为险矣。故曰德之速，疾乎以邮传命。"周明堂，金在其后，有以见先德后武也。舜其犹此乎？其臧武通于周矣。

3.2 论"圣人"

《庄子·天下》

不离于宗，谓之天人。不离于精，谓之神人。不离于真，谓之至人。以天为宗，以德为本，以道为门，兆于变化，谓之圣人。以仁为恩，以义为理，以礼为行，以乐为和，薰然慈仁，谓之君子。

《墨子·尚贤（中）》

《周颂》道之曰："圣人之德，若天之高，若地之普，其有昭于天下。若地之固，若山之承，下坯不崩。若日之光，若月之明，与天地同常。"

4 思想与主张

4.1 齐鲁异道—《史记·鲁周公世家》

鲁公伯禽之初受封之鲁，三年而后报政周公。周公曰："何迟也？"伯禽曰："变其俗，革其礼，丧三年然后除之，故迟。"太公亦封于齐，五月而报政周公。周公曰："何疾也？"（太公）曰："吾简其君臣礼，从其俗为也。"及后闻伯禽报政迟，（周公）乃叹曰："呜呼，鲁后世其北面事齐矣！夫政不简不易，民不有近；平易近民，民必归之。"

4.2 行仁与守礼—《韩非子·外储说左上·说一》

季孙相鲁，子路为郈令。鲁以五月起众为长沟，当此之时，子路以其私秩粟为浆饭，要作沟者于五父之衢而食之。孔子闻之，使子贡往覆其饭，击毁其器，曰："鲁君有民，子奚为乃食之？"子路怫然怒，攘肱而入，请曰："夫子疾由之为仁义乎？所学于夫子者，仁义也仁义者，与天下共其所有而同其利者也。今以由之秩粟而食民，其不可何也？"孔子曰："由之野也！吾以女知之，女徒未及也。女故如是之不知礼也？女之食之，为爱之也。夫礼，天子爱天下，诸侯爱境内，大夫爱官职，士爱其家，过其所爱曰侵。今鲁君有民而子粒爱之，是子侵也，不亦诬乎？"

4.3 孔丘论智—《国语·鲁语（下）》

公父文伯卒，其母戒其妾曰："吾闻之：好内，女死之；好外，士死之。今吾子夭死，吾恶其以好内闻也。二三妇之辱共先者祀，请无瘠色，无洵涕，无瘠膺，无忧容，有降服，无加服。从礼而静，是昭吾子也。"仲尼闻之曰："女知莫若妇，男知莫若夫。公父氏之妇智也夫！欲明其子之令德。"

4.4 愚公移山—《列子·汤问》

太行、王屋二山，方七百里，高万仞，本在冀州之南，河阳之北。

北山愚公者，年且九十，面山而居。惩山北之塞，出入之迂也，聚室而谋曰："吾与汝毕力平险，指通豫南，达于汉阴，可乎？"杂然相许。其妻献疑曰："以君之力，曾不能损魁父之丘，如太行、王屋何？且焉置土石？"杂曰："投诸渤海之尾，隐土之北。"遂率子孙荷担者三夫，叩石垦壤，箕畚运于渤海之尾。邻人京城氏之孀妻有遗男，始龀，跳往助之。寒暑易节，始一反焉。

河曲智叟笑而止之曰："甚矣，汝之不惠！以残年余力，曾不能毁山之一毛，其如土石何？"北山愚公长息曰："汝心之固，固不可彻，曾不若孀妻弱子。虽我之死，有子存焉。子又生孙，孙又生子；子又有子，子又有孙；子子孙孙无穷匮也，而山不加增，何苦而不平？"河曲智叟亡以应。

操蛇之神闻之，惧其不已也，告之于帝。帝感其诚，命夸娥氏二子负二山，一厝朔东，一厝雍南。自此，冀之南，汉之阴，无陇断焉。

4.5 三年成一叶—《列子·说符》

宋人有为其君以玉为楮叶者，三年而成。锋杀茎柯，毫芒繁泽，乱之楮叶中而不可别也。此人遂以巧食宋国。子列子闻之，曰："使天地之生物，三年而成一叶，则物之有叶者寡矣！故圣人恃道化而不恃智巧。"

4.6 徙木为信—《史记·商君列传》

商鞅令既具，未布，恐民之不信己，乃立三丈之木于国都之市南门，募民有能徙置北门者予十金。民怪之，莫敢徙。复曰："能徙者予五十金。"有一人徙之，辄予五十金，以明不欺。卒下令。令行期年，秦民之国都言新令之不便者以千数。于是太子犯法。卫鞅曰："法之不行自上犯之。太子，君嗣也，不可施刑。刑其傅公子虔，黥其师公孙贾。"明日，秦人皆趋令。行之十年，秦国道不拾遗，山无盗贼，民勇于公战，怯于私斗，乡邑大治。秦民初言令不便者，有来言令便。卫鞅曰："此皆乱法之民也！"尽迁之于边。其后民莫敢议令。

4.7 盛德时代—《庄子·马蹄》

吾意善治天下者不然。彼民有常性，织而衣，耕而食，是谓同德；一而不党，命曰天放，故至德之世，其行填填，其视颠颠。当是时也，山无蹊隧，泽无舟梁，万物群生，连属其乡，禽兽成群，草木遂长。是故禽兽可系羁而游，鸟鹊之巢可攀援而窥。夫至德之世，同与禽兽居，族与万物并，恶乎知君子小人哉，同乎无知，其德不离；同乎无欲，是谓素朴。素朴而民性得矣。

4.8 至德之世—《庄子·天地》

至德之世，不尚贤，不使能，上如标枝，民如野鹿。端正而不知以为义，相爱而不知以为仁，实而不知以为忠，当而不知以为信，蠢动而相使不以为赐。是故行而无迹，事而无传。

4.9 理想国—陶渊明《桃花源记》

晋太元中，武陵人捕鱼为业。缘溪行，忘路之远近。忽逢桃花林，夹岸数百步，中无杂树，芳草鲜美，落英缤纷，渔人甚异之。复前行，欲穷其林。

林尽水源，便得一山，山有小口，仿佛若有光。便舍船，从口入。初极狭，才通人。复行数十步，豁然开朗。土地平旷，屋舍俨然，有良田美池桑竹之属。阡陌交通，鸡犬相闻。其中往来种作，男女衣着，悉如外人。黄发垂髫，并怡然自乐。

见渔人，乃大惊，问所从来。具答之。便要还家，设酒杀鸡作食。村中闻有此人，咸来问讯。自云先世避秦时乱，率妻子邑人来此绝境，不复出焉，遂与外人间隔。问今是何世，乃不知有汉，无论魏晋。此人一一为具言所闻，皆叹惋。余人各复延至其家，皆出酒食。停数日，辞去。此中人语云："不足为外人道也。"

既出，得其船，便扶向路，处处志之。及郡下，诣太守，说如此。太守即遣人随其往，寻向所志，遂迷，不复得路。

南阳刘子骥，高尚士也，闻之，欣然规往。未果，寻病终，后遂无问津者。

5 《老子》释义

第1章

美丑二妾自是不彰

《庄子·山木》

阳子之宋，宿于逆旅。逆旅人有妾二人，其一人美，其一人恶。恶者贵而美者贱。阳子问其故,逆旅小子对曰:"其美者自美,吾不知其美也;其恶者自恶,吾不知其恶也。"阳子曰:"弟子记之:行贤而去自贤之行,安往而不爱哉!"

《韩非子·说林上》

杨子过于宋东之逆旅,有妾二人,其恶者贵,美者贱。杨子问其故,逆旅之父答曰:"美者自美,吾不知其美也;恶者自恶,吾不知名恶也。"杨子谓弟子曰:"行贤而去自贤之心,焉往而不美?"

第5章

孔丘食黍桃—《韩非子·外储说左下·说三》

孔子侍坐于鲁哀公,哀公赐之桃与黍。哀公曰:"请用。"仲尼先饭黍而后蜜桃,左右皆掩口而笑。哀公曰:"黍者,非饭之也,以雪桃也。"仲尼对曰:"丘知之矣。夫黍者,五谷之长也,祭先王为上盛。果蓏有六,而桃为下祭先王不得入庙。丘之闻也,君子以残雪贵,不闻以贵雪贱。今以五谷之长雪果腹之下,是从上雪下也。丘以为妨义,故不敢以先于宗庙之盛也。"

第9章

范蠡乘轻舟以浮于五湖—《国语·越语(下)》

反至五湖,范蠡辞于王曰:"君王勉之,臣不复入越国矣。"王曰:"不穀疑子之所谓者何也?"对曰:"臣闻之,为人臣者,君忧臣劳,君辱臣死。昔者君王辱于会稽,臣所以不死者,为此事也。今事已济矣,蠡请从会稽之罚。"王曰:"所不掩子之恶,扬子之美者,使其身无终没于越国。子听吾言,与子分国。不听吾言,身死,妻子为戮。"范蠡对曰:"臣闻命矣。君行制,臣行意。"遂乘轻舟以浮于五湖,莫知其所终极。

第12章

绝圣弃知而天下大治—《庄子·在宥》

"昔者黄帝始以仁义撄人之心,尧舜于是乎股无胈,胫无毛,以养天下之形,愁其五藏以为仁义,矜其血气以规法度。然犹有不胜也,尧于是放讙兜于崇山,投三苗于三峗,流共工于幽都,此不胜天下也。夫施及三王而天下大骇矣,下有桀跖,上有曾史,而儒墨毕起。于是乎喜怒相疑,愚知相欺,善否相非,诞信相讥,而天下衰矣。大德不同,而性命烂漫矣;天下好知,而百姓求竭矣。于是乎斤锯制焉,绳墨杀焉,椎凿决焉。天下脊脊大乱,罪在撄人心。故贤者伏处大山嵁岩之下,而万乘之君忧慄乎庙堂之上。今世殊死者相枕也,桁杨者相推也,刑戮者相望也,而儒墨乃始离跂攘臂乎桎梏之间。意,甚矣哉!其无愧而不知耻也甚矣!吾未知圣知之不为桁杨椄槢也,仁义之不为桎梏凿枘也,焉知曾史之不为桀跖嚆矢也!故曰'绝圣弃知而天下大治'。"

失性,生之害—《庄子·天地》

百年之木,破为牺尊,青黄而文之,其断在沟中。比牺尊于沟中之断,则美恶有间矣,其于失性一也。跖与曾、史,行义有间矣,然其失性均也。且夫失性有五:一曰五色乱目,使目不明;二曰五声乱耳,使耳不聪;三曰五臭熏鼻,困惾中颡;四曰五味浊口,使口厉爽;五曰趣舍滑心,使性飞扬。此五者,皆生之害也。

圣人之过—《庄子·马蹄》

及至圣人,蹩躠为仁,踶跂为义,而天下始疑矣。澶漫为乐,摘僻为礼,而天下始分矣。故纯朴不残,孰为牺尊!白玉不毁,孰为珪璋!道德不废,安取仁义!性情不离,安用礼乐!五色不乱,孰为文采!五声不乱,孰应六律!夫残朴以为器,工匠之罪也;毁道德以为仁义,圣人之过也。夫马陆居则食草饮水,喜则交颈相靡,怒则分背相踢。马知已此矣!夫加之以衡扼,齐之以月题,而马知介倪闉扼鸷曼诡衔窃辔。故马之知而能至盗者,伯乐之罪也。夫赫胥氏之时,民居不知所为,行不

知所之，含哺而熙，鼓腹而游。民能已此矣！及至圣人，屈折礼乐以匡天下之形，县跂仁义以慰天下之心，而民乃始踶跂好知，争归于利，不可止也。此亦圣人之过也。

第19章

撬箱盗窃—《庄子·胠箧》

将为胠箧(音qū qiè)、探囊、发匮之盗而为守备，则必摄缄縢、固扃鐍；此世俗之所谓知也。然而巨盗至，则负匮、揭箧、担囊而趋；唯恐缄縢、扃鐍之不固也。然则乡之所谓知者，不乃为大盗积者也？故尝试论之，世俗之所谓知者，有不为大盗积者乎？所谓圣者，有不为大盗守者乎？

何以知其然邪？昔者齐国，邻邑相望，鸡狗之音相闻，罔罟之所布，耒耨之所刺，方二千余里。阖四竟之内，所以立宗庙社稷，治邑屋州闾乡曲者，曷尝不法圣人哉？然而田成子一旦杀齐君而盗其国，所盗者岂独其国邪？并与其圣知之法而盗之。故田成子有乎盗贼之名，而身处尧舜之安，小国不敢非，大国不敢诛，十二世有齐国。则是不乃窃齐国并与其圣知之法，以守其盗贼之身乎？尝试论之，世俗之所谓至知者，有不为大盗积者乎？

何以知其然邪？昔者龙逢斩，比干剖，苌弘胣，子胥靡。故四子之贤而身不免乎戮。故跖之徒问于跖曰："盗亦有道乎？"跖曰："何适而无有道邪？"夫妄意室中之藏，圣也；入先，勇也；出后，义也；知可否，知也；分均，仁也。五者不备而能成大盗者，天下未之有也。由是观之，善人不得圣人之道不立，跖不得圣人之道不行；天下之善人少，而不善人多，则圣人之利天下也少，而害天下也多。故曰：唇竭则齿寒，鲁酒薄而邯郸围，圣人生而大道起。掊击圣人，纵舍盗贼，而天下始治矣！

……

擢乱六律，铄绝竽瑟，塞瞽旷之耳，而天下始人含其聪矣；灭文章，散五彩，胶离

珠之目，而天下始人含其明矣。毁绝钩绳，而弃规矩，攦工倕之指，而天下始人含其巧矣。削曾、史之行，钳杨、墨之口，攘弃仁义，而天下之德始玄同矣。

第20章

沉物拘累，终身不醒！—《庄子·徐无鬼》

知士无思虑之变则不乐，辩士无谈说之序则不乐，察士无凌谇之事则不乐，皆囿于物者也。招世之士兴朝，中民之士荣官，筋力之士矜难，勇敢之士奋患，兵革之士乐战，枯槁之士宿名，法律之士广治，礼教之士敬容，仁义之士贵际。农夫无草莱之事则不比，商贾无市井之事则不比。庶人有旦暮之业则劝，百工有器械之巧则壮。钱财不积则贪者忧，权势不尤则夸者悲。势物之徒乐变，遭时有所用，不能无为也。此皆顺比于岁，不物于易者也。驰其形性，潜之万物，终身不反，悲夫！

第26章

虽有荣观，燕处超然—《超然台记》苏轼

凡物皆有可观。苟有可乐，非必怪奇伟丽者也。哺糟啜醨，皆可以醉；果蔬草木，皆可以饱。推此类也，吾安往而不乐？

夫所为求福而辞祸者，以福可喜而祸可悲也。人之所欲无穷，而物之可以足吾欲者有尽。美恶之辨战乎中，而去取之择交乎前，则可乐者常少，而可悲者常多，是谓求祸而辞福。夫求祸而辞福，岂人之情也哉物有以尽之矣。彼游于物之内，而不游于物之外；物非有大小，自其内而观之，未有不高且大者也。彼挟其高大以临我，则我常眩乱反覆，如隙中之观斗，又焉知胜负之所在。是以美恶横生，而忧乐出焉，可不大哀乎。

予自钱塘移守胶西，释舟楫之安，而服车马之劳；去雕墙之美，而蔽采椽之居；背湖山之观，而适桑麻之野。始至之日，岁比不登，盗贼满野，狱讼充斥；而斋厨索然，日食杞菊，人固疑余之不乐也。处之期年，

附录篇

而貌加丰，发之白者，日以反黑。余既乐其风俗之淳，而其吏民，亦安予之拙也。

于是治其园圃，洁其庭宇，伐安邱，高密之木，以修补破败，为苟完之计。而园之北，因城以为台者旧矣，稍葺而新之。时相与登览，放意肆志焉。南望马耳，常山，出没隐见，若近若远，庶几有隐君子乎！而其东则庐山，秦人庐敖之所从遁也。西望穆陵，隐然如城郭，师尚父，齐桓公之遗烈，犹有存者。北俯潍水，慨然太息，思淮阴之功，而吊其不终。台高而安，深而明，夏凉而冬温。雨雪之朝，风月之夕，余未尝不在，客未尝不从。撷园蔬，取池鱼，酿秫酒，瀹脱粟而食之，曰："乐哉游乎！"

方是时，予弟子由适在济南，闻而赋之，且名其台曰"超然"，以见余之无所往而不乐者，盖游于物之外也。

第31章

邲之战—《左氏春秋·宣公十二年》

夏六月，晋师救郑。荀林父将中军，先縠佐之。士会将上军，郤克佐之。赵朔将下军，栾书佐之。赵括、赵婴齐为中军大夫。巩朔、韩穿为上军大夫。荀首、赵同为下军大夫。韩厥为司马。及河，闻郑既及楚平，桓子欲还，曰："无及于郑而剿民，焉用之？楚归而动，不后。"随武子曰："善。会闻用师，观衅而动。德刑政事典礼不易，不可敌也，不为是征。楚军讨郑，怒其贰而哀其卑，叛而伐之，服而舍之，德刑成矣。伐叛，刑也；柔服，德也。二者立矣。昔岁入陈，今兹入郑，民不罢劳，君无怨讟，政有经矣。荆尸而举，商农工贾不败其业，而卒乘辑睦，事不奸矣。蒍敖为宰，择楚国之令典，军行，右辕，左追蓐，前茅虑无，中权，后劲，百官象物而动，军政不戒而备，能用典矣。其君之举也，内姓选于亲，外姓选于旧；举不失德，赏不失劳；老有加惠，旅有施舍；君子小人，物有服章，贵有常尊，贱有等威；

礼不逆矣。德立，刑行，政成，事时，典从，礼顺，若之何敌之？见可而进，知难而退，军之善政也。兼弱攻昧，武之善经也。子姑整军而经武乎，犹有弱而昧者，何必楚？仲虺有言曰：'取乱侮亡。'兼弱也。《汋》曰：'于铄王师，遵养时晦。'耆昧也。《武》曰：'无竞惟烈。'抚弱耆昧以务烈所，可也。"彘子曰："不可。晋所以霸，师武臣力也。今失诸侯，不可谓力。有敌而不从，不可谓武。由我失霸，不如死。且成师以出，闻敌强而退，非夫也。命为军师，而卒以非夫，唯群子能，我弗为也。"以中军佐济。

第34章

大道泛兮—《庄子·知北游》

东郭子问于庄子曰："所谓道，恶乎在？"庄子曰："无所不在。"东郭子曰："期而后可。"庄子曰："在蝼蚁。"曰："何其下邪？"曰："在稊稗。"曰："何其愈下邪？"曰："在瓦甓。"曰："何其愈甚邪？"曰："在屎溺。"东郭子不应。庄子曰："夫子之问也，固不及质。正、获之问于监市履狶也，'每下愈况'。汝唯莫必，无乎逃物。至道若是，大言亦然。周遍咸三者，异名同实，其指一也。"

第35章

荧惑守心—《吕氏春秋·制乐》

宋景公(子头曼，公元前516～前451年在位)之时(宋景公三十七年，公元前480年)，荧惑在心，公惧，召子韦而问焉，曰："荧惑在心，何也？"子韦曰："荧惑者，天罚也；心者，宋之分野也；祸当于君。虽然，可移于宰相。"公曰："宰相所与治国家也，而移死焉，不祥。"子韦曰："可移于民。"公曰："民死，寡人将谁为君乎？宁独死。"子韦曰："可移于岁。"公曰："岁害则民饥，民饥必死。为人群而杀其民以自活也，其谁以我为君乎？是寡人之命固尽已，子无复言矣。"子韦还走，北面载拜曰："臣敢贺君。天之处高而听卑。君有至德

之言三，天必三赏君。今夕荧惑其徙三舍，君延年二十一岁。"公曰："子何以知之？"对曰："有三善言，必有三赏。荧惑有三徙舍，舍行七星，星一徙当一年，三七二十一，臣故曰君延年二十一岁矣。臣请伏于陛下以（伺）候之。荧惑不徙，臣请死。"公曰："可。"是夕荧惑果徙三舍。

第37章

天下自定—《庄子·天地》

天地虽大，其化均也；万物虽多，其治一也；人卒虽众，其主君也。君原于德而成于天。故曰：玄古之君天下，无为也，天德而已矣。以道观言而天下之君正；以道观分而君臣之义明；以道观能而天下之官治；以道泛观而万物之应备。故通于天地者，德也；行于万物者，道也；上治人者，事也；能有所艺者，技也。技兼于事，事兼于义，义兼于德，德兼于道，道兼于天。故曰：古之畜天下者，无欲而天下足，无为而万物化，渊静而百姓定。

第38章

德衰历程—《庄子·缮性》

古之人，在混芒之中，与一世而得澹漠焉。当是时也，阴阳和静，鬼神不扰，四时得节，万物不伤，群生不夭，人虽有知，无所用之，此之谓至一。当是时也，莫之为而常自然。逮德下衰，及燧人、伏羲始为天下，是故顺而不一。德又下衰，及神农、黄帝始为天下，是故安而不顺。德又下衰，及唐、虞始为天下，兴治化之流，淳散朴，离道以善险德以行，然后去性而从于心。心与心识知，而不足以定天下，然后附之以文，益之以博。文灭质，博溺心，然后民始惑乱，无以反其性情而复其初。由是观之，世丧道矣，道丧世矣。世与道交相丧也，道之人何由兴乎世，世亦何由兴乎道哉！道无以兴乎世，世无以兴乎道，虽圣人不在山林之中，其德隐矣。

小康社会—《礼记·礼运》

今大道既隐，天下为家：各亲其亲，各子其子；货力为己；大人世及以身体，城郭沟池以为固；礼义以为纪——以正君臣，以笃父子，以睦兄弟，以和夫妇；以设制度，以立田里；以贤勇知，以功为己。故谋用是作，而兵由此起。禹、汤、文、武、成王、周公，由此其选也。此六君子者，未有不谨于礼者也。以着其义，以考共信，着有过，刑仁，讲让，示民有常。如有不由此者，在埶者去，众以为殃。

第43章

庖丁解牛—《庄子·养生主》

庖丁为文惠君解牛，手之所触，肩之所倚，足之所履，膝之所踦，砉然向然，奏刀騞然，莫不中音。合于《桑林》之舞，乃中《经首》之会。文惠君曰："嘻，善哉！技盖至此乎？"庖丁释刀对曰："臣之所好者，道也，进乎技矣。始臣之解牛之时，所见无非牛者。三年之后，未尝见全牛也。方今之时，臣以神遇而不以目视，官知止而神欲行。依乎天理，批大郤，导大窾，因其固然，技经肯綮之未尝，而况大軱乎！良庖岁更刀，割也；族庖月更刀，折也。今臣之刀十九年矣，所解数千牛矣，而刀刃若新发于硎。彼节者有间，而刀刃者无厚；以无厚入有间，恢恢乎其于游刃必有余地矣，是以十九年而刀刃若新发于硎。虽然，每至于族，吾见其难为，怵然为戒，视为止，行为迟。动刀甚微，謋然已解，如土委地。提刀而立，为之四顾，为之踌躇满志，善刀而藏之。"文惠君曰："善哉！吾闻庖丁之言，得养生焉。"

第45章

墨子大巧—《韩非子·外储说左上·说一》

墨子为木鸢，三年而成，蜚一日而败、弟子曰："先生之巧，至能使木鸢飞。"墨子曰："不如为车輗者巧也，用咫尺之木，不费一朝之事，而引三十石之任，致远力多，久于岁数、今我为鸢，三丰成，蜚一目而败。"惠子闻之曰："墨子大巧，巧为輗，拙为鸢。"

第49章

吴起待兵—《史记·孙子吴起列传》

魏文侯以为将，击秦，拔五城。起之为将，与士卒最下者同衣食，与士卒分劳苦。卒有病疽者，起为吮之。卒母闻而哭之，曰："非然也。往年吴公吮其父，其父战不旋踵，遂死于敌。吴公今又吮其子，妾不知其死所矣。"

第57章

功利机巧必忘人之心—《庄子·天地》

子贡南游于楚，反于晋，过汉阴，见一丈人方将为圃畦，凿隧而入井，抱瓮而出灌，滑滑然用力甚多而见功寡。子贡曰："有械于此，一日浸百畦，用力甚寡而见功多，夫子不欲乎？"为圃者仰而视之曰："奈何？"曰："凿木为机，后重前轻，挈水若抽，数如泆汤，其名为槔。"为圃者忿然作色而笑曰："吾闻之吾师，有机械者必有机事，有机事者必有机心。机心存于胸中则纯白不备。纯白不备，则神生不定；神生不定者，道之所不载也。吾非不知，羞而不为也。"

子贡瞒然惭，俯而不对。

诈窃之由—《庄子·杂篇·则阳》

柏矩学于老聃，曰："请之天下游。"老聃曰："已矣！天下犹是也。"又请之，老聃曰："汝将何始？"曰："始于齐。"至齐，见辜人焉，推而强之，解朝服而幕之，号天而哭之，曰："子乎！子乎！天下有大灾，子独先离之。曰'莫为盗，莫为杀人'。荣辱立然后睹所病，货财聚然后睹所争。今立人之所病，聚人之所争，穷困人之身，使无休时。欲无至此得乎？古之君人者，以得为在民，以失为在己；以正为在民，以枉为在己。故一形有失其形者，退而自责。今则不然，匿为物而愚不识，大为难而罪不敢，重为任而罚不

胜，远其涂而诛不至。民知力竭，则以伪继之。日出多伪，士民安取不伪。夫力不足则伪，知不足则欺，财不足则盗。盗窃之行，于谁责而可乎？"

第71章

知病不病—《庄子·庚桑楚》

南荣趎曰："里人有病，里人问之，病者能言其病，然其病，病者犹未病也。若趎之闻大道，譬犹饮药以加病也。趎愿闻卫生之经而已矣。"

第79章

伯夷、叔齐的故事—《吕氏春秋·诚廉》

周之将兴也，有士二人，处于孤竹，曰伯夷、叔齐二人相谓曰："吾闻西方有偏伯焉，似将有道者，今吾奚为处乎此哉？"二子西行如周，至于岐阳，则文王已殁矣，武王即位，观周德，则王使叔旦就胶鬲于四内，而与之盟，曰："加富二等，就官一列。"为三书同辞，血之以牲，埋于四内，皆以一归。又使保召公就微子开于共头之下，而与之盟曰"世为长侯，守殷常祀，相奉桑林，宜私孟诸。伯夷、叔齐闻之，相视而笑曰。谣！异乎哉！此非吾所谓道也。昔者神农氏之有天下也，时祀尽敬而不祈福也。其于人也，忠信尽治而无求焉。乐正对为正，乐治与为治，不以人之坏自成也，不以人之和自高也。今周见殷之僻乱也，而遽为之正与治，上谋而行货，阻丘而保威也。割牲而盟以为信，因四内与共头以明行，扬梦以说众，杀伐以要利，以此绍殷，是以乱易暴也。吾闻古之士，遭乎治世，不避其任，遭乎乱世，不为苟在。今天下暗，周德衰矣，与其并乎周以漫吾身也，不若避之以洁吾行。二子北行，至首阳之下而饿焉。人之情莫不有重，莫不有轻。有所重则欲全之，有所轻则以养所重。伯夷、叔齐，此二士者，皆出身弃生以立其意，轻重先定也。"

附录Ⅱ 分类目录

一、老聃其人

第20章

众人熙熙，如享太牢、如春登台。我独泊兮其未兆，如婴儿之未孩；儽儽兮，若无所归。众人皆有余，而我独若遗。我愚人之心也哉！沌沌兮。俗人昭昭，我独昏昏；俗人察察，我独闷闷。众人皆有以，而我独顽且鄙。我独异于人，而贵食母。

第67章

天下皆谓我道大似不肖。夫唯大，故似不肖。若肖，久矣！其细也夫。我有三宝持而保之：一曰慈，二曰俭，三曰不敢为天下先。慈故能勇，俭故能广，不敢为天下先，故能成器长。

二、大自然的启示

2.1 静与动

第61章

天下之交，牝恒以静胜牡。以静为下。

2.2 宇宙观

第40章

反者，道之动。

第25章

（道）独立不改，周行而不殆。（道）大曰逝，逝曰远，远曰反。

第34章

大道泛兮，其可左右。

第20章

荒兮，其未央哉！

2.3 天之道

第73章

天之道，不争而善胜，不言而善应，不召而自来。

第77章

天之道，其犹张弓与。高者抑之，下者举之。有余者损之，不足者补之。天之道，损有余而补不足。人之道，则不然，损不足以奉有余。孰能有余以奉天下，唯有道者。

第81章

天之道，利而不害。圣人之道，为而不争。

第9章

功遂身退，天之道。

第76章

人之生也柔弱，其死也坚强。草木之生也柔脆，其死也枯槁。故坚强者，死之徒，柔弱者，生之徒。是以兵强则灭，木强则折。

第79章

天道无亲，恒与善人。

第32章

天地相合，以降甘露，民莫之令而自均。

三、道

3.1 何为道

第4章

渊兮，似万物之宗。湛兮，似或存。吾不知谁之子，象帝之先。

第14章

视之不见名曰"夷"；听之不闻名曰"希"；抟之不得名曰"微"。此三者不可致诘，故混而为一。一者(帛书本)，其上不皦，其下不昧，绳绳不可名，复归于无物。是谓无状之状，无物之象，是谓惚恍。迎之不见其首，随之不见其后。

第21章

道之为物，惟恍惟惚；惚兮、恍兮，其中有象；恍兮、惚兮，其中有物；窈兮、冥兮，其中有精；其精甚真，其中有信。自古及今，其容不去[1]，以阅众甫。吾何以知众甫之状哉！以此。

第25章

有物混成，先天地生。寂兮，寥兮，独立不改，周行而不殆，可以为天下母。

第35章

道，浑沌而成，独立无偶。

第62章

道者，万物之奥。

3.2 无形无体

第14章

道冲而用之，或不盈。

第35章

道之出口，淡乎，其无味。视之不足见，听之不足闻，用之不足既。

第32章

道、朴。虽微，天下莫能臣也。

3.3 道恒无名

第1章

道、可道也，非恒道也。

第32章

道恒无名。

第41章

道隐无名。

3.4 循环往复

第40章

反者，道之动。

第25章

(道)寂兮，寥兮，独立不改，周行而不殆。(道)大曰逝，逝曰远，远曰反。

3.5 道的普遍性

第34章

大道泛兮，其可左右。

第6章

绵绵若存，用之不勤。

3.6 无为

第37章

道恒无为，而无不为。

第2章

居无为之事。

第3章

为无为，则无治。

第10章

爱国治民，能无为(知)乎？

第48章

无为而不为。取天下，恒(以)无事。

第57章

圣人云：我无为，而民自化。

第63章

为无为，事无事，味无味。

第64章

(是以圣人)以辅万物之自然而不敢为。

3.7 道之品性

第2章

(道对万物而言)生而不有，为而不恃，功成而弗居。夫唯弗居，是以不去。

第51章

生而不有，为而不恃，长而不宰。

第34章

万物恃之，以生而不辞，功成而不名有。衣养万物而不为主，恒无欲，可名于小。万物归焉，而不为主，可名为大。

3.8 道的作用

第42章

道生一，一生二，二生三，三生万物。

第37章

道恒无为，而无不为。

第41章

夫唯道善贷且成。

第6章

谷神不死,是谓玄牝。玄牝之门,是谓天地根。绵绵若存,用之不勤。譬道之在天下,犹川谷之于江海。

第60章

以道莅天下,其鬼不神,非其鬼不神,其神不伤人。非其神不伤人,圣人亦不伤人。夫两不相伤,故德交归焉。

第62章

道者,万物之奥。

第25章

道大、天大、地大、人亦大。国(域)中有大焉,而人居其一焉。人法地,地法天,天法道,道法自然。

第35章

执大象,天下往。往而不害,安平太。

3.9 道与德

第21章

孔德之容,惟道是从。

第51章

道生之,德畜之,物形之,势成之[2]。是以万物莫不尊道,而贵德。道之尊,德之贵,夫莫之命而恒自然。故道生之,德畜之,长之、育之、亭之、毒之、养之、覆之,生而不有,为而不恃,长而不宰,是谓玄德。

3.10 人、社会、道

第41章

上士闻道,勤而行之。中士闻道,若存若亡。下士闻道,大笑之。不笑不足以为道。

第67章

天下皆谓我道大似不肖。夫唯大,故似不肖。

第52章

(天下有始,以为天下母。)既得其母,以知其子。既知其子,复守其母,没身不殆。侯王若能守之,万物将自化。

第18章

大道废,有仁义;智慧出,有大伪。

第46章

天下有道,却走马以粪。天下无道,戎马生于郊。

第15章

保此道者,不欲盈。

第30章

物壮则老,是谓不道,不道早已。

第32章

侯王若能守之,万物将自宾。

第37章

侯王若能守之,万物将自化。

3.11 悟道

第41章

明道若昧,进道若退,夷道若颣。

四、道与一

第10章

载营魄抱一。

第14章

视之不见名曰"夷";听之不闻名曰"希";抟之不得名曰"微"。此三者不可致诘,故混而为一。一者,其上不皦,其下不昧,绳绳不可名,复归于无物。是谓无状之状,无物之象,是谓惚恍。迎之不见其首,随之不见其后。执今之道,以御今之有。能知今(古)始,是谓道纪。

第22章

圣人抱一为天下式。

第39章

昔之得一者:天、得一以清,地、得一以宁,神、得一以灵,谷、得一以盈,万物、得一以生,侯王、得一以为天下贞,其致之。

五、德

第41章

上德若谷,广德若不足,建德若偷。

第21章

孔德之容,惟道是从。

第 38 章

上德不德，是以有德。上德无为，而无以为。……故失道而后德，失德而后仁。

第 51 章

道生之，德畜之，物形之，势成之³。是以万物莫不尊道，而贵德。道之尊，德之贵，夫莫之命而恒自然。故道生之，德畜之，长之、育之、亭之、毒之、养之、覆之，生而不有，为而不恃，长而不宰，是谓玄德。

第 55 章

含德之厚，比于赤子。

六、德衰

第 18 章

大道废，安有仁义；(慧智出，有大伪)；六亲不和，安有孝慈；邦家昏乱，安有正臣。

第 38 章

上德不德，是以有德。上德无为，而无以为。上仁为之，而无以为。上义为之，而有以为。上礼为之，而莫之以应，则攘臂而扔之。故失道而后德，失德而后仁，失仁而后义，失义而后礼。夫礼者，忠信之薄也，而乱之首也。

七、万物

第 42 章

道生一，一生二，二生三，三生万物。万物负阴而抱阳，冲气以为和。

第 40 章

天下万物生于有。

第 51 章

是以万物莫不尊道，而贵德。

第 32 章

侯王若能守之(道)，万物将自宾。

八、有与无

第 40 章

天下万物生于有，有，生于无。

第 2 章

有，无之相生也⁴。

第 1 章

无，名天地之始；有，名万物之母。此两者同出而异名同谓。玄之又玄，众妙之门。

论有与无

第 11 章

三十辐，共一毂，当其无，有车之用。埏埴以为器，当其无，有器之用。凿户牖以为室，当其无，有室之用。故有之以为利，无之以为用。

九、名

第 1 章

名，可名也，非恒名也。

第 32 章

道恒无名、朴，虽微，天地弗敢⁵臣。侯王若能守之，万物将自宾。天地相合，以降甘露，民莫之命，天自均焉。始制有名，名亦既有，夫亦将知止，知止所以不殆。

第 34 章

大道泛兮，其可左右。万物恃之，以生而不辞，功成而不名有。衣养万物而不为主，恒无欲，可名于小。万物归焉，而不为主，可名为大。以其终不自为大，故能成其大。

第 42 章

名与身，孰亲？

第 47 章

是以圣人，不行而知，不见而名。

第 14 章

绳绳不可名，复归于无物。

第 21 章

自古及今，其容(名)不去，以阅众甫。

第 25 章

吾不知其名，强字之曰"道"。

第 41 章

道隐无名。

十、天地

第5章

天地不仁，以万物为刍狗。天地之间，其犹橐籥乎？虚而不屈，动而愈出。

第6章

谷神不死，是谓玄。玄牝之门，是谓天地根。

第7章

天长地久。天地所以能长且久者，以其不自生，故能长生。

十一、圣人

第2章

是以圣人居无为之事，行不言之教。万物作而弗始也，为而弗恃也，成功而弗居也。夫唯弗居，是以弗去[6]。

第5章

天地不仁，以万物为刍狗；圣人不仁，以百姓为刍狗。

第81章

天之道，利而不害。圣人之道，为而不争。

第71章

夫唯病病，是以不病。圣人不病，以其病病。

圣人修养

第7章

是以圣人后其身而身先，外其身而身存。

第12章

是以圣人，为腹不为目。

第22章

是以圣人抱一为天下式。

第29章

是以圣人，去甚、去奢、去泰。

第56章

不可得而亲，不可得而疏，不可得而利，不可得而害，不可得而贵，不可得而贱，故为天下贵。

第63章

是以圣人终不为大，故能成其大。夫轻诺必寡信。多易必多难。是以圣人犹难之，故终无难矣。

第53章

使我介然有知，行于大道，唯施是畏。

第64章

是以圣人欲不欲，不贵难得之货。学不学，复众人之所过，以辅万物之自然而不敢为。

圣人处世

第27章

是以圣人恒善救人，故无弃人。

第81章

天之道，利而不害。圣人之道，为而不争。

第58章

是以圣人方而不割，廉而不刿，直而不肆，光而不耀。

第60章

非其神不伤人，圣人亦不伤人。夫两不相伤，故德交归焉。

第49章

圣人无恒心，以百姓心为心。善者、吾善之，不善者、吾亦善之，德善。信者、吾信之，不信者、吾亦信之，德信。

第66章

圣人之在民前也，以身后之。其在民上也，以言下之。其在民上也，民弗厚也；其在民前，民弗害也。天下乐进而弗厌。以其不争也，故天下莫能与之争。

第79章

和大怨，必有余怨，安可以为善。是以圣人执左契，而不责于人。

圣人治国

第3章

是以圣人之治：虚其心，实其腹，弱其志，强其骨。恒使民无知无欲，使夫智者不敢为也。为无为，则无治。

第49章

圣人在天下，歙歙焉，为天下，浑其心。

附录篇

·333·

百姓皆注其耳目，圣人皆孩之。

第57章

圣人云：我无为，而民自化。我好静，而民自正。我无事，而民自富。我无欲，而民自朴。

第28章

朴散则为器，圣人用之则为官长。故大制不割。

第72章

是以圣人，自知，不自见，自爱，不自贵。

第47章

是以圣人不行而知，不见而明，不为而成。

十二、相对与辩证

第2章

天下皆知美为美，斯恶已；皆知善，斯不善矣；有，无之相生也；难，易之相成也，长，短之相形也；高，下之相盈也音，声之相和也；先，后之相随也。

第20章

唯之与阿，相去几何？善之与恶，相去若何？

第22章

曲则全，枉则直，洼则盈，敝则新，少则得，多则惑。

第41章

明道若昧。进道若退。夷道若纇。大方无隅，大器免成，大音希声，大象无形。

第42章

故物或损之而益，或益之而损。

第45章

大成若缺，其用不弊。大盈若冲，其用不穷。大直若屈，大巧若拙，大辩若讷。燥胜沧，清胜热。

第58章

祸兮，福之所倚；福兮，祸之所伏。

第81章

信言不美，美言不信；善者不辩，辩者不善；知者不博，博者不知。

十三、言与教

第2章

是以圣人居(处)无为之事，行不言之教。

第7章

多言[7]数穷，不如守中。

第43章

不言之教，无为之益，天下希及之。

第56章

知者不言，言者不知。

第23章

希言，自然。故飘风不终朝，骤雨不终日。孰为此者？天地。天地尚不能久，而况于人乎？

第17章

悠兮其贵言。

第81章

信言不美，美言不信；善者不辩，辩者不善。

第62章

美言可以市尊。美行可以加人。

第45章

大辩若讷。

十四、知与明

第16章

"和"曰"常"知"和"曰"明"。

第33章

知人者智，自知者明。知足者富。

第71章

知"不知"，上；不知"不知"，病。

第72章

是以圣人自知，不自见。

第1章

恒无欲也，以观其妙(眇)。恒有欲也，以观其徼。

第16章

致虚极，守静笃。万物并作，吾以观复。

走进老子

第21章
自古及今，其名不去，以阅众甫。吾何以知众甫之状哉！以此。
第22章
不自见，故明。
第24章
自见者，不明。
第47章
不出户，知天下；不窥牖，见天道。其出弥远，其知弥少。
第10章
明白四达，能无知乎？
第48章
为学日益，为道日损，绝学无忧。
第27章
善救人，故无弃人；恒善救物，故无弃物。是谓袭明。
第52章
见其小曰明。

十五、朴

第15章
敦兮，其若朴。
第32章
道恒无名，朴。虽微，天下莫能臣也。
第28章
朴散则为器。
第19章
见素抱朴，少私寡欲。
第37章
无名之朴，夫亦将无欲。
第57章
我无欲，而民自朴。

十六、信

第17章、第23章
信不足焉，有不信焉。
第49章
信者、吾信之；不信者、吾亦信之，德信。

第81章
信言不美，美言不信。
第38章
夫礼者，忠信之薄也，而乱之首也。

十七、象

第4章
吾不知谁之子，象帝之先。
第14章
一者，无物之象。
第21章
道之为物，其中有象。
第35章
执大象，天下往。往而不害，安平太。
第41章
大象无形。

十八、柔弱与刚强

第10章
专气致柔。知其雄，守其雌。
第28章
知其雄，守其雌。
第30章
物壮则老，是谓不道，不道早已。
第36章
柔弱胜刚强。
第41章
弱者，道之用。
第43章
弱天下之至柔，驰骋天下之至坚。
第52章
守柔曰"强"。
第55章
骨弱筋柔而握固。
第76章
强大处下，柔弱处上。人之生也柔弱，其死也坚强。故坚强者，死之徒；柔弱者，生之徒。是以兵强则灭，木强则折。强大处下，柔弱处上。人之生也柔弱，其死也坚强。

第78章

天下莫柔弱于水，而攻坚强者莫之能胜，以其无以易之。弱之胜强，柔之胜刚。

十九、不争

第3章

不尚贤，使民不争。

第8章

上善若水。水善利万物而不争，处众人之所恶，故几于道。夫唯不争，故无尤。

第22章

夫唯不争，故天下莫能与之争。

第66章

以其不争，故天下莫能与之争。

第68章

善为士者，不武；善战者，不怒；善胜敌者，不与。善用人者，为之下。是谓不争之德。

第73章

天之道，不争而善胜。

第81章

天之道，利而不害；圣人之道，为而不争。

二十、谦下

第7章

是以圣人，后其身而身先，外其身而身存。

第61章

大国者，下流，天下之交。

第66章

圣人之在民前也，以身后之；其在民上也，以言下之。

第67章

不敢为天下先。

第69章

用兵有言：吾不敢为主而为客，不敢进寸而退尺。

二十一、为事

第2章

居(处)无为之事，行不言之教。

第63章

为无为，事无事。大小多少，报怨以德。图难于其易，为大于其细。天下难事必作于易。天下大事必作于细。夫轻诺必寡信。多易必多难。

第64章

合抱之木生于毫末。九层之台起于累土。千里之行，始于足下。民之从事恒于几成而败之。慎终如始则无败事。欲不欲，不贵难得之货。学不学，复众人之所过，以辅万物之自然而不敢为。

第36章

将欲歙之，必固张之；将欲弱之，必固强之；将欲废之，必固兴之；将欲取之，必固与之；是谓微明。

二十二、世人论

第53章

大道甚夷，而人好径。朝甚除，田甚芜，仓甚虚。服文采，带利剑，厌饮食，财货有余。是谓盗夸。

第38章

上德不德，是以有德。上德无为，而无以为。上仁为之，而无以为。上义为之，而有以为。上礼为之，而莫之以应，则攘臂而扔之。故失道而后德。失德而后仁。失仁而后义。失义而后礼。夫礼者，忠信之薄，而乱之首。前识者，道之华，而愚之始。是以大丈夫，处其厚，不居其薄。处其实，不居其华。故去彼取此。

第20章

人之所畏，不可不畏。

第70章

吾言甚易知、甚易行。天下莫能知、莫能行。言有宗、事有君。夫唯无知，是以我不知。知我者希，则我者贵。是以圣人被褐怀玉。

第67章

慈故能勇，今舍慈且勇。

第73章

勇于敢则杀，勇于不敢则活，此两者或利或害。

第20章

众人熙熙，如享太牢、如春登台。众人皆有余，而我独若遗。……俗人昭昭，我独昏昏；俗人察察，我独闷闷。众人皆有以，而我独顽且鄙。我独异于人，而贵食母。

二十三、为人处世

第9章

持而盈之，不如其已；揣而锐之，不可长保；金玉满堂，莫之能守；富贵而骄，自遗其咎。

第10章

知其雄，守其雌。

第63章

大小多少，报怨以德。

第79章

和大怨必有余怨，安可以为善。

二十四、修身、养生

第3章

不贵难得之货。

第8章

上善若水。水善利万物而不争，处众人之所恶，故几于道。居，善地，心，善渊，予，善信，正，善治，事，善能，动，善时。夫唯不争，故无尤。

第9章

持而盈之，不如其已；揣而锐之，不可长保；金玉满堂，莫之能守；富贵而骄，自遗其咎。功遂身退，天之道。

第10章

载营魄抱一，能无离乎？专气致柔，能如婴儿乎？涤除玄览，能无疵乎？爱国治民，能无为(知)乎？天门开阖，能为雌乎？明白四达，能够无知(为)乎？生之、畜之，生而不有，为而不恃，长而不宰，是谓玄德。

第12章

五色令人目盲，五音令人耳聋，五味令人口爽，驰骋畋猎，令人心发狂，难得之货，令人行妨。是以圣人，为腹不为目，故去彼取此。

第13章

宠辱若惊，贵大患若身。何谓宠辱若惊？宠为下。得之若惊，失之若惊，是谓宠辱若惊。何谓贵大患若身？吾所以有大患者，为吾有身；及吾无身，吾有何患？故贵以身为天下，若可寄天下；爱以身为天下，若可托天下。

第15章

古之善为道者，微妙玄通，深不可识。夫唯不可识，故强为之容：豫兮，若冬涉川，犹兮，若畏四邻，俨兮，其若容，涣兮，若冰之将释，敦兮，其若朴，旷兮，其若谷，混兮，其若浊，澹兮，其若海，飂兮，若无止。孰能浊以静之徐清？孰能安以动之徐生？保此道者不欲盈。夫唯不盈，故能蔽而新成。

第16章

致虚极，守静笃。万物并作，吾以观复。夫物芸芸，各复归其根。归根曰静，是谓复命；复命曰"常"，知"常"曰"明"。不知"常"，妄作，凶。知"常"、容，容乃公，公乃全，全乃天，天乃道，道乃久，没身不殆。

第19章

见素抱朴，少私寡欲。

第24章

企者不立，跨者不行。自见者，不明；自是者，不彰；自伐者，无功；自矜者，不长。其在道也曰：余食赘形，物或恶之，故有道者不处。

第26章

虽有荣观，燕处超然。

第27章

善人者，不善人之师。不善人者，善人之资。不贵其师、不爱其资，虽智大迷，是谓要妙。

附录篇

第28章

知其雄，守其雌，为天下谿。为天下谿，恒德不离，复归于婴儿。知其白，守其黑，为天下式。为天下式，恒德不忒，复归于无极。知其荣，守其辱，为天下谷。为天下谷，恒德乃足，复归于朴。

第33章

知人者智，自知者明。胜人者有力，自胜者强。知足者富。强行者有志。不失其所者，久。死而不亡者，寿。

第39章

故贵、以贱为本；高、以下为基。

第44章

名，与身孰亲？身，与货孰多？得，与亡孰病？是故甚爱必大费。多藏必厚亡。知足不辱，知止不殆，可以长久。

第45章

燥胜冷，清胜热。清静为天下正。

第46章

罪莫厚于甚欲，祸莫大于不知足。咎莫憯于欲得。故知足之足恒足矣。

第48章

为学日益，为道日损。损之又损，以至于无为。

第50章

出生入死。生之徒，十有三。死之徒，十有三。人之生，动之于死地，亦十有三。

第52章

天下有始，以为天下母。既得其母，以知其子。既知其子，复守其母，没身不殆。塞其兑，闭其门，终身不勤。开其兑，济其事，终身不救。见其小曰明，守柔曰强。用其光，复归其明，无遗身殃。是为袭常。

第54章

善建者不拔。善抱者不脱。子孙以祭祀不辍。修之于身，其德乃真。修之于家，其德乃余。修之于乡，其德乃长。修之于邦，其德乃丰。修之于天下，其德乃普。故以身观身，以家观家，以乡观乡，以邦观邦，以天下观天下。吾何以知天下然哉？以此。

第55章

含德之厚，比于赤子。毒虫不螫，猛兽不据，攫鸟不抟。骨弱筋柔而握固；未知牝牡之合而全作，精之至也。终日号而不嗄，和之至也。知和曰"常"。知常曰"明"。益生曰"祥"。心使气曰"强"。物壮则老，谓之不道，不道早已。

第62章

道者，万物之奥。善人之宝，不善人之所保。美言可以市尊。美行可以加人。人之不善，何弃之有。

第63章

为无为，事无事，味无味。大小多少，报怨以德。图难于其易，为大于其细。天下难事必作于易。天下大事必作于细。夫轻诺必寡信，多易必多难。

第67章

天下皆谓我道大似不肖。夫唯大故似不肖。若肖，久矣！其细也夫。我有三宝持而保之：一曰慈，二曰俭，三曰不敢为天下先。

第71章

知"不知"，上；不知"不知"，病。夫唯病病，是以不病。圣人不病，以其病病。

二十五、针砭时弊

第46章

天下有道，却走马以粪。天下无道，戎马生于郊。

第18章

大道废，有仁义；(慧智出，有大伪；)[8]六亲[9]不和，有孝慈；邦家昏乱，安有正臣[10]。

第19章

绝智弃辩[11]，民利百倍；绝伪弃诈[12]，民复孝慈；绝巧弃利，盗贼无有；绝为弃虑，民复季子[13]。

第53章

朝甚除，田甚芜，仓甚虚。服文彩，带利剑，厌饮食，财货有余。是谓盗夸。非道

也哉。

第67章

今舍慈且勇，舍俭且广，舍后且先，死矣！

第72章

民不畏威，则大威至。无狎其所居，无厌其所生。夫唯不厌，是以不厌。

第74章

民不畏死，奈何以死惧之。若使民恒畏死，而为奇者，吾得执而杀之，孰敢。

第75章

民之饥，以其上食税之多，是以饥。民之难治，以其上之有为，是以难治。民之轻死，以其求生之厚，是以轻死。夫唯无以生为者，是贤于贵生。

第77章

天之道，其犹张弓与。高者抑之，下者举之。有余者损之，不足者补之。天之道，损有余而补不足。人之道，则不然，损不足以奉有余。

第78章

是以圣人云：受国之垢，是谓社稷主。受国不祥，是为天下王。正言若反。

二十六、贬仁义礼

第18章

大道废，有仁义；(慧智出，有大伪；)六亲不和，有孝慈；国家昏乱，有忠臣。

第19章

绝智弃辩，民利百倍；绝伪弃诈，民复孝慈；绝巧弃利，盗贼无有。

第38章

失道而后德，失德而后仁，失仁而后义，失义而后礼。夫礼者，忠信之薄也，而乱之首也。前识者，道之华而愚之始。

二十七、治国

第3章

不尚贤，使民不争；不贵难得之货，使民不为盗；不见可欲，使民心不乱。是以圣人之治：虚其心，实其腹，弱其志，强其骨。恒使民无知无欲，使夫智者不敢为也。为无为，则无治。

第10章

爱国治民，能无为(知)乎？

第19章

绝智弃辩[14]，民利百倍；绝伪弃诈[15]，民复孝慈；绝巧弃利，盗贼无有；此三言[16]，以为文，不足。或命之，或有所属[17]：见素抱朴，少私寡欲。

第29章

将欲取天下而为之，吾见其不得已。天下，神器也，不可为也；为者败之，执者失之。夫物或行或随、或觑或吹、或强或羸、或挫或隳。是以圣人，去甚、去奢、去泰。

第36章

鱼不可脱于渊，国之利器，不可以示人。

第37章

道恒无为，而无不为。侯王若能守之，万物将自化。化而欲作，吾将镇之以无名之朴。无名之朴，夫亦将无欲。不欲以静，天下将自定。

第39章

侯王自称孤、寡、不穀。此非以贱为本邪？

第57章

以正治国，以无事取天下。吾何以知其然哉？以此。天下多忌讳，而民弥贫。民多利器，国家滋昏。人多伎巧，奇物泫起。法令滋彰，盗贼多有。故圣人云：我无为，而民自化。我好静，而民自正。我无事，而民自富。我无欲，而民自朴。

第59章

治人事天，莫若啬。无不克则莫知其极。莫知其极可以有国。有国之母可以长久。

第60章

治大国，若烹小鲜。

第61章

大国者、下流，天下之交。天下之牝，牝恒以静胜牡。以静为下。故大国以下小国，则取小国。小国以下大国，则取大国。故或下以取，或下而取。大国不过欲兼畜人。小国不过欲入事人。夫两者各得所欲，大者宜为下。

第65章

古之善为道者，非以明民，将以愚之。民之难治，以其智多。故以智治国，国之贼。不以智治国，国之福。知此两者，亦稽式。恒知稽式，是谓玄德。玄德深矣、远矣！与物反矣，然后乃至大顺。

第35章

执大象，天下往。往而不害，安平太。

第77章

天之道，其犹张弓与。高者抑之，下者举之。有余者损之，不足者补之。天之道，损有余而补不足。人之道，则不然，损不足以奉有余。孰能有余以奉天下，唯有道者。是以圣人为而不恃，功成而不处。其不欲见贤邪！

第79章

有德司契，无德司彻。

评价治国

第17章

太上，下知有之。其次，亲而誉之。其次，畏之。其次，侮之。信不足焉，有不信焉。悠兮其贵言，功成事遂，百姓皆谓：我自然。

第58章

其政闷闷，其民淳淳。其政察察，其民缺缺。

理想国

第17章

小国寡民：使有什伯之器而不用。使民重死而不远徙。虽有舟舆无所乘之。虽有甲兵无所陈之。使民复结绳而用之。甘其食、美其服、安其居、乐其俗。邻国相望，鸡犬之声相闻。民至老死不相往来。

二十八、取天下与用兵

第29章

将欲取天下而为之，吾见其不得已。天下，神器也，不可为也；为者败之，执者失之。

第48章

及其有事，不足以取天下。

第31章

夫兵者，不祥之器，物或恶之，故有道者不处。君子居则贵左，用兵则贵右。兵者，不祥之器，非君子之器，不得已而用之，恬淡为上。胜而不美，而美之者，是乐杀人。夫乐杀人者，则不可得志于天下矣。吉事尚左，凶事尚右。偏将军居左，上将军居右。言以丧礼处之。杀人之众，以悲哀泣之，战胜以丧礼处之。

第57章

以奇治兵。

第30章

以道佐人主者，不以兵强天下。其事好还。师之所处，荆棘生焉。大军之后，必有凶年。善有果而已，不敢以取强。果而勿矜，果而勿伐，果而勿骄，果而不得已，果而勿强。物壮则老，是谓不道，不道早已。

第68章

善为士者，不武；善战者，不怒；善胜敌者，不与。善用人者，为之下。是谓不争之德。是谓用人之力。是谓配天，古之极。

第69章

用兵有言：吾不敢为主而为客。不敢进寸而退尺，是谓行无行，攘无臂，扔无敌，执无兵。祸莫大于轻敌，轻敌几丧吾宝。故抗兵相加，哀者胜矣。

第76章

坚强者，死之徒，柔弱者，生之徒。是以兵强则灭，木强则折。

二十九、水与光

第8章

上善若水。水善，利万物而不争[18]，处众人之所恶，故几于道。

第66章

江海之所以能为百谷王者，以其善下之，

故能为百谷王。

第78章

天下莫柔弱于水。

第32章

譬道之在天下，犹川谷之于江海。

第52章

用其光，复归其明。

第56章

和其光，同其尘，是谓玄同。

第58章

是以圣人……光而不耀。

第65章

古之善为道者，非以明民，将以愚之。

三十、静与动

第61章

天下之交，牝恒以静胜牡，以静为下。

第57章

我好静，而民自正。

第45章

清静为天下正。

第16章

重为轻根，静为躁君。

第37章

不欲以静，天下将自定。

第16章

致虚极，守静笃。归根曰静，是谓复命；复命曰常，知常曰明。

注释：

1 通行本：其名不去。
2 帛书本："道生之畜之，物刑之而器成之。"通行本："道生之，德畜之，物形之，势成之。"
3 帛书本："道生之畜之，物刑之而器成之。"通行本："道生之，德畜之，物形之，势成之。"
4 通行本：有无相生。
5 通行本：能。
6 通行本：是以圣人处无为之事，行不言之教。万物作焉而不辞，生而不有，为而不恃，功成而弗居。夫唯弗居，是以不去。
7 竹、帛本：多闻。
8 郭店竹简本无此句。
9 （父子、兄弟、夫妻）。
10 通行本：国家昏乱，有忠臣。
11 通行及帛书本：绝圣弃智。
12 通行及帛书本：绝仁弃义。
13 郭店竹简本。季札，春秋时吴王寿梦第四子，相传为避王位"弃其室而耕"于江阴申港东南的舜过山下，人称"延陵季子"。《春秋》载，于公元前485年死后葬在申港西南。
14 通行及帛书本：绝圣弃智。
15 通行及帛书本：绝仁弃义。
16 通行及帛书本：此三者。
17 通行及帛书本：故令有所属。
18 帛书本："不争"为"静"。

附录Ⅲ 内联目录

第1章 有与无

道[1]，可道也，非恒道也。
名[2]，可名也，非恒名也。
无[3]，名天地之始。
有[3]，名万物之母。
故
恒无欲[4]也，以观[5]其妙（眇）；
恒有欲也，以观其徼。
此两者，同出而异名同谓，
玄之又玄，众妙之门。

第2章 相对观

天下
皆知美为美，斯恶已；
皆知善，斯不善矣；
有[3]，无[3]之相生也；
难，易之相成也，
长，短之相形也；
高，下之相盈也；
音，声之相和[6]也；
先，后之相随也[7]。
是以圣人[8]
居无为[9]之事，行不言[10]之教。
万物[11]
作而弗始也，
为而弗恃也，
成功而弗居也[12]。
夫唯弗居，是以弗去。

第3章 无为而治

不尚贤，使民不争[13]；
不贵难得之货[14]，使民不为盗[15]；
不见可欲[16]，使民心不乱。
是以圣人之治[17]：
虚其心，
实其腹，
弱其志，
强其骨。
恒使民无知[18]、无欲[15]，
使夫智者不敢为也。
为无为[19]，则无治[20]。

第4章 道若泉之源

道[21]冲[22]而用之，或不盈[23]；
渊兮，似万物[24]之宗；
湛兮，似或存；
吾不知谁之子，象[25]帝之先[26]。

第5章 天地不仁，圣人不仁

天地不仁[27]，以万物[22]为刍狗；
圣人[28]不仁，以百姓为刍狗[29]。
天地之间，其犹橐龠（音tuóyuè）乎[30]？
虚而不屈，动而愈出。
多闻数穷[31]，不如守中。

第6章 天地之根

谷[32]神[33]不死，是谓玄牝[34]。
玄牝之门，是谓天地根。
绵绵若存，用之不勤。

第7章 天地无私，圣人无私

天长地久。
天地所以
能长且久者，
以其不自生，
故能长生。
是以圣人[35]
后其身[36]而身先，外其身而身存。
非以其无私邪！故能成其私。

第8章 道善若水

上善若水。
水善，
利万物而不争[37]，
处众人之所恶，
故几于道[38]。
居，善地[39]；
心，善渊；
予，善信[40]；
正[41]，善治[42]；
事，善能；
动[43]，善时。
夫唯不争[44]，故无尤。

第9章 功成身退

持而盈之，不如其已[45]；
揣而锐之[46]，不可长保；
金玉满堂，莫之能守；
富贵而骄，自遗其咎。
功遂身退[47]，天之道[48]。

第10章 抱一

载营魄抱一[49]，能无离乎？
专气致柔[50]，能[51]如婴儿乎？
涤除玄览，能无疵乎？
爱民治国[52]，能无为乎[53]？
天门开阖，能为雌乎[54]？
明白四达，能够无知乎[55]？

第11章 "无"之用

三十辐，共一毂，当其无[56]，有车之用；
埏埴以为器，当其无，有器之用；
凿户牖以为室，当其无，有室之用。
故
有[57]之，以为利，无之，以为用。

第12章 为腹不为目

五色令人目盲，
五音令人耳聋，
五味令人口爽，
驰骋畋猎，令人心发狂，
难得之货，令人行妨[58]。
是以圣人[59]
为腹不为目。
故
去彼取此[60]。

第13章 宠辱无惊

宠辱若惊，贵大患若身[61]。
何谓宠辱若惊？
宠为下。
得之若惊，失之若惊，
是谓
宠辱若惊。
何谓贵大患若身？
吾所以有大患者，为吾有身；
及吾无身，吾有何患？
故
贵以身[62]为天下[63]，若可寄天下；
爱以身为天下，若可托天下。

第14章 道纪

视之不见名曰"夷"；
听之不闻名曰"希"；
抟（音tuán）之不得名曰"微"。
此三者不可致诘（音jié），故混而为一[64]。
一者[65]，

附录篇

343

其上不皦（音jiǎo），
其下不昧（音mèi），
绳绳（音min）不可名[66]，复归于无物[67]。
是谓
无状之状，
无物之象[68]。
是谓
惚恍。
迎之不见其首，
随之不见其后。
执今[69]之道，以御今之有。
能知古始，是谓道[70]纪。

第15章　善为道者

古之善为道者，微妙玄通，深不可识，是以为之容[71]：

（夫唯不可识，故强为之容：[72]）

豫兮，若冬涉川，
犹兮，若畏四邻，
俨兮，其若客，
涣兮，其若释[73]，
敦兮，其若朴[74]，
旷兮，其若谷，
混兮，其若浊，
澹兮，其若海，
飂兮，若无止。
孰能浊以静之徐清？
孰能安以动之徐生？
保此道者，不欲盈。
夫唯不盈[75]，故能蔽而新成[76]。

第16章　遵道悟道

致虚极，守静[77]笃。
万物并作，吾以观复[78]。
夫物芸芸，各复归其根。
归根曰'静'[79]，是谓'复命'；
'复命'曰'常'[80]，知'常'曰'明'[81]。
不知'常'，妄；妄作，凶。[82]
知'常'、容[83]，

容乃公，
公乃全，
全乃天，
天乃道，
道乃久，
没身不殆。

第17章　悠然治国

太上，下知有之。
其次，亲而誉之。
其次，畏之。
其次，侮之。
信不足焉，有不信焉[84]。
悠兮，其贵言[85]。
功成事遂[86]，百姓皆谓：我自然。

第18章　大道废

大道废[87]，有仁[88]义；
（慧智出，有大伪）[89]；
六亲不和[90]，有孝慈；
邦家昏乱，有正[91]臣[92]。

第19章　见素抱朴　少私寡欲

绝智[93]弃辩[94]，民利百倍；
绝伪弃诈[95]，民复孝慈；
绝巧弃利，盗贼无有[96]；
此三言[97]，以为文，不足。
或命之，或有所属[98]：
见素抱朴[99]，少私寡欲[100]（，绝学无忧[101]）。

第20章　世人与我

唯之与阿，相去几何？
善之与恶，相去若何[102]？
人之所畏，不可不畏。
荒兮，其未央哉！
众人熙熙，如享太牢、如春登台。
我独泊兮其未兆，如婴儿之未孩；
儡儡兮，若无所归。
众人皆有余，而我独若遗。

我愚人之心也哉！沌沌兮。
俗人昭昭，我独昏昏；
俗人察察，我独闷闷。
众人皆有以，而我独顽且鄙。
我独异于人，而贵食母[103]。

第21章　道之为物

孔德[104]之容[105]，惟道是从。
道[106]之为物，惟恍惟惚。
惚兮、恍兮，其中有象[107]；
恍兮、惚兮，其中有物；
窈兮、冥兮，其中有精；
其精甚真，其中有信。
自古及今[108]，其容[109]不去，以阅众甫[110]。
吾何以知众甫之状哉！
以此。

第22章　不争之益

曲则全，
枉则直，
洼则盈，
敝则新，
少则得，
多则惑。
是以圣人
抱一[111]为天下式[112]。
不自见，故明[113]；
不自是，故彰；
不自伐，故有功；
不自矜(音jīn)，故长。
夫唯不争[114]，
故天下莫能与之争。
古之所谓：
曲则全者，
岂虚言哉？
诚全而归之。

第23章　希言自然，道者同道

希言[115]，自然。
故
飘风不终朝，
骤雨不终日。
孰为此者？天地。
天地尚不能久，而况于人乎？
故
从事于
道者，同于道；
德者，同于德；
失者，同于失。
同于道者，道亦乐得之；
同于德者，德亦乐得之；
同于失者，失亦乐得之。
信不足焉，有不信焉[116]。

第24章　余食赘形

企者不立，跨者不行。
自见者，不明[117]；
自是者，不彰；
自伐者，无功；
自矜者，不长。
其在道也曰：余食赘形，物或恶之。
故
有道者不处。

第25章　道与四大法

有物混成，先天地生。
寂兮，寥兮，
独立[118]而不改，
周行而不殆，
可以为天下母[119]。
吾不知其名[120]，(强)[121]字之曰："道"[122]。
(吾)[123]强为之容[124]曰："大"：大曰逝，逝曰远，远曰反[125]。
故
道大、天大、地大、人亦大。
国(域)[126]中有大焉，而人居其一焉。
人法地，
地法天，

天法道，
道法自然。

第26章　轻与重

重为轻根，静[127]为躁君。
是以君子
终日行，不离辎重；
虽有荣观[128]，燕处超然。
若何[129]万乘之主，而以身轻天下？
轻则失根，躁则失君。

第27章　袭明

善行，无辙迹；
善言，无瑕谪；
善数，不用筹策；
善闭，无关楗而不可开；
善结，无绳约而不可解。
是以圣人
恒[130]善救人，故无弃人；
恒善救物，故无弃物。
是谓袭明[131]。
故
善人者，不善人之师；
不善人者，善人之资。
不贵其师、不爱其资，
虽智大迷，是谓要妙。

第28章　知雄守雌[132]

知其雄，守其雌[133]，为天下豁[134]。
为天下豁，恒德[135]不离，复归于婴儿。
知其白，守其黑[136]，为天下谷。
为天下谷，恒德乃足，复归于朴[137]。
知其荣，守其辱，为天下式[138]。
为天下式，恒德不忒，复归于无极。
朴散则为器[139]，圣人用之则为官长。
故大制不割[140]。

第29章　戒强

将欲取天下[141]而为之，吾见其不得已[142]。

天下，神[143]器[144]也，不可为也，不可执也；
为者，败之；执者，失之。
夫物
或行或随、
或嘘或吹、
或强或羸（音lei）、
或挫或隳（音huī）。
是以圣人，
去甚、
去奢、
去泰[145]。

第30章　戒用兵

以道佐人主者，
不以兵强天下。
其事好还。
师之所处，荆棘生焉；
大军之后，必有凶年。
善有果而已，
不敢以取强[146]。
果而勿矜，
果而勿伐，
果而勿骄，
果而不得已，
果而勿强。
物壮则老，
是谓不道[147]，
不道早已。

第31章　用兵不祥

夫兵者，
不祥之器[148]，
物或恶之，
故
有道者不处。
君子居则贵左，用兵则贵右。
兵者，不祥之器，非君子之器，不得已
而用之，恬淡为上。

胜而不美，而美之者，是乐杀人。
夫乐杀人者，则不可得志于天下矣。
吉事尚左，丧事[149]尚右。
偏将军居左，上将军居右。
言以丧礼处之。
杀人之众，以悲哀泣之；
战胜，以丧礼处之。

第32章　道恒无名、朴

道，恒无名[150]，朴[151]；虽微，天地弗敢臣。
侯王若能守之[152]，万物[153]将自宾。
天地相合，以降甘露，民莫之令，天自均焉[154]。
始制有名[155]，名亦既有，夫亦将知止，知止可以不殆。
譬道[156]之在天下，犹川谷之于江海[157]。

第33章　自知者明

知[158]人者智[159]，自知者明[160]。
胜人者有力，自胜者强[161]。
知足者富[162]。
强行者有志。
不失其所者，久。
死而不亡者，寿。

第34章　大道无所不至

大道[163]泛兮，其可左右。
万物[164]恃之，以生而不辞，
功成而不名有[165]，
衣养万物而不为主[166]。
恒无欲[167]，可名于小。
万物归焉而不为主，可名为大。
以其终不自为大，
故能成其大。

第35章　执大道天下往

执大象[168]，天下往。
往而不害，安平太。
乐与饵，过客止。

道[169]之出口，淡乎，其无味。
视之不足见。
听之不足闻。
用之不足既。

第36章　柔弱胜刚强

将欲歙之，必固张之。
将欲弱之，必固强之。
将欲废之，必固兴之。
将欲取之，必固与之。
是谓微明[170]。
柔弱[171]胜刚强[172]。
鱼不可脱于渊，
国之利器[173]，不可以示人。

第37章　无为而治，天下自定

道恒无为[174]（，而无不为[175]）。
侯王若能守之[176]，万物将自化[177]。
化而欲作，吾将镇之以无名之朴[178]。
无名[179]之朴，夫亦将无欲[180]。
不欲[181]以静[182]，天下将自定[183]。

第38章　德衰

上德[184]不德，是以有德。
上德无为[185]而无以为。
上仁为之而无以为。
上义为之而有以为。
上礼为之而莫之以应，则攘臂而扔之。
故
失道而后德，
失德而后仁[186]，
失仁而后义[131]，
失义而后礼。
夫礼者，
忠信[187]之薄也，
而乱之首也。
前识者，
道之华
而愚之始。

附录篇

是以大丈夫，
处其厚，不居其薄；
处其实，不居其华。
故
去彼取此。

第39章 道一

昔之得一[188]者：
天[189]、得一以清，
地[190]、得一以宁，
神[191]、得一以灵，
谷[192]、得一以盈，
万物、得一以生，
侯王[193]、得一以为天下贞，
其致之一也。
天、无以清，将恐裂；
地、无以宁，将恐废；
神、无以灵，将恐歇；
谷、无以盈，将恐竭；
万物、无以生，将恐灭；
侯王、无以贞，将恐蹶。
故
贵、以贱为本，
高、以下为基[194]。
是以侯王
自称孤、寡、不穀。
此其以贱之本与？
非也。
故致数舆无舆。
是故
不欲琭琭若玉，珞珞若石。

第40章 返之原则

反者，道之动[195]。
弱[196]者，道之用[197]。
天下万物生于有[198]，
有，生于无[199]。

第41章 闻道

上士闻道，勤而行之。
中士闻道，若存若亡。
下士闻道，大笑之。
不笑不足以为道。
故
建言有之。
明[200]道若[201]昧。
进道若退。
夷道若纇[202]。
上德[203]若谷。
大白若辱[204]。
广德若不足。
建德若偷。
质真若渝[205]。
大方无隅。
大器[206]免[207]成。
大音希声。
大象[208]无形。
道隐无名[209]。
夫唯道，善贷且成[210]。

第42章 道生万物 戒逞强

道[211]生一[212]，
一生二，
二生三，
三生万物。
万物负阴而抱阳，中[213]气以为和[214]。
人之所恶，
唯孤、寡、不穀[215]，
而王公以为称，
故
物或损之而益，
或益之而损[216]。
人之所教，
我亦教之，
强梁者，
不得其死。

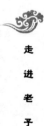

吾将以为教父。

第43章　至柔

天下之至柔[217]，驰骋天下之至坚。
无有入无间[218]，吾是以知无为之有益[219]。
不言之教[220]，无为之益，天下希及之。

第44章　知足

名[221]与身[222]，孰亲？
身与货，孰多？
得与亡，孰病[223]？
是故
甚爱必大费，
多藏必厚亡。
知足不辱[224]，
知止不殆，

第45章　清静为天下正

大成若缺，其用不弊。
大盈若冲[225]，其用不穷。
大直若屈。
大巧若拙。
大辩若讷[226]。
燥胜沧（音cāng）[227]，
静胜热[228]。
清静[229]为天下正[230]。

第46章　知足恒足

天下有道[231]，却走马以粪。
天下无道，戎马生于郊。
罪莫厚[232]于甚欲[233]，
祸莫大于不知足。
咎莫憯[234]（音cǎn）于欲得。
故
知足之足，恒足矣[235]。

第47章　得知之法

不出户，以知天下[236]；
不窥牖，以知[237]天道[238]。

其出弥远，其知弥少。
是以圣人
不行而知[239]，
不见而明[240]，
不为而成[241]。

第48章　绝学无忧、以无为取天下

为学日益，
为道日损，
损之又损，
以至于无为
无为而无不为[242]。
绝学无忧[243]。
取天下[244]，恒无事[245]。
及其有事，不足以取天下。

第49章　以民心为心

圣人恒无心[246]，
以百姓心为心。
善者、吾善之；
不善者、吾亦善之，
德[247]善。
信者、吾信之；
不信者、吾亦信之，
德[206]信[248]。
圣人
在天下，歙歙焉；
为天下[249]，浑其心。
百姓皆属[250]其耳目，
圣人皆孩之。

第50章　呵护生命

出生、入死。
生之徒[251]，十有三。
死之徒[252]，十有三。
而民生生[253]，动[254]之于死地，亦十有三[255]。
夫何故？
以其生生也[256]。
盖闻善摄生者，

附录篇

陆行不遇兕虎，
入军不被甲兵。
兕无所投其角。
虎无所用其爪。
兵无所容其刃。
夫何故？
以其无死地。

第51章 道与德

道[257]生之，
德畜之，
物形之，
势成之[258]。
是以万物[259]
莫不尊道，而贵德。
道之尊，德之贵，
夫莫之命而恒自然。
故
道生之，
德畜之，
长之、育之，
亭之、毒之，
养之、覆之，
生而不有，
为而不恃，
长而不宰，
是谓玄德[260]。

第52章 袭常

天下有始，以为天下母[261]。
既得其母，以知其子。
既知其子，复守其母，没身不殆。
塞其兑[262]，闭其门，终身不勤。
启其兑，济其事，终身不救。
见其小曰明[263]，守柔[264]曰强[265]。
用其光[266]，复归其明[251]，无遗身殃。
是为袭[267]常[268]。

第53章 奢夸之盗

使我介然有知，行于大道，唯施是畏。
大道甚夷[269]，而人好径。
朝甚除，田甚芜，仓甚虚。
服文彩，带利剑，厌饮食，财货有余。
是谓盗夸[270]。
非道也哉。

第54章 修身布德

善建者，不拔。
善抱者，不脱。
子孙以祭祀不辍。
修之于身，其德[271]乃真。
修之于家，其德乃余。
修之于乡，其德乃长。
修之于邦，其德乃丰。
修之于天下，其德乃普。
故
以身观身，
以家观家，
以乡观乡，
以邦观邦，
以天下观天下。
吾何以知天下然哉[272]？
以此。

第55章 德厚

含德[273]之厚，比于赤子。
毒虫不螫，猛兽不据，攫鸟不抟。
骨弱筋柔[274]而握固。
未知牝牡之合而朘作，精[275]之至也。
终日呼[276]而不嗄，'和'[277]之至也。
'和'曰'常'[278]，知'和'曰'明'[279]。
益生曰'祥'。
心使气曰'强'[280]。

第56章 知者不言，玄同为贵

知[281]者不言[282]，言者不知。

塞其兑,
闭其门,
和[283]其光[284],
同其尘,
挫其锐[285],
解其纷,
是谓玄同。
故
不可得而亲[286],亦[287]不可得而疏;
不可得而利,亦不可得而害;
不可得而贵,亦不可得而贱。
故为天下贵[288]。

第57章　以正治国

以正[289]治国[290],以奇用兵,以无事[291]取天下[292]。
吾何以知其然哉?
以此。
天下多忌讳,而民弥贫。
民多利器[293],国家滋昏。
人多伎巧,奇物滋起。
法令滋彰,盗贼多有[294]。
故
圣人云:
我无为[295],而民自化;
我好静[296],而民自正[297];
我无事,而民自富;
我无欲[298],而民自朴[299]。

第58章　政闷民醇

其政闷闷[300],其民醇醇。
其政察察[301],其民缺缺。
祸兮,福之所倚;
福兮,祸之所伏。
孰知其极?
其无正,正[302]复为奇,善复[303]为妖。
人之迷其日固久。
是以圣人
方而不割[304],

廉而不刿,
直而不肆,
光而不耀。

第59章　俭啬久安

治人、事天,莫若啬[305]。
夫唯啬,是谓早服。
早服谓之重积德[306]。
重积德,则无不克。
无不克,则莫知其极。
莫知其极,可以有国。
有国之母[307],可以长久。
是谓深根固柢,长生久视之道。

第60章　治大国

治大国[308],若烹小鲜。
以道莅天下,
其鬼不神[309],非其鬼不神,其神不伤人。
非其神不伤人,圣人亦不伤人。
夫两不相伤,故德交归焉。

第61章　大国与小国[310]

大国者、下流[311],天下之牝(pìn)。
天下之交[312],
牝恒以静胜牡,
以静[313]为下[271]。
故
大国,以下小国,则取小国。
小国,以下大国,则取大国。
故
或下以取,
或下而取。
大国不过欲兼畜人。
小国不过欲入事人。
夫两者各得所欲,大者宜为下。

第62章　道为天下贵

道者,万物之奥。
善人之宝,不善人之所保。

美言[314]可以市尊，美行可以加人。
人之不善，何弃之有。
故
立天子、置三公，
虽有拱璧以先驷马，
不如坐进此道。
古之所以贵此道者何？
不曰：
求以得，有罪以免邪！
故为天下贵。

第63章　难与易

为无为[315]，事无事，味无味[316]。
大小多少，报怨以德[317]。
图难于其易，为大于其细。
天下难事必作于易。
天下大事必作于细[318]。
是以圣人
终不为大，故能成其大。
夫轻诺[319]必寡信[320]，多易必多难。
是以圣人
犹难之，故终无难矣。

第64章　早为、恒为与无为

其安易持，其未兆易谋。
其脆易泮，其微易散。
为之于未有，治之于未乱。
合抱之木，生于毫末；
九层之台，起于累土；
千里之行，始于足下[321]。
为者，败之；
执者，失之。
是以圣人
无为[322]，故无败；
无执，故无失。
民之从事
恒于几(其)成而败之。
慎终如始，则无败事。
是以圣人

欲"不欲"[323]，不贵难得之货[324]。
学"不学"，复众人之所过，
以辅万物之自然而不敢为[284]。

第65章　不以巧智治国

古之善为道者，
非以明民，将以愚之[325]。
民之难治，以其智多。
故
以智治国[326]，国之贼。
不以智治国[327]，国之福。
知此两者，亦稽式。
恒知稽式[328]，是谓玄德[329]。
玄德深矣、远矣！
与物反矣，
然后乃至大顺。

第66章　处下为王

江海之所以能为百谷王者，
以其能为百谷下[330]。
故
能为百谷王。
是以圣
人之在民前也，以身后之[331]；
其在民上也，以言下之；
其在民上也，民弗厚也；
其在民前，民弗害也。
天下乐进而弗厌。
以其不争也[332]，
故
天下莫能与之争[333]。

第67章　我有三宝

天下皆谓我道大，似不肖。
夫唯大，
故似不肖。
若肖，久矣！
其细也夫。
我有三宝，持而保之：一曰慈[334]，二曰俭[335]，三曰不敢为天下先[336]。

慈，故能勇[337]；
俭，故能广；
不敢为天下先，
故能成器长。
今
舍慈且勇，
舍俭且广，
舍后且先[338]，
死矣！
夫慈
以战则胜，
以守则固。
天将救之、以慈卫之。

第68章　不争之德

善为士者，不武；
善战者，不怒；
善胜敌者，不与。
善用人者，为之下。
是谓不争[339]之德[340]。
是谓用人之力。
是谓配天，古之极。

第69章　哀兵必胜

用兵有言：
吾不敢为主而为客，
不敢进寸而退尺[341]。
是谓
行无行[342]，
攘无臂[343]，
扔无敌[344]，
执无兵。
祸莫大于轻敌，
轻敌几丧吾宝。
故
抗兵相若[345]，哀者胜矣。

第70章　知我者希

吾言
甚易知、甚易行。
天下
莫能知、莫能行。
言有宗、事有君。
夫唯无知，是以我不知。
知我者希，则我者贵。
是以圣人
被褐怀玉[346]。

第71章　知'不知'

知[347]'不知'，上；
不知'不知'，病；
夫唯病病，是以不病。
圣人不病，以其病病。

第72章　压迫与反抗

民不畏威[348]，则大威至。
无狎其所居，无厌其所生。
夫唯不厌，是以不厌[349]。
是以圣人，
自知[350]，不自见[351]，
自爱，不自贵[352]。
故去彼取此。

第73章　不争而善胜

勇[353]于敢，则杀[354]，
勇于不敢，则活。
此两者或利或害。
天之所恶
孰知其故。
天之道
不争[355]而善胜，
不言[356]而善应，
不召而自来。
繟（音chǎn）然而善谋。
天网恢恢，疏而不失。

第74章　针砭时弊（一）

民不畏死[357]，奈何以死惧之。
若使民恒畏死，而为奇者，吾得执而杀之，孰敢。
恒有司杀者杀。
夫代司杀者杀，是谓代大匠斫。
夫代大匠斫者，希有不伤其手矣。

第75章　针砭时弊（二）

民之饥，以其上食税之多，是以饥。
民之难治，以其上之有为[358]，是以难治。
民之轻死，以其求生之厚，是以轻死。
夫唯无以生为者，是贤于贵生。

第76章　柔弱与刚强

人之生也柔弱[359]，其死也坚强。
草木之生也柔脆，其死也枯槁。
故
坚强者，死之徒[360]，
柔弱者，生之徒[361]。
是以
兵强则灭[362]，木强则折[363]。
强大处下，柔弱处上[364]。

第77章　损有余补不足

天之道，其犹张弓与[365]。
高者抑之，下者举之。
有余者损之，不足者补之。
天之道，损有余而补不足[366]。
人之道，则不然，损不足以奉有余。
孰能有余以奉天下，唯有道者。
是以圣人
为而不恃，功成而不处。
（若此[367]，）其不欲见贤也！

第78章　天下莫柔弱于水

天下莫柔弱[368]于水[369]，
而

攻坚强者，莫之能胜，
以其无以易之。
弱之胜强，
柔之胜刚，
天下莫不知、莫能行。
是以圣人云：
受国之垢是谓社稷主。
受国不祥是为天下王[370]。
正言若反。

第79章　公平治国

和[371]大怨，必有余怨，安可以为善。
是以圣人
执左契，而不责于人。
有德司契，无德[372]司彻。
天道无亲[373]，恒与善人。

第80章　理想国

小国[374]寡民：
使有什伯之器而不用。
使民重死[375]而不远徙。
虽有舟舆无所乘之。
虽有甲兵无所陈之。
使民复结绳而用之。
甘其食、
美其服、
安其居、
乐其俗[376]。
邻国相望，鸡犬之声相闻。
民至老死不相往来。

第81章　信言不美，为而不争

信言[377]不美，美言不信[378]；
善者不辩[379]，辩者不善；
知者不博，博者不知[380]；
圣人不积，既以为人已愈有。
既以与人已愈多，
天之道[381]，利而不害；
圣人之道，为而不争[382]。

注释：

1. 第14章 是谓无状之状，无物之象，是谓惚恍。迎之不见其首，随之不见其后。
   第21章 道之为物，惟恍惟惚，惚兮恍兮，其中有象，恍兮惚兮，其中有物，窈兮冥兮，其中有精，其精甚真，其中有信。自古及今，其容不去，以阅众甫。
   第25章 有物混成，先天地生。寂兮，寥兮，独立不改，周行而不殆，可以为天下母。
   吾不知其名，强字之曰："道"；强为之容（名）曰："大"。大曰逝，逝曰远，远曰反。
   第4章 道冲而用之，或不盈。渊兮，似万物之宗。湛兮，似或存。
   吾不知谁之子，象帝之先。
   第42章 道生一，一生二，二生三，三生万物。
   第41章 夫唯道，善贷且成。
   第32章 道恒无名，朴。
   第41章 道隐无名。
   第35章 道之出口，淡乎，其无味。
   第37章 道恒无为，而无不为。

2. 第14章 绳绳不可名，复归於无物。
   第21章 （道）自古及今，其名不去，以阅众甫。
   第25章 吾不知其名，强字之曰'道'。
   第32章 道，恒无名，朴。始制有名，名亦既有，夫亦将知止，知止可以不殆。
   第37章 无名之朴，夫亦将无欲 。
   第41章 道隐无名。
   第44章 名与身，孰亲？

3. 第2章 有，无之相生也。
   第11章 有之以为利，无之以为用。
   第40章 天下万物生於有，有生於无。

4. 第3章 不见可欲，使民心不乱。恒使民无知、无欲。
   第19章 见素抱朴，少私寡欲。
   第34章 恒无欲，可名于小。
   第37章 不欲以静，天下将自定。
   第57章 （圣人）我无欲，而民自朴。
   第64章 （圣人）欲"不欲"，不贵难得之货。

5. 第16章 致虚极，守静笃。万物并作，吾以观复。

6. 第18章 六亲不和，有孝慈。
   第42章 万物负阴而抱阳，中气以为和。
   第55章 终日呼而不嗄，"和"之至也。"和"曰"常"。知"和"曰"明"。
   第56章 和其光。
   第79章 和大怨，必有馀怨，安可以为善。

7. 第39章 故贵以贱为本，高以下为基。
   第20章 唯之与阿，相去几何？善之与恶，相去若何？

8. 第5章 圣人不仁，以百姓为刍狗。
   第7章 是以圣人，后其身而身先，外其身而身存。
   第12章 是以圣人，为腹不为目。
   第49章 圣人在天下，歙歙焉，为天下浑其心。
   第57章 故圣人云：我无为，而民自化。
   第81章 天之道，利而不害；圣人之道，为而不争。

9. 第2章 是以圣人居无为之事。
   第3章 为无为，则无治。
   第10章 爱民治国，能无为乎？
   第37章 道恒无为，而无不为。
   第38章 上德无为，而无以为。
   第48章 无为而不为。取天下，恒（以）无事。
   第57章 圣人云：我无为，而民自化。
   第63章 为无为，事无事，味无味。
   第64章 是以圣人无为，故无败。（是以圣人）以辅万物之自然而不敢为。

10. 第5章 （通行本）多言数穷，不如守中。
    第17章 悠兮，其贵言。
    第23章 希言，自然。
    第27章 善言，无瑕谪。
    第43章 不言之教，无为之益，天下希及之。
    第45章 大辩若讷。
    第56章 知者不言，言者不知。
    第62章 美言可以市尊。
    第73章 天之道，不争而善胜，不言而善应。
    第81章 信言不美，美言不信。

11. 第42章 道生一，一生二，二生三，三生万物。万物负阴而抱阳，中气以为和。
    第51章 是以万物莫不尊道，而贵德。

12. 第9章 功遂身退，天之道。
    第17章 功成事遂，百姓皆谓：我自然。
    第34章 功成而不名有。

13. 第8章 上善若水。水善利万物而不争，处众人之所恶，故几於道。
    第22章 夫唯不争，故天下莫能与之争。
    第66章 以其不争，故天下莫能与之争。
    第68章 善为士者，不武；善战者，不怒；

善胜敌者，不与。善用人者，为之下。是谓不争之德。
第73章　天之道，不争而善胜。
第81章　天之道，利而不害；圣人之道，为而不争。

14　第12章　难得之货，令人行妨。
第64章　（圣人）欲"不欲"，不贵难得之货。

15　第19章　绝巧弃利，盗贼无有。
第57章　法令滋彰，盗贼多有。
第65章　故以智治国，国之贼。

16　第1章　故恒无欲也，以观其妙（眇）；恒有欲也，以观其徼。
第19章　见素抱朴，少私寡欲。
第34章　恒无欲，可名于小。
第37章　不欲以静，天下将自定。
第57章　（圣人）我无欲，而民自朴。
第64章　（圣人）欲"不欲"，不贵难得之货。

17　第65章　古之善为道者，非以明民，将以愚之。民之难治，以其智多。
故以智治国，国之贼。不以智治国，国之福。
第80章　使民复结绳而用之。甘其食、美其服、安其居、乐其俗。
邻国相望，鸡犬之声相闻。民至老死不相往来。

18　第33章　知足者富。
第44章　知足不辱，知止不殆。
第71章　知"不知"，上；不知"不知"，病；夫唯病病，是以不病。圣人不病，以其病病。

19　第2章　是以圣人居无为之事。
第10章　爱民治国，能无为乎？
第37章　道恒无为，而无不为。
第38章　上德无为，而无以为。
第48章　无为而不为。取天下，恒（以）无事。
第57章　圣人云：我无为，而民自化。
第63章　为无为，事无事，味无味。
第64章　是以圣人无为，故无败。（是以圣人）以辅万物之自然而不敢为。

20　第10章　爱民治国，能无为乎？
第37章　无为而治，天下自定。
第57章　以正治国。
第60章　治大国，若烹小鲜。
第65章　故以智治国，国之贼。不以智治国，国之福。

21　第1章　道，可道也，非恒道也。
第14章　是谓无状之状，无物之象，是谓惚

恍。迎之不见其首，随之不见其后。
第21章　道之为物，惟恍惟惚，惚兮恍兮，其中有象，恍兮惚兮，其中有物，窈兮冥兮，其中有精，其精甚真，其中有信。自古及今，其容不去，以阅众甫。
第25章　有物混成，先天地生。寂兮，寥兮，独立不改，周行而不殆，可以为天下母。
吾不知其名，强字之曰："道"；强为之容（名）曰："大"。大曰逝，逝曰远，远曰反。
第42章　道生一，一生二，二生三，三生万物。
第41章　夫唯道，善贷且成。
第32章　道恒无名，朴。
第41章　道隐无名。
第35章　道之出口，淡乎，其无味。
第37章　道恒无为，而无不为。

22　第42章　万物负阴而抱阳，中气以为和。

23　第15章　保此道者，不欲盈。夫唯不盈，故能蔽而新成。
第45章　大盈若冲，其用不穷。
第9章　持而盈之，不如其已。

24　第42章　道生一，一生二，二生三，三生万物。万物负阴而抱阳，中气以为和。
第51章　是以万物莫不尊道，而贵德。

25　第14章　无物之象。
第21章　道之为物，其中有象。
第35章　执大象，天下往。往而不害，安平太。
第41章　大象无形。

26　第25章　有物混成，先天地生。

27　第32章　天地相合，以降甘露，民莫之命，天自均焉。
第77章　天之道，损有馀而补不足。
第79章　天道无亲，恒与善人。

28　第2章　是以圣人居无为之事，行不言之教。
第7章　是以圣人，后其身而身先，外其身而身存。
第12章　是以圣人，为腹不为目。
第49章　圣人在天下，歙歙焉，为天下浑其心。
第57章　故圣人云：我无为，而民自化。
第81章　天之道，利而不害；圣人之道，为而不争。

29　第65章　故不可得而亲，亦不可得而疏；不可得而利，亦不可得而害；不可得而贵，亦不可得而贱。故为天下贵。

走进老子

356

30　通行本：其犹橐迭乎？
31　竹简本、帛书本为"闻"；通行本为"言"。
　　第2章　（圣人）处无为之事，行不言之教。
　　第17章　悠兮，其贵言。
　　第23章　希言，自然。
　　第27章　善言，无瑕谪。
　　第43章　不言之教，无为之益，天下希及之。
　　第45章　大辩若讷。
　　第56章　知者不言，言者不知。
　　第62章　美言可以市尊。
　　第73章　天之道，不争而善胜，不言而善应。
　　第81章　信言不美，美言不信。
32　第15章　旷兮，其若谷。
　　第28章　知其荣，守其辱，为天下谷。为天下谷，恒德乃足，复归於朴。
　　第39章　谷，得"一"以盈。
　　第41章　上德若谷。
　　第43章　人之所恶，唯孤、寡、不穀。
33　第29章　天下，神器也，不可为也。
　　第39章　神，得"一"以灵。
　　第60章　以道莅天下，其鬼不神；非其鬼不神，其神不伤人。
34　第25章　寂兮，寥兮，独立不改，周行而不殆，可以为天下母。
35　第2章　是以圣人居无为之事，行不言之教。
　　第5章　圣人不仁，以百姓为刍狗。
36　第67章　不敢为天下先。
　　第61章　大国者，下流，天下之交。天下之牝，牝常以静胜牡，以静为下。
　　第66章　圣人之在民前也，以身后之；其在民上也，以言下之。
　　第69章　用兵有言：吾不敢为主而为客，不敢进寸而退尺。
37　帛书本："不争"为"静"。
　　第3章　不尚贤，使民不争。
　　第22章　夫唯不争，故天下莫能与之争。
　　第66章　以其不争，故天下莫能与之争。
　　第68章　善为士者，不武；善战者，不怒；善胜敌者，不与。善用人者，为之下。是谓不争之德。
　　第73章　天之道，不争而善胜。
　　第81章　天之道，利而不害；圣人之道，为而不争。
38　第14章　是谓无状之状，无物之象，是谓惚恍。迎之不见其首，随之不见其后。

第21章　道之为物，惟恍惟惚，惚兮恍兮，其中有象，恍兮惚兮，其中有物，窈兮冥兮，其中有精，其精甚真，其中有信。自古及今，其容不去，以阅众甫。
第25章　（道）有物混成，先天地生。寂兮，寥兮，独立不改，周行而不殆，可以为天下母。吾不知其名，强字之曰："道"；强为之容（名）曰："大"。大曰逝，逝曰远，远曰反。
第4章　道冲而用之，或不盈。渊兮，似万物之宗。湛兮，似或存。吾不知谁之子，象帝之先。
第42章　道生一，一生二，二生三，三生万物。
第41章　道隐无名。夫唯道，善贷且成。
第32章　道恒无名，朴。虽微，天下莫能臣也。
第35章　道之出口，淡乎，其无味。
第37章　道恒无为，而无不为。
39　第39章　故贵以贱为本，高以下为基。
　　第66章　江海之所以能为百谷王者，以其善下之，故能为百谷王。
40　（通行本：与善仁，言善信）
　　第17章　信不足焉，有不信焉。
　　第56章　知者不言，言者不知。
　　第81章　信言不美，美言不信。
41　第45章　清静为天下正。
　　第57章　以正治国。
42　第3章　为无为，则无治。
　　第57章　以正治国。
　　第65章　以智治国，国之贼。不以智治国，国之福。
43　第50章　而民生生，动之于死地，亦十有三。
44　第3章　不尚贤，使民不争。
　　第8章　上善若水。水善利万物而不争，处众人之所恶，故几於道。夫唯不争，故无尤。
　　第22章　夫唯不争，故天下莫能与之争。
　　第66章　以其不争，故天下莫能与之争。
　　第68章　善为士者，不武；善战者，不怒；善胜敌者，不与。善用人者，为之下。是谓不争之德。
　　第73章　天之道，不争而善胜。
　　第81章　天之道，利而不害；圣人之道，为而不争。
45　第15章　保此道者，不欲盈。
　　第30章　物壮则老，是谓不道，不道早已。
46　第76章　故坚强者死之徒，柔弱者生之徒。

是以兵强则灭，木强则折。
　　第78章　弱之胜强，柔之胜刚。
47　第2章　（是以圣人）成功而弗居也。
　　第17章　功成事遂，百姓皆谓：我自然。
　　第34章　功成而不名有。
48　第17章　功成事遂，百姓皆谓：我自然。
　　第79章　天道无亲，恒与善人。
　　第77章　天之道，其犹张弓与。高者抑之，下者举之。有馀者损之，不足者补之。天之道，损有馀而补不足。
　　第81章　天之道，利而不害；圣人之道，为而不争。
49　第14章　视之不见，名曰"夷"。听之不闻，名曰"希"。搏之不得，名曰"微"。此三者，不可致诘，故混而为一。一者，其上不缴，其下不昧，绳绳兮不可名，复归于无物。是谓无状之状，无物之象，是谓惚恍。迎之不见其首，随之不见其后。
　　第22章　是以圣人抱一为天下式。
　　第39章　昔之得一者，天得一以清，地得一以宁，神得一以灵，谷得一以盈，万物得一以生，侯王得一以为天下贞。
　　第42章　道生一，一生二，二生三，三生万物。
50　第10章　专气致柔，能如婴儿乎？
　　第36章　柔弱胜刚强。
　　第43章　天下之至柔，驰骋天下之至坚。
　　第52章　守柔曰强。
　　第55章　骨弱筋柔而握固。
　　第76章　人之生也柔弱，其死也坚强。……柔弱者，生之徒。强大处下，柔弱处上。
　　第78章　天下莫柔弱於水。而攻坚强者，莫之能胜。……弱之胜强，柔之胜刚。
51　通行本：如。
52　第3章　为无为，则无治。
　　第37章　无为而治，天下自定。
　　第57章　以正治国。
　　第60章　治大国，若烹小鲜。
　　第65章　故以智治国，国之贼。不以智治国，国之福。
53　第2章　是以圣人居无为之事。
　　第3章　为无为，则无治。
　　第10章　爱民治国，能无为乎？
　　第37章　道恒无为，而无不为。
　　第38章　上德无为，而无以为。

　　第48章　无为而不为。取天下，恒（以）无事。
　　第57章　圣人云：我无为，而民自化。
　　第63章　为无为，事无事，味无味。
　　第64章　是以圣人无为，故无败。（是以圣人）以辅万物之自然而不敢为。
54　第28章　知其雄，守其雌。
　　第78章　天下莫柔弱於水，而攻坚强者，莫之能胜。以其无以易之。弱之胜强，柔之胜刚。
　　第61章　大国者，下流，天下之交。
55　第33章　知人者智，自知者明。
　　第70章　夫唯无知，是以我不知。
　　第71章　知"不知"，上；不知"不知"，病。
56　第1章　无，名天地之始。
　　第2章　有，无之相生也。
　　第40章　天下万物生于有，有生于无。
57　第1章　有，名万物之母。
　　第2章　有，无之相生也。
　　第40章　天下万物生于有，有生于无。
58　第3章　不贵难得之货，使民不为盗。
　　第12章　难得之货，令人行妨。
　　第64章　（圣人）欲"不欲"，不贵难得之货。
59　第2章　是以圣人居无为之事，行不言之教。
　　第5章　天地不仁，以万物为刍狗；圣人不仁，以百姓为刍狗。
　　第7章　是以圣人，后其身而身先，外其身而身存。
　　第12章　是以圣人，为腹不为目。
　　第49章　圣人在天下，歙歙焉，为天下浑其心。
　　第57章　故圣人云：我无为，而民自化。
　　第81章　天之道，利而不害；圣人之道，为而不争。
60　第44章　名与身孰亲？身与货孰多？得与亡孰病？是故甚爱必大费，多藏必厚亡。知足不辱，知止不殆，可以长久。
61　第16章　致虚极，守静笃。
　　第37章　不欲以静，天下将自定。
　　第44章　名与身孰亲？身与货孰多？得与亡孰病？是故甚爱必大费，多藏必厚亡。知足不辱，知止不殆，可以长久。
　　第46章　祸莫大於不知足。
62　第44章　名与身，孰亲？身与货，孰多？
　　第72章　自爱，不贵身。
63　第22章　是以圣人抱一为天下式。
　　第25章　（道）独立而不改，周行而不殆，可以为天下母。

第28章 为天下豁，恒德不离，复归于婴儿。
为天下式，恒德不忒，复归于无极。
为天下谷，恒德乃足，复归于朴。
第45章 清静为天下正。
第49章 圣人为天下，浑其心。
第56章 不可得而亲，亦不可得而疏；不可得而利，亦不可得而害；不可得而贵，亦不可得而贱。故为天下贵。
第78章 受国不祥是为天下王。

64　第10章 载营魄抱一，能无离乎？
第22章 是以圣人抱一为天下式。
第39章 昔之得一者，天得一以清，地得一以宁，神得一以灵，谷得一以盈，万物得一以生，侯王得一以为天下贞。
第42章 道生一，一生二，二生三，三生万物。

65　（帛书本）
66　第1章 名可名，非恒名。……无，名天地之始。
第21章 (道)自古及今，其名不去，以阅众甫。
第25章 吾不知其名，强字之曰'道'。
第32章 道，恒无名，朴。始制有名，名亦既有，夫亦将知止，知止可以不殆。
第37章 无名之朴，夫亦将无欲。
第41章 道隐无名。
第44章 名与身，孰亲？

67　第28章 为天下式，常德不忒，复归于无极。
68　第4章 吾不知谁之子，象帝之先。
第21章 道之为物，其中有象。
第35章 执大象，天下往。往而不害，安平太。
第41章 大象无形。

69　通行本：执古之道。
70　第1章 道，可道，非恒道。
第21章 道之为物，惟恍惟惚，惚兮、恍兮，其中有象，恍兮、惚兮，其中有物，窈兮、冥兮，其中有精，其精甚真，其中有信。
第35章 道之出口，淡乎，其无味。视之不足见。听之不足闻。用之不足既。

71　郭店楚竹简本有此"是以为之容"句。
第16章 知'常'、容，容乃公。
第21章 孔德之容，惟道是从。自古及今，其容不去，以阅众甫。
第25章 吾不知其名，(强)字之曰：'道'。(吾)强为之容曰：'大'：大曰逝，逝曰远，远曰反。

72　郭店楚竹简本无此"夫唯不可识，故强为之容"句。

73　采用楚竹简本。帛书及通行本为"涣兮其若凌释"。凌，即冰块，像冰块一样消散。
74　第19章 见素抱朴，少私寡欲。
第28章 为天下谷，恒德乃足，复归於朴。……朴散则为器。
第32章 道恒无名，朴。虽微，天下莫能臣也。
第37章 无名之朴，夫亦将无欲。
第57章 我无欲，而民自朴。

75　第4章 道冲而用之，或不盈。
第45章 大盈若冲，其用不穷。
第9章 持而盈之，不如其已。

76　第22章 敝则新。
77　第26章 静为躁君。
第37章 不欲以静，天下将自定。
第45章 静胜热。清静为天下正。
第57章 我好静，而民自正。
第61章 天下之交，牝恒以静胜牡，以静为下。

78　第1章 恒无欲，以观其妙。
79　第26章 静为躁君。
第37章 不欲以静，天下将自定。
第45章 静胜热。清静为天下正。
第57章 我好静，而民自正。
第61章 天下之交，牝恒以静胜牡，以静为下。

80　第52章 用其光，复归其明，无遗身殃，是为"袭常"。
第55章 知"和"曰"常"。知"常"曰"明"。

81　第52章 见其小曰明。用其光，复归其明。
82　这里采用帛书本。通行本为"不知'常'，妄作，凶。"
83　第15章 古之善为道者，微妙玄通，深不可识。夫唯不可识，故强为之容：豫兮，若冬涉川，犹兮，若畏四邻。
第16章 知'常'、容，容乃公。
第21章 孔德之容，惟道是从。自古及今，其容不去，以阅众甫。
第25章 吾不知其名，(强)字之曰：'道'。(吾)强为之容 曰：'大'：大曰逝，逝曰远，远曰反。

84　第23章 信不足焉，有不信焉。
第38章 夫礼者，忠信之薄也，而乱之首也。
第49章 信者、吾信之；不信者、吾亦信之，德信。
第63章 夫轻诺必寡信。
第81章 信言不美，美言不信。

85　第2章 (圣人)处无为之事，行不言之教。

第5章 （通行本）多言数穷，不如守中。
第23章 希言，自然。
第43章 不言之教，无为之益，天下希及之。
第45章 大辩若讷。
第56章 知者不言，言者不知。
第62章 美言可以市尊。
第73章 天之道，不争而善胜，不言而善应。
第81章 信言不美，美言不信。

86 第2章 （是以圣人）成功而弗居也。
第9章 功遂身退，天之道。
第34章 功成而不名有。

87 第34章 大道泛兮，其可左右。
第53章 大道甚夷，而人好径。

88 第38章 失道而后德，失德而后仁，失仁而后义，失义而后礼。

89 郭店竹简本无此句。

90 第2章 音，声之相和也。
第42章 万物负阴而抱阳，中气以为和。
第55章 终日呼而不嗄，"和"之至也。"和"曰"常"。知"和"曰"明"。
第56章 和其光。
第79章 和大怨，必有馀怨，安可以为善。
六亲：父子、兄弟、夫妻。

91 第8章 正，善治。
第45章 清静为天下正。
第57章 以正治国。

92 本书采用竹简本。通行本为"有忠臣"。

93 第10章 爱民治国，能无为乎？
第19章 绝智弃辩，民利百倍；绝伪弃诈，民复孝慈；绝巧弃利，盗贼无有。
第33章 知人者智，自知者明。
第65章 以智治国，国之贼。不以智治国，国之福。（通行及帛书本：绝圣弃智）

94 第45章 大辩若讷。

95 （通行及帛书本：绝仁弃义）

96 第3章 不贵难得之货，使民不为盗。
第57章 法令滋彰，盗贼多有。
第65章 故以智治国，国之贼。

97 （通行及帛书本：此三者）

98 （通行及帛书本：故令有所属）

99 第15章 敦兮，其若朴。
第28章 为天下谷，恒德乃足，复归於朴。……朴散则为器。
第32章 道恒无名，朴。虽微，天下莫能臣也。
第37章 无名之朴，夫亦将无欲。
第57章 我无欲，而民自朴。

100 第1章 故恒无欲也，以观其妙（眇）；恒有欲也，以观其徼。
第3章 不见可欲，使民心不乱。恒使民无知、无欲。
第34章 恒无欲，可名于小。
第37章 不欲以静，天下将自定。
第57章 （圣人）我无欲，而民自朴。
第64章 （圣人）欲"不欲"，不贵难得之货。

101 竹简本"绝学无忧"不排在此章，排在"学者日益"之后。

102 第2章 天下皆知美为美，斯恶已；皆知善，斯不善矣；有，无之相生也；难，易之相成也，长，短之相形也；高，下之相盈也；音，声之相和也；先，后之相随也。
第39章 故贵以贱为本，高以下为基。

103 第25章 （道）有物混成，先天地生。寂兮，寥兮，独立不改，周行而不殆，可以为天下母。
第52章 天下有始，以为天下母。既得其母，以知其子。既知其子，复守其母，没身不殆。

104 第21章 孔德之容，惟道是从。
第28章 为天下溪，恒德不离，复归于婴儿。为天下式，恒德不忒（音te，差错），复归于无极。为天下谷，恒德乃足，复归于朴。
第38章 上德不德，是以有德。上德无为，而无以为。失道而后德，失德而后仁，失仁而后义，失义而后礼。
第41章 上德若谷。
第49章 善者、吾善之；不善者、吾亦善之，德善。信者、吾信；不信者、吾亦信之，德信。
第51章 道生之，德畜之。是以万物莫不尊道，而贵德。长之育之，亭之毒之，养之覆之，生而不有，为而不恃，长而不宰，是谓玄德。
第54章 修之于身，其德乃真。修之于家，其德乃馀。修之于乡，其德乃长。修之于邦，其德乃丰。修之于天下，其德乃普。
第55章 含德之厚，比于赤子。
第59章 重积德，则无不克。
第60章 非其神不伤人，圣人亦不伤人。夫两不相伤，故德交归焉。
第63章 大小多少，报怨以德。
第65章 恒知稽式，是谓玄德。
第68章 善用人者，为之下。是谓不争之德。

第79章　有德司契，无德司彻。

105　第15章　古之善为道者，微妙玄通，深不可识。夫唯不可识，故强为之容：豫兮，若冬涉川，犹兮，若畏四邻。
第16章　知'常'、容，容乃公。
第25章　吾不知其名，(强)字之曰：'道'。(吾)强为之容曰：'大'：大曰逝，逝曰远，远曰反。

106　第1章　道，可道也，非恒道也。
第14章　是谓无状之状，无物之象，是谓惚恍。迎之不见其首，随之不见其后。
第25章　有物混成，先天地生。寂兮，寥兮，独立不改，周行而不殆，可以为天下母。吾不知其名，强字之曰："道"；强为之容(名)曰："大"。大曰逝，逝曰远，远曰反。
第4章　道冲而用之，或不盈。渊兮，似万物之宗。湛兮，似或存。吾不知谁之子，象帝之先。
第42章　道生一，一生二，二生三，三生万物。
第41章　道隐无名。夫唯道，善贷且成。
第32章　道恒无名，朴。
第35章　道之出口，淡乎，其无味。
第37章　道恒无为，而无不为。

107　第4章　吾不知谁之子，象帝之先。
第14章　无物之象。
第21章　道之为物，其中有象。
第35章　执大象，天下往。往而不害，安平太。
第41章　大象无形。

108　帛书本：自今及古。

109　通行本：其名不去。
第1章　名，可名也，非恒名也。……无，名天地之始。
第14章　绳绳不可名，复归于无物。
第21章　(道)自古及今，其名不去，以阅众甫。
第25章　吾不知其名，强字之曰'道'。
第32章　道，恒无名，朴。始制有名，名亦既有，夫亦将知止，知止可以不殆。
第37章　无名之朴，夫亦将无欲。
第41章　道隐无名。
第44章　名与身，孰亲？

110　帛书本：众父。

111　第10章　载营魄抱一，能无离乎？
第14章　视之不见，名曰'夷'。听之不闻，名曰'希'。搏之不得，名曰'微'。此三者，不可致诘，故混而为一。一者，其上不缴，其下不昧，绳绳兮不可名，复归于无物。是谓无状之状，无物之象，是谓惚恍。迎之不见其首，随之不见其后。
第39章　昔之得一者，天得一以清，地得一以宁，神得一以灵，谷得一以盈，万物得一以生，侯王得一以为天下贞。
第42章　道生一，一生二，二生三，三生万物。

112　第13章　故贵"以身为天下"，若可寄天下；爱"以身为天下"，若可托天下。
第25章　(道)独立而不改，周行而不殆，可以为天下母。
第28章　为天下谿，恒德不离，复归于婴儿。为天下式，恒德不忒，复归于无极。为天下谷，恒德乃足，复归于朴。
第45章　清静为天下正。
第49章　圣人为天下，浑其心。
第56章　不可得而亲，亦不可得而疏；不可得而利，亦不可得而害；不可得而贵，亦不可得而贱。故为天下贵。
第78章　受国不祥是为天下王。

113　第16章　第55章　知"常"曰"明"。
第24章　自见者，不明。
第27章　恒善救人，故无弃人；恒善救物，故无弃物。是谓袭明。
第47章　是以圣人不见而明。
第33章　知人者智，自知者明。
第52章　见其小曰明。用其光，复归其明。

114　第3章　不尚贤，使民不争。
第8章　上善若水。水善利万物而不争，处众人之所恶，故几於道。夫唯不争，故无尤。
第22章　夫唯不争，故天下莫能与之争。
第66章　以其不争，故天下莫能与之争。
第68章　善为士者，不武；善战者，不怒；善胜敌者，不与。善用人者，为之下。是谓不争之德。
第73章　天之道，不争而善胜。
第81章　天之道，利而不害；圣人之道，为而不争。

115　第2章　(圣人)处无为之事，行不言之教。
第5章　(通行本)多言数穷，不如守中。
第17章　悠兮，其贵言。
第43章　不言之教，无为之益，天下希及之。
第45章　大辩若讷。

附录篇

第56章 知者不言，言者不知。
第62章 美言可以市尊。
第73章 天之道，不争而善胜，不言而善应。
第81章 信言不美，美言不信。

116 第17章 信不足焉，有不信焉。
第49章 信者、吾信之；不信者、吾亦信之，德信。
第81章 信言不美，美言不信。
第38章 夫礼者，忠信之薄也，而乱之首也。

117 第16章 第55章 知"常"曰"明"。
第22章 不自见，故明。
第27章 恒善救人，故无弃人；恒善救物，故无弃物。是谓袭明。
第47章 是以圣人不见而明。
第33章 知人者智，自知者明。
第52章 见其小曰明。用其光，复归其明。

118 这个"而"字在通行本里没有，河上公注本及其他版本则有。

119 第52章 天下有始，以为天下母。既得其母，以知其子。既知其子，复守其母，没身不殆。

120 第1章 名，可名也，非恒名也。……无，名天地之始。
第14章 绳绳不可名，复归于无物。
第21章 (道)自古及今，其名不去，以阅众甫。
第32章 道，恒无名，朴。始制有名，名亦既有，夫亦将知止，知止可以不殆。
第37章 无名之朴，夫亦将无欲。
第41章 道隐无名。
第44章 名与身，孰亲？

121 帛书本：无此"强"字。

122 第1章 道，可道也，非恒道也。
第14章 是谓无状之状，无物之象，是谓惚恍。迎之不见其首，随之不见其后。
第21章 道之为物，惟恍惟惚，惚兮恍兮，其中有象，恍兮惚兮，其中有物，窈兮冥兮，其中有精，其精甚真，其中有信。自古及今，其容不去，以阅众甫。
第42章 道生一，一生二，二生三，三生万物。
第41章 道隐无名。夫唯道，善贷且成。
第32章 道恒无名，朴。
第35章 道之出口，淡乎，其无味。
第37章 道恒无为，而无不为。

123 帛书本有此"吾"字。

124 《韩非子·解老篇》"强为之容曰大"，通行本及帛书本为"名"。

第15章 古之善为道者，微妙玄通，深不可识。夫唯不可识，故强为之容：豫兮，若冬涉川，犹兮，若畏四邻。
第16章 知'常'、容，容乃公。
第21章 孔德之容，惟道是从。自古及今，其容不去，以阅众甫。

125 第40章 反者，道之动。

126 通行本为"域"，國这个字之前是用域代表国家之义。

127 第16章 致虚极，守静笃。归根曰静，是谓复命。
第37章 不欲以静，天下将自定。
第45章 静胜热。清静为天下正。
第57章 我好静，而民自正。
第61章 天下之交，牝恒以静胜牡，以静为下。

128 帛书本为"环馆"。

129 通行本为"奈何"；帛书本为"若何"。

130 通行本：常

131 第16章 第55章 知'常'曰'明'。
第22章 不自见，故明。
第24章 自见者，不明。
第47章 是以圣人不见而明。
第33章 知人者智，自知者明。
第52章 见其小曰明。用其光，复归其明。

132 通行本：知其雄，守其雌，为天下谿。为天下谿，恒德不离，复归于婴儿。
知其白，守其黑，为天下式。为天下式，恒德不忒，复归于无极。
知其荣，守其辱，为天下谷。为天下谷，恒德乃足，复归于朴。
朴散则为器，圣人用之则为官长。故大制不割。

133 第10章 天门开阖，能为雌乎？

134 第6章 谷神不死，是谓玄牝。
第15章 旷兮，其若谷。
第39章 谷，得一以盈。
第41章 上德若谷。
第43章 人之所恶，唯孤、寡、不穀，

135 第21章 孔德之容，惟道是从。
第38章 上德不德，是以有德。上德无为，而无以为。失道而后德，失德而后仁，失仁而后义，失义而后礼。
第41章 上德若谷。
第49章 善者、吾善之；不善者、吾亦善之，德善。信者、吾信之；不信者、吾亦信之，

也哉。

第 67 章

今舍慈且勇，舍俭且广，舍后且先，死矣！

第 72 章

民不畏威，则大威至。无狎其所居，无厌其所生。夫唯不厌，是以不厌。

第 74 章

民不畏死，奈何以死惧之。若使民恒畏死，而为奇者，吾得执而杀之，孰敢。

第 75 章

民之饥，以其上食税之多，是以饥。民之难治，以其上之有为，是以难治。民之轻死，以其求生之厚，是以轻死。夫唯无以生为者，是贤于贵生。

第 77 章

天之道，其犹张弓与。高者抑之，下者举之。有余者损之，不足者补之。天之道，损有余而补不足。人之道，则不然，损不足以奉有余。

第 78 章

是以圣人云：受国之垢，是谓社稷主。受国不祥，是为天下王。正言若反。

二十六、贬仁义礼

第 18 章

大道废，有仁义；（慧智出，有大伪；）六亲不和，有孝慈；国家昏乱，有忠臣。

第 19 章

绝智弃辩，民利百倍；绝伪弃诈，民复孝慈；绝巧弃利，盗贼无有。

第 38 章

失道而后德，失德而后仁，失仁而后义，失义而后礼。夫礼者，忠信之薄也，而乱之首也。前识者，道之华而愚之始。

二十七、治国

第 3 章

不尚贤，使民不争；不贵难得之货，使民不为盗；不见可欲，使民心不乱。是以圣人之治：虚其心，实其腹，弱其志，强其骨。恒使民无知无欲，使夫智者不敢为也。为无为，则无治。

第 10 章

爱国治民，能无为(知)乎？

第 19 章

绝智弃辩[14]，民利百倍；绝伪弃诈[15]，民复孝慈；绝巧弃利，盗贼无有；此三言[16]，以为文，不足。或命之，或有所属[17]：见素抱朴，少私寡欲。

第 29 章

将欲取天下而为之，吾见其不得已。天下，神器也，不可为也；为者败之，执者失之。夫物或行或随、或歔或吹、或强或羸、或挫或隳。是以圣人，去甚、去奢、去泰。

第 36 章

鱼不可脱于渊，国之利器，不可以示人。

第 37 章

道恒无为，而无不为。侯王若能守之，万物将自化。化而欲作，吾将镇之以无名之朴。无名之朴，夫亦将无欲。不欲以静，天下将自定。

第 39 章

侯王自称孤、寡、不穀。此非以贱为本邪？

第 57 章

以正治国，以无事取天下。吾何以知其然哉？以此。天下多忌讳，而民弥贫。民多利器，国家滋昏。人多伎巧，奇物泫起。法令滋彰，盗贼多有。故圣人云：我无为，而民自化。我好静，而民自正。我无事，而民自富。我无欲，而民自朴。

第 59 章

治人事天，莫若啬。无不克则莫知其极。莫知其极可以有国。有国之母可以长久。

第 60 章

治大国，若烹小鲜。

第 61 章

大国者、下流，天下之交。天下之牝，牝恒以静胜牡。以静为下。故大国以下小国，则取小国。小国以下大国，则取大国。故或下以取，或下而取。大国不过欲兼畜人。小国不过欲入事人。夫两者各得所欲，大者宜为下。

第65章

古之善为道者，非以明民，将以愚之。民之难治，以其智多。故以智治国，国之贼。不以智治国，国之福。知此两者，亦稽式。恒知稽式，是谓玄德。玄德深矣、远矣！与物反矣，然后乃至大顺。

第35章

执大象，天下往。往而不害，安平太。

第77章

天之道，其犹张弓与。高者抑之，下者举之。有余者损之，不足者补之。天之道，损有余而补不足。人之道，则不然，损不足以奉有余。孰能有余以奉天下，唯有道者。是以圣人为而不恃，功成而不处。其不欲见贤邪！

第79章

有德司契，无德司彻。

评价治国

第17章

太上，下知有之。其次，亲而誉之。其次，畏之。其次，侮之。信不足焉，有不信焉。悠兮其贵言，功成事遂，百姓皆谓：我自然。

第58章

其政闷闷，其民淳淳。其政察察，其民缺缺。

理想国

第17章

小国寡民：使有什伯之器而不用。使民重死而不远徙。虽有舟舆无所乘之。虽有甲兵无所陈之。使民复结绳而用之。甘其食、美其服、安其居、乐其俗。邻国相望，鸡犬之声相闻。民至老死不相往来。

二十八、取天下与用兵

第29章

将欲取天下而为之，吾见其不得已。天下，神器也，不可为也；为者败之，执者失之。

第48章

及其有事，不足以取天下。

第31章

夫兵者，不祥之器，物或恶之，故有道者不处。君子居则贵左，用兵则贵右。兵者，不祥之器，非君子之器，不得已而用之，恬淡为上。胜而不美，而美之者，是乐杀人。夫乐杀人者，则不可得志于天下矣。吉事尚左，凶事尚右。偏将军居左，上将军居右。言以丧礼处之。杀人之众，以悲哀泣之，战胜以丧礼处之。

第57章

以奇治兵。

第30章

以道佐人主者，不以兵强天下。其事好还。师之所处，荆棘生焉。大军之后，必有凶年。善有果而已，不敢以取强。果而勿矜，果而勿伐，果而勿骄，果而不得已，果而勿强。物壮则老，是谓不道，不道早已。

第68章

善为士者，不武；善战者，不怒；善胜敌者，不与。善用人者，为之下。是谓不争之德。是谓用人之力。是谓配天，古之极。

第69章

用兵有言：吾不敢为主而为客。不敢进寸而退尺，是谓行无行，攘无臂，扔无敌，执无兵。祸莫大于轻敌，轻敌几丧吾宝。故抗兵相加，哀者胜矣。

第76章

坚强者，死之徒，柔弱者，生之徒。是以兵强则灭，木强则折。

二十九、水与光

第8章

上善若水。水善，利万物而不争[18]，处众人之所恶，故几于道。

第66章

江海之所以能为百谷王者，以其善下之，

故能为百谷王。

第78章

天下莫柔弱于水。

第32章

譬道之在天下，犹川谷之于江海。

第52章

用其光，复归其明。

第56章

和其光，同其尘，是谓玄同。

第58章

是以圣人……光而不耀。

第65章

古之善为道者，非以明民，将以愚之。

三十、静与动

第61章

天下之交，牝恒以静胜牡，以静为下。

第57章

我好静，而民自正。

第45章

清静为天下正。

第16章

重为轻根，静为躁君。

第37章

不欲以静，天下将自定。

第16章

致虚极，守静笃。归根曰静，是谓复命；复命曰常，知常曰明。

注释：

1 通行本：其名不去。
2 帛书本："道生之畜之，物刑之而器成之。"通行本："道生之，德畜之，物形之，势之。"
3 帛书本："道生之畜之，物刑之而器成之。"通行本："道生之，德畜之，物形之，势成之。"
4 通行本：有无相生。
5 通行本：能。
6 通行本：是以圣人处无为之事，行不言之教。万物作焉而不辞，生而不有，为而不恃，功成而弗居。夫唯弗居，是以不去。
7 竹、帛本：多闻。
8 郭店竹简本无此句。
9 （父子、兄弟、夫妻）。
10 通行本：国家昏乱，有忠臣。
11 通行及帛书本：绝圣弃智。
12 通行及帛书本：绝仁弃义。
13 郭店竹简本。季札，春秋时吴王寿梦第四子，相传为避王位"弃其室而耕"于江阴申港东南的舜过山下，人称"延陵季子"。《春秋》载，于公元前485年死后葬在申港西南。
14 通行及帛书本：绝圣弃智。
15 通行及帛书本：绝仁弃义。
16 通行及帛书本：此三者。
17 通行及帛书本：故令有所属。
18 帛书本："不争"为"静"。

附录Ⅲ 内联目录

第1章 有与无

道[1]，可道也，非恒道也。
名[2]，可名也，非恒名也。
无[3]，名天地之始。
有[3]，名万物之母。
故
恒无欲[4]也，以观[5]其妙（眇）；
恒有欲也，以观其徼。
此两者，同出而异名同谓，
玄之又玄，众妙之门。

第2章 相对观

天下
皆知美为美，斯恶已；
皆知善，斯不善矣；
有[3]、无[3]之相生也；
难，易之相成也；
长，短之相形也；
高，下之相盈也；
音，声之相和[6]也；
先，后之相随也[7]。
是以圣人[8]
居无为[9]之事，行不言[10]之教。
万物[11]
作而弗始也，
为而弗恃也，
成功而弗居也[12]。
夫唯弗居，是以弗去。

第3章 无为而治

不尚贤，使民不争[13]；
不贵难得之货[14]，使民不为盗[15]；
不见可欲[16]，使民心不乱。
是以圣人之治[17]：
虚其心，
实其腹，
弱其志，
强其骨。
恒使民无知[18]、无欲[15]，
使夫智者不敢为也。
为无为[19]，则无治[20]。

第4章 道若泉之源

道[21]冲[22]而用之，或不盈[23]；
渊兮，似万物[24]之宗；
湛兮，似或存；
吾不知谁之子，象[25]帝之先[26]。

第5章 天地不仁，圣人不仁

天地不仁[27]，以万物[22]为刍狗；
圣人[28]不仁，以百姓为刍狗[29]。
天地之间，其犹橐龠（音tuóyuè）乎[30]？
虚而不屈，动而愈出。
多闻数穷[31]，不如守中。

第6章 天地之根

谷[32]神[33]不死，是谓玄牝[34]。
玄牝之门，是谓天地根。
绵绵若存，用之不勤。

走进老子

第7章　天地无私，圣人无私

天长地久。
天地所以
能长且久者，
以其不自生，
故能长生。
是以圣人[35]
后其身[36]而身先，外其身而身存。
非以其无私邪！故能成其私。

第8章　道善若水

上善若水。
水善，
利万物而不争[37]，
处众人之所恶，
故几于道[38]。
居，善地[39]；
心，善渊；
予，善信[40]；
正[41]，善治[42]；
事，善能；
动[43]，善时。
夫唯不争[44]，故无尤。

第9章　功成身退

持而盈之，不如其已[45]；
揣而锐之[46]，不可长保；
金玉满堂，莫之能守；
富贵而骄，自遗其咎。
功遂身退[47]，天之道[48]。

第10章　抱一

载营魄抱一[49]，能无离乎？
专气致柔[50]，能[51]如婴儿乎？
涤除玄览，能无疵乎？
爱民治国[52]，能无为乎[53]？
天门开阖，能为雌乎[54]？
明白四达，能够无知乎[55]？

第11章　"无"之用

三十辐，共一毂，当其无[56]，有车之用；
埏埴以为器，当其无，有器之用；
凿户牖以为室，当其无，有室之用。
故
有[57]之，以为利，无之，以为用。

第12章　为腹不为目

五色令人目盲，
五音令人耳聋，
五味令人口爽，
驰骋畋猎，令人心发狂，
难得之货，令人行妨[58]。
是以圣人[59]，
为腹不为目。
故
去彼取此[60]。

第13章　宠辱无惊

宠辱若惊，贵大患若身[61]。
何谓宠辱若惊？
宠为下。
得之若惊，失之若惊，
是谓
宠辱若惊。
何谓贵大患若身？
吾所以有大患者，为吾有身；
及吾无身，吾有何患？
故
贵以身[62]为天下[63]，若可寄天下；
爱以身为天下，若可托天下。

第14章　道纪

视之不见名曰"夷"；
听之不闻名曰"希"；
抟(音tuán)之不得名曰"微"。
此三者不可致诘(音jié)，故混而为一[64]。
一者[65]，

附录篇

· 343 ·

其上不皦（音jiǎo），
其下不昧（音mèi），
绳绳（音min）不可名⁶⁶，复归于无物⁶⁷。
是谓
无状之状，
无物之象⁶⁸。
是谓
惚恍。
迎之不见其首，
随之不见其后。
执今⁶⁹之道，以御今之有。
能知古始，是谓道⁷⁰纪。

第15章　善为道者

古之善为道者，微妙玄通，深不可识，是以为之容⁷¹：

（夫唯不可识，故强为之容：⁷²）

豫兮，若冬涉川，
犹兮，若畏四邻，
俨兮，其若客，
涣兮，其若释⁷³，
敦兮，其若朴⁷⁴，
旷兮，其若谷，
混兮，其若浊，
澹兮，其若海，
飂兮，若无止。
孰能浊以静之徐清？
孰能安以动之徐生？
保此道者，不欲盈。
夫唯不盈⁷⁵，故能蔽而新成⁷⁶。

第16章　遵道悟道

致虚极，守静⁷⁷笃。
万物并作，吾以观复⁷⁸。
夫物芸芸，各复归其根。
归根曰'静'⁷⁹，是谓'复命'；
'复命'曰'常'⁸⁰，知'常'曰'明'⁸¹。
不知'常'，妄；妄作，凶。⁸²
知'常'、容⁸³，

容乃公，
公乃全，
全乃天，
天乃道，
道乃久，
没身不殆。

第17章　悠然治国

太上，下知有之。
其次，亲而誉之。
其次，畏之。
其次，侮之。
信不足焉，有不信焉⁸⁴。
悠兮，其贵言⁸⁵。
功成事遂⁸⁶，百姓皆谓：我自然。

第18章　大道废

大道废⁸⁷，有仁⁸⁸义；

（慧智出，有大伪）⁸⁹；

六亲不和⁹⁰，有孝慈；
邦家昏乱，有正⁹¹臣⁹²。

第19章　见素抱朴　少私寡欲

绝智⁹³弃辩⁹⁴，民利百倍；
绝伪弃诈⁹⁵，民复孝慈；
绝巧弃利，盗贼无有⁹⁶；
此三言⁹⁷，以为文，不足。
或命之，或有所属⁹⁸：
见素抱朴⁹⁹，少私寡欲¹⁰⁰（，绝学无忧¹⁰¹）。

第20章　世人与我

唯之与阿，相去几何？
善之与恶，相去若何¹⁰²？
人之所畏，不可不畏。
荒兮，其未央哉！
众人熙熙，如享太牢、如春登台。
我独泊兮其未兆，如婴儿之未孩；
儽儽兮，若无所归。
众人皆有余，而我独若遗。

我愚人之心也哉！沌沌兮。
俗人昭昭，我独昏昏；
俗人察察，我独闷闷。
众人皆有以，而我独顽且鄙。
我独异于人，而贵食母[103]。

第21章　道之为物

孔德[104]之容[105]，惟道是从。
道[106]之为物，惟恍惟惚。
惚兮、恍兮，其中有象[107]；
恍兮、惚兮，其中有物；
窈兮、冥兮，其中有精；
其精甚真，其中有信。
自古及今[108]，其容[109]不去，以阅众甫[110]。
吾何以知众甫之状哉！
以此。

第22章　不争之益

曲则全，
枉则直，
洼则盈，
敝则新，
少则得，
多则惑。
是以圣人
抱一[111]为天下式[112]。
不自见，故明[113]；
不自是，故彰；
不自伐，故有功；
不自矜(音jīn)，故长。
夫唯不争[114]，
故天下莫能与之争。
古之所谓：
曲则全者，
岂虚言哉？
诚全而归之。

第23章　希言自然，道者同道

希言[115]，自然。

故
飘风不终朝，
骤雨不终日。
孰为此者？天地。
天地尚不能久，而况于人乎？
故
从事于
道者，同于道；
德者，同于德；
失者，同于失。
同于道者，道亦乐得之；
同于德者，德亦乐得之；
同于失者，失亦乐得之。
信不足焉，有不信焉[116]。

第24章　余食赘形

企者不立，跨者不行。
自见者，不明[117]；
自是者，不彰；
自伐者，无功；
自矜者，不长。
其在道也曰：余食赘形，物或恶之。
故
有道者不处。

第25章　道与四大法

有物混成，先天地生。
寂兮，寥兮，
独立[118]而不改，
周行而不殆，
可以为天下母[119]。
吾不知其名[120]，(强)[121]字之曰："道"[122]。
(吾)[123]强为之容[124]曰："大"：大曰逝，逝曰远，远曰反[125]。
故
道大、天大、地大、人亦大。
国(域[126])中有大焉，而人居其一焉。
人法地，
地法天，

天法道,
道法自然。

第26章 轻与重

重为轻根,静[127]为躁君。
是以君子
终日行,不离辎重;
虽有荣观[128],燕处超然。
若何[129]万乘之主,而以身轻天下?
轻则失根,躁则失君。

第27章 袭明

善行,无辙迹;
善言,无瑕谪;
善数,不用筹策;
善闭,无关楗而不可开;
善结,无绳约而不可解。
是以圣人
恒[130]善救人,故无弃人;
恒善救物,故无弃物。
是谓袭明[131]。
故
善人者,不善人之师;
不善人者,善人之资。
不贵其师、不爱其资,
虽智大迷,是谓要妙。

第28章 知雄守雌[132]

知其雄,守其雌[133],为天下谿[134]。
为天下谿,恒德[135]不离,复归于婴儿。
知其白,守其黑[136],为天下谷。
为天下谷,恒德乃足,复归于朴[137]。
知其荣,守其辱,为天下式[138]。
为天下式,恒德不忒,复归于无极。
朴散则为器[139],圣人用之则为官长。
故大制不割[140]。

第29章 戒强

将欲取天下[141]而为之,吾见其不得已[142]。

天下,神[143]器[144]也,不可为也,不可执也;
为者,败之;执者,失之。
夫物
或行或随、
或嘘或吹、
或强或羸(音lei)、
或挫或隳(音huī)。
是以圣人,
去甚、
去奢、
去泰[145]。

第30章 戒用兵

以道佐人主者,
不以兵强天下。
其事好还。
师之所处,荆棘生焉;
大军之后,必有凶年。
善有果而已,
不敢以取强[146]。
果而勿矜,
果而勿伐,
果而勿骄,
果而不得已,
果而勿强。
物壮则老,
是谓不道[147],
不道早已。

第31章 用兵不祥

夫兵者,
不祥之器[148],
物或恶之,
故
有道者不处。
君子居则贵左,用兵则贵右。
兵者,不祥之器,非君子之器,不得已而用之,恬淡为上。

走进老子

胜而不美，而美之者，是乐杀人。
夫乐杀人者，则不可得志于天下矣。
吉事尚左，丧事[149]尚右。
偏将军居左，上将军居右。
言以丧礼处之。
杀人之众，以悲哀泣之；
战胜，以丧礼处之。

第32章　道恒无名、朴

道，恒无名[150]，朴[151]；虽微，天地弗敢臣。
侯王若能守之[152]，万物[153]将自宾。
天地相合，以降甘露，民莫之令，天自均焉[154]。
始制有名[155]，名亦既有，夫亦将知止，知止可以不殆。
譬道[156]之在天下，犹川谷之于江海[157]。

第33章　自知者明

知[158]人者智[159]，自知者明[160]。
胜人者有力，自胜者强[161]。
知足者富[162]。
强行者有志。
不失其所者，久。
死而不亡者，寿。

第34章　大道无所不至

大道[163]泛兮，其可左右。
万物[164]恃之，以生而不辞，
功成而不名有[165]，
衣养万物而不为主[166]。
恒无欲[167]，可名于小。
万物归焉而不为主，可名为大。
以其终不自为大，
故能成其大。

第35章　执大道天下往

执大象[168]，天下往。
往而不害，安平太。
乐与饵，过客止。

道[169]之出口，淡乎，其无味。
视之不足见。
听之不足闻。
用之不足既。

第36章　柔弱胜刚强

将欲歙之，必固张之。
将欲弱之，必固强之。
将欲废之，必固兴之。
将欲取之，必固与之。
是谓微明[170]。
柔弱[171]胜刚强[172]。
鱼不可脱于渊，
国之利器[173]，不可以示人。

第37章　无为而治，天下自定

道恒无为[174]（，而无不为[175]）。
侯王若能守之[176]，万物将自化[177]。
化而欲作，吾将镇之以无名之朴[178]。
无名[179]之朴，夫亦将无欲[180]。
不欲[181]以静[182]，天下将自定[183]。

第38章　德衰

上德[184]不德，是以有德。
上德无为[185]而无以为。
上仁为之而无以为。
上义为之而有以为。
上礼为之而莫之以应，则攘臂而扔之。
故
失道而后德，
失德而后仁[186]，
失仁而后义[131]，
失义而后礼。
夫礼者，
忠信[187]之薄也，
而乱之首也。
前识者，
道之华
而愚之始。

是以大丈夫，
处其厚，不居其薄；
处其实，不居其华。
故
去彼取此。

第39章 道一

昔之得一[188]者：
天[189]、得一以清，
地[190]、得一以宁，
神[191]、得一以灵，
谷[192]、得一以盈，
万物、得一以生，
侯王[193]、得一以为天下贞，
其致之一也。
天、无以清，将恐裂；
地、无以宁，将恐废；
神、无以灵，将恐歇；
谷、无以盈，将恐竭；
万物、无以生，将恐灭；
侯王、无以贞，将恐蹶。
故
贵、以贱为本，
高、以下为基[194]。
是以侯王
自称孤、寡、不穀。
此其以贱之本与？
非也。
故致数舆无舆。
是故
不欲琭琭若玉，珞珞若石。

第40章 返之原则

反者，道之动[195]。
弱[196]者，道之用[197]。
天下万物生于有[198]，
有，生于无[199]。

第41章 闻道

上士闻道，勤而行之。
中士闻道，若存若亡。
下士闻道，大笑之。
不笑不足以为道。
故
建言有之。
明[200]道若[201]昧。
进道若退。
夷道若纇[202]。
上德[203]若谷。
大白若辱[204]。
广德若不足。
建德若偷。
质真若渝[205]。
大方无隅。
大器[206]免[207]成。
大音希声。
大象[208]无形。
道隐无名[209]。
夫唯道，善贷且成[210]。

第42章 道生万物 戒逞强

道[211]生一[212]，
一生二，
二生三，
三生万物。
万物负阴而抱阳，中[213]气以为和[214]。
人之所恶，
唯孤、寡、不穀[215]，
而王公以为称，
故
物或损之而益，
或益之而损[216]。
人之所教，
我亦教之，
强梁者，
不得其死。

吾将以为教父。

第43章　至柔

天下之至柔[217]，驰骋天下之至坚。
无有入无间[218]，吾是以知无为之有益[219]。
不言之教[220]，无为之益，天下希及之。

第44章　知足

名[221]与身[222]，孰亲？
身与货，孰多？
得与亡，孰病[223]？
是故
甚爱必大费，
多藏必厚亡。
知足不辱[224]，
知止不殆，

第45章　清静为天下正

大成若缺，其用不弊。
大盈若冲[225]，其用不穷。
大直若屈。
大巧若拙。
大辩若讷[226]。
燥胜沧(音cāng)[227]，
静胜热[228]。
清静[229]为天下正[230]。

第46章　知足恒足

天下有道[231]，却走马以粪。
天下无道，戎马生于郊。
罪莫厚[232]于甚欲[233]，
祸莫大于不知足。
咎莫憯[234](音cǎn)于欲得。
故
知足之足，恒足矣[235]。

第47章　得知之法

不出户，以知天下[236]；
不窥牖，以知[237]天道[238]。

其出弥远，其知弥少。
是以圣人
不行而知[239]，
不见而明[240]，
不为而成[241]。

第48章　绝学无忧、以无为取天下

为学日益，
为道日损，
损之又损，
以至于无为。
无为而无不为[242]。
绝学无忧[243]。
取天下[244]，恒无事[245]。
及其有事，不足以取天下。

第49章　以民心为心

圣人恒无心[246]，
以百姓心为心。
善者、吾善之；
不善者、吾亦善之，
德[247]善。
信者、吾信之；
不信者、吾亦信之，
德[206]信[248]。
圣人
在天下，歙歙焉；
为天下[249]，浑其心。
百姓皆属[250]其耳目，
圣人皆孩之。

第50章　呵护生命

出生、入死。
生之徒[251]，十有三。
死之徒[252]，十有三。
而民生生[253]，动[254]之于死地，亦十有三[255]。
夫何故？
以其生生也[256]。
盖闻善摄生者，

陆行不遇兕虎,
入军不被甲兵。
兕无所投其角。
虎无所用其爪。
兵无所容其刃。
夫何故？
以其无死地。

第51章　道与德

道[257]生之,
德畜之,
物形之,
势成之[258]。
是以万物[259]
莫不尊道，而贵德。
道之尊，德之贵，
夫莫之命而恒自然。
故
道生之,
德畜之,
长之、育之,
亭之、毒之,
养之、覆之,
生而不有,
为而不恃,
长而不宰,
是谓玄德[260]。

第52章　袭常

天下有始，以为天下母[261]。
既得其母，以知其子。
既知其子，复守其母，没身不殆。
塞其兑[262]，闭其门，终身不勤。
启其兑，济其事，终身不救。
见其小曰明[263]，守柔[264]曰强[265]。
用其光[266]，复归其明[261]，无遗身殃。
是为袭[267]常[268]。

第53章　奢夸之盗

使我介然有知，行于大道，唯施是畏。
大道甚夷[269]，而人好径。
朝甚除，田甚芜，仓甚虚。
服文彩，带利剑，厌饮食，财货有余。
是谓盗夸[270]。
非道也哉。

第54章　修身布德

善建者，不拔。
善抱者，不脱。
子孙以祭祀不辍。
修之于身，其德[271]乃真。
修之于家，其德乃余。
修之于乡，其德乃长。
修之于邦，其德乃丰。
修之于天下，其德乃普。
故
以身观身,
以家观家,
以乡观乡,
以邦观邦,
以天下观天下。
吾何以知天下然哉[272]？
以此。

第55章　德厚

含德[273]之厚，比于赤子。
毒虫不螫，猛兽不据，攫鸟不搏。
骨弱筋柔[274]而握固；
未知牝牡之合而朘作，精[275]之至也。
终日呼[276]而不嗄，'和'[277]之至也。
'和'曰'常'[278]，知'和'曰'明'[279]。
益生曰'祥'。
心使气曰'强'[280]。

第56章　知者不言，玄同为贵

知[281]者不言[282]，言者不知。

塞其兑,
闭其门,
和[283]其光[284],
同其尘,
挫其锐[285],
解其纷,
是谓玄同。
故
不可得而亲[286],亦[287]不可得而疏;
不可得而利,亦不可得而害;
不可得而贵,亦不可得而贱。
故为天下贵[288]。

第57章　以正治国

以正[289]治国[290],以奇用兵,以无事[291]取天下[292]。
吾何以知其然哉?
以此。
天下多忌讳,而民弥贫。
民多利器[293],国家滋昏。
人多伎巧,奇物滋起。
法令滋彰,盗贼多有[294]。
故
圣人云:
我无为[295],而民自化;
我好静[296],而民自正[297];
我无事,而民自富;
我无欲[298],而民自朴[299]。

第58章　政闷民醇

其政闷闷[300],其民醇醇。
其政察察[301],其民缺缺。
祸兮,福之所倚;
福兮,祸之所伏。
孰知其极?
其无正,正[302]复为奇,善复[303]为妖。
人之迷其日固久。
是以圣人
方而不割[304],
廉而不刿,
直而不肆,
光而不耀。

第59章　俭啬久安

治人、事天,莫若啬[305]。
夫唯啬,是谓早服。
早服谓之重积德[306]。
重积德,则无不克。
无不克,则莫知其极。
莫知其极,可以有国。
有国之母[307],可以长久。
是谓深根固柢,长生久视之道。

第60章　治大国

治大国[308],若烹小鲜。
以道莅天下,
其鬼不神[309],非其鬼不神,其神不伤人。
非其神不伤人,圣人亦不伤人。
夫两不相伤,故德交归焉。

第61章　大国与小国[310]

大国者、下流[311],天下之牝(pìn)。
天下之交[312],
牝恒以静胜牡,
以静[313]为下[271]。
故
大国,以下小国,则取小国。
小国,以下大国,则取大国。
故
或下以取,
或下而取。
大国不过欲兼畜人。
小国不过欲入事人。
夫两者各得所欲,大者宜为下。

第62章　道为天下贵

道者,万物之奥。
善人之宝,不善人之所保。

美言³¹⁴可以市尊，美行可以加人。
人之不善，何弃之有。
故
立天子、置三公，
虽有拱璧以先驷马，
不如坐进此道。
古之所以贵此道者何？
不曰：
求以得，有罪以免邪！
故为天下贵。

第63章　难与易

为无为³¹⁵，事无事，味无味³¹⁶。
大小多少，报怨以德³¹⁷。
图难于其易，为大于其细。
天下难事必作于易。
天下大事必作于细³¹⁸。
是以圣人
终不为大，故能成其大。
夫轻诺³¹⁹必寡信³²⁰，多易必多难。
是以圣人
犹难之，故终无难矣。

第64章　早为、恒为与无为

其安易持，其未兆易谋。
其脆易泮，其微易散。
为之于未有，治之于未乱。
合抱之木，生于毫末；
九层之台，起于累土；
千里之行，始于足下³²¹。
为者，败之；
执者，失之。
是以圣人
无为³²²，故无败；
无执，故无失。
民之从事
恒于几（其）成而败之。
慎终如始，则无败事。
是以圣人

欲"不欲"³²³，不贵难得之货³²⁴。
学"不学"，复众人之所过，
以辅万物之自然而不敢为²⁸⁴。

第65章　不以巧智治国

古之善为道者，
非以明民，将以愚之³²⁵。
民之难治，以其智多。
故
以智治国³²⁶，国之贼。
不以智治国³²⁷，国之福。
知此两者，亦稽式。
恒知稽式³²⁸，是谓玄德³²⁹。
玄德深矣、远矣！
与物反矣，
然后乃至大顺。

第66章　处下为王

江海之所以能为百谷王者，
以其能为百谷下³³⁰。
故
能为百谷王。
是以圣
人之在民前也，以身后之³³¹；
其在民上也，以言下之；
其在民上也，民弗厚也；
其在民前，民弗害也。
天下乐进而弗厌。
以其不争也³³²，
故
天下莫能与之争³³³。

第67章　我有三宝

天下皆谓我道大，似不肖。
夫唯大，
故似不肖。
若肖，久矣！
其细也夫。
我有三宝，持而保之：一曰慈³³⁴，二曰

俭[335]，三曰不敢为天下先[336]。

慈，故能勇[337]；
俭，故能广；
不敢为天下先，
故能成器长。
今
舍慈且勇，
舍俭且广，
舍后且先[338]，
死矣！
夫慈
以战则胜，
以守则固。
天将救之、以慈卫之。

第68章　不争之德

善为士者，不武；
善战者，不怒；
善胜敌者，不与。
善用人者，为之下。
是谓不争[339]之德[340]。
是谓用人之力。
是谓配天，古之极。

第69章　哀兵必胜

用兵有言：
吾不敢为主而为客，
不敢进寸而退尺[341]。
是谓
行无行[342]，
攘无臂[343]，
扔无敌[344]，
执无兵。
祸莫大于轻敌，
轻敌几丧吾宝。
故
抗兵相若[345]，哀者胜矣。

第70章　知我者希

吾言
甚易知、甚易行。
天下
莫能知、莫能行。
言有宗、事有君。
夫唯无知，是以我不知。
知我者希，则我者贵。
是以圣人
被褐怀玉[346]。

第71章　知'不知'

知[347]'不知'，上；
不知'不知'，病；
夫唯病病，是以不病。
圣人不病，以其病病。

第72章　压迫与反抗

民不畏威[348]，则大威至。
无狎其所居，无厌其所生。
夫唯不厌，是以不厌[349]。
是以圣人，
自知[350]，不自见[351]，
自爱，不自贵[352]。
故去彼取此。

第73章　不争而善胜

勇[353]于敢，则杀[354]，
勇于不敢，则活。
此两者或利或害。
天之所恶
孰知其故。
天之道
不争[355]而善胜，
不言[356]而善应，
不召而自来。
繟(音chǎn)然而善谋。
天网恢恢，疏而不失。

第 74 章　针砭时弊（一）

民不畏死[357]，奈何以死惧之。
若使民恒畏死，而为奇者，吾得执而杀之，孰敢。
恒有司杀者杀。
夫代司杀者杀，是谓代大匠斫。
夫代大匠斫者，希有不伤其手矣。

第 75 章　针砭时弊（二）

民之饥，以其上食税之多，是以饥。
民之难治，以其上之有为[358]，是以难治。
民之轻死，以其求生之厚，是以轻死。
夫唯无以生为者，是贤于贵生。

第 76 章　柔弱与刚强

人之生也柔弱[359]，其死也坚强。
草木之生也柔脆，其死也枯槁。
故
坚强者，死之徒[360]，
柔弱者，生之徒[361]。
是以
兵强则灭[362]，木强则折[363]。
强大处下，柔弱处上[364]。

第 77 章　损有余补不足

天之道，其犹张弓与[365]。
高者抑之，下者举之。
有余者损之，不足者补之。
天之道，损有余而补不足[366]。
人之道，则不然，损不足以奉有余。
孰能有余以奉天下，唯有道者。
是以圣人
为而不恃，功成而不处。
（若此[367]，）其不欲见贤也！

第 78 章　天下莫柔弱于水

天下莫柔弱[368]于水[369]，
而
攻坚强者，莫之能胜，
以其无以易之。
弱之胜强，
柔之胜刚。
天下莫不知、莫能行。
是以圣人云：
受国之垢是谓社稷主。
受国不祥是为天下王[370]。
正言若反。

第 79 章　公平治国

和[371]大怨，必有余怨，安可以为善。
是以圣人
执左契，而不责于人。
有德司契，无德[372]司彻。
天道无亲[373]，恒与善人。

第 80 章　理想国

小国[374]寡民：
使有什伯之器而不用。
使民重死[375]而不远徙。
虽有舟舆无所乘之。
虽有甲兵无所陈之。
使民复结绳而用之。
甘其食、
美其服、
安其居、
乐其俗[376]。
邻国相望，鸡犬之声相闻。
民至老死不相往来。

第 81 章　信言不美，为而不争

信言[377]不美，美言不信[378]；
善者不辩[379]，辩者不善；
知者不博，博者不知[380]；
圣人不积，既以为人己愈有。
既以与人己愈多，
天之道[381]，利而不害；
圣人之道，为而不争[382]。